Zur Erinnerung
an
Heinz Benker
(1921–2000)
und
Prof. Bernhard Binkowski
(1912–2002)

Sie zeigten mir, was erfolgreicher Musikunterricht bewirken kann.

Markus Köhler

Aufbruch im Musikunterricht

Die bayerische Schulmusik in den 1970er-Jahren

2008 ConBrio Verlagsgesellschaft

Zugl.: Hochschule für Musik und Theater Rostock, Diss. 2007

Printed in Germany

Produktionsbetreuung: Juan Martin Koch
Herstellung: Books on Demand, Norderstedt

CB 1195
ISBN 978-3-932581-95-3
www.conbrio.de

Herrn Prof. Dr. Hans Bäßler gilt mein besonderer Dank für seine zahlreichen Anregungen, die bei der Entstehung dieser Arbeit eine große Hilfe waren.

Mein allerherzlichster Dank gebührt meiner Doktormutter, Frau Prof. Dr. Renate Kafurke, für ihre stete Hilfe und motivierende Unterstützung. Ohne ihr Engagement und ihr Interesse an der bayerischen Schulmusik wäre dieses Buch nicht entstanden.

Markus Köhler

„Wer in der Zukunft lesen will,
muss in der Vergangenheit blättern."

André Malraux
(1901–1976)
Französischer Kulturminister von 1959 bis 1969

Einleitung

Bezogen auf den schulischen Musikunterricht wurden in Bayern bereits im 19. Jahrhundert Entscheidungen getroffen, die sich von denen im übrigen Reichsgebiet unterschieden. So verfügte im Jahr 1824 Bayerns König Ludwig I, dass seine Hofmusiker am damals neu gegründeten Ludwigs-Gymnasium kostenlos unterrichten sollten.[1] Seither und bis heute gibt es an den bayerischen Gymnasien kostenlosen Instrumentalwahlunterricht, der die Basis für zahlreiche Schulorchester darstellt, eine Besonderheit in der schulmusikalischen Landschaft Deutschlands. Aber auch in anderen Bereichen unterscheidet sich die bayerische von der deutschen Schulmusik, wie zu zeigen sein wird.

Die Entwicklung der bayerischen Schulmusik ist auf Grund sehr unterschiedlicher Faktoren seit der in Preußen durchgeführten Kestenberg-Reform in den zwanziger Jahren des letzten Jahrhunderts ihren eigenen Weg gegangen, der zum einen preußische Reformelemente aufnahm, der sich zum anderen aber zugleich von diesen Elementen in einzelnen Bereichen stark absetzte.

Nicht unerheblichen Einfluss auf die Entwicklungen hatte der in Deutschland für die Schulmusik bedeutendste musikpädagogische Verband, der Verband Deutscher Schulmusikerzieher e. V. (vds) und der in Bayern aktive Verband Bayerischer Schulmusikerzieher e. V. (vbs).

Zahlreiche Probleme der bayerischen Schulmusik haben sich seit den siebziger Jahren ebenso wenig geändert wie die in regelmäßiger Folge wiederkehrenden Lösungsvorschläge und Forderungen. Einige Verbesserungen konnten nach langen und ständigen Bemühungen durch eine effektive und starke Verbandsarbeit, zum Teil auch in Zusammenarbeit mit anderen Einrichtungen und Institutionen, erreicht werden.

Mit Ausnahme einer Arbeit von Bernhard Hofmann aus dem Jahr 1993, die die Geschichte der bayerischen Schulmusik bis zum Jahr 1945 erörtert,[2] und einer Arbeit von Josef Fenninger, der 1995 Untersuchungen zum schulischen Musikun-

---

[1] Vgl. Benker in NMZ August 1974, S. 1. Der eigentliche Anlass dieser Maßnahme war das kurze Zeit zuvor durch einen Brand zerstörte Münchner Opernhauses galt nämlich, für die Orchestermitglieder der Münchner Oper neue Beschäftigungsmöglichkeiten zu finden.

[2] Hofmann, Bernhard: Zur Geschichte der bayerischen Schulmusik in der ersten Hälfte des 20. Jahrhunderts (= Beiträge zur Geschichte der Musikpädagogik Band 2). Frankfurt/Main 1995.

terricht von 1945 bis zum Beginn der siebziger Jahre vorlegte,[3] liegen beim momentanen Stand der Forschung keine weiteren Abhandlungen zur Geschichte der bayerischen Schulmusik und des gymnasialen Musikunterrichts im Allgemeinen und über die Entwicklung der beteiligten Verbände im Besonderen vor. Es erscheint deshalb notwendig, die Zeit nach 1970 nun aufzuarbeiten, da sonst die Gefahr besteht, dass die Ereignisse in Vergessenheit geraten. Die Entwicklungen ab 1970 müssen zusammengestellt werden, um das Gesamtbild der Schulmusik, sowohl auf Bayern wie auch auf Deutschland bezogen, zu erweitern und zu ergänzen.

Schließlich stellt die Schülergeneration der siebziger Jahre die heute in Gesellschaft und Politik Verantwortlichen dar. Kommt man in Gesprächen mit Politikern und Wissenschaftlern,[4] mit Vertretern von Elternverbänden und der Kultusministerien auf das Thema „Musikunterricht“, wird gerne der eigene Musikunterricht in Erinnerung gerufen, ein Musikunterricht, der vor 20, 25, 30 oder 35 Jahren stattfand. Dabei ist festzustellen, dass diese Erinnerungen nicht ausschließlich positiv sind und oft weit entfernt von damals aktuellen musikdidaktischen Konzeptionen und Forderungen an einen guten Musikunterricht bleiben.

Es ist außerdem zu bemerken, dass nicht nur das Durchschnittsalter der heutigen Lehrkräfte bei etwa 50 Jahren liegt, sondern sich auch der höchste Anteil in dieser Altersgruppe befindet. Das bedeutet, dass die in der Ausbildung vermittelten und prägenden musikpädagogischen Orientierungen bei einer Vielzahl von Kollegen zu Beginn der siebziger Jahre stattgefunden haben und so vermutlich bis heute, meist unreflektiert, weiterwirken.

Bei der Betrachtung der schulmusikalischen Entwicklung an den bayerischen Gymnasien in den siebziger Jahren stellen sich folgende zentrale Fragen:

- Welche bildungspolitischen Entscheidungen wurden getroffen, schufen damit die Rahmenbedingungen und beeinflussten damit auf ihre Weise den Musikunterricht?
- Welche Forderungen wurden an den Musikunterricht gestellt?
- Welche musikdidaktischen Positionen wurden in Bayern in den siebziger Jahren aufgegriffen, verwendet und fanden somit Eingang in Lehreraus- und -fortbildung?

[3] Fenninger, Josef: Untersuchung zum schulischen Musikunterricht in Bayern vom Ende des Zweiten Weltkriegs bis zum Beginn der siebziger Jahre (= Beiträge zur Geschichte der Musikpädagogik Band 5). Frankfurt/Main 1997.

[4] Derartige Begriffe werden im vorliegenden Text stets geschlechtsneutral verwendet.

- Mit welchen Problemen hatten der Musikunterricht und die Musiklehrkräfte zu kämpfen?
- Welche Ideen und Umstände prägten den Musikunterricht?
- Welche Folgeerscheinungen sind davon im heutigen Musikunterricht unter Umständen noch zu spüren?
- Welche Bedeutung hatte der vbs für die bayerische Schulmusik und welchen Einfluss konnte er in den siebziger Jahren geltend machen?

Daraus abgeleitet gilt es folgende Hypothesen in dieser Arbeit zu diskutieren:
1. Verlief die schulmusikalische Entwicklung in Bayern anders als in den anderen Bundesländern oder vollzogen sich die Entwicklungen zeitlich verschoben?
2. Hatten die überlieferten bayerischen Besonderheiten im Bildungssystem Bestand oder wurden sie gar verfestigt?
3. Wurden die in der Lehrerausbildung in den zwanziger Jahren gegründeten und seitdem eingeschlagenen Wege unreflektiert weitergeführt, ohne neue wissenschaftliche Erkenntnisse zu berücksichtigen?
4. Nahm die musikalische Tradition im schulischen Musikunterricht eine bedeutende Rolle ein und war die Entwicklung der Rock- und Popmusik und der Einfluss der aufkommenden Medien weniger von Bedeutung?
5. Wurden bayerische Einflüsse und Ideen in die Diskussion von anderen Bundesländern aufgenommen?
6. Fanden die in den anderen Bundesländern im Bildungsbereich aufkommenden Reformwünsche einen Widerhall, waren aber die sich in der Unterrichtsrealität ergebenden Probleme und Schwierigkeiten die gleichen wie in den anderen Bundesländern?
7. Beeinflussten die Vorstandsmitglieder des vbs mit ihren eigenen Standpunkten und persönlichen Überzeugungen die schulmusikalische Entwicklung?
8. Machte der vbs in fachlich-musikpädagogischer wie auch in standesgemäß-fachpolitischer Hinsicht seinen Einfluss auf die Entwicklung des Musikunterrichts an den allgemein bildenden Schulen, insbesondere an den Gymnasien, geltend?

Diese Hypothesen implizieren eine Vielzahl von Einzelfragen, deren Beantwortung im Verlauf der Arbeit angestrebt wird. Insbesondere soll dabei den folgenden Fragestellungen nachgegangen werden:
- Welchen Einfluss hatten die geschichtlichen Entwicklungen nach dem Zweiten Weltkrieg auf die Zeit nach 1970? Welche Voraussetzungen führten dabei zu den vorgefundenen Gegebenheiten und zur weiteren Entwicklung?
- Welche schulpolitischen und kultusministeriellen Entscheidungen prägten als verbindlicher Rahmen den Musikunterricht an den bayerischen Gymnasien?

- Welche Fortbildungsmöglichkeiten boten sich in den siebziger Jahren den bayerischen Schulmusikern?
- Wie gestaltete sich in Bayern die Entwicklung und Umsetzung eines Curriculums beziehungsweise eines Curricularen Lehrplans?
- Welche Aufgaben und Aktivitäten übernahm der vbs im Rahmen der Entwicklung der bayerischen Schulmusik in den siebziger Jahren? Welche Gestaltungsmöglichkeiten wurden genutzt?
- Bestanden Unterschiede zwischen bayerischen Lieder- und Musikbüchern und solchen, die nicht oder nicht ausschließlich für bayerische Schulen konzipiert worden waren?
- Welche Reaktionen von Schülerinnen oder Schülern auf den Musikunterricht wurden festgestellt?
- Wo lagen die standespolitischen Probleme der Schulmusiker und welche Anstrengungen wurden unternommen, um diese Probleme zu lösen? Welche Lösungen wurden schließlich gefunden?

Als Untersuchungszeitraum der vorliegenden Arbeit werden die Jahre 1970 bis 1981 schwerpunktmäßig herangezogen. Es handelt sich dabei um eine Zeit gravierender Entwicklungen und Entscheidungen innerhalb der Bildungspolitik. Es ist festzustellen, dass zu Beginn der siebziger Jahren ein neues Vokabular mit Begriffen wie „Curriculum", „Lernziele" oder „Lernzielkontrolle" im erziehungswissenschaftlichen Bereich geprägt worden ist, das noch heute von Bedeutung ist.[5] Wenn sich auch die ab Mitte der achtziger Jahre neuen Lehrpläne vom Prinzip des „Curricularen Lehrplans" immer mehr entfernt haben, so ist doch festzustellen, dass dieses Prinzip noch heute in der Unterrichtswirklichkeit eine Rolle spielt. Es war zugleich die Zeit, in der der vbs als musikpädagogischer Fachverband die schulmusikalische Entwicklung in Bayern maßgeblich mitgestaltete.

Um die Entwicklung des Musikunterrichts in dieser Zeit zu beurteilen, ist schließlich folgender Gedanke von Bedeutung: Durch den Zusammenschluss des Verbandes der Singschulen und der Arbeitsgemeinschaft der Musikschulen und damit der Gründung des Verbandes Bayerischer Sing- und Musikschulen (VBSM) im Jahr 1970 durch Fritz Büchtger wurden für die außerschulische Musikerziehung neue Wege beschritten. Damit war ein wichtiger Grundstein für zukünftige Entwicklungen gelegt, die den schulischen Musikunterricht ihrerseits beeinflussten.

[5] Vgl. Maas, Georg: Zwischen Gegenwartsbewältigung und Zukunftsgestaltung – Die Bundesschulmusikwochen von 1955 bis 1988, in: Musik und Bildung. Mainz 4-5/1989, S. 219.

Zu Beginn der achtziger Jahre war ein erneuter gesellschaftlicher Umbruch festzustellen, wobei auch die entwickelten Strukturen neu überdacht wurden,[6] so dass mit dem Jahr 1981 ein tatsächlicher Abschluss der aufzuzeigenden Entwicklungen stattfand.

Die Quellenlage bis zum Jahr 1970 muss insgesamt als dürftig bezeichnet werden; außer den ab 1949 herausgegebenen Rundschreiben des vbs finden sich in den Archiven des Verbandes nur sehr wenige Schriftstücke aus der Zeit vor 1970. Mit der Wahl von Heinz Benker zum Vorsitzenden im Jahr 1970 und der von ihm ab 1970 im größeren Umfang herausgegebenen Rundschreiben und schließlich mit den Verbandsmitteilungen innerhalb der Neuen Musikzeitung (NMZ) ab 1973 verbessert sich die Quellensituation an Primärquellen zunehmend. Briefe und Schriftstücke des Vorstandes sowie Programmhefte einzelner Veranstaltungen ergänzen diese Quellen. Ebenfalls stehen für die Entwicklung ab 1970 Zeitzeugen zur Verfügung. Die rein ehrenamtliche Tätigkeit der Vorstandsmitglieder und die Wechsel innerhalb der Vorstandschaft brachten es mit sich, dass für die wissenschaftliche Forschung wichtige Quellen innerhalb der Verbandsarbeit vernichtet wurden, sobald sie nicht mehr benötigt erschienen. Deshalb ist es unerlässlich, sich dieser Thematik unverzüglich zuzuwenden, bevor die Gesamtentwicklung nicht mehr nachvollziehbar ist und gravierende Lücken nicht mehr geschlossen werden können.

In methodologischer Hinsicht wurden in der vorliegen Arbeit neben Primär- und Sekundärquellen auch Dokumente der Zeit und halbstrukturierte Interviews herangezogen, um ein möglichst breites Blickfeld zu bekommen. Der Autor bezieht sich im Quellenstudium in erster Linie auf das Amtsblatt des Bayerischen Staatsministerium für Unterricht und Kultus, dem Beiblatt zum Amtsblatt, die Rundbriefe und Verbandsseiten des vbs in der Neuen Musikzeitung, Veröffentlichungen innerhalb anderer musikpädagogischer Zeitschriften, in der Zeit entstandene Briefe, Dokumente, Bücher und weitere Schriftstücke. Damit soll nicht nur eine Fortsetzung der Chronologie der bereits bestehenden Werke zusammengestellt, sondern gleichzeitig auch der Gesamtzusammenhang einbezogen und aufgezeigt werden. Unterschiedliche Sachverhalte miteinander in Beziehung zu setzen und damit die Vielfalt der gymnasialen Schulmusik der siebziger Jahre zu verdeutlichen, helfen somit, ein objektives Zeitbild herzustellen.

[6] Vgl. Jacoby, Richard: Aufgaben und Funktionen des Schulmusikerziehers in den 80er und 90er Jahren, in: Musik und Bildung. Mainz 9/1981, S. 566.

I Schlaglichter auf geschichtliche Entwicklungen der Schulmusik bis 1970

1. Gesellschaftliche und schulpolitische Gegebenheiten und Veränderungen in Deutschland und Bayern

Um die gymnasiale Schulmusik in Bayern in den siebziger Jahren besser zu verstehen, ist es zunächst notwendig, in einem einleitenden Kapitel (Abschnitt I) die sich bis dahin vollzogene Entwicklung zusammenzufassen. Dazu werden gesellschaftliche, allgemein schul- und bildungspolitische (Kapitel I 1) wie auch musikpädagogische Aspekte (Kapitel I 2) ebenso untersucht wie die die gymnasiale Schulmusik und den Musikunterricht betreffenden gesetzlichen Regelungen und Bestimmungen (Kapitel I 3).

„Freistaat Bayern" steht auf den ovalen Emailleschildern an den bayerischen Landesgrenzen. Manche Besucher empfinden dies als Kuriosum, andere als Ärgernis, scheint doch ein derart zur Schau gestelltes Selbstbewusstsein nur schlecht in das Bild eines zusammenwachsenden Europas im 21. Jahrhundert zu passen. Die historische Bezeichnung „Freistaat" beinhaltet allerdings kein bayerisches Sonderrecht, sondern meint lediglich als Übersetzung des Fremdwortes „Republik", dass Bayern eben kein monarchischer, sondern ein republikanischer Staat ist. Es war der vom provisorischen Nationalrat zum Ministerpräsidenten gewählte Kurt Eisner (USPD), der Bayern am 8. November 1918 zum „Freistaat" erklärte, eine Bezeichnung, die bis heute weitergeführt wird.

Es ist eine Vermutung, dass sich das Frei-Staatsbewusstsein der Bayern auf rund 1.300 Jahre ununterbrochener staatlicher Existenz mit einem wechselvollen Spannungsverhältnis zum übrigen Deutschland begründet. Das Kernland Altbayern, das noch mehr als die Hälfte des heutigen Staatsgebietes ausmacht, ist immerhin das älteste staatliche Gebilde im ganzen deutschen Volksraum. Bereits im sechsten Jahrhundert war der bayerische Raum in den fränkischen Machtbereich gelangt. Gleichwohl hatten aber die bayerischen Herzöge ihrem Land ein wesentlich höheres Maß an Selbstständigkeit bewahrt als ihre westgermanischen Nachbarn: Ein Tatbestand, der über die Jahrhunderte bis heute von Gültigkeit ist. So zahlten die Bayern den Franken keinen Tribut. Bereits damals wurden politische und kulturelle Grundlinien erkennbar, die bis in unsere Tage Parallelen finden: Der unbändige Freiheitswille der Bayern und ihre Lust nach, oftmals verwegenen, Alleingängen.

Die Geschichte des modernen Bayern begann 1806. Nach dem Untergang des Heiligen Römischen Reiches Deutscher Nation wurde Bayern Königreich. Minister Montgelas wendete in einer politisch unruhigen Zeit die Gefahren für Bayerns Selbstständigkeit ab und vollführte eine Neuordnung des Staatswesens. Bereits 1818 erhielt Bayern im Rahmen liberaler Bestrebungen (nach den Kleinfürstentümern Nassau und Weimar) als erster deutscher Staat eine eigene Verfassung. In anderen deutschen Ländern dauerte dies dreißig Jahre länger und bedurfte des revolutionären Drucks von 1848, bis ähnliche Schritte vollzogen wurden.

Kämpfte Bayern noch 1866/67 an der Seite Österreichs gegen Preußen, trat es nach dem deutsch-französischen Krieg in das neu gegründete Kaiserreich ein. Nach dem Zusammenschluss des Norddeutschen Bundes und der süddeutschen Länder 1871 in einem gemeinsamen Deutschen Reich und der Proklamation des Königs von Preußen zum Deutschen Kaiser begann ein neuer Abschnitt der deutschen und der bayerischen Geschichte. Das neue Reich war ein Bundesstaat, in dem die einzelnen Fürsten ihre Souveränität behielten. Auf die Politik konnten sie noch über den Bundesrat, also die Länderkammer, einen gewissen Einfluss nehmen. Bismarcks Reichsgründung konnte allerdings erst perfekt werden, als er Ludwig II mit finanziellen Zuwendungen dazu gewann, dem Preußenkönig die deutsche Kaiserkrone anzutragen.

Dem Bayerischen König wurde erst nachträglich sein Zugeständnis bewusst. Trotz jährlicher Zahlungen aus Berlin blieb er dem Reich innerlich feindlich gegenüber gestellt, eine Haltung, die sich auch auf das Volk übertrug. Gleichwohl waren Bayerns Vorrechte in der Reichsverfassung geschützt worden: Ebenso wie Württemberg wurde Bayern Reservatrechte im Militär-, Post- und Steuerwesen zugestanden. Schließlich verschärfte der Kulturkampf die Gegnerschaft zwischen Bayern und dem Reich vehement. Auch nach Ludwigs Tod kam es in Folge divergierender Staatsauffassungen im Verhältnis zwischen Bayern und dem Reich beziehungsweise den Wittelsbachern und den Hohenzollern immer wieder zu Auseinandersetzungen. In dieser Zeit betonte auch der bayerische Prinzregent Luitpold stets die Eigenständigkeit seines Landes, eine Eigenständigkeit, die sich insbesondere in einer bis heute bestehenden unabhängigen Kultur- und Bildungspolitik zeigte.

So wie Bayern vor und nach 1871 im Reich eine Sonderstellung eingenommen und eine eigene Politik verfolgt hatte, so zeigte auch die Revolution von 1918 in Bayern gegenüber den Ereignissen im übrigen Deutschland ein eigenes Gesicht. Noch vor der Revolution in Berlin war Bayern eine Republik geworden. In Folge der Wirren nach dem Ersten Weltkrieg geriet Bayern in den Sog monarchistischer, antirepublikanischer und auch rechtsradikaler Kräfte. Die zentralistischen Absichten der Reichsregierung in Berlin stießen im überwiegend föderalistisch gesinnten Bayern auf entschiedene Gegenwehr und führten in der Folgezeit zu immer größeren Konflikten mit der Zentralregierung. Auch der Hitler-Putsch von

1923 war eine Folge des gespannten Verhältnisses zwischen dem Deutschen Reich und Bayern.

Nach Kriegsende 1945 wurde Bayern als erstes Land wieder neu geschaffen. Abgesehen vom Verlust der Pfalz wurde es in seinem territorialen Bestand nicht berührt. Welche Bedeutung hat nun diese historische Entwicklung, verbunden mit dem Willen nach Eigen- und Selbstständigkeit auf die hier interessierenden Bereiche Unterricht, Bildung und Kultur?

Aufgabe von Schule und Bildung ist es seit jeher, die jungen Menschen so zu bilden und zu qualifizieren, dass sie mit Erfolg die Anforderungen der Zukunft bewältigen können. Wie alle anderen Unterrichtfächer ist auch das Fach Musik an diesem Anspruch zu messen.

Das Gymnasium sah sich im deutschen Reichsgebiet seit den Zeiten Humboldts einem bildungspolitischen Dualismus zwischen dem Streben nach zweckfreier Geistesbildung einerseits und der Forderung nach einer zweckorientierten Brauchbarkeit und beruflichen Verwertbarkeit andererseits ausgesetzt. Zurückzuführen ist dieser Zwiespalt auf seine Entstehungszeit, eine Zeit des geistigen Idealismus und der Griechenbegeisterung wie auch eine Zeit einer einsetzenden Realienbewegung. Von Anfang an musste das Gymnasium zwischen diesen beiden Polen seinen Weg finden. Als Idee des modernen Gymnasiums ist so die Verbindung zwischen Humanismus und Realismus, von Literarisch-Philosophischem und Naturwissenschaftlich-Technischem zu werten. Es war diese Verbindung von Inhalten, die seit Beginn des 19. Jahrhunderts Fächerstruktur, Stundentafel und Dauer des Gymnasiums bestimmte.

Das Gymnasium verstand sich aber nicht als Selbstzweck, sondern als Vorstufe zu seinem eigentlichen Ziel, nämlich dem eines Studiums. Der Besuch eines Gymnasiums und die Absolvierung eines daran sich anschließenden Studiums galten als einheitlicher Bildungsgang. Die Eignung für ein Studium wurde nicht fachspezifisch definiert, sondern in einem umfassenderen Sinn, der Persönlichkeitsbildung mit einschloss und den man als „Reife" bezeichnete. Erworben wurde diese Reife durch die Beschäftigung mit Gegenständen, deren praktischer Nutzwert nicht im Vordergrund stand, sondern von denen man annahm, dass sie eine entsprechende geistige Herausforderung darstellten und daher den Menschen im Sinn der erstrebten Reife zu bilden geeignet waren. Daher stammte die starke Betonung von Latein und Griechisch am humanistischen Gymnasium, aber auch von Latein und Mathematik am Realgymnasium. Musik war als eigentliches Schulfach an beiden Gymnasialtypen im 19. Jahrhundert nicht verankert, woraus zu schließen ist, dass der dem Fach Musik innewohnende und heute anerkannte Bildungswert weder gesehen noch berücksichtigt wurde.

Ende der sechziger Jahre des vergangenen Jahrhunderts schlugen sich starke Umwälzungen und Veränderungen besonders auf die gesellschafts- und bildungspolitische Situation nieder.[7] Es waren Veränderungen im historischen Ablauf der damals noch jungen Geschichte der Bundesrepublik Deutschland, die diesen Staat seit seiner Gründung im Jahr 1949 zum ersten Mal von Grund auf veränderten:

- Regierungswechsel und damit Regierungsübernahme der sozialliberalen Koalition (1969)
- Moskauer Vertrag, Warschauer Vertrag, Treffen der beiden deutschen Regierungschefs in Erfurt und Kassel (1970)
- Ostverträge (1972)
- Beitritt der Bundesrepublik Deutschland und der Deutschen Demokratischen Republik zu den Vereinten Nationen (1973)

Die gesellschaftlichen Veränderungen, die heute unter dem Begriff „68-er" zusammengefasst werden, bedeuteten auch wesentliche Veränderungen im Leben von Schülern, Jugendlichen und jugendlichen Teilkulturen. Die erstmals von einer SPD-FDP-Koalition geführte Bundesregierung legte 1970 einen „Bericht zur Bildungspolitik" vor. Der Deutsche Bildungsrat nahm in seinem „Strukturplan für das Bildungswesen" die darin enthaltene Forderung nach Schaffung von Gesamtschulen mit auf.[8]

Die außerparlamentarische Opposition dieser Zeit hatte ihren eigenen Einfluss auf laufende Liberalisierungs- und Modernisierungsprozesse der Gesellschaft. Von Bedeutung waren daneben auch soziale Transformationen innerhalb der Gesellschaft selbst. Das Wirtschaftswunder war abgeschlossen, und das eher landwirtschaftlich geprägte Bayern wandelte sich zum Industriestaat. Der Dienstleistungssektor gewann neben der expandierenden Industriegesellschaft immer mehr an Bedeutung. Die Entklerikalisierung bedeutete zusehends bildungspolitische Veränderungen. Damit setzte in Bayern eine Krise des Katholizismus ein, die sich dadurch bemerkbar machte, dass die Schülerzahlen an den Konfessionsschulen immer mehr zurückgingen.[9]

In dieser Zeit prägten die sich in der Pop- und Rockmusik abzeichnenden neuen Maßstäbe zusehends Kultur und Lebensweise. Radio- und Fernsehgeräte un-

---

[7] Vgl. Reble, Albert: Geschichte der Pädagogik. Stuttgart 2002[20], S. 282, 346 f.
[8] Vgl. Deutscher Bildungsrat: Strukturplan für das Bildungswesen. Stuttgart 1970.
[9] Vgl. Reble, Albert: Geschichte der Pädagogik. Stuttgart 2002[20], S. 343.

terstützten den Einfluss der Medien, besonders auf die junge Generation.[10] Eine immer stärkere Beeinflussung geschah insbesondere durch die Musik in den akustischen Massenmedien.[11]

Bereits zwischen 1960 und 1965 hatte sich das wissenschaftliche Personal an den Hochschulen in Bayern verdoppelt.[12] Gleichzeitig entstanden vor allem im norddeutschen Raum umfangreiche Pläne für Reformuniversitäten. In ganz Deutschland fiel das alte Bildungsprivileg einzelner Schichten; auch „katholische Bauernsöhne“ und Kinder „sozialdemokratisch gesinnter Arbeiter“ besuchten jetzt die Gymnasien oder zumindest die Realschulen vor Ort.[13]

Durch diesen gesellschaftlichen Wandel bedingt, setzte zu Beginn der siebziger Jahre in Bayern eine Welle von Neugründungen weiterführender Schulen ein. Nach dem Motto des damaligen bayerischen Kultusministers Ludwig Huber „Es ist besser, die Schulen gehen auf das Land, als die Kinder in die Stadt.“[14] wurden sowohl in soziogeographischer wie auch in ökonomischer Hinsicht die Voraussetzungen geschaffen, Inhalte höherer Bildung, somit also auch Inhalte von Musikunterricht der höheren Lehranstalten, an Bevölkerungsschichten weiterzugeben, die bislang davon unberührt bleiben mussten. Gleichzeitig setzte eine Neuorientierung der berufsbezogenen Bildung ein. So schlug der Deutsche Bildungsrat 1970 das sogenannte „Berufsgrundbildungsjahr“ vor, das als vollzeitschulisches und obligatorisches Schuljahr nach dem Abschluss der Sekundarstufe I von allen Schülern fortan besucht werden musste, die nicht in die Oberstufe des Gymnasiums eintraten.[15]

Neue Inhalte und Methoden wurden in die einzelnen Unterrichtsfächer aller Schularten aufgenommen und veränderten das vorhandene Bild von Schule. Die Entwicklung und Einrichtung der Sprachlabors zum Erlernen von Fremdspra-

---

[10] Vgl. Heitger, Marian (Hg.): Medien und Pädagogik (= Grundfragen der Pädagogik der Gegenwart Band 2). Wien 1981, S. 7.

[11] Vgl. Binkowski, Bernhard: Zur Geschichte des vds – Die siebziger Jahre, in: Musik und Bildung. Mainz 4-5/1989, S. 211.

[12] Vgl. Reble, Albert: Geschichte der Pädagogik. Stuttgart 2002^{20}, S. 333 und Walter, Franz: Revolutionär, libertär oder nur pubertär? – Die 68-er, in: Civis mit Sonde 3/99. Erlangen 1999, S. 20.

[13] Vgl. Blankertz, Herwig: Die Geschichte der Pädagogik. Wetzlar 1982, S. 244 ff und Reble, Albert: Geschichte der Pädagogik. Stuttgart 2002^{20}, S. 335.

[14] Vgl. Schardt, Alois/Brauneiser, Manfred: Zwischenbilanz der Bildungspolitik. München 1967, S. 238.

[15] Vgl. Mack, Wolfgang: Dschungelpfade in: Friedrich-Verlag (Hg.): Schüler 2000-Arbeit. Seelze 2000, S. 110 f.

chen[16] belegt dies ebenso wie der Einzug der „Mengenlehre“ in den Mathematikunterricht.[17]

Infolge einer starken Geburtenzunahme bis Mitte der sechziger Jahre und eines zunehmenden Übertrittsverhaltens insbesondere an die Gymnasien, wuchs auch die Zahl der Neugründungen von weiterführenden Schulen ab 1970 in Bayern an. Die folgende Tabelle zeigt die Anzahl der Neugründungen von Gymnasien und Realschulen:

Gründungsdatum	Gymnasien	Realschulen
1. August 1970	11[18]	10[19]
1. August 1971	12[20]	11[21]
1. August 1972	6[22]	6[23]
1. August 1973	9[24]	6[25]
1. August 1974	11[26]	8[27]
1. August 1975	4[28]	0[29]

Eine genaue Planung der Vorgehensweise bei der Neugründung von Schulen war den jährlich neu veröffentlichten „Bekanntmachungen der Fortschreibung des Schulentwicklungsplans für die mittleren Schulen und Gymnasien“ zu entnehmen.[30]

Auch in der zweiten Hälfte der siebziger Jahre gab es in Bayern noch einen erheblichen Gesamtbedarf für die Errichtung oder Erweiterung von Gymnasien

[16] Vgl. King, Paul E./Mathieu, Gustave/Holton, James P.: Technik und Arbeitsformen des Sprachlabors Berlin, Bielefeld 1965, S. 7 ff.
[17] Vgl. Amtsblatt des Bayerischen Staatsministeriums für Unterricht und Kultus (im Folgenden zitiert: Amtsblatt) Nr. 1/1969 vom 24. Januar 1969, S. 8 ff.
[18] Vgl. Amtsblatt Nr. 11/1970 vom 15. Juni 1970, S. 270 f.
[19] Vgl. Amtsblatt Nr. 14/1970 vom 21. Juli 1970, S. 335 f.
[20] Vgl. Amtsblatt Nr. 13/1971 vom 14. Juli 1971, S. 558 ff.
[21] Vgl. Amtsblatt Nr. 21/1971 vom 8. November 1971, S. 982.
[22] Vgl. Amtsblatt Nr. 12/1972 vom 12. Juli 1972, S. 619.
[23] Vgl. Amtsblatt Nr. 20/1972 vom 13. November 1972, S. 1257.
[24] Vgl. Amtsblatt Nr. 12/1973 vom 27. Juli 1973, S. 635.
[25] Vgl. Amtsblatt Nr. 14/1973 vom 3. September 1973, S. 792.
[26] Vgl. Amtsblatt Nr. 12/1974 vom 28. Juni 1974, S. 858 f.
[27] Vgl. Amtsblatt Nr. 24/1974 vom 5. November 1974, S. 1634.
[28] Vgl. Amtsblatt Nr. 17/1975 vom 25. September 1975, S. 1646.
[29] Vgl. Amtsblatt Nr. 13/1975 vom 31. Juli 1975, S. 1397.
[30] Vgl. Amtsblatt Nr. 2/1971 vom 2. Februar 1971, S. 104 ff, Amtsblatt Nr. 8/1972 vom 5. Mai 1972, S. 423 ff und Amtsblatt Nr. 9/1973 vom 29. Mai 1973, S. 521 ff.

und Realschulen. Die folgende Tabelle zeigt den noch offenen Bedarf der neu zu gründenden Gymnasien und Realschulen:

Schuljahr	Gymnasien	Realschulen
1974/75[31]	42	41
1975/76[32]	37	34
1976/77[33]	31	30
1977/78[34]	24	21

Nachdem viele weiterführende Schulen ihren Betrieb aufgenommen hatten, nahm gegen Ende der siebziger Jahre der Gesamtbedarf für die Neugründung oder Erweiterung von Gymnasien und Realschulen kontinuierlich ab:

Schuljahr	Gymnasien	Realschulen
1978/79[35]	17	19
1979/80[36]	15	19
1980/81[37]	17	17

Zu Beginn der achtziger Jahre ging der Bedarf in Folge des Geburtenrückgangs ab Mitte der sechziger Jahre einerseits, aber auch in Folge einer erreichten Sättigung andererseits weiter zurück:

Schuljahr	Gymnasien	Realschulen
1981/82[38]	14	13
1982/83[39]	10	13
1983/84[40]	6	12

---

[31] Vgl. Amtsblatt Nr. 9/1974 vom 15. Mai 1974, S. 653.
[32] Vgl. Amtsblatt Nr. 11/1975 vom 18. Juni 1975, S. 1181.
[33] Vgl. Amtsblatt Nr. 5/1976 vom 14. April 1976, S. 82.
[34] Vgl. Amtsblatt Nr. 12/1977 vom 22. Juli 1977, S. 418.
[35] Vgl. Amtsblatt Nr. 8/1978 vom 26. Mai 1978, S. 118.
[36] Vgl. Amtsblatt Nr. 9/1979 vom 30. Mai 1979, S. 186 f.
[37] Vgl. Amtsblatt Nr. 10/1980 vom 30. Juni 1980, S. 445.
[38] Vgl. Amtsblatt Nr. 14/1981 vom 6. August 1981, S. 480.
[39] Vgl. Amtsblatt Nr. 11/1982 vom 25. Juni 1982, S. 273.
[40] Vgl. Amtsblatt Nr. 19/1983 vom 5. September 1983, S. 753.

Diesem offenen Bedarf konnte aber, auch infolge fehlender Finanzen des Staates, nicht mehr entsprochen werden.[41]

[41] Zur Gesamtentwicklung der Zahl der bayerischen Schulen von 1955 bis 2000 vgl. auch Bayerisches Staatsministerium für Unterricht und Kultus (Hg.): Schule und Bildung 2000. München 2000.

2. Musikpädagogische Diskussionen im Kontext der Zeit

Der Wunsch, die kognitiven Anteile im Musikunterricht zu erhöhen, prägte die bildungspolitische Diskussion um den Musikunterricht zu Beginn der siebziger Jahre.[42] Dies lag zum einen in einem eigenständigen und fachimmanenten Anspruch begründet, zum anderen auch in der Tatsache, dass das Fach, vor allem bei den Fragen bezüglich der Kollegstufe als der neuen Oberstufe des Gymnasiums, im direkten Vergleich zu den anderen Fächern stand und mit diesen in jeder Hinsicht konkurrieren wollte und musste. Ziel war es, eine Balance zwischen konkreter Erfahrung und Reflexion zu erreichen. Damit setzte ein Umdenken ein, das sowohl den reinen „Singunterricht" wie auch einer einseitigen „Kunstwerkorientierung" schnell der Vergangenheit angehören ließen.

Diese neue Form des pädagogischen Denkens war auch aus dem praktischen Umgang mit der Musik entstanden. Sie bedeutete eine Abkehr vom Kunstwerk und eine Hinwendung zum Schüler und damit gleichzeitig einen Paradigmenwechsel. Jeder Schüler sollte nun selbstständig seine eigenen Erfahrungen sammeln können und als Individuum gewertet werden. Jede Erscheinungsform von Musik konnte thematisiert werden, und es stellte sich für die Schulmusiker die Frage der Auswahl. Sowohl das Konzept des „Nur-Singens" wie auch die „Orientierung am Kunstwerk"[43] mussten pluralistischen Aspekten weichen.

Es kann an dieser Stelle nicht darum gehen, lange manifestierte Diskussionen um musikpädagogische Konzeptionen zu wiederholen. Es ist lediglich ein Schlaglicht auf den notwendigen Kontext zu richten, in dem die gymnasiale bayerische Schulmusik entsprechend zu agieren bzw. zu reagieren hatte. Zum besseren Verständnis der historischen Entwicklung dient eine kurze Übersicht über wichtige musikpädagogische Konzeptionen in Deutschland bis zum Beginn der siebziger Jahre:[44]

---

[42] Vgl. Gruhn, Wilfried: Geschichte der Musikerziehung. Hofheim 1993, S. 301 ff.

[43] Vgl. Alt, Michael: Das musikalische Kunstwerk II. Düsseldorf 1965.

[44] Vgl. Weber, Martin: Musikpädagogik im Zeichen des Pluralismus. Hannover 1997; zur Einschätzung der Schulbücher vgl. auch Gieseler, Walter: Orientierung am musikalischen Kunstwerk oder: Musik als Ernstfall, in: Schmidt, Hans-Christian (Hg.): Geschichte der Musikpädagogik (= Handbuch der Musikpädagogik Band 1). Kassel 1986, S. 202 ff. Die für die bayerische Entwicklung wesentlichen Ansätze werden im Folgenden näher dargestellt.

Konzeption	Autor	Veröffentlichungen
Musische Bildung	Fritz Jöde	Musik und Erziehung (1924)[45]
	Carl Orff	Schulwerk (1950 ff)[46]
Orientierung am Kunstwerk	Michael Alt	Das musikalische Kunstwerk (1965)[47] Didaktik der Musik (1968)[48]
	Dankmar Venus	Unterweisung im Musikhören (1969)[49]
	Heinz Antholz	Unterricht in Musik (1970)[50]
	Helmuth Hopf u. a.	Lehrbuch der Musik (1970 ff)[51]

Vor und nach 1945 stand das Singen im Zentrum jeglichen Musikunterrichtes. Wurde der Gesang im Dritten Reich in ideologisierender Hinsicht zweckentfremdet, so war nach 1945 Hauptaufgabe des Musikunterrichtes eine eher unkritische Umgangsweise mit idealisierenden Inhalten: Heimat und Vaterland, aber auch die musikgeschichtliche Entwicklung wurden unkritisch übernommen. Lieder dienten, einem allgemeinen Rückgriff auf frühere Jahrhunderte entsprechend, auch nach dem Zweiten Weltkrieg nicht der Darstellung von musikalischen Sachverhalten oder ihrer pädagogischen Wirkung durch musikalische Sachzwänge.

Betrachtet man die Situation, zeichnet sich hier ein typisches Wesensmerkmal des bayerischen Musikunterrichtes und damit ein deutlicher Unterschied zu anderen Bundesländern ab, nämlich die Bedeutung der praktischen Anteile im Unterricht, sei es der bereits erwähnte, an den Gymnasien mögliche Instrumental-

[45] Jöde, Fritz: Musik und Erziehung. Wolfenbüttel 1924[2].
[46] Orff, Carl: Schulwerk – Musik für Kinder: Band I bis V. Mainz 1950 bis 1954.
[47] Alt, Michael: Das musikalische Kunstwerk II. Düsseldorf 1965.
[48] Alt, Michael: Didaktik der Musik. Düsseldorf 1968.
[49] Venus, Dankmar: Unterweisung im Musikhören. Wuppertal 1969.
[50] Antholz, Heinz: Unterricht in Musik. Düsseldorf 1970. Als Ziel des Musikunterrichts setzte Antholz die von ihm sog. „Introduktion in Musikkultur".
[51] Hopf, Helmuth/Rauhe, Hermann/Krützfeld-Junker, Hildegard: Lehrbuch der Musik – Band 1 bis 3. Wolfenbüttel 1970 bis 1972.

unterricht oder auch das nie verschwundene Singen im Klassenunterricht.[52] Der Musikunterricht der „Musischen Bildung“ versteht sich in erster Linie als Ausgleich und Gegengewicht zu den sog. wissenschaftlichen Fächern in der Schule. Eine Abneigung gegenüber Reflexion im Musikunterricht lässt sich daraus ebenso deuten wie eine allgemeine Technikfeindlichkeit.[53]

Die Orffbewegung setzte sich in den fünfziger Jahren in Bayern nur langsam durch, nicht nur als Möglichkeit für die Begleitung von Liedern, sondern als einheitliche Konzeption. Orff baute in seinen Liedtexten und Musizierstücken für Kinder eine eigene Welt auf, die im Kontext der „Musischen Bildung“ zu sehen ist. Die musikalische Qualität seiner Stücke, sein methodischer Einfallsreichtum, der konsequente Aufbau seines Lehrwerks und die grundlegende Neuplanung einer musikpädagogischen Konzeption setzten wichtige Impulse für die Zukunft. Den didaktischen Konzepten, die das Einsetzen von Orff-Instrumenten propagieren, muss dennoch entgegengehalten werden, dass die im Ergebnis zum Klingen gebrachte Musik ausschließlich im schulischen Zusammenhang, nicht aber in einer realen Musikwelt existierte.[54]

In den fünfziger Jahren setzte aber gleichzeitig eine allgemeine Kritik an der „Musischen Bildung“ ein. Besonders deutlich wurde dies 1954 in Adornos „Thesen gegen die ‘musikpädagogische Musik’“[55] und in der bereits 1952 von ihm formulierten „Kritik des Musikanten“.[56] Der Ansatz von Adorno, sich für eine am Kunstwerk orientierte Musikerziehung einzusetzen, verhärtete die unterschiedlichen Positionen. Twittenhoff ist hier anzuführen, der das Ziel hatte, einen am Volkslied orientierten Musikunterricht vor allem im Bereich der Volksschule zu retten.[57] Für den Musikunterricht in Bayern blieb sowohl Adornos Kritik wie auch die sich daraus ergebende Diskussion ohne Bedeutung.[58]

Trotz dieser Versuche geriet das Liedsingen als Mittelpunkt des Musikunterrichtes langsam in die Krise. Seit den sechziger Jahren war der Musikunterricht eher rezeptiv geprägt und sollte vom musikalischen Kunstwerk ausgehen. Das neue Ziel des Musikunterrichtes war der „mündige Hörer“. Hauptvertreter dieser

---

[52] Interview mit Adolf H. Gärtner vom 13. März 2001.

[53] Vgl. Amtsblatt Nr. 16/1964 vom 26. August 1964: Lehrpläne für Höhere Schulen in Bayern – Musik, erster Satz, S. 457: „Das Bildungsziel der Musikerziehung an den Höheren Schulen ist die allseitige Weckung und Entfaltung der musikalischen Anlagen.“

[54] Vgl. Adorno, Theodor W.: Thesen gegen die ‘musikpädagogische Musik’, in: Junge Musik 4/1954, Wolfenbüttel und Mainz 1954, S. 111 ff.

[55] Ebd.

[56] Adorno, Theodor W.: Kritik des Musikanten, in: Dissonanzen, Göttingen 1956, S. 62 ff.

[57] Vgl. Twittenhoff, Wilhelm: Stellungnahmen zu den „Thesen gegen die musikpädagogische Musik“ von Theodor W. Adorno, in: Junge Musik 6/1954. Wolfenbüttel und Mainz 1954. S. 185 ff.

[58] Interview mit Heinz Benker vom 4. Februar 1999.

am Kunstwerk orientierten Musikpädagogik war Alt. Die schnelle Entwicklung der damals neuen Medien wie Langspielplatten, Musikkassetten und Tonband unterstützte die Aufbereitung und Vermittlung der neuen musikpädagogischen Inhalte. Als Beleg kann das Kongressthema der siebten Bundesschulmusikwoche des vds in Hannover 1968 mit dem Titel „Der Einfluss der technischen Mittler auf die Musikerziehung unserer Zeit“ angeführt werden.[59]

Auf der Basis des oben beschriebenen gesellschaftlichen und politischen Umbruchs wurde Ende der sechziger Jahre in allen pädagogischen Bereichen über eine grundlegende Bildungsreform diskutiert. In Hinblick auf die damals neuen Erkenntnisse der empirischen Wissenschaften, besonders der Lern- und Begabungsforschung und der Curriculumforschung, strebte man im Rahmen einer Curriculumrevision gleiche Bildungschancen und eine verstärkte Wissenschaftsorientierung in den Schulen an. So wurde auch in der Musikpädagogik immer mehr eine grundlegende Reform gefordert: „Man fordert insbesondere die endgültige Abkehr von der zunehmend kritisierten Musischen Bildung und eine Neuorientierung der Schulmusik, die dem wachsenden Einfluss technisch vermittelter Musik Rechnung trägt. Unter Bezugnahme auf Robinsohns Intention wird das vorrangige Bildungsziel des Musikunterrichtes ‘in einer sachkundigen und deshalb wahlmündigen Teilhabe am vielfältigen und zwiespältigen Musikangebot’ gesehen.“[60]

Als zentrales Werk für die Wissenschaftswende der Curriculumreform gilt Alts „Didaktik der Musik“.[61] Er versuchte die Selbstständigkeit des Unterrichtsfaches Musik am musikalischen Kunstwerk und seiner Interpretation anzulehnen: „Die Auseinandersetzung mit dem musikalischen Kunstwerk erfolgt im Musikunterricht vorzüglich im gestaltenden Nachvollzug.“[62]

Dieser Ansatz war die letzte in der Tradition der Schulmusikreform stehende musikdidaktische Konzeption. Er bildete den Abschluss einer sich über lange Jahre hinziehenden Reformbewegung, da sie eine systematische Zusammenfassung der in der ersten Jahrhunderthälfte geführten Diskussionen über musikalische Werkbetrachtung in der Schule bot. Hörmanns zusammenfassende Bewertung der Position Alts ist zuzustimmen, wenn er feststellt: „Michael Alt <bündelt> in zentralen Passagen seiner ‘Didaktik der Musik’ vielfach älteres Gedankengut.

[59] Der Einfluss der Technischen Mittler auf die Musikerziehung unserer Zeit – Vorträge der siebten Bundesschulmusikwoche Hannover 1968 (Hg.: Egon Kraus). Mainz 1968.

[60] Hörmann, Stefan: Michael Alt und seine Didaktik der Musik: Innovativ oder konservativ, in: Musikpädagogik – Forschung und Lehre Beiheft 8: Ästhetische Theorie und musikpädagogische Theoriebildung (Hg.: Hermann J. Kaiser). Mainz 1998, S. 137.

[61] Alt, Michael: Didaktik der Musik. Düsseldorf 1968.

[62] Ebd. S. 43.

(...) Als Gesamtentwurf ist Michael Alts 'Didaktik der Musik' gegen Ende der sechziger Jahre nicht innovativ, sondern vielmehr konservativ! Für die musikpädagogische Geschichtsschreibung kann sie zwar weiterhin als Einschnitt gelten, aber nur in dem Sinne, dass sie das Ende der Musischen Bildung markiert."[63]

Allerdings geht Alt dabei weniger von musikalischen Inhalten aus als vielmehr von unterschiedlichen Verhaltensweisen gegenüber der Musik: Produktion, Reproduktion, Transposition, Rezeption und Reflexion.[64] Diese Erweiterung gegenüber früheren Konzeptionen war für die weitere Entwicklung von entscheidender Bedeutung, da damit der Grundstein für eine heute noch gültige Musikdidaktik gelegt worden war, die vielfältige Umgangsweisen mit Musik im Musikunterricht einforderte.

Dieser damals quasi revolutionäre Neuansatz, der vereinfacht mit den Begriffen „Machen – Hören – Wissen" zusammengefasst werden kann, prägt wohl bis heute das schulmusikalische Denken in Theorie und Praxis. So richten sich noch immer auch heutige Lehrpläne an den oben genannten fünf Säulen aus, wenngleich in den einzelnen Bundesländern und zu verschiedenen Zeiten jeweils unterschiedliche Begriffe und Benennungen verwendet worden sind und auch werden.

Alts Ansatz mag ein Grund dafür sein, dass seine Ideen auch bei der Umsetzung der Curriculumrevision in Bayern spürbar zu erkennen waren, da sich die bayerische Schulmusik nachdrücklich um eine Bewahrung traditioneller Inhalte bei gleichzeitiger Berücksichtigung von fortschrittlichen Methoden bemühte.

---

[63] Hörmann, Stefan: Michael Alt und seine Didaktik der Musik: Innovativ oder konservativ, in: Musikpädagogik – Forschung und Lehre Beiheft 8: Ästhetische Theorie und musikpädagogische Theoriebildung (Hg.: Hermann J. Kaiser). Mainz 1998, S. 147.

[64] Vgl. auch Venus, Dankmar: Unterweisung im Musikhören. Wuppertal 1969, S. 21 f.

3. Zusammenfassung der Entwicklung der gymnasialen Schulmusik in Bayern

3.1 Der Neubeginn nach 1945

Um den zentralen Wandel in der bayerischen Schulmusik in den Jahren von 1970 bis 1981 zu verstehen, werden zunächst die wesentlichen Aspekte zusammengefasst, die die Position der bayerischen Schulmusik bis Ende der sechziger Jahre bedingt haben.

Dabei werden, in Rückbezug und in Erweiterung zu Fenninger,[65] für ein besseres Verständnis des Untersuchungszeitraumes wesentliche Aspekte der bayerischen Schulmusik zwischen 1945 bis 1970 zusammengefasst. Ohne eine überblickartige Zusammenfassung dieses Zeitraumes würde dem Leser unverständlich bleiben, warum sich die bayerische Schulmusik einerseits sehr stark um den Erhalt landeseigener Spezifika bemühte, andererseits aber einen Anschluss an die bundesweite Entwicklung der Musikpädagogik suchte. Dass damit wiederum ein genuin bayerischer Weg zwischen 1970 und 1981 beschritten wurde, ergab sich zwangsläufig aus einer Konstellation, die in einer starken – auch personellen – Verknüpfung zwischen ministerieller, administrativer und verbandlicher Arbeit und nicht zuletzt in der Person des damaligen vbs-Vorsitzenden Benker zu finden war.

Im Gegensatz zu der sehr ausführlichen und innovativen Arbeit von Fenninger[66] wird in dieser Arbeit schulartbezogen vorgegangen, weil eine musikpädagogische Phasenorientierung (Musische Orientierung – Künstlerisch-fachliche Orientierung – Didaktische Orientierung) alleine nicht genügt, die schulartspezifischen Positionen widerzuspiegeln. Insbesondere ist es an dieser Stelle notwendig, Veröffentlichungen des Bayerischen Staatsministeriums für Unterricht und Kultus und die sich daraus ergebenden Rahmenbedingungen für den Musikunterricht darzustellen. Diese müssen anschließend durch die Entwicklung der Lehreraus- und -fortbildung ergänzt werden, um einen ersten Überblick über die gymnasiale Schulmusik bis zu Beginn der siebziger Jahre zu gewinnen.

In Lehrplänen und Verordnungen verbergen sich auch pädagogische Hintergründe, die helfen, die Bedeutung der einzelnen Fächer zu verstehen. Bereits 1946 forderte eine Bekanntmachung des Bayerischen Staatsministeriums für Unterricht und Kultus zum Thema „Musikaufführungen für die Schuljugend“

[65] Fenninger Josef: Untersuchung zum schulischen Musikunterricht in Bayern vom Ende des Zweiten Weltkriegs bis zum Beginn der siebziger Jahre. Frankfurt/Main 1997.

[66] Ebd.

eine verstärkte Berücksichtigung von musikalischen Bildungsinhalten. Als Begründung wurde angegeben:[67] „Die Not der Zeit läßt es wünschenswert erscheinen, alle sich bietenden Gelegenheiten zur geistig-sittlichen Förderung der heranwachsenden Jugend zu erfassen. Dazu zählt u. a. die Heranführung der Jugend an die Bildungswerte der musikalischen Kunst. (...) Zur Steigerung des Eindrucks der Musik sind kurze verständnisvolle Einführungsworte zu empfehlen, die dem Ziel dieses Erziehungswerkes dienen: die heranwachsende Generation durch eigenes Erleben auf die unvergänglichen Werte unseres deutschen Musikgutes hinzuweisen und darüber hinaus die auch ihr eingeborene Liebe zur Musik lebendig werden zu lassen. Es bedarf keines besonderen Hinweises, dass es sich bei diesen Aufführungen nur um Darbietungen von innerem Wert und keinesfalls um gewerbsmäßige Vorführungen von Unterhaltungsmusik handeln darf."[68]

Mit dieser Bestimmung wurde zum Ausdruck gebracht, dass der Staat eine musikalische Bildung für sinnvoll und notwendig erachtete. Eine Förderung ethischer Gesinnung war höchst notwendig und wünschenswert. Die Not der Zeit ließ dem Wunsch nach dieser Bildung eine Ergänzung der schulischen durch außerschulische Maßnahmen folgen. Ein direktes Anknüpfen an die Jahre vor dem Nationalsozialismus findet sich aber nicht nur in inhaltlicher und ästhetischer Hinsicht, sondern auch im pathetischen Sprachgebrauch dieser ersten kultusministeriellen Veröffentlichungen, die ebenso an den der zwanziger und dreißiger Jahre erinnern. Dies unterstreicht die bereits von Günther getroffene Feststellung, dass, ähnlich wie in den anderen gesellschaftlichen Bereichen, auch im Bereich der Musikerziehung die Chance eines grundlegenden Neuanfangs verpasst wurde: „Die Parole hieß: Fortsetzung und Verwirklichung der Reform, die Kestenberg in den 20er Jahren initiiert hatte."[69] Ohne Umstellung wurde die „Musische Erziehung" nach 1945 in Bayern zur ersten musikpädagogischen Erscheinung,[70] die über lange Zeit Gültigkeit besaß.[71]

---

[67] Noch 1955 hebt Kraus die musische Gestaltung des Schullebens und des Schuljahrs hervor. Vgl. Antholz, Heinz: Bundesschulmusikwochen als Spiegel musikpädagogischer Zeitgeschichte, dargestellt am Paradigma „Schulleben", in: Musik und Bildung. Mainz 4/1982, S. 215.

[68] Amtsblatt Nr. 3/1946 vom 18. Mai 1946, S. 27.

[69] Günther, Ulrich: Musikerziehung im Dritten Reich, in: Musik und Bildung, Mainz 11/1983, S. 14.

[70] Vgl. dazu Gieseler: „Leider hat aber diese kritische Einstellung zum Musisch-Verblasenen die Funktionäre des Schulmusikerverbandes nicht gehindert, die 'musische Fahne' unentwegt hochzuhalten." in: Gieseler, Walter: Orientierung am musikalischen Kunstwerk oder: Musik als Ernstfall, in: Schmidt, Hans-Christian (Hg.): Geschichte der Musikpädagogik (= Handbuch der Musikpädagogik Band 1). Kassel 1986, S. 181.

[71] Während diesbezüglich für die bayerische Situation eher ein Rückschritt festzustellen ist, vertrat der vds auch auf den Bundesschulmusikwochen ab 1955 das Anliegen, nicht hinter den Stand vor Kestenberg zurückzugehen. Vgl. Maas, Georg: Zwischen Gegenwartsbewältigung und Zukunftsgestal-

Der erste Beschluss für Lehrplanfragen aller Fächer ging auf die Bekanntmachung des Bayerischen Staatsministeriums für Unterricht und Kultus vom 18. Dezember 1946 zurück. Mit dieser Verordnung wurde die Lehrplanerstellung aus dem unmittelbaren Einflussbereich der Militärregierung gelöst, eine Genehmigung durch sie war aber weiterhin einzuholen.[72]

Der Schwerpunkt lag zunächst im Wiederaufbau einer Organisationsstruktur. Die wirtschaftliche Not forderte dabei ihre Einschränkungen. So entfielen 1947 in Folge der beschädigten Gebäude die Aufnahmeprüfungen an der damals einzigen bayerischen Musikhochschule in München, so dass auch keine neuen Studierenden aufgenommen werden konnten. Diese Maßnahme war außerdem eine Folge der notwendigen Sparsamkeit des öffentlichen Haushalts.[73]

Musikinstrumente sind eine notwendige Grundlage für jeglichen Musikunterricht. Die Situation der Nachkriegsjahre jedoch war geprägt vom Verlust von Instrumenten und Notenmaterial. Auch aus diesem Grund wird das Zögern verständlich, den Musikunterricht an den Schulen zu intensivieren. Lösungsmöglichkeiten zeigten sich in einem ministeriellen Schreiben, das die fachliche Kooperation aller Musiklehrer eines Ortes in materieller Hinsicht, bezogen auf Instrumente, Notenmaterial und Schallplatten, forderte.[74] Damit verbunden wurde eine Aktion ins Leben gerufen, die eine landesweite Katalogisierung des bestehenden Materials für den Musikunterricht nach sich zog.[75]

1949 wurde dann auf zweierlei hingewiesen, dass nämlich „der Instrumentalunterricht an verschiedenen staatlichen höheren Lehranstalten einen Umfang angenommen hat, der aus finanziellen Gründen nicht mehr tragbar ist. (...) Ferner ist darauf hingewiesen, dass die Teilnahme am Schulchor und Schulorchester für alle hierfür geeigneten Schüler verpflichtend ist.“[76] Daraus ist zum einen zu vermuten, dass aus finanziellen Gründen eine Verschlechterung der Situation des instrumentalen Wahlunterrichtes eingeleitet, zum anderen aber der Wahlunter-

---

tung – Die Bundesschulmusikwochen von 1955 bis 1988, in: Musik und Bildung. Mainz 4-5/1989, S. 216 und Zimmerschied, Dieter: Musikpädagogische Tendenzen im Spiegelbild der Bundesschulmusikwochen und Bundestagungen, in: Musik und Bildung. Mainz 4/1978, S. 263.

[72] Vgl. Amtsblatt Nr. 16/1946 vom 18. Dezember 1946, S. 202.

[73] Vgl. Amtsblatt Nr. 2/1947 vom 22. Februar 1947, S. 12: „Ausfall der Aufnahmeprüfungen an den Kunsthochschulen für das Sommersemester 1947“.

[74] Vgl.: Amtsblatt Nr. 10/1947 vom 5. August 1947, S. 73 f: „Musikunterricht an den höheren Lehranstalten und Lehrerbildungsanstalten“.

[75] Vgl. ebd. S. 74 und Antholz, Heinz: Bundesschulmusikwochen als Spiegel musikpädagogischer Zeitgeschichte, dargestellt am Paradigma „Schulleben“, in: Musik und Bildung. Mainz 4/1982, S. 215.

[76] Amtsblatt Nr. 21/1949 vom 28. November 1949, S. 224.

richt Chor und Orchester über Jahre sichergestellt worden ist und sich somit erst zu einem Spezifikum der bayerischen Schulmusik manifestieren konnte.

Schließlich kehrten viele bayerische Schulmusiker nicht aus dem Krieg zurück. Andere, vor allem Fachkräfte in führenden Positionen, mussten sich in den Nachkriegsjahren der Entnazifizierung unterziehen und waren deshalb dienstlich zunächst nicht voll einzusetzen. Die durch Vertreibung oder Aus- und Umsiedlung heimatlos gewordenen Schulmusiker mussten aber erst allgemein erfasst und auf ihre schulische Verwendbarkeit geprüft werden. Deshalb war eine Abgrenzung zwischen hauptberuflicher und nebenberuflicher Tätigkeit gerade bei Musikerziehern notwendig.[77] Nicht selten unterrichteten an den Gymnasien auch arbeitslose Orchestermusiker, Militärmusiker, Kirchenmusiker und frei schaffende Musiker. Damit ließ das Ministerium für das Fach Musik schon in den Anforderungen an die Ausbildung Sonderbestimmungen gelten, die eine Gleichgewichtigkeit der Fächer von Anfang an und bis heute erschwerte.

3.2 Rahmenbedingungen für den Musikunterricht

Nach 1945 wurde für die Höheren Schulen in Bayern die Schulordnung aus dem Jahr 1928 wieder eingesetzt. Damit versuchte man, nahtlos an die Schulsituation vor 1933 anzuknüpfen und sah sich dabei in dem Dilemma, die Diskrepanz früherer Formen und Inhalte mit neueren pädagogischen Forderungen auszugleichen. Der noch nicht allzu große Abstand zur Kulturpolitik des Dritten Reiches verhinderte dabei eine Aufarbeitung eben dieser Zeit. Deshalb blieben auch Bereiche wie die Zweite Wiener Schule, Jazz oder auch die in den fünfziger Jahren aufkommende Musik von Jugendkulturen in den Lehrplänen unberücksichtigt. Das Singen stand weiterhin im Zentrum des Musikunterrichtes.

Bezogen auf das zu vermittelnde Liedgut und einer Werkauswahl herrschte in den fünfziger Jahren eine allgemeine Unsicherheit. Da viele der vor 1933 entstandenen Lieder auch im Dritten Reich gesungen worden waren, konnten sie nach 1945 nicht unreflektiert übernommen werden.

Die Stoffpläne waren, in Gegensatz zu späteren Zeiten, sehr allgemein gehalten und so knapp, dass Rückschlüsse auf den erteilten Unterricht kaum möglich sind. Nach Aussagen von Zeitzeugen[78] waren in erster Linie Liedpflege, Musikkunde und Stimmerziehung Inhalte des Musikunterrichts. Eine Bekanntmachung des

[77] Vgl. Amtsblatt Nr. 12/1948 vom 25. Oktober 1948, S. 130.
[78] Vgl. Interview mit Heinz Benker vom 4. Februar 1999.

Bayerischen Staatsministeriums für Unterricht und Kultus aus dem Jahr 1949[79] zeigt, dass die Musiklehrpläne nur wenig auf den Reformvorstellungen und Reformplänen Leo Kestenbergs und Hermann Kretzschmars aufbauten.[80] In Bayern reduzierte sich der Lehrstoff des zweistündigen Faches Musik in der ersten Klasse der Kurzformen der höheren Lehranstalten (Jahrgangsstufe 7 bis 13) auf folgende drei Bereiche:

„a) Musikpflege:
Das Volkslied (unter besonderer Berücksichtigung des heimatlichen und mundartlichen Liedes). Pflege des Kanons. Zweistimmigkeit nach Gehör. Vorspiel leicht verständlicher Musikstücke. Die kleine Liedform.

b) Musikkunde:
Hauptdreiklänge und ihre Umkehrungen, einfache Kadenzen und die Durtonleitern in C, G, F; Einführung des Dominantseptakkordes mit nachschlagender Sept. Einfache Taktarten und Rhythmen. Dynamische Grundbegriffe.
Das Tempo. Notenlesen und -schreiben. Die Intervalle (ohne nähere Bestimmung).

c) Stimmerziehung:
Lockerungs- und Atmungsübungen. Sprecherziehung und Stimmbildung in Verbindung mit dem Liede. Erarbeitung einer leicht ansprechenden Höhe. Auf die mutierenden Stimmen ist die erforderliche Rücksicht zu nehmen."[81]

Bei dieser Zusammenstellung fällt aus heutiger Sicht auf, dass der Bereich der Musikkunde von anderen Inhalten gänzlich losgelöst erscheint. Die Inhalte beschränken sich auf Bereiche, die auf die Zeit vor Kestenberg zurückgehen, nämlich das Singen von Liedern, verbunden mit einer notwendigen Sprech- und Stimmbildung. Ein musikalisches Lernen in der Auseinandersetzung mit musikalischen Werken, ein Umgang mit dem musikalischen Kunstwerk sowie eine sinnvolle Verzahnung der unterschiedlichen musikpädagogischen Lernbereiche müssen als defizitär und in historischer Sicht eher als Rückschritt gesehen werden.[82]

---

[79] Vgl. Amtsblatt Nr. 17/1949 vom 30. August 1949, S. 168 ff.

[80] Vgl. Kestenberg, Leo (Hg.): Schulmusikunterricht in Preußen. Amtliche Bestimmungen für höhere Schulen, Mittelschulen und Volksschulen. Berlin 1927.

[81] Amtsblatt Nr. 17/1949 vom 30. August 1949, S. 171.

[82] Vgl. Hofmann, Bernhard: Zur Geschichte der bayerischen Schulmusik in der ersten Hälfte des 20. Jahrhunderts (= Beiträge zur Geschichte der Musikpädagogik Band 2). Frankfurt/Main 1995, S. 72 ff.

Für alle Unterrichtsfächer wurden zunächst ausschließlich Rahmenrichtlinien erstellt. Für die Unterrichtsplanung waren damit lediglich fachliche Themenbereiche ohne nähere Erläuterungen vorgeschlagen. In den fünfziger Jahren veröffentlichten alle Bundesländer Neufassungen von Lehrplänen. Diese wiesen trotz unterschiedlicher Herkunft in Bezug auf Ziele, Unterrichtsgegenstände und Methodik zahlreiche Übereinstimmungen auf und orientieren sich nicht unumstritten an den Vorstellungen Kestenbergs.[83]

So war die bayerische Schulmusik zwischen 1950 und 1960 neben Ideen der „Musischen Bildung" nur ansatzweise von Inhalten der Kestenberg-Reform geprägt. Die Arbeitsfelder umfassen die Bereiche: „Singen, instrumentales Musizieren, Stimm- und Gehörbildung, Musiktheorie, rhythmische Erziehung, Werkhören, Musikgeschichte, Chor und Orchester. Die zentrale Stellung des Singens bleibt unberührt."[84]

Die fünfziger Jahre waren von einer großen Freiheit der methodischen Mittel geprägt. Dabei kann aus heutiger Sicht eine einheitliche Struktur des Musikunterrichtes nicht mehr rekonstruiert werden. Die Auswirkungen dauern bis in die Gegenwart hinein: Während in anderen europäischen Staaten die Musikerziehung nach 1945 nach einem bestimmten Lernsystem gestaltet wurde, zum Beispiel nach Kodály[85] in Ungarn, nach Martenot[86] in Belgien oder nach Willems[87] in der Schweiz, konnte ein bestimmtes System in Bayern nicht Fuß fassen. So gab und gibt es weder in Bayern noch in den anderen Bundesländern eine Fixierung auf eine bestimmte Methodik. Diese methodische – und auch konzeptionelle – Zerstreuung, die damals gesetzt worden ist, ist auch heute noch üblich. Die Lehrkraft ist gewohnt, aus verschiedenen Konzepten und Konzeptionen einzelne Ansatzpunkte zu übernehmen, abzuwandeln und anzuwenden. Diese Polyvalenz der Methodik ist es, die Musikunterricht allgemein prägt.

---

[83] Vgl. Nolte, Ekkard: Lehrpläne und Richtlinien für den schulischen Musikunterricht in Deutschland vom Beginn des 19. Jahrhunderts bis in die Gegenwart (= Musikpädagogik – Forschung und Lehre Band 3). Mainz 1975, S. 25.

[84] Nolte, Ekkard: Lehrpläne und Richtlinien für den schulischen Musikunterricht in Deutschland vom Beginn des 19. Jahrhunderts bis in die Gegenwart (= Musikpädagogik – Forschung und Lehre Band 3). Mainz 1975, S. 26. Vgl. dazu auch Gruhn, Wilfried: Geschichte der Musikerziehung. Hofheim 1993, S. 286 f.

[85] Vgl. Helms/Schneider/Weber: Neues Lexikon der Musikpädagogik – Personenteil. Kassel 1994, S. 124 f.

[86] A. a. O., S. 148 f.

[87] A. a. O., S. 264 f.

Die methodische Offenheit führte dazu, dass die Orff-Methode[88] in Bayern, besonders an den Gymnasien, ohne nennenswerte Bedeutung blieb.[89] Eine stilistische Fixierung auf einen Komponisten kann die musikerzieherische Arbeit in der Schule einschränken und nicht unerhebliche Akzentuierungen in der Bewertung und Beurteilung von Musik nach sich ziehen. Dagegen ermöglicht ein breites Spektrum an musikpädagogischen Vorstellungen Freiräume für den Unterricht.

Ein weiterer, mehr allgemein gehaltener Aspekt ist an dieser Stelle von Bedeutung: Die Bayerische Verfassung von 1946 schreibt in Artikel 131 den Einbezug der Bereiche „Bildung von Herz und Charakter" sowie unter den obersten Bildungszielen die „Aufgeschlossenheit für alles Wahre, Gute und Schöne" in die gesamte schulische Erziehung als Teil einer sog. „Allgemeinen Herzensbildung" vor.[90] Diese allgemeinen gesetzlichen Fixierungen eines hohen Bildungs- und Erziehungsziels dürfen in der Möglichkeit der Umsetzung in die Wirklichkeit weder überschätzt noch unterbewertet werden. Sie müssen als Leitlinie für Einzelverordnungen erkannt werden, die sich vorwiegend in den ersten Dokumenten des bayerischen Staatsministeriums für Unterricht und Kultus nach 1945 finden. Die Veröffentlichungen späterer Jahre bezogen sich auf Details der Verwaltung. Sie regelten die Einzelheiten des schulischen Alltags und die Art der Durchführung von Unterricht in den einzelnen Fächern.

Dabei sind Prüfungsordnungen und Ausbildungsrichtlinien wichtige Indizien für Absichten im Schulwesen. Wenn auch die veröffentlichten Einzelheiten allgemein gehalten sind, sind sie doch interpretierfähig. Sie können darüber hinaus auch als Erklärung gewertet werden, wie es der Gesetzgeber mit der Gewichtung einzelner Fachbereiche oder Fächer insgesamt halten wollte, das heißt, in welcher Atmosphäre Schulbildung stattfinden sollte.

Die Prüfungsordnung für das Lehramt an Volksschulen, die als erste Prüfungsordnung nach 1945 in einer Neufassung erschien, stellte in dieser Hinsicht bereits eine Absichtserklärung dar: „In der II. Prüfung für das Lehramt an Volksschulen hat der Lehramtsanwärter nachzuweisen, dass er in seiner Erziehungs- und Unterrichtsarbeit die Anforderungen erfüllt, die an einen Lehrer an Volksschulen

---

[88] Vgl. Orff, Carl: Schulwerk – Musik für Kinder: Band I bis V. Mainz 1950 bis 1954.

[89] Vgl. Hofmann, Bernhard: Zur Geschichte der bayerischen Schulmusik in der ersten Hälfte des 20. Jahrhunderts. Frankfurt/Main 1995, S. 94. Bis heute – dies ergibt die Lehrplananalyse – wurde deshalb die Orff-Methode wie auch die Rhythmik in Bayern als elementarer Bereich in die Grundschule verwiesen, auch aus dem Missverständnis heraus, dass es sich bei elementaren Methoden nur um Anfangsunterricht handeln könnte.

[90] Vgl. Bayerische Landeszentrale für politische Bildungsarbeit (Hg.): Verfassung des Freistaates Bayern vom 2. Dezember 1946 (Stand: 1. April 2001). München 2001, S. 71 ff.

gestellt werden müssen.“[91] Es ist davon auszugehen, dass mit den hier genannten Anforderungen an einen Volksschullehrer auch eine unspezifische musikalische Bildung gemeint war, die ihm das Gymnasium während seiner eigenen Schulzeit vermittelt haben sollte.[92] Ebenso wurde unausgesprochen erwartet, dass Volksschullehrer den musikalischen Kirchendienst versehen konnten.[93] Seit 1949 wurde als Voraussetzung für das Studium des Lehramtes an Volksschulen das Abitur vorgeschrieben. Aus dieser Regelung lässt sich ein Bezug zwischen Schulbildung und Berufsbild herstellen, denn das bis zum Abitur Erlernte wird als Berufsvoraussetzung anerkannt.

Einen breiten Raum in den Verordnungen der ersten Nachkriegsjahre nahm der Bereich der Schulkunde ein. Die Bestimmungen um das Wissen neuer Rechtsverordnungen und Ausführungsbestimmungen im Rahmen eines neuen demokratischen Bewusstseins standen im Vordergrund. Der Schluss ist deshalb zulässig, dass unmittelbar an die unterrichtliche Praxis der Weimarer Republik angeknüpft wurde. Ebenso naheliegend ist, dass das noch bestehende Unterrichtsmaterial nicht sofort und auch nicht umfassend erneuert wurde. Neuerstellte Materialien waren in der Regel Neuauflagen von früheren.[94]

Für die Prüfungsordnungen traf dies in ähnlicher Weise zu. Die besondere Situation der Gymnasiasten in den letzten Kriegsjahren erforderte eine flexible Organisation des Abiturs. In diesem Zusammenhang ist die Verordnung zur Reifeprüfung 1946/47 zu nennen, die sich als frühe Werteskala innerhalb der zu erreichenden Bildung interpretieren lässt. Die Prüfungsordnung sieht fünf Prüfungsfächer im Abitur vor: Deutscher Aufsatz, in den Alten Sprachen eine Übersetzung aus dem Lateinischen und Griechischen in das Deutsche, aus den neueren Sprachen ein Diktat und eine Übersetzung in das Deutsche, Mathematik, Physik.[95]

Hinsichtlich der Bedeutung des Musikunterrichtes dagegen erscheint es nennenswert, dass in den Bestimmungen zur schriftlichen Prüfung keine Hinweise erscheinen, ob auf Musikerziehung Wert gelegt worden ist. Es manifestierte sich nur in den Zulassungsbedingungen zur Abiturprüfung, da Unterricht in beiden künstlerischen Fächern nachgewiesen werden musste. Demgegenüber waren aber keine Nachweise aus den Bereichen der anderen Nebenfächer zu erbrin-

---

[91] Amtsblatt Nr. 1/1946 vom 1. April 1946, S. 3.
[92] Vgl. Fenninger, Josef: Untersuchung zum schulischen Musikunterricht in Bayern vom Ende des Zweiten Weltkriegs bis zum Beginn der siebziger Jahre. Frankfurt/Main 1997, S. 73 ff.
[93] Vgl. ebd. S. 74.
[94] Vgl. Amtsblatt, Jahrgang 1946 bis 1950.
[95] Vgl. Amtsblatt Nr. 2/1946 vom 18. April 1946, S. 14 f. 1949 führte Bayern als erstes Bundesland das Zentralabitur ein.

gen.[96] Unterricht in Chemie und Sport war auf rein freiwilliger Basis angesetzt. Daraus ist zu folgern, dass in den ersten Nachkriegsjahren der Musikunterricht immerhin eine eher höhere Einschätzung erfuhr. Die Ursache dazu kann aber auch in einer Abwehrreaktion auf Schwerpunkte der nationalsozialistischen Kulturpolitik wie Sport, Naturwissenschaften und Technik aufgefasst werden.[97]

Auf diesem Hintergrund sind im Folgenden die sich daraus ergebenden Rahmenbedingungen für den Musikunterricht an den Höheren Schulen zu untersuchen.

3.3 Das Gymnasium

Bei dem Fach Musik handelt es sich im Rahmen der Entwicklungsgeschichte des Gymnasiums um ein relativ junges Fach. Als erster Indikator für die Einschätzung eines Faches im Rahmen seiner Bedeutung für die Bildungsaufgaben einer Schulart bietet sich die Untersuchung der Stundentafeln an. Diese erschienen für die damaligen Gymnasialzweige 1951 und behielten bis zur Reform des Gymnasiums Mitte der sechziger Jahre Gültigkeit. Im Vergleich zu den Stundentafeln aus den siebziger Jahren sind einige Unterschiede zu berücksichtigen.

Zunächst sind die unterschiedlichen Schulzweige zu beachten. Aus dem Humanistischen Gymnasium (HG) entstand der Altsprachliche, das Realgymnasium (RG) entwickelte sich zum Neusprachlichen, Wirtschafts- und Sozialwissenschaftlichen, die Oberrealschule (OR) galt als Vorläufer des Mathematisch-Naturwissenschaftlichen Zweiges. Das später „Musisch“ genannte Gymnasium wurde Deutsches Gymnasium oder Oberschule (OS) bezeichnet. In den fünfziger Jahren gab es mit Ausnahme der Oberschule alle Schulzweige in Langform mit den Jahrgangsstufen 5 bis 13 und in Kurzform, also nur mit den Jahrgangsstufen 7 bis 13. Die Kurzformen wurden spätestens ab Beginn der siebziger Jahre in neunjährige Gymnasien umgewandelt.

Zum Vergleich werden die Stundentafeln für das Fach Musik laut Erlass des Bayerischen Staatsministeriums für Unterricht und Kultus Nr. VIII 41 885 und Nr. VIII 39 727 vom 28. Juni 1951 aufgeführt.[98] Ähnlich wie auch später traten –

---

[96] Vgl. ebd.

[97] Vgl. Günther, Ulrich: Musikerziehung im Dritten Reich, in: Musik und Bildung. Mainz 11/1983, S. 11 ff.

[98] Vgl. Amtsblatt Nr. 14/1951 vom 30. Juni 1951, S. 210 ff: „Stundentafeln für die höheren Lehranstalten“. Die Zählung der Jahrgangsstufen des Gymnasiums erfolgte zwar in den fünfziger und sechziger Jahren von 1 bis 9, sie wird an dieser Stelle aber der heutigen Verwendung entsprechend mit 5

mit Ausnahme des „Musischen Gymnasiums“ – zwischen den einzelnen Schulzweigen keine erheblichen Unterschiede in Hinblick auf die Stundentafel für Musik auf, da die verschiedenen Schulzweige mit ihrer fachtypischen Spezialisierung in Bezug auf das Fach Musik keine Unterschiede vornahm.

Stundentafel Musik von 1951									
Jahrgangsstufen	5	6	7	8	9	10	11	12	13
HG/RG/OR	2	2	2	1	1	1	0	0	0
HG/RG/OR (Kurzform)	/	/	2	1	1	1	1	0	0
OS (Kurzform)	/	/	3	2	2	2	3	3	0

Für das Fach Musik ist dabei eine klare Gliederung nach den Schulstufen erkennbar. In der Unterstufe war Musik zwei-, in der Mittelstufe einstündig. In der Oberstufe des Gymnasiums war das Fach Musik nur in der Oberschule vertreten. Dies deutet darauf hin, dass Musik bestimmte Aufgabenbereiche innerhalb der Schulstufen übernehmen sollte: Singen in der Unterstufe und Theorie in der Mittelstufe.

Der Erlass vom 28. Juni 1951 bezog ein breites Spektrum an musikalischen Wahlfächern mit ein, um das Musikleben an den Gymnasien zu fördern: Instrumentalmusik (Violine, Bratsche, Violoncello, Kontrabass), Chor und Orchester.[99]

Bis heute gilt die Differenzierung des bayerischen Gymnasiums in verschiedene Ausbildungsrichtungen (sprachlich, mathematisch-naturwissenschaftlich bzw. technologisch, wirtschaft-/sozialwissenschaftlich und musisch). Abweichend von den Regelungen anderer Bundesländer wurde in Bayern die Schulform des sog. „Musischen Gymnasiums“ begründet, die zum größten Teil aus den ehemaligen Lehrerbildungsanstalten entstanden. Das „Musische Gymnasium“ trug, wie bereits erwähnt, in Bayern nach Kriegsende zunächst den Namen „Oberschule“, ab den fünfziger Jahren dann den Namen „Deutsches Gymnasium“. Erst Anfang der sechziger Jahre erfolgt die Umbenennung dieses Schultyps in „Musisches Gymnasium“, in dem insbesondere Wert auf die Fächer Musik, Kunsterziehung und Deutsch gelegt wird.

bis 13 dargestellt. In der heutigen Zählung entspricht demnach die 5. Jahrgangsstufe Klasse 1 des Gymnasiums.

[99] Vgl. ebd.

Der Schlussbericht der Beratungen über die Schulreform in Bayern 1949 nahm auf das „Musische Gymnasium“ Bezug und stellte fest, dass „das Deutsche Gymnasium für den Volksschullehrerberuf ähnlich günstige Voraussetzungen bietet wie das Altsprachliche Gymnasium für den Theologen, Altphilologen und Historiker, die beiden anderen Gymnasien für ein neusprachliches, mathematisch-naturwissenschaftliches oder technisches Studium. Wer von vornherein in sich die Neigung zum Volksschullehrer verspürt, sollte das Deutsche Gymnasium zur Erlangung seiner Allgemeinbildung bevorzugen. Die besondere Eignung des Deutschen Gymnasiums für den Volksschullehrerberuf ist darin gegeben, dass es (...) die musische Ausbildung mehr als die anderen Gymnasien betont.“[100]

Daraus kann gefolgert werden, dass der Musikunterricht für pädagogische Berufe weiterhin hoch eingeschätzt wurde, denn das „Deutsche Gymnasium“ hatte in der Stundendotierung einen Schwerpunkt in diesem Fach. Die Zielrichtung in der Erziehung und Ausbildung wurde dadurch verdeutlicht, zunächst für den Schüler, dann aber auch in der Multiplikation durch eine entsprechend ausgebildete Lehrergeneration. Als weitere Begründung für die neu geschaffene Schulart „Deutsches Gymnasium“ hob die Kommission hervor, wie wichtig das längere Verweilen an der Volksschule selbst für den künftigen Lehrer ist. Das „Deutsche Gymnasium“ wurde nämlich als einzige gymnasiale Form in Kurzform gegründet, das heißt, dass der Übertritt erst nach der 6. Jahrgangsstufe der Volksschule erfolgte. Im Laufe der sechziger Jahre wurde bei den meisten „Deutschen Gymnasien“ nach und nach die Langform eingeführt, z. B. zum Schuljahr 1965/66 an immerhin sieben Deutschen Gymnasien.[101]

In diesem Zusammenhang ist auch auf die Tatsache hinzuweisen, dass 1952 die bayerischen Gymnasien die Reifeprüfung wieder in der 13. Jahrgangsstufe durchführten,[102] wobei einzig die Leistungen in den Fächern „Leibeserziehung“ und „Musik“ bei der Entscheidung über das Bestehen der Abiturprüfung nicht berücksichtigt wurden.[103]

---

[100] Schlussbericht über „Die Beratungen über die bayerische Schulreform auf Schloss Wallenburg“ in: Amtsblatt Nr. 3/1949 vom 22. Februar 1949, München 1949, S. 20.

[101] Vgl. Amtsblatt Nr. 18/1964 vom 30. September 1964, S. 610. Interessant ist, dass der Lehrstoff für die erste Klasse der Kurzformen der höheren Lehranstalten mit dem der Mittelschulen wörtlich übereinstimmte: Vgl. Amtsblatt Nr. 17/1949 vom 30. August 1949, S. 171.

[102] Vgl. Amtsblatt Nr. 2/1952 vom 28. Januar 1952, S. 19.

[103] Vgl. Amtsblatt Nr. 11/1952 vom 1. Juli 1952, S. 217.

Die Bestimmungen der Nachkriegsjahre besaßen bis 1956 ihre Gültigkeit, da im Amtsblatt vom 24. September 1952 lediglich ein Neudruck der gültigen Bestimmungen bekannt gegeben wurde.[104] Wie bereits erwähnt, blieb der Musikunterricht an den bayerischen Gymnasien in den fünfziger Jahren inhaltlich den Vorkriegsreformen verhaftet. Es ist nicht festzustellen, dass sich bereits in diesem Jahrzehnt entscheidende Veränderungen vollzogen haben, und es ist vor allem unwahrscheinlich, dass sich in dieser Zeit bereits kritische Ansätze spürbar auf die Praxis ausgewirkt haben. Auch in den sechziger Jahren galt für das Fach Musik noch die fast gleiche Stundentafel: In der Unterstufe zweistündig, in der Mittelstufe einstündig, in Klasse 11 einstündig, in Klasse 12 und 13 zweistündig, allerdings bestand hier eine Wahlpflicht zwischen Musik und Kunsterziehung.[105]

Bereits in den fünfziger Jahren wurden Maßnahmen getroffen, den Stellwert von Musik zu stärken. Drei Beispiele mögen dies verdeutlichen:

- Gründung eines reinen Musikgymnasiums: 1956 entschied sich das Ministerium für die Einrichtung eines Schulversuchs zugunsten einer intensiven musikalischen Ausbildung. Im Beiblatt zum Amtsblatt findet sich ein Hinweis darauf, dass das Regensburger Domgymnasium „als Musikgymnasium eine Versuchsschule für Musische Erziehung“[106] darstellt. Mit dieser Maßnahme wurde von ministerieller Seite die intensive musikalische Ausbildung in Art einer selektiven Spitzenförderung unterstützt. Erstmals wurden dafür auch, trotz anhaltendem Lehrermangel, staatliche Lehrkräfte beurlaubt, „da die Ziele dieser Schule ein der Förderung würdiges Anliegen betreffen.“[107]
- Unterstützung der Lehrerfortbildung: In Hoheneck fanden sich regelmäßig engagierte Musikerzieher zusammen („Hohenecker Kreis“), die an der Erneuerung der Inhalte arbeiteten und einen Musikunterricht für alle Schüler auf der

[104] Nolte schreibt zwar von „Stoffplänen für die neue Oberstufe der höheren Lehranstalten in Bayern“ aus dem Jahr 1952, wobei er dieses Amtsblatt angibt. Vgl. Nolte 1975, S. 267. Die Stoffpläne zu den jeweiligen Fächern sind aber tatsächlich zusammen mit der Stundentafel bereits 1951 erschienen. Unter dem Stichwort „Stoffpläne für die neue Oberstufe der höheren Lehranstalten in Bayern“ handelt es sich im Amtsblatt lediglich um einen allgemeinen Hinweis: „Die seit einiger Zeit vergriffenen Stoffpläne für die höheren Lehranstalten in Bayern sind anfangs November beim Richard Pflaum Verlag, München 2, Lazarettstraße 2–6, wieder erhältlich. Bereits eingegangene Bestellungen werden vom Verlag sofort nach Erscheinen der Neuauflage ausgeführt.“ (Amtsblatt Nr. 18/1952 vom 11. Oktober 1952, S. 332).

[105] Vgl. Amtsblatt Nr. 1/1964 vom 24. Januar 1964, S. 13 ff.

[106] Beiblatt zum Amtsblatt Nr. 5/1956 vom 8. Mai 1956, S. 121.

[107] Ebd.

Basis deutscher Kultur aufbauen wollten. Alfred v. Beckerath und Fritz Jöde nahmen dabei führende Positionen ein.[108]

- Schulmusiker als Mangelberuf: Um den Berufseinstieg für geeignete Musiklehrer zu erleichtern, nahm das Bayerische Staatsministerium für Unterricht und Kultus den Musiklehrer in die Liste der Mangelberufe auf. In Folge einer nicht ausreichenden Anzahl an Schulmusikern ist schließlich der Schluss zu ziehen, dass an den bayerischen Gymnasien der Musikunterricht nicht in dem vorgeschriebenen Umfang erteilt werden konnte.[109] Diese Situation ist in den folgenden Jahrzehnten ähnlich, wenn auch neue Gründe für den Unterrichtsausfall in Musik, wie etwa zu wenige Planstellen oder schulorganisatorische Gegebenheiten hinzukamen.

Die Lehrpläne vom 1. August 1964[110] besaßen bis zur Einführung der Curricularen Lehrpläne Mitte der siebziger Jahre Gültigkeit. Sie ließen der Lehrkraft viel Freiheit in der Auswahl der Lerngegenstände und boten keine verfahrenstechnischen oder methodischen Hilfen an. Sie gaben eher allgemeine Begründungen für den Unterricht in den musischen Fächern, wobei auch fächerübergreifende Aspekte miteinbezogen wurden: „Die musischen Fächer sind wie das Deutsche verpflichtet, dem Lehrer in vielen Einzelheiten die Freiheit zu lassen, die dem Wesen seines Arbeitsgebietes entspricht. Aber auch hier muss ein einheitlicher stufenweiser Aufbau des Unterrichts gesichert sein. Erst die letzten Jahrzehnte haben deutlich gemacht, welcher Wert dem Musischen in der Gesamtentfaltung des Menschen zukommt. Die Errungenschaften dieser Jahre mussten nutzbar gemacht werden. Aber das Musische ist wie die sprachliche Erziehung und die politische Bildung nicht an bestimmte Fächer gebunden, es kann vielmehr in den verschiedensten Fächern lebendig gemacht werden. Alle drei Bildungsbezüge treffen so wesentliche Seiten des Menschlichen, dass sie nicht ausschließlich in Fächer eingeschlossen werden dürfen, sondern dass alle Lehrer an ihrer Verwirk-

[108] Vgl. Amtsblatt Nr. 14/1954 vom 19. Juni 1954, S. 198 f: „Schul- und Jugendmusikwoche Hoheneck 1954“. Mit Jöde als ehemaligen Vertreter der Jugendmusikbewegung war eine Verbindung zur Kestenberg-Reform zu erkennen, da Jöde auf Betreiben von Kestenberg 1923 an die Staatliche Hochschule für Musik in Berlin berufen wurde. Die Verbindung zwischen Kestenberg und Jöde war für die bayerische Schulmusik in zweierlei Hinsicht von Bedeutung: Zum einen, da Jöde von 1935 bis 1938 in München tätig war, zum anderen, weil Jöde zwischen 1950 und 1960 durch zahlreiche Fortbildungsveranstaltungen von Trossingen aus die Musikerziehung in der gesamten Bundesrepublik beeinflusste. Mehrere von Jöde herausgegebene Liederbücher wurden in dieser Zeit in Bayern eingeführt, z. B. „Gefährten des Sommers“, „Der Kanon“ und „Der Musikant“.

[109] Vgl. Amtsblatt Nr. 21/1958 vom 1. Dezember 1958, S. 318 ff: „Entschließung über die Erklärung verschiedener Berufsgruppen zu Mangelberufen“.

[110] Vgl. Amtsblatt Nr. 16/1964 vom 26. August 1964, S. 341 ff.

lichung tätig werden müssen. Dem Fachlehrer freilich gebührt der Hauptanteil und die Führung.“[111]

Die Lehrpläne von 1964 waren sehr kurz gehalten. Beispielsweise besagte nach einer allgemeinen Einleitung eine knappe Aufzählung, dass in der 10. Jahrgangsstufe die Wiener Klassik, außerdem eine Oper, Kunstlieder und Volkslieder zu behandeln wären:

„6. und 7. Klasse
Im Vordergrund der Musikerziehung auf dieser Stufe steht die exemplarische Werkbetrachtung. Sie soll zugleich, soweit in diesen Klassen möglich, die Kenntnis der wichtigsten Stilepochen vermitteln. Die Zusammenarbeit mit anderen Fächern, vor allem mit Deutsch, Geschichte und Kunsterziehung, ist bereits hier anzustreben. Singen und Musizieren sollen weiter gepflegt werden. Dies kann auch in Verbindung mit dem behandelten musikalischen Stoff geschehen. (…)
6. Klasse
Deutsches und europäisches Volkslied.
Die Wiener Klassik: Haydn, Mozart, Beethoven (Sonate, Symphonie, Ouvertüre, Solo-Konzert, Kammermusik). Schubert, Schumann (Kunstlied). Wagner (etwa ‘Der fliegende Holländer’) oder Verdi (etwa ‘Aida’).“[112]

Wie noch zu zeigen sein wird,[113] wurden diese Inhalte in den Lehrplänen der siebziger Jahren stark konkretisiert und den Lehrkräften wurde genaue Hinweise zur Unterrichtsgestaltung gegeben.

3.4 Die Oberstufe des Gymnasiums

Von besonderer Bedeutung für die Entwicklung des Unterrichtes in der Oberstufe des Gymnasiums war die Rahmenvereinbarung der Ständigen Konferenz der Kultusminister, der KMK-Beschluss vom 29. September 1960, der unter dem Namen „Saarbrücker Rahmenvereinbarung“ bekannt geworden ist. Von nun an war ein durchgängiger Pflichtunterricht in Musik bis zum Abitur nicht mehr vorgesehen, das Fach Musik konnte erstmals „abgewählt“ werden. In einer Stellungnahme wies der vds auf die negativen Folgen für die Stellung der Musik als Bestandteil allgemeiner Bildung und speziell der Lehrerausbildung hin, wenn Musik und

[111] Amtsblatt Nr. 16/1964 vom 26. August 1964, S. 343 f.
[112] Amtsblatt Nr. 16/1964 vom 26. August 1964, S. 460. Vgl. Kapitel II 3.1.3.
[113] Vgl. Kapitel II 4.2.

Kunsterziehung zu sich gegenseitig ausschließenden Wahlpflichtfächern wurden. Diese Stellungnahme wurde am 19. November 1960 von der Generalversammlung des Deutschen Musikrates angenommen und weitergeleitet.[114] Mit der „Saarbrücker Rahmenvereinbarung“ wurden u. a. die folgenden Zielsetzungen für die Weiterentwicklung festgesetzt:

- die Verminderung der Zahl der Pflichtfächer in der Oberstufe
- die Konzentration der Bildungsstoffe und Lerninhalte
- die Vertiefung des Unterrichts in den Pflichtfächern[115]

1961 einigte sich die KMK in Stuttgart auf die „Empfehlungen zur didaktischen und methodischen Gestaltung der Oberstufe der Gymnasien“ („Stuttgarter Empfehlungen“). Diese beinhalteten Vorschläge zur Einführung in Propädeutik und wissenschaftliches Arbeiten sowie Antworten auf die Frage, wie Kollegiaten mit Erfahrungen und Erkenntnissen selbstständig und fachgerecht umgehen lernen sollten.[116] Vertiefte Allgemeinbildung, Wissenschaftspropädeutik und Studierfähigkeit wurden damit als wichtige Bestandteile der zu vermittelnden „Allgemeinen Hochschulreife“ festgeschrieben. Damit begann eine Entwicklung, die direkt auf die starken Veränderungen zu Beginn der siebziger Jahre zustrebte.

3.5 Lehrerausbildung[117]

In einem einleitenden Absatz wird zunächst die Ausbildung des bayerischen Gymnasialschulmusikers bis 1945 kurz zusammengefasst, um die weitere Entwicklung verstehen zu können.

Die Ausbildung zum Schulmusiker an Gymnasien in Bayern erfolgte von 1911 bis 1924 in einjährigen Kursen nach der Mittleren Reife an der Akademie der Tonkunst in München oder am Bayerischen Staatskonservatorium in Würz-

---

[114] Vgl. Saß, Herbert: Der Verband Deutscher Schulmusikerzieher – Zu seiner Geschichte und Wirksamkeit von der Gründung 1949 bis 1971, in: Musik und Bildung. 4-5/1989, S. 207. Vgl. auch Musik im Unterricht 7-8/1959, S. 251 f.

[115] Vgl. Lennert, Rudolf (Hg.): Das Problem der gymnasialen Oberstufe. Regensburg 1971, S. 60 und Reble, Albert: Geschichte der Pädagogik. Stuttgart 2002[20], S. 338 f.

[116] Vgl. KMK (Hg.): Kulturpolitik der Länder 1971/72. Bonn 1973, S. 289 f und Binkowski, Bernhard: Zur Reform der Sekundarstufe II, in: Musik und Bildung. Mainz 4/1974, S. 213.

[117] Die Ausbildung der Volksschullehrer (Grund- und Hauptschule) und der Fachlehrer für Musik an Volksschulen erfolgte in Bayern an Lehrerbildungsanstalten, später an Pädagogischen Hochschulen und Universitäten. Diese Ausbildungswege bleiben in der folgenden Darstellung unberücksichtigt.

burg.[118] Zum Studienjahr 1923/24 wurde das Hauptfach „Schulgesang" eingerichtet.[119] Ab 1925 wurde die Ausbildung auf drei Jahre verlängert, war damit aber der mindestens vier Jahre dauernden vollakademischen Ausbildung an den Universitäten noch nicht gleichwertig. Die ab 1927 gültige Studienordnung führte eine vierjährige Ausbildung ein, die damit formell der Studienstruktur der Philologenausbildung entsprach.[120] Die 1940 vom Reichsministerium für Deutsche Wissenschaft, Erziehung und Volksbildung herausgegebene Ordnung der Prüfung für das künstlerische Lehramt an Höheren Schulen im Deutschen Reich galt auch für Bayern und beinhaltete künstlerische und pädagogische Inhalte.[121]

1949 etablierte sich die Schulmusikerausbildung für die Höheren Schulen an der Münchner Musikhochschule, 1951 veröffentlichte das Bayerische Kultusministerium erstmals eine Prüfungsordnung für das Lehramt an Höheren Schulen[122], 1955 erfolgte eine Neufassung.[123]

Seit In-Kraft-Treten der Prüfungsordnung für das Lehramt an den Höheren Schulen in Bayern im Jahr 1959[124] war die Ausbildung im Fach Musik als künstlerisch-praktisches und theoretisch-wissenschaftliches Doppelfach schließlich der der anderen Fächer gleichgestellt. Dies zeigte sich auch darin, dass das Fach Musik innerhalb des gesamten Fächerkanons erschien und nicht mehr, wie bis dahin üblich, unter „Künstlerischen Fächern" im Gegensatz zu den „Wissenschaftlichen Fächern" aufgeführt war. Die Ausbildung für das Höhere Lehramt fand weiterhin ausschließlich an der Münchner Musikhochschule statt.

In den künstlerischen Fächern gab es von Anbeginn an Aufnahmeprüfungen, die im Gegensatz zum allgemeinen Numerus Clausus die rein fachliche Eignung testeten. Bezeichnet man die allgemeine Studierfähigkeit als eine Leitidee des

---

[118] In Preußen gab es bereits ab 1922 an der Staatlichen Akademie für Kirchen- und Schulmusik einen speziellen Ausbildungsgang für Gymnasialmusiklehrer, parallel zur alten Gesangslehrerausbildung, die bis 1927 bestehen blieb. Vgl. Günther, Ulrich: Musikerziehung im Dritten Reich, in: Musik und Bildung, Mainz 11/1983, S. 13.

[119] Stäblein, Bruno: Die Ausbildung der bayerischen Schulmusiker, in: Die Musikerziehung – Zentralorgan für alle Fragen der Schulmusik, ihrer Grenzgebiete und Hilfswissenschaften (Hg.: Verband akademisch gebildeter Musiklehrer), Heft V/1928, Heft 10, Dortmund 1928, S. 313 f. Vgl. auch Hofmann, Bernhard: Zur Geschichte der bayerischen Schulmusik in der ersten Hälfte des 20. Jahrhunderts. Frankfurt/Main 1995, S. 100.

[120] Vgl. Hofmann, Bernhard: Zur Geschichte der bayerischen Schulmusik in der ersten Hälfte des 20. Jahrhunderts. Frankfurt/Main 1995, S. 109.

[121] Vgl. Fenninger, Josef: Untersuchung zum schulischen Musikunterricht in Bayern vom Ende des Zweiten Weltkriegs bis zum Beginn der siebziger Jahre. Frankfurt/Main 1997, S. 26.

[122] Amtsblatt Nr. 6/1951 vom 20. März 1951, S. 105 f.

[123] Amtsblatt Nr. 12/1955 vom 31. August 1955, S. 306 f. Vgl. dazu auch Fenninger, Josef: Untersuchung zum schulischen Musikunterricht in Bayern vom Ende des Zweiten Weltkriegs bis zum Beginn der siebziger Jahre. Frankfurt/Main 1997, S. 143 ff.

[124] Amtsblatt Nr. 5/1959 vom 9. März 1959, S. 93 ff.

Abiturs, so ist festzustellen, dass die veränderten Bedingungen innerhalb der Oberstufe des Gymnasiums in den fünfziger Jahren auch dazu führen sollten, dass die Schulmusikstudenten bereits am Gymnasium eine Vorbereitung zum Studium erhielten.

In Bayern blieb die Ausbildung von Studenten für das künstlerische Lehramt, angelegt als Doppelfachstudium, dreigeteilt und umfasste einen künstlerischen, einen musikwissenschaftlichen und einen musikpädagogischen Teil. Das Hauptgewicht lag dabei – in Folge der ausschließlichen Institutionalisierung der Ausbildung an der Musikhochschule in München – eindeutig beim künstlerischen Anteil. Sowohl die einzelnen Anteile wie auch die Gewichtungen aller Prüfungen, von der Aufnahmeprüfung bis zum Staatsexamen, lassen dies erkennen.[125] Aus Gründen einer Kapazitätserweiterung ist seit 1973 auch an der Musikhochschule Würzburg eine Ausbildung zum gymnasialen Schulmusiker möglich.[126]

Dies führte dazu, dass die angehenden Musiklehrer an den bayerischen Gymnasien in erster Linie „MUSIKlehrer“ und erst in zweiter Linie „MusikLEHRER“ sein wollten, da bereits in den Aufnahmeprüfungen eher diejenigen Bewerber ausgewählt wurden, die „MUSIKlehrer“ werden wollten. Damit ergab sich eine Berufsgruppe, die zunächst aus dem eigenen Selbstverständnis heraus Musiker sein und erst an zweiter Stelle ihr Engagement als Lehrer und Erzieher aufweisen wollte. Der Schulmusiker an den bayerischen Gymnasien etablierte sich somit als ein Pädagoge sui generis. Wenn Schulmusikstudenten dennoch auch diesen Anspruch des Lehrerseins mitbrachten, dann geschah dies zusätzlich und unabhängig von der erfolgten Prüfung und Auslese.

Durch eine derartige Selektion strukturiert, standen die Schulmusiker unterschiedlichen Anforderungen und Herausforderungen gegenüber. Waren die rein

---

[125] Vgl. Amtsblatt Nr. 5/1959 vom 9. März 1959, S. 93 ff.

[126] Im September 1973 wurde die „Bayerische Fachakademie der Musik in Würzburg“, die Nachfolgerin des Staatskonservatoriums und damit des ältesten staatlichen Musikausbildungsinstituts in Deutschland, in die „Staatliche Hochschule für Musik in Würzburg“ umgewandelt. Seither besteht eine weitere Möglichkeit, den genannten Studiengang an einem „Hochschulinstitut für das künstlerische Lehramt der Musik an Gymnasien“ zu studieren, wobei zu berücksichtigen ist, dass die Ausbildungskapazitäten in Würzburg von Anfang an geringer als die in München waren. Durch die bereits bestehenden Verbindungen der Würzburger Hochschule und des Musikwissenschaftlichen Seminars der Universität Würzburg waren die Voraussetzungen zur Schaffung dieses Studiengangs sehr günstig, da innerhalb einer institutionellen Kooperation die praktisch-musikalische Ausbildung an der Hochschule und die wissenschaftlich-pädagogische an der Universität vollzogen wurde. Seit 2002 ist das Studium auch an der Universität Regensburg, in Zusammenarbeit mit der dortigen Hochschule für katholische Kirchenmusik, möglich. Maßgeblich für diese Entscheidung war, Studierenden aus Niederbayern und der Oberpfalz eine wohnortnähere Ausbildungsstätte anzubieten.

künstlerischen Qualifikationen wohl gewahrt, fehlte es oft daran, den Anforderungen an einen „MusikLEHRER" nach Berufseintritt zu genügen und Möglichkeiten zu schaffen, die daraus entstandenen Probleme und Befindlichkeiten zu lösen. Der methodisch-didaktische Bereich und die fächerübergreifenden Möglichkeiten wurden damals ebenso vernachlässigt wie die überfachliche, pädagogische Zielsetzung. So verstand man unter dem praktischen Bereich an der Musikhochschule in München Fächer wie Chorleitung oder Partiturspiel, kaum aber den pädagogisch-didaktischen Sektor.[127] Aus der Überbetonung des künstlerischen Bereichs in der Ausbildung manifestierte sich damit auch eine eindeutige Tendenz für das Schulfach Musik.[128]

Die Frage, „Musik als Doppelfach" zugunsten einer in den anderen Bundesländern üblichen Ausbildung „Musik mit Zweitfach" abzuschaffen, stand bereits seit den fünfziger Jahren im Raum. Die traditionelle, Einstellung oder der Wunsch, das Fach Musik nicht weiter zu schwächen, waren wohl Hauptgründe, „Musik als Doppelfach" zu bewahren.[129] Aus Sicht des Verfassers sollen folgende Argumente für eine Auseinandersetzung mit dieser wichtigen Frage angeführt werden:

Argumente für Musik als Doppelfach

1. Die Regelstudienzeit von maximal zehn Semestern kann eingehalten werden.
2. Nur das Doppelfachstudium kann eine vertiefte künstlerische und wissenschaftliche Ausbildung und Qualifikation in Musik sichern.
3. Eine breitere musikpraktische Ausbildung begünstigt ein vielfältiges musikalisches Wirken und erleichtert die Gestaltung des musikalischen Lebens.
4. Hohes künstlerisches Niveau an den Schulen bedeutet eine positive Repräsentation der Schule in der Öffentlichkeit.
5. Die hohe Qualität von Chor und Orchester, ggf. auch von Wahlunterricht durch Schulmusiker bleibt sichergestellt.
6. Unausgewogener Facheinsatz ist möglich bei Lehrermangel im Zweitfach.

---

[127] Vgl. Amtsblatt Nr. 5/1959 vom 9. März 1959, S. 93 ff: Prüfungsordnung für das Lehramt an den Höheren Schulen in Bayern § 50 Musik.

[128] Auch spätere Novellierungen der Ausbildungsrichtungen (1977: Vgl. Amtsblatt Nr. 20/1977 vom 17. November 1977, S. 569 ff: „Bekanntmachung der Neufassung des Bayerischen Lehrerbildungsgesetzes" und 1980: Vgl. Amtsblatt Nr. 4/1980 vom 21. März 1980, S. 65 ff: „Bekanntmachung der Neufassung der Ordnung der Ersten Staatsprüfung für ein Lehramt an öffentlichen Schulen (Lehramtsprüfung I - LPO I)" ließen die Chance ungenützt. Sie legten weiterhin einen deutlichen Schwerpunkt auf eine fundierte künstlerische Ausbildung.

[129] Erst 2006 wurde neben dem Studiengang „Musik als Doppelfach" die Möglichkeit geschaffen, „Musik mit Zweitfach" zu studieren. Vermutlich wird der Studiengang erst zu Beginn des Studienjahres 2009/10 eingeführt werden, nähere Einzelheiten zur Gestaltung sind bislang nicht bekannt.

Argumente für Musik mit Zweitfach

1. Anerkennung und Akzeptanz sowie eine Gleichstellung der Fächer in- und außerhalb der Schule, bei Kollegen, Eltern und Schülern
2. Bessere Integration in Kollegium und Schulbetrieb, mehr Kommunikationsmöglichkeiten
3. Bessere Aufstiegsmöglichkeiten durch eine größere Auswahl an Funktionsstellen
4. Bessere Möglichkeiten für fächerverbindenden und -übergreifenden Unterricht; Weiten des eigenen fachlichen Blickfeldes
5. Bessere Ausbildung in zusätzlichen wissenschaftlichen Arbeitsweisen
6. Besseres Kennenlernen der Schüler und weniger Klassen durch höhere Präsenz in den Klassen
7. Verringerung des Stundendeputats durch einen höheren Anteil an „wissenschaftlichem Unterricht“
8. Abwechslung im Unterrichtsalltag
9. Erhalt der Kondition
10. Flexiblere Handhabung der Stellenverteilung und weniger Abordnungen
11. Bessere Einsatzmöglichkeiten bei der Stundenverteilung einer Schule
12. Erleichterter Wechsel in andere Bundesländer

Die Zusammenstellung der Argumente zeigt Folgendes: Beide Möglichkeiten haben wesentliche Vor- und Nachteile. Die Idee des urspr. konzipierten „Doppelfach Musik“ (Gesangsunterricht in Klassen und Wahlunterricht) hat heute kaum noch Bedeutung, denn instrumentaler Wahlunterricht wird heute mit Ausnahme an den Musischen Gymnasien kaum mehr von Schulmusikern unterrichtet. Das Beifach ist nur bei voller Fakultas (Sek. I und Sek. II) sinnvoll. Das Berufsbild des Schulmusikers im 21. Jahrhundert bedarf einer sinnvollen Neuorientierung, um den Stellenwert des Faches Musik an den allgemein bildenden Schulen zu sichern und auszubauen.

3.6 Lehrerfortbildung

Da Innovationen nicht durch neue Pläne und Vorschriften innerhalb der Ausbildung stattfanden, setzte das Bayerische Staatsministerium für Unterricht und Kultus von Anfang an auf andere Möglichkeiten. Dies beweisen Hinweise zu Fortbildungsveranstaltungen, die in den ministeriellen Veröffentlichungen ab den fünfziger Jahren zunehmend auftauchten. Dabei ist zu berücksichtigen, dass zahlenmäßig nur wenige Lehrkräfte durch diese Fortbildungsveranstaltungen erfasst wurden. Eine umfassende Lehrerfortbildung wurde zunächst nicht in Angriff genommen, und die Multiplikation blieb bis zur Gründung der Akademie für Lehrfortbildung in Dillingen im Jahr 1971 im Wesentlichen auf die Verbände beschränkt.

Nach den Angaben in den Amtsblättern aus den fünfziger Jahren[130] ist festzustellen, dass die Arbeitsgebiete weit über die eng gefassten Gebiete der Stoffverteilungspläne damaliger Zeit hinausgingen und Bereiche wie Singleiterschulung, Instrumentalspiel, geistliche und weltliche Chormusik, vielstimmige Barockmusik, Laienspiel und Jugendoper nannten.

Im Bereich der Fortbildungsveranstaltungen der fünfziger Jahre sind die Veranstaltungen im Cassianeum Donauwörth zu nennen, die wesentliche Themengebiete der damaligen Musikerziehung aufgriffen. So nahm die Einbeziehung des Schattenspiels in den Musikunterricht bereits die Theorien Roschers mit seiner Forderung nach einer Polyästhetischen Erziehung vorweg und deutete bereits zu diesem frühen Zeitpunkt auf eine Annäherung von Musikerziehung und Kunstunterricht hin. Damit wurde eine fächerübergreifend angelegte Erziehung in Bayern angelegt, auch wenn sie lehrplanmäßig zu dieser Zeit noch nicht formuliert und fixiert wurde.

Auch andere Themenbereiche am Cassianeum wie zum Beispiel „Vom Rätsel bis zum Schattenspiel – fröhliche Spiele für Heim, Schule und Elternabend. Neue Wege im Spiel, Pantomime, Stegreifspiel, Maskenspiel und Kinderspiel. (...) Gemeinsames Chorsingen, musikalische Veranstaltungen, Volkstänze und Reigen.“[131] führten in die dargelegte Richtung.

Beckerath brachte vermehrt einen fächerübergreifenden Aspekt in die Auffassung von Musikunterricht hinein. Selbst Kapellmeister, Theaterkomponist, praktizierender Bühnenbildner und Filmkomponist, behandelte er in der Fortbildung eine über den Einzelfächern stehende Arbeitsweise und forderte stets eine relative Gleichzeitigkeit der Künste. Seine vielseitige Arbeitsweise erscheint aus heutiger Sicht interessant, da in seinen Fortbildungskursen für Gymnasiallehrer bereits 1954 Themenbereiche wie Musik- und Bewegungserziehung angeboten wurden.[132]

Bezogen auf die Lehrerfortbildungen in den sechziger Jahren sind an dieser Stelle keine nennenswerten Aspekte festzustellen.

---

[130] Vgl. Amtsblatt, Jahrgang 1950 bis 1960.
[131] Vgl. Amtsblatt Nr. 14/1954 vom 19. Juni 1954, S. 198.
[132] Vgl. Beiblatt zum Amtsblatt Nr. 8/1958 vom 26. Juni 1958, S. 100: „Hinweis auf die 23. Schul- und Jugendmusikwoche Hoheneck 1958“.

3.7 Zusammenfassung der Situation Ende der sechziger Jahre

Bis zu den zwanziger Jahren des vergangenen Jahrhunderts wurde das Singen von vaterländischen und religiösen Liedern als Hauptinhalt des Musikunterrichtes angesehen. Bei beiden Inhalten ging es in erster Linie darum, eine Identifizierung und Stärkung der damit verbundenen gesellschaftlichen Kräfte, nämlich des deutschen bzw. bayerischen Vaterlandes und der Kirche, zu fördern. Die in Folge der Kestenberg-Reform neu aufgenommenen Inhalte bedeuteten in erster Linie für den gymnasialen Musikunterricht eine neue Richtung, die über den bloßen Gesangsunterricht hinaus zum Verstehen von Musiktheorie und zum Verständnis musikalischer Kunstwerke führen sollte. Diese inhaltlich und methodische Neugestaltung des erstmals „Musikunterricht" genannten Faches betrifft die folgenden Bereiche:

„- die Aufhebung der Einschränkung auf den bloßen Gesang zugunsten eines umfassenden Musikunterrichts,
- die Pflege des Schöpferischen und Seelischen durch die Musik (gegenüber dem bloß Methodischen),
- die Betonung der Querverbindungen, d. h. Forderung nach einer wechselseitigen Beziehung des Musikunterrichts zu den übrigen Fächern (Prinzip der Fächerverbindung),
- die Pflege des kulturellen Erbes unter Einbeziehung der Instrumentalmusik"[133]

Betrachtet man die historische Entwicklung des Musikunterrichtes, ist festzustellen, dass die Musikerziehung von einem Bezug zum historischen Kunstwerk geprägt war. Dies führte zu einer hohen Einschätzung der Musikwissenschaft und der Musiktheorie. Dieser steigende Fachbezug kann später auch als genuiner Schritt zur Verwissenschaftlichung des Gymnasiums und der Schaffung einer Kollegstufe mit Leistungskursen verstanden werden. Es ist wichtig darauf hinzuweisen, dass Blume bereits 1945 die Verlagerung der Schulmusikerausbildung an die Universitäten forderte, und zwar nicht an die Institute für Musikerziehung, sondern an die musikwissenschaftlichen Fakultäten,[134] um die Wissenschaftlichkeit im Musikunterricht sicher zu stellen. Gleichermaßen forderte bereits zu Beginn der fünfziger Jahre eine alternative Position von Fachdidaktikern ein Wie-

[133] Gruhn, Wilfried: Geschichte der Musikerziehung. Hofheim 1993, S. 247.
[134] Vgl. Blume, Friedrich: Schulmusik am Rande des Verderbens, in: Das Musikleben – Zeitschrift für Musik 5-6/1949, S. 136 ff.

deraufleben der musischen Konzeption.[135] Da folglich das Problem bestand, dass die Fragen musikpädagogischer Methodik nur in enger Anlehnung an die Musikwissenschaft existierten, konnte die unterrichtliche Praxis der fünfziger Jahre nicht wissenschaftlich abgesichert sein; sie lebte in erster Linie aus dem Singen.

Die sechziger Jahre erlebten erneut eine Aufspaltung durch unterschiedliche Einflüsse. Einerseits entwickelte sich die Tradition der Musikerziehung als ausschließlich historisch orientierte Werkbetrachtung und Interpretation,[136] andererseits öffnete man sich, angeregt von langjährigen US-amerikanischen Forschungen (John Dewey), besonders in der gymnasialen Musikerziehung verstärkt psychologischen und soziologischen Fragestellungen. Ehrenforth fasste diesen Aspekt 1978 zusammen: „Die etwa in der Mitte der sechziger Jahre beginnende Diskussion fiel zeitlich – und das ist kein Zufall – mit einer heftigen Diskussion um das Selbstverständnis um den bildungspolitischen Auftrag der Schulmusik zusammen, in deren Verlauf die am Kunstwerk orientierte historische Musikwissenschaft in die allgemeine Kritik am elitären bürgerlichen Musikbetrieb einbezogen wurde, während Erziehungswissenschaft und Systematische Musikwissenschaft favorisiert wurden.“[137]

War das alleinige Singen bereits nach 1945 als „faschistisch“ in Verruf geraten, bestand nach 1968 die Gefahr, dass nun praktisches Musizieren und Singen weitgehend verdrängt werden sollten. Deshalb ist es bereits an dieser Stelle wichtig darauf hinzuweisen, dass bei Fortbildungsveranstaltungen von vbs und vds auch immer das praktische Musizieren im Mittelpunkt stand. Schließlich war es ein wichtiges Ziel, allen Schülern musikalische Erfahrungen zu geben. Auch galt es, Einrichtungen zu schaffen, um in musikalischer Hinsicht begabte Schülerinnen und Schüler zu fördern. So etablierte z. B. Binkowski Ende der sechziger Jahre einen Arbeitskreis „Musikalische Bildung“ in Baden-Württemberg, der das Ziel hatte, Schulen mit erweitertem Musikunterricht zu propagieren.[138]

Durch das Zusammentreffen der neuen Ansätze in den Erziehungswissenschaften, den Lerntheorien, Lehrplantheorien und einer Theorie über das programmierte Lernen war eine Verbindung entstanden, die weder in Bezug auf einen allgemein erzieherischen Bereich noch in Bezug auf den ästhetischen Bereich

---

[135] Vgl. Ehrenforth, Karl Heinrich: Das Verhältnis von Musikwissenschaft und Musikpädagogik, in: Höhnen, Heinz W. (Projektleitung)/Binkowski, Bernhard (Hg.)/Hopf, Helmuth/Jakoby, Richard (Hg.): Entwicklung neuer Ausbildungsgänge für Lehrer der Sekundarstufen I und II im Fach Musik. Regensburg und Mainz 1977, S. 43.

[136] Vgl. Gruhn, Wilfried: Geschichte der Musikerziehung. Hofheim 1993, S. 294 ff.

[137] Ehrenforth, Karl Heinrich: Das Verhältnis von Musikwissenschaft und Musikpädagogik, in: Entwicklung neuer Ausbildungsgänge. Regensburg 1978, S. 433.

[138] Vgl. dazu auch das in der Anlage angeführte Interview mit Binkowski.

besondere Ergebnisse für die Unterrichtspraxis erwarten ließen. Zusammengefasst ist bei diesem sehr umfangreichen Bereich immer wieder der Versuch spürbar, ein Gleichgewicht zwischen unterschiedlichen, sich teils ausschließenden didaktischen Positionen zu schaffen, wie es bereits Zimmerschied zusammenfasste: „Der Schock, den der offenbare Alleinvertretungsanspruch emanzipatorischer, gesellschaftspolitischer und auditiver Ideen im festgefügten Reich des Musikunterrichtes ausgelöst hatte, ist heute einem gewissen ausgleichenden Realitätsstreben gewichen, in dem alle bisherigen Ideen einschließlich der musischen und gesangspädagogischen ermattet und konziliant koexistieren."[139]

Soll Musikunterricht seinen Beitrag zur allgemeinen Bildung leisten, so muss er über eine fachliche Qualifizierung hinaus umfassend angelegt sein. Eine Beschränkung auf ein „Musiklernen" allein erwies sich im Laufe der Entwicklung oft als problematisch. Es müssen sich zusätzlich Aspekte aus anderen Fächern anlegen lassen, die eine Vergleichbarkeit und Einheitlichkeit der Erziehungsabsicht erkennen lassen, diese verstärken oder auch erst möglich machen. Aber auch hier galten stets Einschränkungen, die aus der Diskrepanz von verordnetem und tatsächlich erteiltem Musikunterricht herrührten.

Wie in kaum einem anderen Schulfach fand und findet der Schulmusiker in allen Jahrgangsstufen einen derart inhomogenen Erfahrungs- und Leistungsstand vor wie im Fach Musik. Dies begründet sich zum Teil im unterschiedlichen privaten Engagement des Elternhauses. Manche Schüler haben sehr gute Vorkenntnisse an Musikschulen oder bei Privatmusikerziehern erworben und bauen diese im Laufe ihrer Schulzeit unabhängig vom schulischen Musikunterricht weiter aus. Damit wird der inhomogene Leistungsstandard unabhängig vom Lernfortschritt einer Klasse weiter bewahrt. Die geringeren Kenntnisse schwächerer Schüler stehen den überdurchschnittlichen Leistungen anderer gegenüber. Soziale Unterschiede, familiäre Interessen und außerschulischer Unterricht erfordern von der Lehrkraft in Musik aber ständig einen Hochseilakt zwischen Unter- und Überforderung.

Die geringe Stundenzahl des Faches Musik ließ das Bild eines eher unverbindlichen Faches mit einem Defizit an logischem Aufbau entstehen. Das Lehr- und Stoffangebot erschien nicht koordinierbar, thematische Bögen ließen sich nur schwer spannen. Zu dieser unbewältigten Vielfalt gesellten sich die divergierenden Interessen der Schüler, die zusammen mit der zuvor beschriebenen Proble-

[139] Zimmerschied, Dieter: Schulmusik und öffentliches Musikleben, in: Musik und Bildung 5/1981, S. 290.

matik eine grundlegende didaktische Innovation als Beitrag zu einer schulpädagogischen Reform erschwerten.[140]

Dadurch ergab sich eine Beziehung zwischen der Organisation und seiner Reform, von fachdidaktischen Erwägungen und einer allgemein gültigen Bildungserwartung an die Schulen, ein Gesamtbild, das sicher problematisch eingeschätzt werden musste. Aus diesem Gesamtbild erfolgte auch der Zwang, Lösungen in doppelter Hinsicht anzustreben: Zum Ersten war es die notwendige Koordination der Bezugsbereiche Fachdidaktik und Schulorganisation; vor allem das bayerische Gymnasium stellte sich zu Beginn der siebziger Jahre in diesen Punkten erneuerungsbedürftig dar. Zum Zweiten war es das konkrete Bild einer allseits aktiven Erziehungsfunktion, die eine weitergehende Konkretisierung des Musikunterrichtes als notwendig erscheinen ließ.

Lehrpläne, Bildungstheorien, fachdidaktische Konzeptionen und ministerielle Verordnungen hatten ihre Wirkung auf das tatsächliche Ausbildungs- und Unterrichtsgeschehen. Sie bildeten aber nur die eine Seite der komplexen Schul- und Unterrichtswirklichkeit. Das Berufsbild des Lehrers im Allgemeinen bzw. des Schulmusikers im Besonderen spielte dabei eine wesentliche Rolle, ein Berufsbild, wie es besonders auch von den Berufsverbänden in die Öffentlichkeit hineingetragen wurde.

Da sich die bildungspolitischen Vorstellungen im Laufe der sechziger Jahre änderten, war auch der Musikunterricht gefordert, neue Ansätze zu wagen, wie es bereits Gieseler formulierte: „Es ging darum, die Musikerziehung aus Stagnation und politisch belastetem Selbstverständnis herauszuführen, sie in einem größeren Zusammenhang zu sehen und darzustellen sowie Begründungen für ein neues Selbstverständnis aufzuzeigen, wie es für die Schule insgesamt dann durch Robinsohn umfassend geschah."[141]

Robinsohns „Bildungsreform als Revision des Curriculum" aus dem Jahr 1967 bot dazu die Möglichkeit, Veränderungen zu bewegen und auch wissenschaftlich abzusichern. Nach Robinsohn stand die Curriculum-Reform in einem engen Zusammenhang mit einer Reform der Inhalte des jeweiligen Unterrichts. In seinen Ausführungen bezog sich Robinsohn aber nur allgemein auf bildungspolitische Vorstellungen. Deshalb war jedes einzelne Schulfach für sich gefordert, sei-

---

[140] Vgl. Stafette-Redaktion (Hg.): Leserforum Musikunterricht, in: Neue Stafette – Jugendmagazin, Heft 2/1975, S. 26–27; Heft 3/1975, S. 18; Heft 4/1975, S. 38. Über kein anderes Schulfach wurde und wird in Jugendzeitschriften so ausführlich von Seiten Kinder und Jugendlicher diskutiert wie über den Musikunterricht.

[141] Gieseler, Walter: Curriculum-Revision und Musikunterricht, in: Schmidt, Hans-Christian (Hg.): Geschichte der Musikpädagogik (= Handbuch der Musikpädagogik Band 1). Kassel 1986, S. 219.

ne Weiterentwicklung oder gar Erneuerung voranzutreiben. Folgende Kriterien waren für die Inhaltsbestimmung von Unterricht gefragt:
„1. die Bedeutung eines Gegenstandes im Gefüge der Wissenschaft (…);
2. die Leistung eines Gegenstandes für Weltverstehen, d. h. für die Orientierung innerhalb einer Kultur und für die Interpretation ihrer Phänomene;
3. die Funktion eines Gegenstandes in spezifischen Verwendungssituationen des privaten und öffentlichen Lebens.“[142]

Für das Fach Musik bedeutete es eine grundlegende Neukonzeption: „Musik und Musikunterricht konnten dann weder der ‘Schaffung musikalischer Inseln’ noch der ‘Entlastung vom Druck des Alltags’ dienen; auch hatte der Musikunterricht dann keine Ausgleichsfunktion mehr gegenüber den sogenannten wissenschaftlichen Fächern. Falsch wurde dann die Dominanz des Liedes und des Singens, die Vorrangigkeit der irrationalen Kräfte.“[143]

Diesen Vorstellungen entsprechend, lautete der Titel der achten Bundesschulmusikwoche des vds, die 1970 in Saarbrücken stattfand, „Bildungsziele und Bildungsinhalte des Faches Musik“.[144]

Einen wichtigen Einschnitt mit größeren Folgeerscheinungen erlebte die Entwicklung der bayerischen Schulmusik schließlich mit der 1969 in Karlsruhe stattgefundenen Bundestagung des vds mit dem Thema „Richtlinienkritik und Lehrplankritik – Voraussetzungen für die Lehrplanreform“. Spätestens zu diesem Zeitpunkt „dürfte einigen Musikpädagogen ein Ahnen darüber gekommen sein, dass Entscheidungen über die Existenz, bzw. Inhalt und Ziel des Faches wohl nicht eine interne Angelegenheit der Musikpädagogik sind, sondern dass man sich offensichtlich in einer ‘gewissen’ Abhängigkeit vom staatlichen Bildungsapparat befindet.“[145]

Damit ist zugleich ein Hinweis auf die zu Beginn der siebziger Jahre einsetzende bildungspolitische Verflechtung gegeben. Auch die bayerische Musikpädagogik begann darauf zu reagieren.

---

[142] Robinsohn, Saul B.: Bildungsforschung als Revision des Curriculum (Aktuelle Pädagogik. Eine Schriftenreihe zur empirischen Erziehungsforschung, hg. von Hans-Jochen Gamm u. Werner Loch in Zusammenarbeit mit Hans Heckel u. Paul Seipp). Neuwied/Berlin 1967, S. 47.

[143] Gieseler, Walter: Curriculum-Revision und Musikunterricht, in: Schmidt, Hans-Christian (Hg.): Geschichte der Musikpädagogik (= Handbuch der Musikpädagogik Band 1). Kassel 1986, S. 222 f.

[144] Vgl. Zimmerschied, Dieter: Musikpädagogische Tendenzen im Spiegelbild der Bundesschulmusikwochen und Bundestagungen, in: Musik und Bildung. Mainz 4/1978, S. 264.

[145] Brix, Lothar: Die Krise der Musikpädagogik. Laaber 1977, S. 14.

Bereits zum Schuljahr 1968/69 hatte das Bayerische Staatsministerium für Unterricht und Kultus erstmals einen Schulversuch zur Erprobung der Orientierungsstufe mit einer kooperativen Gesamtschule begonnen, an dem Hauptschule, Realschule und Gymnasium in Schongau beteiligt waren. Eine kultusministerielle Bekanntmachung über Schulversuche mit Gesamtschulen vom 23. Juli 1970 gibt an, dass weitere Standorte dieser Schulversuche Marktoberdorf und Grafenau waren. Die beteiligten Schulen führten ab dem Schuljahr 1970/71 in ihrem Namen den Titel „Gesamtschule". Die Lehrpläne dazu wurden in vielen Fächern vom Gymnasium übernommen, eine Neuordnung erfolgte in den Hauptfächern und bei den Naturwissenschaften. Aus der Zielsetzung der Orientierungsstufe und aus der neuen Stundentafel lässt sich erkennen, dass zum Teil neue Schwerpunkte gesetzt wurden. Dabei waren sozialpolitische und bildungspolitische Aspekte gleichermaßen zu erkennen: Mit Hilfe einer Durchlässigkeit der Schularten sollten Bildungsreserven mobilisiert werden können und gleiche Bildungschancen für alle ermöglicht werden. Die Kurzformen der gymnasialen Zweige, also auch die des Musischen Gymnasiums, waren schließlich durch die Orientierungsstufe überflüssig und unmöglich geworden. Die Stundentafel der Orientierungsstufe war eindeutig an der des Gymnasiums angeglichen, besonders in Bezug auf fünf Wochenstunden in den Fächern Mathematik und der ersten Fremdsprache.[146]

[146] Vgl. Amtsblatt Nr. 17/1970 vom 26. August 1970, S. 430 ff.

II Die gymnasiale Schulmusik in Bayern von 1970 bis 1981

1. Bildungspolitische und musikpädagogische Diskussionen

Nach der Zusammenstellung der Entwicklung bis zum Ende der sechziger Jahre wird nun der eigentliche Untersuchungszeitraum dargestellt. Die einzelnen Schulstrukturen wurden in den siebziger Jahren reformiert. Dadurch wurden bei der Bevölkerung aber falsche Erwartungen geweckt; Ausstrahlungen auf den bis dahin gültigen Bildungskanon konnten insofern nicht geleugnet werden, als der Aspekt von Schule als Mittel zur beruflichen Karriere verstärkt wurde. Damit korrespondierte eine zunehmende Geringschätzung derjenigen schulischen Inhalte, wie sie sich beispielsweise auch im Musikunterricht darstellten.

Es gilt deshalb zunächst allgemein die Situation des gymnasialen Musikunterrichts und die Bedeutung der von staatlicher Seite aus beeinflussenden Institutionen wie die Akademie für Lehrerfortbildung in Dillingen und das Staatsinstitut für Schulpädagogik (ISP) in München darzulegen, bevor die Rolle und der Einfluss des Verbandes Bayerischer Schulmusikerzieher e. V. als musikpädagogischer und fachpolitischer Verband geschildert werden kann. Mit Beginn der siebziger Jahre entstanden in der deutschen Musikpädagogik neue didaktische Positionen. Sie werden hier tabellarisch kurz zusammengestellt, da sie wegen ihres Einflusses auf die bayerische Entwicklung notwendig erscheinen.[147]

[147] Zur Zusammenstellung der musikdidaktischen Positionen vgl. auch: Meidel, Eva: Der Aspekt der Schülerorientierung in Konzeptionen der Musikdidaktik seit 1945 (= Beiträge zur Geschichte der Musikpädagogik Band 11). Frankfurt/Main 2002. Im folgenden Abschnitt sind in erster Linie Positionen dargestellt, die auch für die Schulmusik in Bayern von Bedeutung gewesen sind.

Konzeption	Autor	Veröffentlichungen
Auditive Wahrnehmungserziehung	Rudolf Frisius, Ulrich Günther et al.	Sequenzen (1972)[148]
	Meinolf Neuhäuser et al.	Resonanzen (1975)[149]
Didaktische Interpretation von Musik[150]	Karl Heinrich Ehrenforth	Verstehen und Auslagen (1971)[151]
	Christoph Richter	Theorie und Praxis der didaktischen Interpretation (1976)[152]
Polyästhetische Erziehung/ Integrative Musikpädagogik	Wolfgang Roscher	Polyästhetische Erziehung (1976)[153]
Handlungsorientierter Musikunterricht	Hermann Rauhe et al.	Hören und Verstehen (1975)[154]
	Heinz Lemmermann	Musikunterricht (1977)[155]
	Martin Geck et al.	Banjo (ab 1978)[156]
Erfahrungserschließende Musikerziehung	Rudolf Nykrin	Erfahrungserschließende Musikerziehung (1978)[157] Spielpläne (ab 1984)[158]

[148] Frisius, Rudolf et al./„Arbeitskreis Curriculum Musik“ (Hg.): Sequenzen. Stuttgart 1972 (Klett).
[149] Neuhäuser, Meinolf/Reusch, Arnold/Weber, Horst: Resonanzen Band 1 und 2. Frankfurt/Main 1975 und 1977.
[150] Vgl. dazu auch Konzeption und Inhalte der 13. Bundesschulmusikwoche in Braunschweig 1980, besonders Inhalte der „Kurse zur Musikpraxis I“.
[151] Ehrenforth, Karl Heinrich: Verstehen und Auslegen. Die hermeneutischen Grundlagen einer Lehre von der didaktischen Interpretation der Musik. Frankfurt/Main 1971.
[152] Richter, Christoph: Theorie und Praxis der didaktischen Interpretation von Musik. Frankfurt/Main 1976.
[153] Roscher, Wolfgang: Polyästhetische Erziehung. Köln 1976.
[154] Rauhe, Hermann/Reinecke, Hans-Peter/Ribke, Wilfried: Hören und Verstehen. München 1975.
[155] Lemmermann, Heinz: Musikunterricht. Bad Heilbrunn 1977.
[156] Clauß, Dieter/Geck, Martin/Kemen, Hans Joachim/Küntzel, Gottfried: Banjo Musik 5/6 und Banjo 7–10. Stuttgart 1978 und 1981.
[157] Nykrin, Rudolf: Erfahrungserschließende Musikerziehung. Regensburg 1978.
[158] Becker, Peter/Kemmelmeyer, Karl-Jürgen/Kreft, Ekkehard/Nykrin, Rudolf: Spielpläne Musik 5/6. Stuttgart 1984 und Kemmelmeyer, Karl-Jürgen/Nykrin, Rudolf: Spielpläne 7/8 und Spielpläne 9/10. Stuttgart 1986 und 1988.

Entgegen anderen Ansätzen der Betrachtung, die die Gegensätzlichkeit dieser Konzeptionen betonen, weist der Großteil dieser Konzeptionen aber trotz ihrer Unterschiedlichkeit eine Gemeinsamkeit auf, nämlich die Abwendung von der zentralen Stellung des Volksliedes. So zeigt eine Gegenüberstellung der in den zentralen musikdidaktischen Publikationen vertretenen Auffassungen zum Thema Volkslied, dass in der Ablehnung der traditionellen Monopolstellung des Volksliedes grundsätzlich Übereinstimmung besteht.[159] Gleichzeitig schufen die reformpädagogischen Diskussionen mit ihrer Orientierung am Erlebnis- und Erfahrungshorizont der Schülerinnen und Schüler auch die Grundlagen für neue Formen des Lernens,[160] wie sie zum Beispiel Ausgangspunkt für die Überlegungen von Nykrin wurden.

Neben der strengen Ablehnung des Singens in der Nachfolge von Adorno[161] sind zwei Positionen von Bedeutung, für die Singen weiterhin einen wichtigen Bestandteil im Musikunterricht bilden soll: Binkowski – und mit ihm auch Benker – traten für eine eindeutige Befürwortung des Singens ein,[162] Segler befürwortet eine kritische Auseinandersetzung mit dem Liedgut.[163] Außerdem machte Segler im Schulbuch „Musik aktuell"[164] deutlich, wie Musik allmählich sozialgeschichtlich erschlossen wurde. Ihre Einbindung in gesellschaftliche, politische und auch individualpsychologische Zusammenhänge ging aber gleichzeitig mit dem Verlust einer spezifischen Auseinandersetzung mit musikimmanenten Erscheinungsformen einher.[165]

Einen gewissen Einfluss auf den sich zu Beginn der siebziger Jahre stark verändernden Musikunterricht in Deutschland hatten zwei Schulbücher: „Sequenzen"[166] und „Resonanzen".[167] Beide Schulbuchkonzeptionen wiesen einen neuen Weg, dessen Ziel auf der Grundlage eines kreativen und agierenden Umgangs mit Musik der musikalisch handlungsbereite und -fähige Schüler war. Die Folge war eine Erweiterung des im Unterricht zur Verfügung stehenden und auch einge-

---

[159] Vgl. Weyer, Reinhold: Das Volkslied als Gegenstand des Musikunterrichts – Aspekte einer didaktischen Neubestimmung, in: Musik und Bildung 9/1973, S. 433.

[160] Vgl. Brinkmann, Rainer O.: Szenische Interpretation von Musiktheater, in: Diskussion Musikpädagogik Heft 18/2003, Oldershausen, S. 13.

[161] Vgl. Adorno, Theodor W.: Kritik des Musikanten, in: Dissonanzen, Göttingen 1956. S. 62 ff.

[162] Vgl. Binkowski, Bernhard (Hg.): Unser Liederbuch Band II – Ausgabe C. Stuttgart 1975[10] und Binkowski, Bernhard/Brändle, Walter/Prinz, Ulrich: Musik um uns 7.–10. Schuljahr. Stuttgart 1975.

[163] Vgl. Segler, Helmut: Liedermagazin. Kassel 1975.

[164] Segler, Helmut: Musik aktuell. Kassel 1971.

[165] Vgl. ebd., S. 9 ff.

[166] „Arbeitskreis Curriculum Musik" (Hg.): Sequenzen Musik Sekundarstufe I Arbeitsbuch 1. Stuttgart 1972.

[167] Neuhäuser, Meinolf/Reusch, Arnold/Weber, Horst: Resonanzen 1. Frankfurt/Main 1975 und Neuhäuser, Meinolf/Reusch, Arnold/Weber, Horst: Resonanzen 2. Frankfurt/Main 1977.

setzten Instrumentariums, aber auch der Bau eigener Instrumente, zum Teil aus Umweltmaterialien. Neue inhaltliche Schwerpunkte boten freie Gruppenimprovisationen, avantgardistische und stark geräuschhafte Musik. Beide Werke wurden an den bayerischen Gymnasien kaum verwendet.[168]

Damit verbunden fand die „graphische Notation“ Eingang in den Musikunterricht, da der traditionellen Notenschrift immer mehr Anwendungsmöglichkeiten entzogen wurden. Friedemann, Meyer-Denkmann, Viera waren in diesem Zusammenhang bedeutende musikpädagogische Autoren der „roten reihe“[169], die aber weder bayern- noch bundesweit eine große Verwendung im Musikunterricht fanden.

Die siebziger Jahre forderten neue Inhalte, wobei unterschiedliche und pluralistische Tendenzen vertreten wurden. Auch soziologische Erscheinungsformen spielten dabei für die Entwicklung eine Rolle, wie bei der Konzeption des ersten Curricularen Lehrplans für die Orientierungsstufe in Bayern: „War ab Anfang der sechziger Jahre der inhaltliche Akzent auf die Auslegung des musikalischen Kunstwerks gelegt, so wird dieses Konzept in der Diskussion der vergangenen Jahre erheblich erweitert und das gesamte Klangspektrum bis zum Schall einbezogen. Mag das erste Konzept z. B. durch das ‘Lehrbuch der Musik’(...), das 1967/68 konzipiert wird und 1970/72 erscheint, abgedeckt sein, so versucht das ab 1972 erscheinende Unterrichtswerk ‘Sequenzen’ (...) ein erweitertes und geöffneteres Konzept zu realisieren. Wichtigste Buchveröffentlichungen der ausgehenden sechziger Jahre wird die Schrift ‘Unterweisung im Musikhören’ von Dankmar Venus (...), in der die Problematik des Musikhörens ihre angemessene Darstellung findet.“[170]

Den Lehrkräften sollten grundlegende Hilfestellungen für die Vorbereitung und Durchführung ihres Unterrichtes gegeben werden.[171] Sowohl die gesellschaftlichen Veränderungen als auch die schnelle Zunahme der modernen Medien hatten eine genaue Lernzieldiskussion zur Folge. Dem Fach Musik wurden neue Aufgabenstellungen zugewiesen: Differenzierung des Wahrnehmungsvermögens, Abbau milieubedingter und damit einseitiger Hörgewohnheiten sowie das Bewusstmachen aller möglichen musikalischen und akustischen Erscheinungsformen. Unterschiedliche Verhaltensweisen gegenüber Musik wie Produktion, Re-

---

[168] Interview mit Heinz Benker vom 4. Februar 1999.

[169] Blasl, Franz (Hg.): rote reihe universal edition. Wien 1969 ff.

[170] Hopf in NMZ April 1975, S. 44.

[171] Vgl. z. B. „Arbeitskreis Curriculum Musik“ (Hg.): Sequenzen Musik Sekundarstufe I Information 1. Stuttgart 1971, S. 10 ff und Neuhäuser, Meinolf/Reusch, Arnold/Weber, Horst: Resonanzen 1 – Lehrerinformation. Frankfurt/Main 1973, S. 3 ff.

produktion, Akzeption, Transformation, Information und Reflexion, die beispielsweise bei Lemmermann eine zentrale Rolle spielen,[172] ließen auditive, kreative, kognitive und technische Lernansprüche entstehen. Damit bildeten alle musikalischen Parameter wie Tonhöhe, Tondauer, Klangstärke und -farbe mögliche Untersuchungsgegenstände für den Musikunterricht.

Gleichzeitig galt es, Hintergründe, Entstehungsursachen und gesellschaftlich-soziale Bedingungen nicht zu vernachlässigen. Damit sollten die zu Unterrichtenden zu eigenen Auswahlentscheidungen und damit auch zu einer gewissen Kulturmündigkeit gelangen. Sowohl „Musik aktuell"[173] wie das daran anschließende Liederbuch „Liedermagazin"[174] stellten das vielschichtige Eingebundensein der Musik in das Leben des Menschen heraus und bewirkten eine emanzipatorische Erziehung mit Hilfe von Musik.

Damit wurden Appelle und Forderungen von Interessenvertretern und Verbänden an diesen Staat gleichsam politisch uninteressant. Bei der Konzeption von Musikunterricht erschien der Einbezug von Musik in einen allgemein ästhetischen Bereich notwendig, wobei Roschers[175] Ansatz einer polyästhetischen Erziehung weitere Bedeutung erlangen musste.[176] Er soll deshalb an dieser Stelle näher beleuchtet werden.

Roscher handelte in seiner „Polyästhetischen Erziehung" (1976)[177] den gewählten Themenbereich sowohl theoretisch als auch praxisnah umfassend ab. Sein Werk war von der Kinder- bis zur Erwachsenenerziehung über alle schulische Organisation hinaus angelegt. Ausgangspunkt war eine Kunstdidaktik mit einer „Integration der Einzelkünste", die auf der Basis einer „Gleichzeitigkeit von vergangenen und gegenwärtigen Stilrichtungen" und einer „Allgegenwart sowohl europäischer wie auch außereuropäischer Kunstrichtungen" stand. Roscher bewirkte eine Synthese verschiedener Theorien und erhob sich dadurch über das System einer allgemeinen „Musischen Bildung" hinaus. Die Integration aller Elemente der sinnlichen Wahrnehmung war wünschenswert und wurde auch von anderen Autoren gefordert.[178]

---

[172] Vgl. Lemmermann, Heinz: Musikunterricht. Bad Heilbrunn 1977.
[173] Segler, Helmut: Musik aktuell. Kassel 1971.
[174] Segler, Helmut: Liedermagazin. Kassel 1975.
[175] Roscher war in den fünfziger Jahren in Bayern als Schulmusiker tätig gewesen.
[176] Vgl. Hopf in NMZ April 1975, S. 44.
[177] Roscher, Wolfgang: Polyästhetische Erziehung. Köln 1976.
[178] Vgl. Pütz, Werner: Musik in der allgemein bildenden Schule aus sozialpädagogischer Sicht, in: Musik und Bildung. Mainz 5/1980, S. 305.

Die Kritik an Roschers Konzept[179] kam wegen ihrer weitreichenden Grundlegung aus unterschiedlichen Lagern und war teils kulturphilosophisch, teils ideologisch begründet. Zugleich erschreckten natürlich die Konsequenzen hinsichtlich des an den Schulen üblicherweise bestehenden Fächerkanons und die Konsequenzen für die Lehrerbildung, da neben dem Belegen von Veranstaltungen in Musik und Kunsterziehung auch Begleitstudien in Literatur und Theater sowie in Medientechniken erforderlich waren. Da die polyästhetische Erziehung interdisziplinär zwischen Kunst- und Musikerziehung angesiedelt und vom Grundsatz her auch zu anderen Bereichen fächerübergreifend konzipiert war, bestand die Gefahr, dass die einzelnen Disziplinen zwangsläufig in ihrer Eigenart aufgesogen wurden.

Der vds gab Roscher Gelegenheit, seine musikpädagogischen Vorstellungen auf der neunten Bundesschulmusikwoche in Kassel 1972 im Rahmen der Veranstaltungen zur „Ästhetischen Erziehung und Musikdidaktik" darzustellen.[180]

Das didaktische Konzept der „Auditiven Wahrnehmungserziehung", das gerade nicht vom Kunstwerk ausging, sondern an erster Stelle den Schüler als eigenverantwortlichen Hörer stellte,[181] spielte in Bayern nur eine geringe Rolle:[182] „... daß aktives Musizieren die Türen zum Musikverständnis eher und sicherer öffnet als jede andere verbale auditive Kommunikation. Letztere soll in keiner Weise abgewertet werden, sie ist notwendig, aber von sekundärer Bedeutung."[183]

Obwohl aber auch diese Grundhaltung für die bayerische Musikerziehung nicht explizit im Vordergrund stand, lag es doch im Anliegen des vbs, schülerzentriertes Arbeiten und handlungsorientierten Unterricht zu propagieren, wie sie Rauhe[184] und Nykrin[185] auf unterschiedliche Weise formulierten. Hierbei ist auch zu bedenken, dass das Hören von Musik nun als eine aktive Handlung angesehen wurde. Ausgehend von diesem Ansatz führte beispielsweise Benker ein erwähnenswertes Beispiel an, das sein Grundanliegen an einen modernen und

---

[179] Vgl. Roscher, Wolfgang: Tendenzen und Differenzen einer integrativen Musikpädagogik, in: Zeitschrift für Musikpädagogik Heft 6, Oktober 1978, Regensburg 1978, S. 64 ff.

[180] Vgl. Roscher, Wolfgang: Lernziele ästhetischer Erziehung von Gesellschaft. Ein Beitrag zur Musikdidaktik und ihre Lernbereichsbegründung, in: Musik in Schule und Gesellschaft – Vorträge der neunten Bundesschulmusikwoche Kassel 1972 (Hg.: E. Kraus). Mainz 1972, S. 80 ff.

[181] Vgl. Günther, Ulrich: Musikerziehung im Dritten Reich, in: Musik und Bildung. Mainz 11/1983, S. 15.

[182] Interview mit Heinz Benker vom 4. Februar 1999.

[183] Benker, Heinz: Bevorzugte Lieder, in: Musik und Bildung. Mainz 9/1973, S. 474.

[184] Vgl. Rauhe, Hermann/Reinecke, Hans-Peter/Ribke, Wilfried: Hören und Verstehen. München 1975, S. 199 ff.

[185] Vgl. Nykrin, Rudolf: Erfahrungserschließende Musikerziehung. Konzepte – Argumente – Bilder. Regensburg 1978, S. 125 ff.

erfolgreichen Musikunterricht zum Ausdruck brachte und als Vorbild – Benker war Seminarlehrer – für den Musikunterricht an den bayerischen Gymnasien gelten konnte:

„Der Lehrer A blättert im Lehrplan Musik für Gymnasien, sucht und findet die 8. Klasse (...) und liest: 'Die gebräuchlichsten Instrumente des Orchesters'. Daraufhin bereitet er sich entsprechend vor und erzählt seinen Schülern in einer Unterrichtseinheit von sechs aufeinanderfolgenden Stunden etwas über die Entstehung, den Bau, die Spielweise und Grifftechnik, die Notierung von Streichern, Holz- und Blechbläsern; diktiert ins Heft, läßt auch einige Töne verschiedener Instrumente auf Schallplatte hören und charakterisieren.

Dem Lehrer B geschieht zunächst das Gleiche, nur seine achtstündige Unterrichtseinheit sieht folgendermaßen aus: Er spielt den Schülern ein Orchesterwerk vor, überläßt den Schülern das Finden und Ordnen der beteiligten Gruppen und Instrumente, stellt dagegen eine Jazzband und eine Popgruppe und liefert mit Hilfe eines Arbeitsblatt-Testes zugleich eine kurze Zusammenfassung. Abschließend besucht er mit der Klasse ein Konzert.

Es soll nun gar nicht die Qualität dieser verschiedenen Methoden beurteilt, sondern lediglich ihr Reflektieren (...) angeregt werden über die Imponderabilien, die sich aus der Unterschiedlichkeit der Stoffbehandlung für den Unterrichtsverlauf, für die Wirkung auf die Klasse und für die Basis der anschließenden Jahre ergeben. Selbst der sogenannte Curriculare Lehrplan für die Kollegstufe birgt solche Imponderabilien in sich, denn verbindlich für den Unterricht sind wohl die Lernziele (und Lerninhalte bis zu einem gewissen Grade), nicht aber das Unterrichtsverfahren."[186]

Wie Kaiser feststellte,[187] beschrieb Benker im letzten Absatz die Unzulänglichkeit einzelner musikdidaktischer Konzeptionen, die zwar bezogen auf ihre theoretische Systematik zunächst überzeugend erschienen, sich aber in der Unterrichtswirklichkeit nur wenig bewährten. Dies mag ein Grund dafür sein, dass bestimmte musikpädagogische Konzeptionen keine Chance hatten, sich, im Vergleich zu anderen Bundesländern, in Bayern zu manifestieren.

Dazu zählt auch der Versuch, eine zeitgemäße Interpretationslehre und einen veränderten Umgang mit dem musikalischen Kunstwerk zu schaffen. Ausgehend

---

[186] Benker in NMZ Oktober 1974, S. 19.

[187] Vgl. Kaiser, Hermann J.: Musikunterricht für alle?, in: Ritzel, Fred/Stroh, Wolfgang Martin (Hg.): Musikpädagogische Konzeptionen und Schulalltag (= Musikpädagogische Bibliothek 31). Wilhelmshaven 1984, S. 169.

von Ehrenforths Schrift[188] wurde diese Konzeption als „Didaktische Interpretation von Musik“ bezeichnet. Die dort zusammengefassten Überlegungen basierten auf Grundvorstellungen der von Heidegger in den zwanziger Jahren entworfenen und später von Gadamer entwickelten „philosophischen Hermeneutik“, die auch für andere geisteswissenschaftliche Disziplinen von Bedeutung wurde. Die grundlegenden Überlegungen beruhen auf der Vorstellung, dass das Verstehen nicht eine auf ein Objekt gerichtete Methode sei, sondern vielmehr eine Verstehensweise, die die prinzipielle Lage und Befindlichkeit eines Menschen bedeutet und die das Verstehen als ein unabschließbares Gespräch zwischen dem Subjekt, dem Mensch, der verstehen soll, und dem Objekt, dem zu vermittelnden Gegenstand, in Gang hält.

Die „Didaktische Interpretation von Musik“ ging also von jener Vorstellung von Verstehen aus, die das Verstehen als eine unabschließbare Auseinandersetzung zwischen dem Selbstverstehen und dem Verstehen eines Gegenstandes auffasste. Während die „Didaktische Interpretation“ zunächst nur als eine veränderte Weise der Werkbetrachtung galt, die kognitiv und intellektuell vorging und die zu verstehenden Objekte ausschließlich aus dem Bereich der sogenannten „klassischen Musik“ wählte, bezog sie nach und nach auch andere Musikerscheinungen und andere Umgangsweisen mit Musik in ihr Konzept ein.

Die Konzeption des „Handlungsorientierten Musikunterrichts“ fasst mehrere musikpädagogische Entwicklungen der siebziger Jahre zusammen, deren gemeinsames Merkmal es ist, dem handelnden Umgang mit Musik mehr Bedeutung zukommen zu lassen. Wesentlich dabei ist, dass die Vorgänge des Hörens und Verstehens von Musik nicht nur kognitiv, sondern in erster Linie als handlungsbezogene Prozesse zu werten sind. Der Unterricht ist demnach davon abhängig, in wie weit Schülerinnen und Schüler selbst Gelegenheiten zu Handlungsmöglichkeiten haben. Dieses Handeln ist sowohl durch den Wechselbezug zwischen Subjekt und Objekt wie auch durch die Gebundenheit an Gruppenprozesse charakterisiert. Nicht allein die Kommunikation zwischen den Schülerinnen und Schülern und der Musik (Subjekt – Objekt) ist somit von Bedeutung, sondern besonders auch der Einfluss des einzelnen Lernenden auf die Lerngruppe und umgekehrt.

Lemmermann ergänzt den Ansatz von Venus dadurch, dass nicht nur Umgangsweisen mit Musik die Inhalte von Musikunterricht darstellen sollen, sondern dass, „Gegenstände und Tätigkeiten (...) zu sinnvollen Einheiten zusam-

[188] Ehrenforth, Karl Heinrich: Verstehen und Auslegen. Die hermeneutischen Grundlagen einer Lehre von der didaktischen Interpretation der Musik. Frankfurt/Main 1971.

mengeschlossen werden."[189] Dazu benützt er folgende Verhaltensfelder: „1. Komposition 2. Rekomposition 3. Akzeption 4. Transformation 5. Information 6. Reflexion."[190]

Die „Erfahrungserschließende Musikerziehung" ist als eine Reaktion auf überzogene Erwartungen der Curriculum-Forschung zu verstehen. Sie geht von den wirklichen Erfahrungen der Schülerinnen und Schüler aus. Diese Erfahrungen gilt es zu nützen und sie mit dem Handeln der Lernenden zu verbinden, damit diese unterschiedliche Kompetenzen im handelnden Umgang mit Musik erwerben können.

Die didaktische Aufgabe für den Lehrer, ständig Einstiegschancen in einer breiten Anlage zu ermöglichen, war und ist aus diesen Gründen kaum erfüllbar. Damit offenbart sich dem Fach eine eigene Methodenproblematik, die stets neu zu überdenken ist. Die Analyse der allgemeinen Fachgeschichte hat außerdem gezeigt, dass das Fach selbst im Verlauf seiner Geschichte zu viele und zu unterschiedliche Teilbereiche erhielt. Besonders die ab Beginn der siebziger Jahre innerhalb einer kurzen Zeit entstandenen didaktischen Konzepte und die daraus hervorgegangenen Schulbücher und allgemeinen Unterrichtsmaterialien erschwerten es, ein geschlossenes didaktisches Konzept für den Musikunterricht an den Schulen, besonders an den Gymnasien, zu entwickeln.

Es kann und konnte deshalb nie von „dem" Unterricht in Musik gesprochen werden, wie es in vielen anderen Fächern seit langem traditionell der Fall ist. Bei der beschriebenen organisatorischen Umsetzung des Musikunterrichtes über die Schulzeit hinweg ergab sich zwar zum größten Teil eine Durchgängigkeit durch nahezu alle Jahrgangsstufen. Die Einstimmigkeit und die mit ihr verbundenen Probleme wirkten sich aber zusätzlich negativ auf eine stimmige Fachdidaktik aus, betroffen waren davon vor allem die Klassen der Mittel- und Oberstufe.

---

[189] Lemmermann, Heinz: Musikunterricht. Bad Heilbrunn 1977, S. 100 ff.

[190] Ebd.

2. Der Musikunterricht an den bayerischen Gymnasien

2.1 Allgemeine Bestimmungen

Für den schwerpunktmäßig zu untersuchenden Zeitraum kann die „Allgemeine Schulordnung (AschO) in der Fassung vom 2. Oktober 1973“ eine klare und eindeutige Aussage über das Schulwesen, über das Gymnasium in Bayern für den organisatorischen Bereich geben.[191] Hervorstechend ist die Orientierung der Einzelbestimmungen am Ideal einer primären Vermittlung von Kenntnissen und Fertigkeiten. Weiterhin fällt die detaillierte Regelung von Prüfungen und Leistungskontrollen auf. Gegenüber inhaltlichen Fragen des Unterrichtes oder gegenüber Absätzen zur Gestaltung des Schullebens nehmen sie den weitaus größten Raum ein. Die Gliederungen sind streng nach fachlichen Gesichtspunkten vorgenommen. Die AschO vom 2. Oktober 1973[192] zeichnete insgesamt eine Struktur des bayerischen Gymnasiums, die einen angemessenen Musikunterricht garantierte. Sie bot zum einen die Grundlage für den Klassenunterricht in Musik und ließ zum anderen Spielraum für weitergehende Gestaltungen innerhalb des schulischen Lebens. Die aufgezeigten Defizite und Einschränkungen ließen aber eine angemessene Kritik am Status quo und eine Vertretung standespolitischer Interessen von Seiten der bayerischen Schulmusik als geraten erscheinen.

1975 erschien im Amtsblatt erstmals im Rahmen der Curricularen Lehrpläne für die Schulversuche mit Orientierungsstufe für das Fach Musik ein „Curricularer Lehrplan für die Orientierungsstufe“.[193] Er wird in seiner typischen Anlage als „Curricularer Lehrplan“ in Kapitel II 4.2 zu besprechen sein. Die am 7. August 1979 veröffentlichte Neufassung der „Allgemeinen Schulordnung (AschO)“ weist bezüglich der Situation des Faches Musik keine Änderungen bzw. Neuerungen auf.[194]

Das Bayerische Staatsministerium für Unterricht und Kultus verfolgte mit Beginn der siebziger Jahre die Erneuerung des Schulwesens konsequent mehrgleisig. Für den unmittelbar unterrichtlich wirksamen Bereich wurde verstärkt auf die Lehrerfortbildung der bereits sich im Dienst befindenden Lehrkräfte und auf eine Neuordnung der Ausbildung gesetzt. Neben einer didaktischen Neubesinnung waren vor allem organisatorische Veränderungen von Bedeutung, die zu-

[191] Vgl. Amtsblatt Nr. 19/1973 vom 13. November 1973, S. 1179 ff.
[192] Vgl. ebd.
[193] Vgl. Amtsblatt Nr. 5/1975 vom 27. März 1975, S. 453 ff.
[194] Vgl. Amtsblatt Nr. 21/1979 vom 28. November 1979, S. 533 ff.

sammen mit einer schulpädagogischen Neuorientierung ein neues Bildungsumfeld ergaben.

Beachtenswerte Ergebnisse waren in Hinblick auf eine organisatorische Erneuerung nicht nur durch den Versuch der Orientierungsstufe, sondern auch durch die nach der Wissenschaftswende der Curriculumreform erfolgte Einführung der Kollegstufe geschaffen. Besonders in diesem zweiten Bereich schlug sich verstärkt eine umfangreiche Lehrplanarbeit nieder. Für das Fach Musik war dies von besonderer Bedeutung, da man erkannte, dass das Fach Musik auf einer breiteren Basis zu vermitteln wäre.

In den siebziger Jahren wurde im Umfeld einer allgemeinen Reform des pädagogischen Denkens und Handelns außerdem eine zunehmende Reglementierung sichtbar, die besonders die Arbeit der Verbände forderte. Die Seitenzahlen der Amtsblätter nahmen zu, und der Charakter der einzelnen Beiträge änderte sich hin zu Regeln mit exakten Angaben und detaillierten Ausführungsbestimmungen. Es etablierte sich auch das Institut für Schulpädagogik (ISP), das unterschiedliche Kommissionen einrichtete.

2.2 Rahmenbedingungen für den Musikunterricht

Zu Beginn der siebziger Jahre stellte sich das Fach Musik an den Gymnasien als Pflicht- und Wahlpflichtfach, als Vorrückungs- und Nichtvorrückungsfach dar. Durch eine derartige Zuordnung war für Schüler, Eltern und Lehrer eine Wertigkeit der einzelnen Fächer innerhalb des Fächerkanons vorgegeben. Während das Fach Kunsterziehung in allen Jahrgangsstufen Vorrückungsfach war und ist, war Musik nur in der 10. Jahrgangsstufe Vorrückungsfach, wenn es, alternativ zu Kunsterziehung, als gewähltes Wahlpflichtfach auftrat.

Am Musischen Gymnasium dagegen war und ist Musik bis zur 11. Jahrgangsstufe nicht nur Vorrückungsfach, sondern sogar Kernfach. Dies beeinflusste nicht nur das Gefälle innerhalb des Ansehens der Fächer, sondern auch die Beurteilung des Gymnasiums als Bildungsinstitution. Alle Beteiligten – Schüler, Eltern und Lehrer – wurden dadurch in ihrem Urteil bezüglich der Wertigkeit der einzelnen Fächer geleitet.

Was nur als standespolitisches Thema der Schulmusiker an Gymnasien erscheint, wirkte sich auch als Faktor des allgemeinen Bildungs- und Schulbegriffes aus. Verwirrend ist dies besonders dann, wenn Schüler zwischen Kunsterziehung und Musik als gleichwertige Gegenstände zu wählen haben. Keine überzeugende Basis der Argumentation bildete der fachliche Unterschied zwischen den beiden Fächern. Ebenso wenig können unterrichtliche und methodische Differenzen als Begründung von Wertunterschieden herangezogen werden. Einzig die geschichtliche Entwicklung des Faches und entwicklungspsychologische Gründe können angeführt werden, wenn man bedenkt, dass das Fach Musik ursprünglich als Singunterricht in besonderer Weise von stimmlichen Begabungen abhängig war und im Laufe der Pubertät die Mutation diese Begabungen unterschiedlich beeinflussen.

2.3 Das Gymnasium

Die Stundentafel für das Fach Musik muss im Vergleich zu den anderen Nebenfächern im Bereich der Stundendotierung – sowohl im Hinblick auf die stufenmäßige Aufteilung, als auch im Hinblick auf den Gesamtumfang – als gut betrachtet werden.[195] Abgesehen von den Kernfächern mit schularttypischer Spezialisierung hatte das Fach Musik eine eher führende Stellung im Kanon der erteilten Wochenstunden in den Jahrgangsstufen 5 bis 10 innerhalb der Nebenfächer. Die nachfolgenden Vergleichszahlen der unterschiedlichen Stundentafeln der Jahrgangsstufen 5 bis 10 aus den Jahren 1974, 1976 und 1977 mögen dies verdeutlichen. Die Zahlen beziehen sich auf die Stundentafeln der Haupttypen der bayerischen Gymnasien, nämlich des humanistischen, neusprachlichen und mathematisch-naturwissenschaftlichen Gymnasiums.[196]

[195] Aus der Tatsache, dass das Unterrichtsfach Musik erst relativ spät in den Fächerkanon der allgemeinbildenden Schulen aufgenommen worden ist, folgerte Kaiser eine notwendige Diskussion sowohl über die generelle Existenz wie auch über den geringen Stundenanteil an Musikunterricht. Die Übersicht beweist dagegen, dass das Fach Musik im Rahmen der Nebenfächer an den bayerischen Gymnasien eine durchaus vergleichbare Stellung eingenommen hat. Vgl. Kaiser, Hermann J.: Musikunterricht für alle?, in: Ritzel, Fred/Stroh, Wolfgang Martin (Hg.): Musikpädagogische Konzeptionen und Schulalltag (= Musikpädagogische Bibliothek 31). Wilhelmshaven 1984, S. 172.

[196] Vgl. Amtsblatt Nr. 17/1974 vom 16. September 1974, S. 1328 ff, Amtsblatt Nr. 18/1976 vom 21. Oktober 1976, S. 465 ff und Amtsblatt Nr. 9/1977 vom 24. Juni 1977, S. 188 ff.

Stundentafeln der Nebenfächer in den Jahrgangsstufen 5 bis 10			
Fach	1974	1976	1977
Musik	10	8+1[197]	9+1[197]
Religion	12	12	12
Biologie	12	11	11
Geschichte	7	8	8
Erdkunde	10	9	8
Sozialkunde	2	2	1
Wirtschafts- und Rechtslehre	0	0	3
Kunsterziehung	10[198]	8+1	9+1
Sport	12	12	12

Musik wurde von 1974 an ab der neunten und von 1976 an ab der achten Jahrgangsstufe einstündig unterrichtet. Positiv ist zu vermerken, dass mit Beginn des Schuljahres 1977/78 Musik in allen Ausbildungsrichtungen des bayerischen Gymnasiums in der 5. Jahrgangsstufe mit drei Stunden ausgestattet war.[199] Die Stundentafeln waren für alle Gymnasialzweige, mit Ausnahme des Musischen Gymnasiums, einheitlich.

---

[197] Wahlpflicht zwischen Kunsterziehung und Musik in der 10. Jahrgangsstufe.

[198] Am mathematisch-naturwissenschaftlichen Gymnasium umfasste 1974 die Stundentafel für das Fach Kunsterziehung in den Jahrgangsstufen 5 bis 10 zwölf Stunden, wobei Kunsterziehung in den Jahrgangsstufen 8, 9 und 10 durch das zweistündige Wahlpflichtfach Wirtschaftslehre ersetzt werden konnte. Eine Begründung dazu wurde nicht gegeben und ist folglich nicht erkennbar.

[199] Vgl. Anhang: A1: MS II/13-8/122 246 vom 24. August 1977.

Stundentafeln Musik							
Jahrgangsstufen	5	6	7	8	9	10	11
Stundenzahl Musik 1974	2	2	2	2	1	1	1
Stundenzahl Musik 1976	2	2	2	1	1	(1)[200]	1
Stundenzahl Musik 1977	3	2	2	1	1	(1)[200]	1

Die Stundentafel für die sieben- und neunjährige Form des Musischen Gymnasiums wies und weist für das Fach Musik in allen Jahrgangsstufen von 5 bis 11 je drei Stunden auf:

Stundentafel Musik am Musischen Gymnasium							
Jahrgangsstufen	5	6	7	8	9	10	11
Stundenzahl Musik	3	3	3	3	3	3	3

Die Neugestaltung der Stundentafeln zu Beginn der siebziger Jahre,[201] die eine 30-Stundenwoche für Schüler bis zur 10. Jahrgangsstufe zur Folge hatte, brachte es mit sich, dass Musik in der 10. Jahrgangsstufe alternativ zu Kunsterziehung zum einstündigen Wahlpflichtfach abgestuft wurde. Bereits 1971 hatte es das Kultusministerium den Schulen gestattet, den Unterricht auf fünf Tage zu verteilen. 1973 hatten fast alle Schulen in Bayern ihren Unterricht auf die 5-Tage-Woche eingerichtet.[202]

---

[200] Wahlpflicht zwischen Kunsterziehung und Musik in der 10. Jahrgangsstufe.

[201] Eine Notwendigkeit dazu bestand in Folge der geführten „Schulstressdebatten".

[202] Vgl. Amtsblatt Nr. 13 vom 14. Juli 1971, S. 560 ff: „Bekanntmachung über die Einführung der 5-Tage-Woche an den Schulen in Bayern".

Einen Vergleich der Stundentafeln für das Fach Musik in den Jahrgangsstufen 5 bis 10 des Gymnasiums, die 1974 in den Bundesländern Gültigkeit hatten, zeigt die folgende Übersicht.[203]

Stundentafeln für Musik in den Bundesländern							
Jahrgangsstufen	5	6	7	8	9	10	Σ
Baden-Württemberg	2	2	2	1	1[204]	1	9
Bayern	2	2	2	1	1	1	9
Berlin	2	2	2	1	2	2	11
Bremen	2	2	2	1	1	1	9
Hamburg	2	2	2	1,5	1[205]	1[205]	9,5
Hessen	2	2	1	1	1	1	8
Niedersachsen	2	2	1[206]	1[206]	1	1	8
Nordrhein-Westfalen	2	2	1,5	1,5	(2)[207]	(2)[208]	7
Rheinland-Pfalz	2	2	2	2	2	1	11
Saarland	2	2	1	1	1	1	8
Schleswig-Holstein[209]	(4)	(4)	(2)	(2)	(2)	(2)	---

Die Übersicht verdeutlicht, dass die Ausstattung des Musikunterrichts innerhalb der Stundentafeln im bundesweiten Vergleich in Bayern nach Berlin, Rheinland-

[203] Vgl. Konferenz der Musik-Fachberater der Bundesländer und West-Berlins: Synopse der gegenwärtig in den Ländern gültigen Stundentafeln für das Fach Musik in Haupt-, Realschulen und Gymnasien bzw. in Gesamtschulen, in Musik und Bildung 4/1974, S. 242; vgl. auch: Nolte, Eckhard: Die neuen Curricula, Lehrpläne und Richtlinien für den Musikunterricht an den allgemeinbildenden Schulen in der Bundesrepublik Deutschland und West-Berlin, Teil II: Sek. I, Band 1 (= Musikpädagogik – Forschung und Lehre Band 17/1). Mainz 1991, S. 23: „Synopse der Stundentafeln: Pflichtunterricht".

[204] Zweistündig im mathematisch-naturwissenschaftlichen Gymnasium.

[205] Vier Stunden im Wahlpflichtbereich Künste und Sport.

[206] Zweistündig im altsprachigen Gymnasium.

[207] Wahlpflicht Musik oder Kunsterziehung.

[208] Zusammen mit „Bildhaftem Gestalten", „Werken" und „Textilem Werken".

[209] Jeweils zusammen mit „Bildhaftem Gestalten", „Werken" und „Textilem Werken".

Pfalz und Hamburg an vierter Stelle stand. In fünf Bundesländern war die stundenplanmäßige Situation für den Musikunterricht schlechter. In Baden-Württemberg und Bremen nahm der Musikunterricht stundenmäßig den gleichen Stellenwert wie in Bayern ein.[210]

Wie bereits erwähnt, hatten zahlreiche Neugründungen von Gymnasien zwischen 1970 und 1977 die bildungspolitische Landschaft in Bayern geprägt. Es war von erheblicher Bedeutung, dass durch diese Maßnahmen und den damit in viele Regionen neu einziehenden gymnasialen Musikunterricht ein kultureller Umbruch stattfand. Das Wirken von Schulmusikern in bislang unterversorgten Gegenden muss deshalb im gesamtgesellschaftlichen Zusammenhang gesehen werden.

2.4 Die Oberstufe des Gymnasiums

1972 erschienen die „Rahmenvereinbarungen zur Einführung der Kollegstufe“,[211] die für den Untersuchungszeitraum von Bedeutung sind. Zwischen den Überlegungen zur „gymnasialen Oberstufe“ und seiner organisatorischen Bewältigung stand die Frage, wie der Unterricht aufgebaut sein sollte, den man sich im Rahmen der Gesamtkonzeption wünschte. Auch „Musik“ wurde nun als Grundkurs oder Leistungskurs möglich.

---

[210] Zur Ergänzung sei an dieser Stelle ein kurzer Vergleich zur Situation an den bayerischen Volksschulen angegeben. Hier stellte sich die Situation schlechter dar. Das Fach Musik hatte mit der „Bekanntmachung über die Änderung der Stundentafel für die bayerischen Volksschulen“ vom 12. Juni 1970 bereits mehrere Stunden verloren, nämlich in der dritten, vierten, fünften und sechsten Klasse jeweils eine Wochenstunde (Vgl. Amtsblatt Nr. 13/1970 vom 13. Juli 1970, S. 319). Damit war das Fach Musik in der Volksschule in den Jahrgangsstufen 1 bis 8 mit jeweils einer Stunde in der Stundentafel vertreten, in der 9. Jahrgangsstufe galt eine zweistündige Wahlpflicht zwischen Kunsterziehung und Musik (Vgl. Amtsblatt Nr. 12/1971 vom 25. Juni 1971, S. 528 und Amtsblatt Nr. 12/1973 vom 27. Juli 1973, S. 680 ff). Erst mit Einrichtung des achtjährigen Gymnasiums (G8) ab dem Schuljahr 2003/04 wurde die Stundentafel in der 5. Jahrgangsstufe im Fach Musik im Zusammenhang mit der Einführung eines neuen Lehrplans wieder auf zwei Stunden reduziert. Die Regelung eines dreistündigen Musikunterrichts in der 5. Jahrgangsstufe galt somit über 25 Jahre, wenngleich in Folge von Lehrermangel der Unterricht oft nur zweistündig erteilt werden konnte. Als Ausgleich dazu wurde Musik im G8 in der 10. Jahrgangsstufe wieder einstündiges Pflichtfach. Für die Jahrgangsstufen 11 und 12 ist nunmehr durchgehend Musik oder Kunsterziehung als zweistündiges Wahlpflichtfach zu belegen. Es besteht außerdem die Möglichkeit, Seminarfächer zu Musik zu wählen.

[211] Vgl. KMK (Hg.): Vereinbarung zur Neugestaltung der gymnasialen Oberstufe in der Sekundarstufe II vom 7. Juli 1972. Neuwied 1972.

Durchgängig zeigten die Lehrpläne, dass eine Studierfähigkeit im Sinn einer Allgemeinbildung[212] bei gleichzeitiger fachlicher Spezialisierung gefordert war. Aus dieser übergeordneten, aber auch gegensätzlichen Zielsetzung – allgemeine Grundbildung gegen spezielle Berufsbildung – entwickelten sich mit Einführung der Kollegstufe in den siebziger Jahren in den einzelnen Bundesländern zwei im Grunde unterschiedliche Reformkonzeptionen.

Während in den nördlicheren und damals unter einer SPD-Regierung stehenden Ländern der Schwerpunkt auf der Spezialisierung, Berufsvorbereitung und Studierfähigkeit lag, legten die mehr südlich gelegenen Länder Baden-Württemberg, Bayern, Rheinland-Pfalz, aber auch Schleswig-Holstein, den Akzent auf die Allgemeinbildung. Alle betrachteten aber die gymnasiale Oberstufe, unter bayerischen Gesichtspunkten spricht man besser von der Oberstufe des Gymnasiums, als Muster für andere Schularten.

So stellte sich die Oberstufenreform als eine Vielfalt von unterschiedlichen Angeboten und Inhalten, von verschiedenen Unterrichtsformen und Unterrichtsanforderungen dar. Da grundsätzliche Sachfragen infolge der Kulturhoheit der Länder nicht koordiniert wurden, waren schließlich auch unterschiedliche Ausprägungen möglich. Eine Beschränkung auf den organisatorischen Rahmen und die Hoffnung, dass die inhaltliche Ausgestaltung der Reform, von der wissenschaftlichen Curriculumforschung getragen, quasi von selbst einhergehen würde, ermöglichten im Laufe der siebziger Jahre vielfältige Auseinanderentwicklungen der ursprünglich als einheitlich konzipierten Reform. Das Problem Allgemeinbildung versus Berufsbildung stand fortan im Zentrum der Diskussion um die schulischen Reformen.

Das Unterrichtsfach Musik an den Gymnasien war in Bayern ursprünglich mit seiner in der Tradition haftenden Vorbereitung auf den Beruf des Volksschullehrers oder auf künstlerische Berufe einerseits und seinem Anspruch, wichtiger Bestandteil einer Allgemeinbildung zu sein andererseits, dieser Problematik besonders ausgesetzt:[213] „Ein ganz neues Gefühl vermittelte die Tatsache, daß unser

[212] Den allgemein bildenden Schulen in Deutschland schreibt Heymann (1997, S. 9) unter dem Aspekt der Allgemeinbildung folgende Aufgaben zu: „Lebensvorbereitung, Stiftung kultureller Kohärenz, Weltorientierung, Anleitung zum kritischen Vernunftgebrauch, Entfaltung von Verantwortungsbereitschaft, Einübung in Verständigung und Kooperation und Stärkung des Schüler-Ichs". Eine kritische Beurteilung der vorliegenden Lehrpläne zeigt, dass diese Aufgaben bei der Umänderung der Oberstufe nicht berücksichtigt oder formuliert sind. Einzig der Bereich der „Lebensvorbereitung" kann aus allgemeinen Kriterien herausgelesen werden.

[213] Bereits für die Zeit des Dritten Reichs spricht Günther davon, dass die Musikerziehung in allen schulischen und außerschulischen Bereichen einen hohen Stellenwert, insbesondere in der Volksschullehrerausbildung besaß. Vgl. Günther, Ulrich: Musikerziehung im Dritten Reich, in: Musik und Bildung, Mainz 11/1983, S. 13.

Fach – so gewandelt es sich im Reigen der Kollegstufenfächer darstellen mag – jetzt als Fach wie jedes andere angesehen werden kann, darf und soll, – nicht nur den Leistungen und Anforderungen, sondern auch dem Prestige und Ansehen nach. Was für Aussichten!"[214]

Diese positive Einschätzung fand sich auch bundesweit wieder, als die Westdeutsche Rektorenkonferenz am 5. Juni 1977 die „Thesen zur Weiterentwicklung der neugestalteten gymnasialen Oberstufe"[215] veröffentlichte. Die darin enthaltene Empfehlung verschob den Akzent weiter in Richtung einer breiten Grundbildung, um die einzelnen Ausbildungsgänge nicht zur Einbahnstraße für Schüler werden zu lassen und um nicht Gefahr zu laufen, durch Einseitigkeiten im schulischen Bereich zur Arbeitslosigkeit der nachwachsenden Generation beizutragen.

Um zu einer Synthese zwischen Spezialisierung und Allgemeinbildung zu gelangen, stand aus den bereits angesprochenen Bemühungen heraus die Frage nach den Zielen und Inhalten im Zentrum der Schulreformen. Das System der Curricula schien dabei flexibel genug, da es auch einen Zugriff zu den pädagogischen Intentionen und zur Intensität der Lernschritte ermöglichte. Ziel war es ja, „pädagogische Initiativen herauszufordern, gleichzeitig aber auch Bindung und Freiheit in einem ausgewogenen Verhältnis zu halten."[216]

Allerdings schien es infolge unterschiedlicher bildungspolitischer Vorstellungen außerordentlich schwer, einen Konsens über das zu erzielen, was als unverzichtbarer Bestandteil einer Allgemeinbildung entwickelt werden sollte. Ebenso kompliziert war es, einen verbindlichen Kanon allgemeiner Lernziele aufzustellen, weshalb diese Formulierung auch als recht unspezifisch erschien. Klafki differenzierte zum Beispiel den Kanon von Bildungsinhalten und orientierte sich an Schlüsselproblemen und Grundfähigkeiten: „Aber es wäre falsch zu glauben, jeder, der den Begriff 'Bildungsinhalt' gebrauche, lege in diesem Begriff notwendig auch schon eine ganz bestimmte Bildungsauffassung hinein."[217]

Bei der Schaffung der Kollegstufe wurde eine notwendige Flexibilität innerhalb aller Fächer über die neu geschaffene Eingrenzung offensichtlich. Es boten sich auch zwischen den Fächern verschiedene Querverbindungen an. Die Bildung von drei Aufgabenfeldern, das sprachlich-literarisch-künstlerische (SLK), das gesellschaftswissenschaftliche (GPR) und das mathematisch-naturwissenschaftliche (MNT) Aufgabenfeld, bemühte sich dabei um Integrationsversuche. Unglücklich war hier, dass infolge der getroffenen Zuordnung sowohl bei Schülern wie in der

---

214 Ernst in NMZ 4/1975, S. 21.

215 Vgl. Die höhere Schule 30/1977, S. 360.

216 KMK (Hg.): Kulturpolitik der Länder 1971/72. Bonn 1973, S. 291.

217 Klafki, Wolfgang: Studien zur Bildungstheorie und Didaktik. Weinheim 1963, S. 130.

Öffentlichkeit Verwandtschaftsbeziehungen zwischen Fächern geschaffen und assoziiert wurden. So erscheint beispielsweise nach der Aufteilung der Fächergruppierungen Geschichte näher an Wirtschafts- und Rechtslehre als an Deutsch, Musik näher an Latein oder Französisch als an Geschichte.

Positiv zu vermerken ist schließlich, dass im Bereich des wahlfreien Angebots Grundkurse in „Chor", „Orchester", „Kammermusik" und „Instrumentalmusik" an den Gymnasien eingerichtet werden können, nicht zuletzt, um die Existenz der Schulchöre und Schulorchester zu sichern.

2.5 Modelle zur Veränderung der Stundentafel

Bezogen auf die Situation des Musikunterrichts an den Gymnasien ist die Stellung des Faches innerhalb der Stundentafel von wesentlicher Bedeutung. Eine verstärkte Präsenz des Faches Musik – Grundforderung von vbs und vds: zwei Wochenstunden in jeder Jahrgangsstufe – konnte durch eine Veränderung der Stundentafel nicht ermöglicht werden und schien auch politisch nicht erwünscht. Generell sollen deshalb an dieser Stelle drei Möglichkeiten einer Veränderung der Stundentafel vorgestellt und diskutiert werden:

Möglichkeit 1:
Mehr Unterrichtsstunden in Musik, dadurch eine Erhöhung der Gesamtstundenzahl für die Schüler
Gegenposition:
Dies kann keine Alternative bedeuten, zumal ein Landtagsbeschluss vorlag, der eine Erhöhung der Obergrenze von 30 Wochenstunden nicht ermöglichte. Eine Erhöhung der Gesamtstundenzahl könnte die Schüler in ihren persönlichen Interessen zu sehr auf Schule fixieren und mögliche Freiräume für Privatinitiativen und Hobby beschränken.

Möglichkeit 2:
Kürzungen der Stundentafel anderer Fächer
Gegenposition:
Davon würden in erster Linie Kernfächer wie Deutsch, Mathematik oder Fremdsprachen betroffen sein. Die Kernfächer waren bereits durch die 30-Stunden-Grenze beeinträchtigt, eine weitere Reduzierung wäre nicht im Sinne einer vom

Gesetzgeber gewünschten Allgemeinbildung.[218] Dadurch würden Berufseingangschancen reduziert, da Erwartungshaltungen von Hochschulen und Wirtschaft gleichermaßen unberücksichtigt blieben.

Möglichkeit 3:
Epochenunterricht
Gegenposition:

1. Ein monatlicher Wechsel zwischen Kunsterziehung und Musik würde eine wesentliche Verschlechterung des Stundenplanes für Schüler und Lehrer bedeuten. Die Kontinuität des fachlichen Angebots würde bei dieser Organisationsform erheblich leiden und damit auch das Lernen und die Lernziele behindern.
2. Ein halbjährlicher Wechsel bedeutete zugleich Probleme in der Beurteilungssituation, da die Noten des im ersten Schulhalbjahr belegten Faches in das Jahreszeugnis übernommen würden. Schüler mit einer schlechten Note im Halbjahreszeugnis hätten nicht mehr die Möglichkeit, sich zu verbessern. Jeder Schüler muss aber die Möglichkeit haben, den Stand seiner Leistungen im Rahmen der Gesamtbeurteilung zu übersehen, um entsprechend reagieren zu können. Ein halbjährlicher Wechsel wäre sowohl fachlich wie auch erzieherisch die schlechteste Lösung bei einer guten und zweckmäßigen Organisierbarkeit. Stets wären Schüler zu unterrichten, die sich weder an fachliche Inhalte noch an unterrichtliche Verfahrensweisen erinnern könnten.

---

[218] Zur Begriffsbestimmung von „Allgemeinbildung“ vgl. Heymann, Hans-Werner (Hg.): Allgemeinbildung und Fachunterricht. Hamburg 1997 und Bäßler, Hans: Töne, Klänge, Farben – Vom Umgehen mit und Leben in der Musik als Horizont der Allgemeinbildung, in: Heymann, Hans-Werner (Hg.): Allgemeinbildung und Fachunterricht. Hamburg 1997, S. 55 ff.

2.6 Bewertung und Benotung

Die Geschichte des Musikunterrichtes am Gymnasium gibt Aufschluss darüber, dass Bewertungsfragen in der Fachstruktur ursprünglich keine besondere Rolle gespielt haben. Dies kann bis zur Reform des Gymnasiums zu Beginn der siebziger Jahre gelten. In den einschlägigen Verordnungen wurde andererseits Auskunft darüber erteilt, dass der Gesetzgeber Bewertungsfragen unterschiedlich ansetzte und genau zwischen Vorrückungsfach und Nichtvorrückungsfach, Kernfach und Nebenfach, Pflichtfach, Wahlpflichtfach und Wahlfach unterschied.[219] Die Begründung für die Zuordnung des Faches Musik zum Nichtvorrückungsfach lag und liegt wohl in der Vorstellung einer musikalischen Begabung, die mit eindeutigen Kriterien nicht fassbar erschienen, auch nicht in den allgemein bildenden Schulen. Zugrunde lag also nur ein verschwommenes Bild einer Lernfähigkeit in Abhängigkeit zur musikalisch-künstlerischen Begabung.

Da man nicht weiß, welche Rolle Begabung im Lernprozess spielt, wohlgemerkt nur im Fach Musik, wird die Bewertung und Erhebung von Leistungen im Fach Musik oft angezweifelt. Die Begabung erscheint aber, diesmal analog zu der in anderen Fächern, als eine Fülle von Kriterien, die den musikalisch begabt geltenden Menschen vom musikalisch unbegabten unterscheidet.

Für den gymnasialen Musikunterricht lässt sich nun feststellen, dass Bewertungen und Benotungen fachlicher Fähigkeiten sich an vielen Einzelaspekten und isoliert betrachteten Kriterien orientieren. Lange Zeit galt die Singefähigkeit als wesentliches Merkmal einer Qualifikation im Musikunterricht. Vielfach dehnte sich das auf instrumentale Fertigkeiten und schließlich auch auf Faktenwissen aus. Als Konsequenz stellte sich bei den schlechter qualifizierten Schülern die Meinung ein, sie seien eben insgesamt unmusikalisch.

Diese Einstellung muss prinzipiell als ein Hemmnis betrachtet werden, sich überhaupt mit Musik auseinander zusetzen. Mit der im Laufe der Entwicklung erfolgten Verlagerung der unterrichtlichen Schwerpunkte in die Wissensbereiche veränderte sich hinsichtlich der Qualifikation mit der nachfolgenden Selbstein-

[219] Vgl. Amtsblatt Nr. 19/1973 vom 13. November 1973, S. 1187 (ASchO § 10: Unterrichtsfächer, Arbeitsgemeinschaften) und S. 1197 (ASchO § 25: Vorrücken). Zum besseren Verständnis folgt eine kurze Erklärung der Begriffe: „Vorrückungsfach“ bedeutet, dass die Note im Jahreszeugnis über das Vorrücken in die nächste Jahrgangsstufe entscheidet, bei „Nicht-Vorrückungsfächern“ ist die Zeugnisnote für das Vorrücken ohne Bedeutung. „Kernfächer“ sind Deutsch, erste und zweite Fremdsprache, Mathematik und Physik. Hinzu tritt ab der 9. Jahrgangsstufe je nach gewählter Ausbildungsrichtung ein weiteres Kernfach. Alle anderen Fächer sind „Nebenfächer“. „Pflichtfächer“ sind Unterrichtsfächer, in denen ein Schüler laut Stundentafel Unterricht haben muss, „Wahlpflichtfächer“ sind Pflichtfächer, die der Schüler in Alternative wählen kann (z. B. Latein oder Französisch). „Wahlfächer“ sind Fächer, die freiwillig gewählt werden können (z. B. Orchester).

schätzung das Urteil dahingehend, sich bei geringerer Qualifikation als unmusikalisch im Sinne eines „Nicht-Verstehens“ oder vielleicht besser „Nicht-Gelernthabens“ von Musik zu betrachten. Im Zuge einer allgemeinen Angleichung der unterschiedlichen Fächer im Rahmen der durchgeführten Reformen entwickelte sich auch eine Angleichung der Bewertungssysteme. Die Lernzielkontrollen ergaben sich dabei aus der Zielsetzung, den Inhalten und dem Unterrichtsverfahren. Die Kontrolle geriet durch den Bewertungszwang zur Grundlage der Beurteilung und erhielt zu Beginn der siebziger Jahre eine neue Dimension, die losgelöst von der eigentlichen pädagogischen Funktion auftrat.

Besondere Probleme entstehen dann, wenn diese Bewertungen als Faktor einer zwangsweise vom Schüler zu treffenden Wahl Verwendung fanden. Dies betraf zum einen die 10. Jahrgangsstufe, in der Musik als Vorrückungsfach auftrat, zum anderen die 12. und 13. Jahrgangsstufe, in denen Musik als gleichberechtigtes Grund- bzw. Leistungskursfach den Schülern zur Wahl stand.

Da sich der Musikunterricht in der 10. Jahrgangsstufe einzig bezogen auf die Lerninhalte von dem in der 9. oder 11. Jahrgangsstufe unterschied, – dies traf in gleichem Maß auch auf die anderen Jahrgangsstufen zu – nicht aber in Bezug auf organisatorische oder durch den Lehrplan vorgegebene Rahmenbedingungen, musste das Vorrückungsfach in der 10. Jahrgangsstufe willkürlich erscheinen.

In der Kollegstufe musste oder wollte der Kollegiat Ergebnisse aus dem Unterricht in Musik in seine Gesamtqualifikation einbringen. Da die Qualifikation zum Hochschulzugang bundesweit vereinheitlicht wurde, mussten auch im Fach Musik, also im Grund- oder Leistungskurs Musik, die geschaffenen Bewertungstypen gelten, ein Verfahren, das eine Vereinheitlichung der Aufgabentypen nach sich zog. Die KMK beschloss am 5. Juni 1975 einheitliche Prüfungsanforderungen als Instrument der Evaluation für Lernfortschritt und Leistung, die nach den Teilbereichen Reproduktion, Transfer und problemlösendes Denken aufgeteilt wurden.[220]

Besonders der unterschiedliche Status des Faches Musik in den Jahrgangsstufen der Mittel- und Oberstufe hinterließ bei den Lehrkräften, aber auch bei den Schülerinnen und Schülern Unverständnis, wie es der stellvertretende vbs-Vorsitzende Wieland Schmid klar darlegte: „Wie erlebt ein Schüler das Schulfach Musik? Da sind zunächst fünf Schuljahre – davon eines mit drei Stunden Musik – in denen das Fach nicht vorrückungswirksam ist, oft zum großen Erstaunen der Schüler. Wenn sie sich dann an den bloß dekorativen Stellenwert gewöhnt haben, ist Musik in der 10. Klasse plötzlich Vorrückungsfach. Kaum ist das akzeptiert,

[220] Vgl. KMK (Hg.): Einheitliche Prüfungsanforderungen. Neuwied 1975.

zählt das Fach in der 11. Klasse wieder nicht mehr. Dann aber, in der Kollegstufe, sind Grund- und Leistungskurse in Musik denen anderer Fächer völlig gleichgestellt. Das ist ganz offensichtlich ein sinnloses, zufälliges Verfahren."[221]

Diese Stellungnahme des vbs, der bereits von Anfang an für ein uneingeschränktes Vorrückungsfach Musik in allen Jahrgangsstufen eingetreten ist, verdeutlicht die Problematik, in der sich das Fach Musik in Folge der Wahlpflicht in der 10. Jahrgangsstufe und in Hinblick auf den Status „Vorrückungsfach" befand, und zeigt gleichzeitig auf, welche Worte die Vorstandsmitglieder des vbs fanden, um die Problematik zu verdeutlichen und darauf einzuwirken versuchten.

In diesem Zusammenhang ist interessant, dass die Akademie Dillingen als erstes für das Fach Musik innerhalb des Kollegstufenmodells im Februar 1975 einen Lehrgang durchführte, der sich ausschließlich mit der Leistungsmessung befasste. Auch Kollegen aus anderen Bundesländern besuchten diesen Lehrgang, um etwas „von dem ausgesprochenen Neuland Leistungsmessung im Fach Musik Kollegstufe zu erfahren."[222] Dies mag als Beleg dafür gelten, dass die Frage der Leistungsmessung und -bewertung auch für andere Bundesländer ungeklärt, aber doch von Interesse gewesen ist.

Mündliche Leistungen und praktische Fähigkeiten konnten sich im Fach Musik gegenseitig ersetzen. So war es möglich, dass auch Leistungen außerhalb des Pflichtunterrichtes und der Schule in die Bewertung mit einbezogen werden konnten. Damit war eine Möglichkeit in der Schulordnung eröffnet, die für musische Betätigung motivierend wirkte. Die Probleme dürfen aber dabei nicht übersehen werden, nämlich die mangelnde Vergleichbarkeit dieser Leistungen und der Einbezug der sozialen und kulturellen Bildung im oder durch das Elternhaus.

2.7 Wahlunterricht

Die Schulordnung sah für das Fach Musik einen Wahlbereich vor. Im Rahmen des Wahlunterrichtes existierte der Musikunterricht an den Gymnasien in speziellen Formen. So konnte in der 10. Jahrgangsstufe ein Wahlunterricht Musik für die Schüler eingerichtet werden, die Kunsterziehung als Wahlpflichtfach gewählt haben, aber den Übergang für die 11. Jahrgangsstufe oder die Kollegstufe nicht erschwert haben wollten. Auch diejenigen Schüler konnten dieses Zusatzangebot wahrnehmen, die aus Interesse Musik und Kunsterziehung gleichzeitig belegen wollten.

---

[221] Schmid in NMZ Juni 1979, S. 27.
[222] Ernst in NMZ April 1975, S. 21.

Hinzu trat ein breites Wahlfachangebot an Orchester, Chor und Instrumentalunterricht. Mit den „Ergänzenden Bestimmungen zur Allgemeinen Schulordnung für die Gymnasien vom 30. Juli 1974 (EBASchOG)“ wurde das Fach Musik nicht nur zum Abiturfach, sondern der Wahlunterricht auch genehmigungspflichtig. Gleichzeitig entfiel § 9.1.2 der alten Schulordnung, der bei Eignung eine Verpflichtung des Schülers zur Mitwirkung in Chor oder Orchester vorsah. Es ist zu vermerken, dass die „EBASchOG“ das Einbringen der chorischen oder instrumentalen Leistungen in die allgemeine Musiknote gestattete.[223]

Eine Bekanntmachung beeinflusste dabei die Organisation des gymnasialen Musikunterrichtes: Durch die Gründung von Sing- und Musikschulen, die sich an Schüler aller Schularten wenden sollten, war besonders die Situation des Instrumentalunterrichtes an den Schulen nachhaltig betroffen.[224] Damit erfuhr der schulische Musikunterricht eine außerhalb der öffentlichen Schulen liegende Ausweitung und Ergänzung, die positive Wirkungen zeigte, die aber in Folge eines Konkurrenzdenkens problematisch erscheinen mochte. Die öffentliche Schule, insbesondere das Gymnasium, würde einen wesentlichen Erziehungsauftrag verlieren und auch ihr Profil ändern, wenn sie nicht weiterhin Instrumentalunterricht anbieten könnte.

Bayern verfügte traditionell seit dem frühen 19. Jahrhundert über einen schulischen Instrumentalunterricht innerhalb eines Angebotes von Wahlunterricht.[225] Dieser dient der Förderung aller Schüler, unabhängig von elterlichen Bedürfnissen und sozialem Prestigedenken. Dieser Instrumentalunterricht ist ein Hauptgrund für die Ausbildung des bayerischen Schulmusikers im „Doppelfach Musik“. Die Ausbildung eines jeden bayerischen Schulmusikers in einem Streichinstrument und der Wahlunterricht in den Streichinstrumenten an den Gymnasien bildete von Anfang an eine wesentliche Voraussetzung für die Existenz der Schulorchester an den bayerischen Gymnasien.[226]

Der schulische Instrumentalunterricht ist die praktische Anwendungsphase, ohne die der Musikunterricht in Bayern nicht vorstellbar ist. Das Fehlen dieser Pra-

[223] Vgl. Amtsblatt Nr. 17/1974 vom 16. September 1974, S. 1295: EBASchOG § 21.5.3, Amtsblatt Nr. 16/1975 vom 10. September 1975, S. 1567: EBASchOG § 21.5.4 und Amtsblatt Nr. 9/1977 vom 24. Juni 1977, S. 168: EBASchOG, § 21.5.1.6: „Hat ein Schüler außerhalb des MuG im Chor, im Orchester oder in der Kammermusikgruppe der Schule mitgewirkt, so können die dabei gezeigten Leistungen in die Jahresfortgangsnote für Musik im Verhältnis zu den Leistungen im Unterricht wie 1:2 (1974; 1:1 1975, 1977 d. Verf.) einbezogen werden.“

[224] Vgl. Amtsblatt Nr. 6/1962 vom 30. März 1962, S. 81.

[225] Vgl. Hofmann, Bernhard: Zur Geschichte der bayerischen Schulmusik in der ersten Hälfte des 20. Jahrhunderts (= Beiträge zur Geschichte der Musikpädagogik Band 2). Frankfurt/Main 1995, S. 28. Hofmann gibt das Jahr 1824 an, das sich bislang nicht verifizieren ließ.

[226] Vgl. Amtsblatt Nr. 17/1974 vom 16. September 1974, S. 1329 ff: Stundentafeln für die Gymnasien.

xisphase machte Musikverständnis und Werkhören gleichermaßen zu einer eher bedeutungslosen Zusatzinformation. Problematisch bei der organisatorischen Umsetzung des instrumentalen Wahlunterrichtes war stets die Festsetzung der Mindestzahlen für alle Wahlfachangebote am Gymnasium. Gleichsam mögen die getroffenen Maßnahmen eine Vorreiterrolle für die in späterer Zeit im Rahmen des allgemeinen Musikunterrichtes entstehenden Streicher- und Bläserklassen darstellen.

2.8 Programmierter Unterricht und Schulfunk

Der Musikunterricht wurde Ende der sechziger Jahre noch anderweitig beeinflusst: Ab 1969 setzte an Versuchsschulen das Unterrichten nach Lernprogrammen ein. Damit sollte eine weitere Gleichartigkeit des Musikunterrichtes mit anderen Fächern erreicht werden. Was für den Sprachunterricht in Sprachlabors erfolgreich erschien, sollte nun auf den Musikunterricht übertragen werden. In der Folge ergab sich daraus eine Überbewertung des theoretischen Lernstoffes in der Musikerziehung und eine Verlagerung auf kognitive Strukturen, da diese am leichtesten programmatisch angelegt werden konnten. An vielen bayerischen Gymnasien wurde ab 1971 ein Programm von Erna Woll[227] mit dem Titel „Einführung in das Notenhören“[228] verwendet. Für die Fortentwicklung des Unterrichtes spielte dieser Aspekt des „Programmierten Unterrichtes“ eine nicht unbedeutende Rolle.

Erna Woll hatte den „Programmierten Unterricht“ und dessen Möglichkeiten für den Musikunterricht bereits auf der Bundesschulmusikwoche 1968 vorgestellt: „Programmierte Unterweisung (PU) ermöglicht Lernen im Selbstunterricht in kleinen Schritten, sog. Lerneinheiten (LE) und im eigenen Lerntempo durch einen Programmträger, der eine Maschine, ein Gerät oder ein Buch sein kann. Sie erfolgt auf der Grundlage moderner Lerntheorien, deren wichtigste das Erfolgsgesetz Thorndikes ist: nicht Kritik und Fehlerberichtigung, sondern Bestätigung der Leistung (Erfolgsbestätigung) stellen die eigentliche Lernmotivation dar. Sie wird außerdem gefördert durch die didaktisch optimale Anordnung des Stoffes, die entweder ‚linear' fortschreitet in einem so genannten Einwegprogramm (nach

[227] Vgl. Helms/Schneider/Weber: Neues Lexikon der Musikpädagogik – Personenteil. Kassel 1994, S. 266.

[228] Woll, Erna: Einführung in das Notenhören. Frankfurt/Main 1971.

Skinner) oder aber ‚verzweigt' in einem Mehrwegprogramm (nach Crowder) das Lernen mit verschiedenen Voraussetzungen berücksichtigt."[229]

Die „Bekanntmachung über die Errichtung einer Versuchsschule für Programmierten Unterricht im Fach Musik" vom 17. November 1972[230] legte fest, dass zur Förderung des Programmierten Unterrichts das Staatliche Landschulheim Marquartstein als Versuchsschule eingerichtet und der dort tätige Schulmusiker Friedrich Mack zum Beauftragten für den Programmierten Unterricht im Fach Musik bestellt wurde.

Auch der vbs beschäftigte sich mit dieser neuen Unterrichtsform und veranstaltete in Zusammenarbeit mit dem Staatsinstitut für Schulpädagogik (ISP) am 22. Januar 1974 eine Arbeitstagung, bei der Mack unter dem Tagungsthema „Allgemeine Probleme und Techniken des Programmierten Unterrichtes im Fach Musik" die Erstellung eines Katalogs geeigneter Lernziele und eine ansatzweise Konzeption einzelner Lehrprogramme für Programmierten Unterricht im Fach Musik an bayerischen Gymnasien mit den Teilnehmern anstrebte.

Ausgehend von den bei der Klausurtagung zusammengefassten Grundkenntnissen war es für die weitergehende Vorgehensweise bei der Planung von Programmiertem Unterricht im Fach Musik notwendig, einzelne Programme zu entwickeln und zu erproben und dabei die folgenden Gedanken zu berücksichtigen:

„• Die Möglichkeiten des Programmierens für den Musikunterricht sollte nicht ausschließlich unter den herkömmlichen Teilkategorien wie Formen- und Harmonielehre, sondern unter dem Aspekt des Erreichens von exakt formulierten Lernzielen untersucht werden.
- Angesichts der schulischen Notwendigkeit, den durch eine heterogene Schülerstruktur bedingten recht unterschiedlichen Informationsstand in einer künftigen Orientierungs- bzw. Kollegstufe (Grundkurs) auszugleichen, und angesichts der schulorganisatorischen Einsatzmöglichkeiten (Liftkurs) sollte man Musikprogramme am zweckmäßigsten als Eingreif- und Wiederholungsprogramm konzipieren.
- Damit das Effizienzproblem in empirisch repräsentativer Weise gelöst werden kann, ist die Mitarbeit einer großen Zahl von Musikerziehern in breiter regionaler Streuung nötig. Ein Bundesland wie Bayern, das erfreulicherweise die Verpflichtung auf sich nimmt, die an der Augsburger Universität durch Prof. E.

---

[229] Woll, Erna: Zum Problem buchprogrammierter Einführung in das Notenhören für Zehn- bis Zwölfjährige, in: Der Einfluss der Technischen Mittler auf die Musikerziehung unserer Zeit – Vorträge der siebten Bundesschulmusikwoche Hannover 1968 (Hg.: E. Kraus), Mainz 1968, S. 207.

[230] Vgl. Amtsblatt Nr. 24/1972 vom 27. Dezember 1972, S. 1631.

Woll begonnene musikalische Programmierung in einer staatlichen Zentralstelle für Programmierten Unterricht zu institutionalisieren, sollte die weiteren Konsequenzen nicht scheuen und mitarbeitswillige Schulmusikerzieher entsprechend entlasten.

- Nicht nur Buchprogramme sind weiterzuentwickeln, sondern auch die von H. Ettl begonnen Versuche im Klanglabor (vgl. Fr. Macks eigenes Übungsprogramm „Hörschule"). Hierzu sind vor allem Kollegen an Schulen mit Sprachlaboreinrichtungen aufgerufen."[231]

Mack forderte 1976 die bayerischen Kollegen auf, ihm über Erfahrungen, die sie mit dem Programmierten Unterricht aus dem Schulbuch „Resonanzen" gewonnen hatten, zu berichten.[232] Basierend auf diesen Erfahrungen veröffentlichte Mack 1978 ein Schulbuch incl. eines Schülerarbeitsheftes mit dem Titel „Notenlesen", das eine programmierte Unterweisung für den Musikunterricht darstellte und lernmittelfrei zugelassen wurde:[233] „Es handelt sich um ein sorgfältig erprobtes, lineares Lehrprogramm mit wenigen Verzweigungen, Sprungmöglichkeiten und Rückverweisungen; eine Wiederholung des Notenlesens im Violinschlüssel und Neueinführung des Baßschlüssels (7. bis 9. Klasse)."[234]

Auch Hammaleser[235] veröffentlichte 1978 im Rahmen des Programmierten Unterrichtes ein „Übungsprogramm Musiklehre", das ebenfalls lernmittelfrei zugelassen wurde.[236] Dem „Programmierten Lernen" im Fach Musik ist entgegenzuhalten, dass hier musikalische Elementarlehre sehr isoliert erscheinen muss, also ohne einen Einbezug in den hermeneutischen Bereich, wie ihn z. B. Ehrenforth forderte.[237] Dem Nachteil, keinen Bezug zu musikalischen Kunstwerken herzustellen, steht aber der Vorteil gegenüber, schnelles und komprimiertes Lernen zu ermöglichen.[238] Eine Position des vbs in die eine oder andere Richtung ist nicht zu erkennen. Es bleibt festzustellen, dass neben den erwähnten Veröffentlichungen

---

231 Schmidt-Brunner in NMZ April 1974, S. 19.

232 Vgl. Benker in NMZ April 1976, S. 19. Die Ergebnisse dieser Umfrage sind heute nicht mehr überprüfbar.

233 Vgl. Amtsblatt Nr. 20/1978 vom 21. November 1978, S. 565 f.

234 Stampfl in NMZ Oktober 1978, S. 21.

235 Vgl. Helms/Schneider/Weber: Neues Lexikon der Musikpädagogik – Personenteil. Kassel 1994, S. 79.

236 Vgl. Amtsblatt Nr. 6/1979 vom 27. April 1979, S. 94.

237 Vgl. Ehrenforth, Karl Heinrich: Verstehen und Auslegen. Die hermeneutischen Grundlagen einer Lehre von der didaktischen Interpretation der Musik (= Schriftenreihe zur Musikpädagogik). Frankfurt/Main 1971, S. 41 ff.

238 Schaper verwendet einen ähnlichen Ansatz wie Mack oder Hammaleser. Jedoch bezieht er das musikalische Kunstwerk mehr in seine Übungsprogramme mit ein. Vgl. Schaper, Hans-Christian: Musiklehre compact. München 1976, Schaper, Hans-Christian: Gestaltungselemente der Musik. München 1978 und Schaper, Hans-Christian: Musikforum compact. München 1980.

der Aspekt des Programmierten Unterrichts in Musik in Bayern nur für wenige Jahre eine Begleiterscheinung blieb. Für die weitere Zukunft spielte der „Programmierte Unterricht" im Fach Musik an den bayerischen Schulen keine Rolle mehr.[239]

Auch die Möglichkeiten des Schulfunks für den Musikunterricht wurden vom vbs auf ihre Verwertbarkeit hin überprüft. Für die bayerischen Schulmusiker war es hilfreich, vom vbs die Effizienz von Schulfunksendungen im Unterricht dargestellt zu bekommen, immerhin war es der Bayerische Rundfunk, der als erste Sendeanstalt auch „Schulfunk" ausstrahlte:[240] „Man kann es in Anbetracht der gegenwärtigen Nöte des Musikunterrichts in den allgemein bildenden Schulen vielleicht als etwas abwegig bezeichnen, Überlegungen über die Musik im Schulfunk anzustellen, doch es wird sich zeigen, daß gerade die Betrachtung des musikpädagogischen Ansatzes im Schulfunk Rückschlüsse zeitigt, die die Wirkungsmöglichkeiten der Musik im Bereich der allgemein bildenden Schulen erhellen und evtl. die Existenzschwierigkeiten des Faches Musik zu einem beträchtlichen Teil begründen."[241]

Innerhalb eines Zeitraumes von drei Monaten, vom 26. April bis 23. Juli 1976, war Musikpädagogik von 126 Stunden „Schulfunk" im Bayerischen Rundfunk mit nur 2,5 Stunden vertreten.[242] Positiv dabei ist, dass zu den Sendungen in einem vom Bayerischen Rundfunk herausgegebenen Informationsheft mit dem Titel „Schulfunk" Hinweise zu den Inhalten der Sendungen und didaktische Vorschläge zur Vor- und Nachbereitung im Unterricht gegeben wurden. Allerdings konnten sich Probleme dahingehend einstellen, dass die Inhalte der Schulfunksendung nicht zu den wirklich nach Lehrplan benötigten Stoffgebieten passten bzw. bereits nach einem Schuljahr wieder gelöscht werden mussten und deshalb nicht im gewünschten Umfang eingesetzt werden konnten.

Nach der Darstellung unterschiedlicher und inzwischen hinlänglich bekannter Möglichkeiten des Einsatzes von Schulfunksendungen im Unterricht stellte Benker Forderungen und Erwartungen auf, die den Wirkungsgrad gerade für den Musikunterricht erhöhen könnten und in den Folgejahren bei der Konzeption auch umgesetzt wurden. Besonders der Wunsch nach einem handlungsanregenden Unterricht wird hierbei wieder deutlich, der auch verstärkt Schülerinteressen einbeziehen kann:

---

[239] Vgl. Interview mit Adolf H. Gärtner vom 13. März 2001.

[240] Vgl. den Titel der 15. Bundesschulmusikwoche 1984 in Kassel: „Medieninvasion – Die kulturpolitische Verantwortung der Musikerziehung".

[241] Benker in NMZ August 1976, S. 22.

[242] Vgl. Benker in NMZ August 1976, S. 22.

„1. Die Sendungen sind fast durch die Bank auf einem gut fundierten Manuskript aufgebaut und unter fachlichen Aspekten hieb- und stichfest. Sie müßten aber den Schüler nicht nur hören und stillsitzen lassen, sondern auch beschäftigen und beteiligen oder zumindest zur Selbsttätigkeit anregen. (…)
2. Das Angebot müßte wenigstens um 50 Prozent aufgestockt werden, um eine breitere Fächerung für den Musikunterricht zu gewährleisten.
3. Es müßten häufiger aktuellere Stoffkreise angesprochen werden, die im Musikunterricht (vor allem bei den Jahrgängen der sog. Mittelstufe) auch wirklich 'ankommen'.
4. Es müßte die Möglichkeit geschaffen werden, eine Sendung öfter zu wiederholen und über einen längeren Zeitraum (nicht nur für ein Jahr) im Unterricht zu verwenden.
5. Das Begleitmaterial im Schulfunkheft (…) könnte darüber hinaus mit genaueren Hinweisen für den Unterricht und entsprechenden Musikbeispielen versehen werden.
6. Die Sendungen sollten sich bemühen, prophylaktische und therapeutische Gesichtspunkte im Sinne einer echten Gesundheitsbildung zu verfolgen.[243] Das heißt nicht, daß musiktherapeutische Schulfunksendungen ausgestrahlt werden sollen, sondern daß jede Sendung ein wenn auch noch so kleines Teilziel in dieser Richtung anstreben sollte.“[244]

Vor allem der letzte Gesichtspunkt war auch eine der Hauptforderungen an einen zeitgemäßen Unterricht. Schließlich konstatierte Benker daraus Rückschlüsse für den Unterricht an den Schulen, der auch fächerübergreifende Aspekte beinhaltete: „In dem geringen Angebot des Schulfunks für den Musikunterricht spiegelt sich die Stellung des Faches Musik im Kreis der übrigen Fächer. Im Hinblick auf die alltägliche Bedeutung der Musik im täglichen Leben muß dieses Angebot inhaltlich forciert und erneuert werden, unter besonders zeitgemäßen und jugendgemäßen Gesichtspunkten.“[245]

Neben der Möglichkeit des Schulfunks ist an dieser Stelle noch die des Schulfernsehens zu berücksichtigen, schließlich produzierte der Bayerische Rundfunk als erster deutscher Sender Schulfernsehsendungen mit musikpädagogischen Inhalten. Zu den bereits erwähnten Problemen einer praktischen Umsetzung kam allerdings noch eine weitere hinzu, nämlich die erst sehr sparsame Ausstattung der Schulen mit Videogeräten.

---

[243] Vgl. vbs-Fortbildungsveranstaltung „Prophylaxe und Therapie im Musikunterricht“ vom 14. November 1976 und VI. Bundestagung des vds 1977.
[244] Benker in NMZ August 1976, S. 22.
[245] Ebd.

2.9 Lehrerfortbildung

In Bayern formierte sich die Lehrerfortbildung auf verschiedenen Ebenen, die zum Teil nach Schularten getrennte Erscheinungsformen hatten. Allen Schularten gemeinsam war seit 1971 die zentrale Phase in der Akademie für Lehrerfortbildung in Dillingen. Die Hauptaufgabe der zentralen Phase lag vor allem darin, Multiplikatoren oder Referenten für die regionale oder lokale Ebene fortzubilden,[246] die neben der zentralen Ebene existierte. Für den Bereich der Gymnasien bezog sich die regionale Fortbildung jeweils auf einen Regierungsbezirk, der verwaltungsmäßig in den Verantwortungsbereich eines Ministerialbeauftragten (MB-Bezirk) fiel.[247]

Diese traditionelle Gliederung zeigte gegenüber anderen Konzepten entscheidende Vorteile: Einmal konnten Multiplikatorenmodelle eine größere Effektivität garantieren. Zum anderen konnten Arbeitsformen der Erwachsenenbildung Anwendung finden, die nach Umfang und Platzierung in den jeweiligen Ebenen größtmögliche Effektivität garantierten. Die zentrale Lehrerfortbildung arbeitete in der Regel mit Wochenkursen,[248] die regionale Fortbildung veranstaltete Tageslehrgänge.

Während die zentrale Phase mit hoch qualifizierten Referenten, teils von den Universitäten, theoretische wie praktische Arbeitsfelder anbot, arbeiteten die anderen Bereiche mit bereits zum Thema Fortgebildeten, die nicht selten unmittelbar an zentralen Veranstaltungen teilgenommen hatten. Damit war ein hohes Maß an Verbindung von Theorie und Praxis erreicht. Gleichzeitig trat eine Kooperationsmöglichkeit von Ausbildung und Berufspraxis durch diese Art Fortbildung ein, die ihrerseits Rückmeldungen für die Hochschullehrer geben konnten.

---

[246] Vgl. Ernst, Hans-Bruno: Staatliche Lehrerfortbildung für das Fach Musik in Bayern, in: Musik und Bildung. Mainz 7-8/1979, S. 450.

[247] Die bayerischen Regierungsbezirke: Oberbayern (auf MB-Ebene unterteilt in OBB-West und OBB-Ost), Niederbayern, Oberpfalz, Oberfranken, Mittelfranken, Unterfranken, Schwaben. Ministerialbeauftragte gibt es in allen Regierungsbezirken Bayerns (acht für die Gymnasien, neun für die Realschulen und drei für Fach- und Berufsoberschulen). Ihnen obliegt die unmittelbare Aufsicht über die Schulen, insbesondere hinsichtlich vergleichbarer Leistungsanforderungen und Bewertungsmaßstäben. Sie stellen einen Außenposten des Ministeriums dar und sind so ein Verbindungsglied zwischen den einzelnen Schulen und der obersten Schulbehörde. Zur Ergänzung sei erwähnt, dass in den siebziger Jahren die regionale oder lokale Phase der Lehrerfortbildung, vor allem im Grund- und Hauptschulbereich praktiziert wurde.

[248] Vgl. Lehrerfortbildung in Bayern. Dillingen 1971 ff und Ernst, Hans-Bruno: Staatliche Lehrerfortbildung für das Fach Musik in Bayern, in: Musik und Bildung. Mainz 7-8/1979, S. 449. Nähere Ausführungen dazu in Kapitel II 3.3.

Aus den angegebenen Gründen erscheint es deshalb an dieser Stelle sinnvoll, die Bedeutung der Akademie für Lehrerfortbildung Dillingen für den Musikunterricht näher zu untersuchen.

3. Die Akademie für Lehrerfortbildung in Dillingen

3.1 Gründung der Akademie

Der Deutsche Bildungsrat forderte 1970 eine verstärkte Weiterbildung auch für Lehrerinnen und Lehrer: „Weiterbildung wird (...) als Fortsetzung oder Wiederaufnahme organisierten Lernens nach Abschluß einer unterschiedlich ausgedehnten ersten Bildungsphase bestimmt.“[249] Diese Forderungen wurden auch in Bayern umgesetzt: Das Bayerische Staatsministerium für Unterricht und Kultus veröffentlichte in seinem Amtsblatt vom 25. Juni 1971 eine Verordnung über die Errichtung einer Akademie für Lehrerfortbildung in Dillingen. Das Amtsblatt beinhaltet folgende Einzelaspekte und beschreibt die Aufgaben der Akademie wie folgt:

„§ 1

Im Geschäftsbereich des Bayerischen Staatsministeriums für Unterricht und Kultus wird die Akademie für Lehrerfortbildung mit dem Sitz in Dillingen a. d. Donau errichtet.

§2

(1) Aufgabe der Akademie ist es, Fortbildungsveranstaltungen für Lehrer aller Schulgattungen durchzuführen und dabei den steigenden fachlichen Anforderungen und der Weiterentwicklung des Schulwesens Rechnung zu tragen.
(2) Der Studienbetrieb an der Akademie wird im Herbst 1971 aufgenommen werden.

§3

Über die Organisation und die Verwaltung der Akademie für Lehrerfortbildung trifft das Bayerische Staatsministerium für Unterricht und Kultus weitere Regelungen.“[250]

Die Akademie in Dillingen war damit die erste landesweite Fortbildungsstätte, die ein Bundesland für die Lehrerfortbildung an zentraler Stelle einrichtete. Erster Referatsleiter für Musik wurde Hans-Bruno Ernst.[251] Er wechselte im Februar 1981 als Dozent an die Katholische Universität Eichstätt, sein Nachfolger wurde der spätere vbs-Vorsitzende Wilhelm Lehr.[252]

---

249 Deutscher Bildungsrat: Strukturplan für das Bildungswesen. Stuttgart 1970, S. 197.
250 Amtsblatt Nr. 12/1971 vom 25. Juni 1971, S. 491 f.
251 Stellvertretender Vorsitzender des vbs von 1983 bis 1985.
252 Vgl. Helms/Schneider/Weber: Neues Lexikon der Musikpädagogik – Personenteil. Kassel 1994, S. 138.

In den Anfangsjahren war der Leiter des Fachbereichs Musik auch in anderen Bereichen der Lehrerfortbildung tätig, wie z. B. Unterrichtsspiel, Schulspiel und Pantomime.

Ab 1. September 1977 wurde neben dem Fachbereich Musik der Fachbereich „Musik- und Bewegungserziehung" im Lehrgangsangebot eigenständig aufgeführt, das Angebot der Fortbildungsveranstaltungen nahm vor allem in diesem Bereich zu.[253] Einen wesentlichen Anteil bei der Gestaltung der Fortbildungen in diesem Bereich zwischen 1977 und 1979 hatte Michael Kugler.[254]

Ein wesentlicher Bestandteil innerhalb der Fortbildungsangebote für „Musik- und Bewegungserziehung" lag in der „Rhythmischen Erziehung". In diesem Arbeitsfeld wurden sowohl Bereiche von „Musik" (Singen, Körperinstrumente, Instrumentalspiel) wie auch von „Sprache" (Lautmalerei, rhythmisches Sprechen, metrisch fundiertes Sprechen) und „Bewegung" (Mimik, Gestik, Pantomime, Fortbewegung, Gesamtbewegung) integriert.[255]

3.2 Musik- und Bewegungserziehung[256]

Die Einführung des neuen Faches „Musik- und Bewegungserziehung" ab dem Schuljahr 1976/77 in der 1. Jahrgangsstufe der Grundschule stellte vor allem Anforderungen an den Bereich der Lehrerfortbildung.[257] Zwei Erschwernisse galt es dabei zu berücksichtigen: Zum einen die Tatsache, dass im Bereich der Volksschule die meisten Kolleginnen und Kollegen eine nur geringe fachliche Ausbildung in Musik nachweisen konnten, zum anderen die Tatsache, dass die Volksschulen in der Regel weit schlechter als die weiterführenden Schulen mit

[253] Während sich der vbs nicht um die Fortbildung für Lehrkräfte an den Grundschulen annahm, setzte die staatliche Lehrerfortbildung einen diesbezüglichen Schwerpunkt.

[254] Vgl. Helms/Schneider/Weber: Neues Lexikon der Musikpädagogik – Personenteil. Kassel 1994, S. 133.

[255] Vgl. Ernst, Hans-Bruno: „Rhythmische Erziehung". Skript. 5 Seiten.

[256] Es fällt hier auf, dass sich der vbs für den neuen Bereich „Musik- und Bewegungserziehung" einsetzte, obgleich generell eher ein Desinteresse des vbs für Fragen des Musikunterrichts an Grund- und Hauptschulen festzustellen ist. Obgleich der Musikunterricht an Grund- und Hauptschulen nicht zum eigentlichen Untersuchungsgegenstand gehört, erfolgen an dieser Stelle einige Anmerkungen, um den Aufgabenbereich und die Bedeutung des Fachreferats Musik an der Akademie Dillingen besser zu verstehen.

[257] Vgl. Amtsblatt Nr. 12/1976 vom 13. August 1976, S. 260 ff. Zum Modellversuch für Lehrerfortbildung im Fach „Musik- und Bewegungserziehung" vgl. Graml, Karl: Zur Situation des Musikunterrichts in der Grundschule, in: Schmidt-Brunner, Wolfgang (Hg.): Fachdidaktisches Studium in der Lehrerbildung Musik. München 1978, S. 89 ff. Eine Zusammenstellung des erarbeiteten Multiplikatorenmodells findet sich in dem nach 1979 veröffentlichten Buch Musik- und Bewegungserziehung – Multiplikatorenlehrgang. Donauwörth o. J. (1979?).

Arbeitsmaterial und Instrumenten ausgestattet waren (und sind). Gleichzeitig wurde aber mit der in der Stundentafel zusätzlich aufgenommenen Stunde „Musik- und Bewegungserziehung" auch die Hoffnung begründet, dem Fach Musik und seinen Inhalten mehr Raum und Zeit zur Verfügung zu stellen.

Nachdem die zweite Musikstunde zu Beginn der siebziger Jahre gestrichen worden war, fiel das Stundenmaß an den Volksschulen mit nur jeweils einer Wochenstunde Musik in den Jahrgangsstufen 1 bis 8 doch sehr gering aus. Die Ziele und Inhalte des neuen Faches, das zwischen Musik und Leibeserziehung bzw. Sport angesiedelt war, wurden von Anfang an in Dillingen in zahlreichen Lehrgängen vermittelt, zum Beispiel vom 25. bis 29. Oktober 1976 „Fortbildung für Ausbildungslehrer im musischen Bereich" (Kurs 11/53) und vom 18. bis 21. Januar 1977 „Musikerziehung in der Grundschule (Grundkurs)" (Kurs 11/115).

Die Aufgabe des neuen Faches „Musik- und Bewegungserziehung" in der 1. und 2. Jahrgangsstufe war es insbesonders, Inhalte und Elemente des Musikunterrichtes mit denen der Bewegungserziehung zusammenzuführen und damit auch eine Verbindung zwischen den Fächern Musik und Sport herzustellen:[258]

„Musik- und Bewegungserziehung geht vom natürlichen Bedürfnis des Kindes aus, sich in Musik, Sprache und Bewegung auszudrücken. Dieses elementare Bedürfnis muß im Dienste der Gesamterziehung frühzeitig erkannt, individuell gefördert und gepflegt werden.

Die Teilbereiche Sinnesschulung, rhythmische Erziehung und Bewegungserziehung schaffen Voraussetzungen, auf denen Musikerziehung und Sportunterricht weiterbauen können. Sinnesschulung, rhythmische Erziehung und Bewegungserziehung sind in den Handreichungen getrennt ausgewiesen. Im Unterricht ist jedoch die Integration dieser drei Bereiche anzustreben."[259]

Die Beschreibung des neuen Faches betont damit den Anspruch an eine ganzheitliche Erziehung, die auch bis dahin vernachlässigte Bereiche wie Wahrnehmungsfähigkeit und motorische Fähigkeiten miteinschließen soll. Singen und Instrumentalspiel, Lautmalerei und Sprechen, Mimik, Gestik und Gesamtbewegung bilden die Grundvoraussetzungen, um mit rhythmischen Abläufen umgehen zu können. Naturereignisse, Tierdarstellungen und Erlebnisse aus dem Er-

[258] Zur inhaltlichen Konzeption des neuen Faches „Musik- und Bewegungserziehung" vgl. Graml, Karl: Zur Situation des Musikunterrichts in der Grundschule, in: Schmidt-Brunner, Wolfgang (Hg.): Fachdidaktisches Studium in der Lehrerbildung Musik. München 1978, S. 81 ff. Zum Lehrplan des Faches „Musik- und Bewegungserziehung" vgl. Nolte, Eckhard: Die neuen Curricula, Lehrpläne und Richtlinien für den Musikunterricht an den allgemeinbildenden Schulen in der Bundesrepublik Deutschland und West-Berlin, Einführung und Dokumentation/Teil I: Primarstufe (= Musikpädagogik – Forschung und Lehre Band 16). Mainz 1982, S. 63 ff.

[259] Amtsblatt Nr. 12/1976 vom 13. August 1976, S. 260.

fahrungsbereich der Schülerinnen und Schüler können dazu mögliche Inhalte sein.[260]

Neben vielen Hinweisen wurde auch die Vorgeschichte diesen neuen Faches in der NMZ veröffentlicht: „Politiker und Pädagogen verlangen in der Zeit des Schulstresses auf allen Stufen wieder verstärkt die kompensatorischen Leistungen von der ‘musischen’ Erziehung. Und um einen Ausgleich kann es sich bei einem musikerzieherischen Ansatz, der bewußt den ganzen Menschen im Blickfeld haben will, ja handeln. Der Sport mit seiner riesengroßen Lobby erwartet sich von dieser einen Stunde natürlich einen Anteil an Inhalten und Zielen; es geht ja um Bewegung, Bewegungsbildung, Körperbildung. (...) Von innen her (aus der Geschichte der Musikpädagogik betrachtet) ist es eine logische Entwicklung, daß dieses Fach im Primarbereich unserer Schulen etabliert wird; denn mindestens von den verschiedenen Schulen der Rhythmik her bis hin zur Konzeption des Orff-Schulwerkes ist es längst zur Binsenwahrheit geworden, daß sich Erziehung und musikalische Erziehung über den Weg der Bewegung, über das leibhaftige Handeln in Musik, Sprache und Bewegung aktualisieren läßt."[261]

„Rhythmische Erziehung" und „Bewegungserziehung" waren deshalb neben einer allgemeinen „Sinnesschulung" die wichtigsten Bestandteile des neuen Faches.[262] Gleichzeitig wurde aber auch versucht, damit aktuelle pädagogische und musikdidaktische Anliegen zu erfüllen:

„Einige Schlagworte, die im Augenblick die Diskussion und auch musikdidaktischen Raum beleben, heißen: ‘Schülerorientierter Unterricht’, ‘Handlungsorientierter Unterricht’, ‘Humanisierung der Schule’[263], ‘Betonung der affektiven Lernziele’. In diesem neuen Unterrichtsfach können sie alle realisiert werden. Freilich, es wäre fatal, wenn diese hohen Ziele ‘verspielt’ würden. Vielleicht ist dies aber ein Zeitpunkt, zu überlegen, ob nicht von diesem fachlichen Ansatz sogar Anregungen für eine Neubelebung unseres Faches in anderen Bereichen ausgehen könnten wie von einer echten Innovation."[264]

---

[260] Vgl. Ernst, Hans-Bruno: „Rhythmische Erziehung". Skript. 5 Seiten.
[261] Ernst in NMZ Oktober 1976, S. 21.
[262] Zu den verschiedenen Arbeitsgebieten im Musikunterricht der Grundschule vgl. Nolte, Eckhard: Die neuen Curricula, Lehrpläne und Richtlinien für den Musikunterricht an den allgemeinbildenden Schulen in der Bundesrepublik Deutschland und West-Berlin, Einführung und Dokumentation/Teil I: Primarstufe (= Musikpädagogik – Forschung und Lehre Band 16). Mainz 1982, S. 30.
[263] Vgl. den Titel der zwölften Bundesschulmusikwoche 1978 in Karlsruhe: „Musik in einer humanen Schule".
[264] Ernst in NMZ Oktober 1976, S. 21.

So verfolgte das Konzept der Bewegungserziehung sowohl fachimmanente wie auch allgemein pädagogisch als notwendig erachtete Ziele.[265] Eine Anregung für die bundesdeutsche Musikpädagogik wurde von bayerischer Seite dahingehend geleistet, dass Ernst auf der 13. Bundesschulmusikwoche 1980 in Braunschweig im Rahmen der „Kurse zur Unterrichtspraxis – Didaktische Interpretation von Musik“ ausführlich über den Bereich „Musik- und Bewegungserziehung – Bericht über ein Fortbildungsmodell für die 1. und 2. Jahrgangsstufe“ referierte.[266] Hubert Völkl, der ebenfalls bei den drei Lehrgängen „Musik- und Bewegungserziehung“ mitwirkte, ergänzte das Angebot auf der Bundesschulmusikwoche mit seinem Praxisbericht „Unterrichtsbeispiel ‘Bewegungsgestaltung mit Tüchern’“.[267]

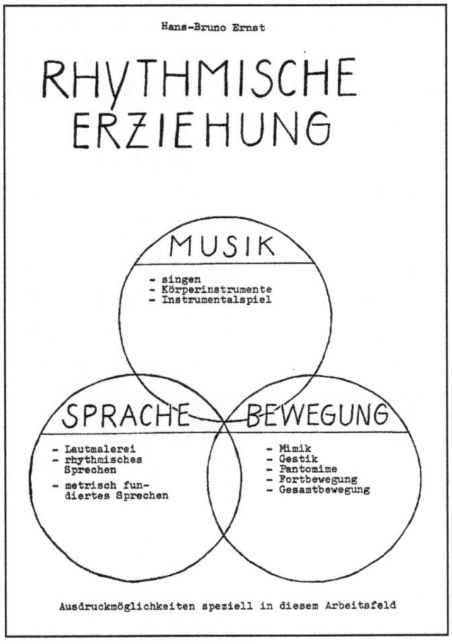

Abb. 1: Ernst, Hans-Bruno: Rhythmische Erziehung, Skript: Titelseite.

[265] Zu den didaktischen Aspekten des Faches „Musik- und Bewegungserziehung“ vgl. Gebhard, Ursula: Musik und Bewegungserziehung – Didaktische Aspekte eines neuen Faches, in: Schmidt-Brunner, Wolfgang (Hg.): Fachdidaktisches Studium in der Lehrerbildung Musik. München 1978, S. 92 ff.

[266] Vgl. Ernst, Hans-Bruno: Musik- und Bewegungserziehung, in: Musikerziehung als Herausforderung der Gegenwart – Kongressbericht 13. Bundesschulmusikwoche Braunschweig 1980 (Hg.: Karl Heinrich Ehrenforth). Mainz 1981, S. 44 ff.

[267] Vgl. Völkl, Hubert: Unterrichtsbeispiel „Bewegungsgestaltung mit Tüchern“ ebd. S. 51 f.

3.3 Lehrgangsangebote für das Fach Musik

Die Akademie für Lehrerfortbildung Dillingen führte in der Zeit von ihrer Gründung bis zum 31. Juli 1981 (Kurshalbjahre 1 bis 20) insgesamt 158 Fortbildungsveranstaltungen für Musik durch.[268]

Eine Rückmeldung von Seiten der Teilnehmer wurde regelmäßig durch Fragebögen und Befragungen erhoben, wobei festzustellen war, dass die überwiegende Mehrheit der Teilnehmer mit der von ihnen besuchten Veranstaltungen zufrieden war und angab, die neu gewonnenen Erkenntnisse gut für den zukünftigen eigenen Unterricht verwenden zu können.[269] Die nachfolgende Tabelle stellt, bezogen auf die verschiedenen Schularten, eine Übersicht der Kursangebote dar.[270]

Im Untersuchungszeitraum waren 48% der Lehrgänge für den Bereich der Volksschule (incl. Sonderschule), 7% für den Bereich der Realschule, 23% für den Bereich des Gymnasiums, 4% für den Bereich der beruflichen Schulen und 18% für alle Schularten konzipiert.

Beschränkte sich das Angebot in den Gründungsjahren naturgemäß auf nur wenige Kurse, fanden vom Schuljahr 1974/75 bis 1979/80 jährlich zwischen 14 und 21 Kurse statt, erst ab dem Schuljahr 1980/81 wurde mit 30 Kursen eine deutlich höhere Anzahl durchgeführt. Diese Zunahme war besonders auf den Bereich der Sonderschule zurückzuführen, der ab September 1980 eine quantitative Aufwertung erfuhr. Auch in früheren Jahren waren bereits schulartspezifische Schwerpunktsetzungen zu erkennen, z. B. für das Gymnasium im zweiten Halbjahr des Schuljahrs 1973/74 oder im ersten Halbjahr des Schuljahrs 1975/76.

---

[268] Eine genaue inhaltliche Zusammenstellung der Fortbildungen findet sich im Anhang: A 2.

[269] Vgl. Ernst, Hans-Bruno: Staatliche Lehrerfortbildung für das Fach Musik in Bayern, in: Musik und Bildung. Mainz 7-8/1979, S. 451.

[270] LFB: Lehrgangsbroschüren für die Lehrerfortbildung in Bayern. Dillingen 1971 ff; A: alle Schularten/V: Grund- und Hauptschule/S: Sonderschule/R: Realschule/G: Gymnasium/B: berufliche Schulen. Einzelne Kurse waren für verschiedene Schularten ausgeschrieben, z. B. für V und G. Sie wurden hier der Schulart zugeordnet, die jeweils zuerst genannt war.

LFB	1	2	3	4	5	6	7	8	9	10
Jahr	71	72 I	72 II	73 I	73/74	74	74/75	75	75/76	76
A	-	-	-	-	-	-	2	3	-	3
V	-	1	2	3	1	3	1	2	1	3
S	-	-	-	-	-	-	-	-	-	-
R	-	-	-	-	2	-	1	1	1	-
G	1	-	-	1	2	4	1	2	4	3
B	-	-	-	-	-	1	1	-	-	1
Σ	1	1	2	4	5	8	6	8	6	10

LFB	11	12	13	14	15	16	17	18	19	20	Σ
Jahr	76/77	77	77/78	78	78/79	79	79/80	80	80/81	81	
A		4	1	1	2	2	2	2	6	1	29
V	2	3	6	7	4	6	4	5	3	8	65
S	-	1	-	-	1	-	1	-	5	2	10
R	-	1	-	-	1	1	1	1	-	1	11
G	5	1	1	1	2	1	1	3	1	2	36
B	-	1	-	-	-	1	1	-	-	1	7
Σ	7	11	8	9	10	11	10	11	15	15	158

Neben der gleichmäßigen Verteilung des Lehrgangsangebots auf alle Schularten und Schulstufen mussten besonders die jeweils neuen Lehrpläne berücksichtigt werden. Daneben wurden aber auch einzelne Lehrgangsthemen schwerpunktmäßig aufgegriffen: Oper und Musiktheater, chorisches und solistisches

Singen, Schulpraktisches Klavierspiel, Orff-Instrumentarium, Musik- und Bewegungserziehung, Analyse und Interpretation.[271]

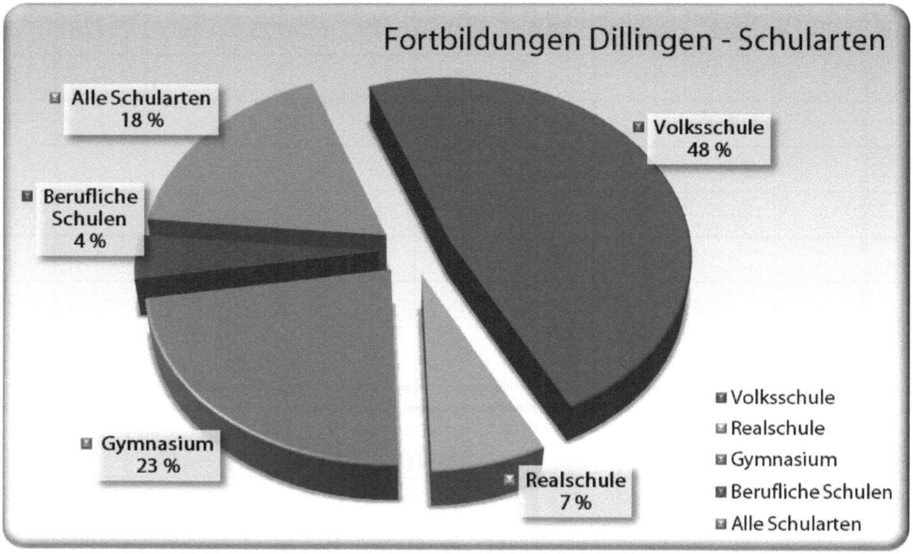

Betrachtet man unter Berücksichtigung der einzelnen Lehrgangstitel[272] die inhaltliche Seite der Lehrgänge, bezogen auf die einzelnen Schularten, ist Folgendes festzustellen:

Im Bereich der Volksschule waren 26 Kurse ohne nähere Angaben bzw. sehr allgemein gehalten: „Musik in der Grundschule" oder „Musik in der Hauptschule". Ein möglicher Grund ist darin zu sehen, dass die meisten Lehrkräfte an diesen Schularten das Fach Musik fachfremd unterrichteten. Ein eindeutiger Schwerpunkt lag bei den Kursen für „Musik- und Bewegungserziehung" (27 Kurse). Nur am Rande tauchten weitere Themenfelder auf: „Erweiterter Musikunterricht" (vier Kurse), „Blockflötenspiel" (drei Kurse), „Kurse für Ausbildungslehrer" (zwei Kurse) und jeweils ein Kurs für „Sing- und Spielkreisleitung" (Kurs 20/159), „Musikhören" (Kurs 16/112) und „Medien" (Kurs 18/231).

[271] Vgl. Ernst, Hans-Bruno: Staatliche Lehrerfortbildung für das Fach Musik in Bayern, in: Musik und Bildung. Mainz 7-8/1979, S. 449.

[272] Eine genaue und insgesamt vollständige Auflistung der Einzelthemen und der jeweiligen Referenten liegt erst ab dem Jahr 1978 vor.

Auch in der Realschule waren die Lehrgänge in der Regel allgemein gehalten: „Musikunterricht in der Realschule“ (acht Kurse). Die Bereiche „Musikhören“ und „Eigenes Musizieren“ waren in diesen Kursen gleichermaßen vertreten. Drei Kurse geben genaue Angaben an: „Werkhören“ (Kurs 7/66), „Wahlunterricht“ (Kurs 18/142) und „Schlaginstrumente“ (Kurs 20/118).

Die meisten Kurse für das Gymnasium befassten sich mit inhaltlichen und organisatorischen Themen zur Kollegstufe (17 Kurse).[273] Fünf Kurse sind ohne nähere Angaben. Für den Musikunterricht in der 5./6. Jahrgangsstufe wurden vier, für den in der Mittelstufe zwei Kurse durchgeführt. Jeweils zwei Kurse galten den Lehrkräften an den Musischen Gymnasien und den Seminarlehrern. Besonders zu erwähnen sind vier Kurse, die – unter besonderer Berücksichtigung der Kollegstufe bezogen auf alle Jahrgangsstufen – quasi einen inhaltlichen Überblick über die abendländische Musikgeschichte aufbereiteten: „Musik zwischen 1000 und 1600“ (Kurs 16/79), „Musik zwischen 1600 und 1750“ (Kurs 17/43), „Oper (Kurs 20/51) und „Wiener Klassik“ (Kurs 20/95).

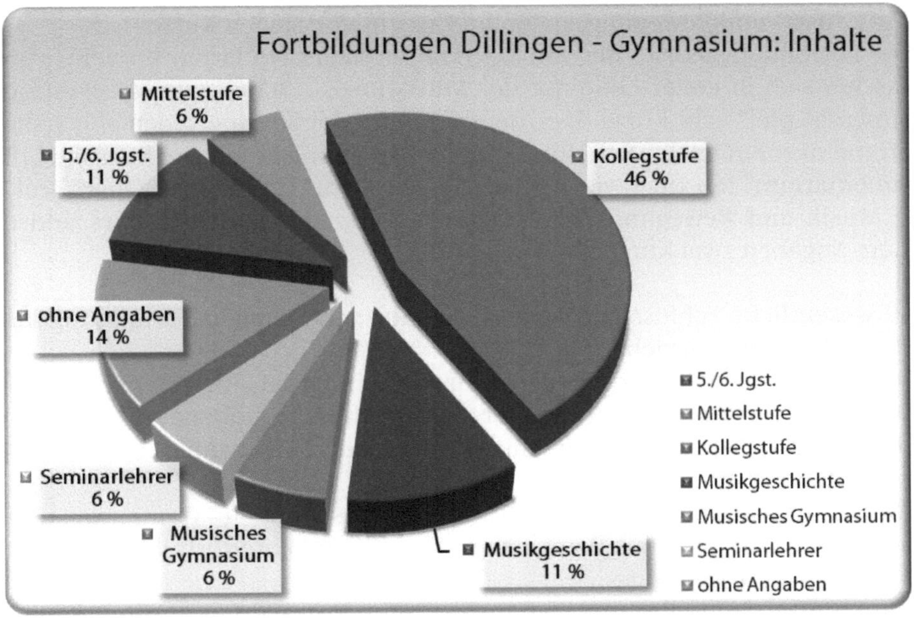

273 Zur Notwendigkeit dieser Veranstaltungen vgl. Schmitz, Hans-Bernd: Tendenzen und Probleme der praktischen Curriculumarbeit, dargestellt am Fach Musik in der Kollegstufe, in: Schmidt-Brunner, Wolfgang (Hg.): Fachdidaktisches Studium in der Lehrerbildung Musik. München 1978, S. 144 ff.

Bei den Fortbildungsveranstaltungen, die den Musikunterricht an den Musischen Gymnasien zum Thema hatten, galt es vor allem, die Zukunft dieser Schulform zu sichern, wobei neben dem Sammeln neuer Eindrücke für die eigene Unterrichtsgestaltung der Austausch von Erfahrungen bzgl. der Annäherung an Unterrichtsverfahren im Mittelpunkt standen, die besonders für das Musische Gymnasium geeignet erschienen. Dabei stand stets die Sorge um den Bestand der Musischen Gymnasien, die durch die bevorstehende bzw. dann erfolgte Einführung der Kolleg- und Orientierungsstufe gefährdet schienen. Auch die Frage, wie die Chancengleichheit für die Schüler der Musischen Gymnasien bereits ab der Orientierungsstufe weiter garantiert werden könnte, war ein wichtiges Anliegen der Fortbildungen.[274]

Ähnlich wie bei der Volksschule stellte bei den Fortbildungen für die Sonderschule der Bereich „Musik- und Bewegungserziehung" den Schwerpunkt dar (acht Kurse ab 1977). Ein Kurs beschäftigte sich mit Fragen der „Musiktherapie" (Kurs 12/158), ein Kurs mit „Rhythmik" (Kurs 19/57).

Auch die Kurse für beruflichen Schulen widmeten sich in erster Linie dem Bereich „Musik- und Bewegungserziehung" (sechs von sieben Kursen).

Die Fortbildungskurse, die von Lehrkräften aller Schularten besucht wurden, befassten sich in erster Linie mit der Musikpraxis: „Schulische Musikpflege/Instrumentalspiel" acht Kurse (incl. der zu Beginn der Sommerferien abgehaltenen „Sommerakademien"), „Schulpraktisches Klavierspiel" sieben Kurse, „Orff-Instrumentarium" (ab 1978) vier Kurse, „Singen/Chor" drei Kurse, „Oper" drei Kurse, „Musik und Bewegungserziehung" ein Kurs, „Medien" ein Kurs und ohne nähere Angaben zwei Kurse.

Fünf wesentliche Schlussfolgerungen sind aus den Dillinger Fortbildungskursen der siebziger Jahre zu ziehen:

1. Der Bereich der Musikpraxis spielte für alle Schularten eine erhebliche Rolle. Der von bayerischer Seite, besonders auch vom vbs, erhobene Anspruch, im Unterricht stets auch praktisch mit Musik umzugehen, war im Fortbildungsangebot deutlich zu erkennen.
2. „Musik- und Bewegungserziehung" war, mit Ausnahme für Gymnasien und Realschulen, der zentrale Bereich der bayerischen Lehrerfortbildung im Fach Musik der siebziger Jahre.
3. Die gymnasialen Kollegen erhielten ein starkes Fortbildungsangebot für die neu eingeführte Kollegstufe. Bezogen auf die zu vermittelnden Unterrichtsin-

---

[274] Vgl. Benker in NMZ April 1974, S. 19.

halte blieb der gesamte gymnasiale Bereich aber doch einer traditionellen Ausrichtung verhaftet.

4. Im Vergleich zu den zur gleichen Zeit stattgefundenen Fortbildungen des vbs wiesen die Dillinger Lehrgänge weniger stark innovative Züge auf und orientierten sich eher an den traditionellen Modellen der „neomusischen Erziehung" der fünfziger Jahre und der „Orientierung am Kunstwerk".
5. Neue didaktische Konzepte, wie sie in den siebziger Jahren in anderen Bundesländern aufblühten, blieben in der offiziellen bayerischen Lehrerfortbildung unberücksichtigt. Ebenso war der Bereich der „Pop- und Rockmusik", der eine logische Fortsetzung des eigenen Musizierens mit Orff-Instrumenten für die Mittelstufe darstellen konnte, in den siebziger Jahren noch nicht vertreten.[275]

Ein Vergleich mit den in Hamburg vom dortigen Institut für Lehrerfortbildung durchgeführten Fortbildungsveranstaltungen[276] unterstreicht die Schlussfolgerungen, die aus dem Dillinger Angebot gezogen werden können. Untersucht man nämlich die Fortbildungsveranstaltungen des Hamburger Instituts im Zeitraum der Schuljahre 1970/71 bis 1980/81, ist Folgendes festzustellen:

In diesem Zeitraum wurden in Hamburg 350 Einzelveranstaltungen durchgeführt, im Durchschnitt 15 pro Schulhalbjahr. Neben „Instrumentalen Übungen" (z. B. Fortbildungen im „Blockflöten-" „Gitarren-" und „Orff-Instrumentarium-Spiel") und allgemeinen Fortbildungsveranstaltungen für den Grundschulbereich, unter besonderer Berücksichtigung der rhythmisch-musikalischen Erziehung, die beide einen Großteil der Lehrgänge ausmachten, fanden sich während der gesamten Zeit Fortbildungen, die neue Bereiche des Musikunterrichts aufgriffen und die in der bayerischen Lehrerfortbildungsakademie nicht bzw. vor allem in diesem Umfang kaum berücksichtigt wurden:

„Das Tonbandgerät im Musikunterricht" (203-1970), „Musikunterricht im 5. bis 10. Schuljahr: Folklore, Jazz, Beat, Hör- und Bewegungserziehung, Musiklehre und Instrumentalspiel" (236-1970/71), „Die Typen der Popmusik" (190-1971), „Tonbandkompositionen in der Schule" (191-1971), „'Musik' oder 'Auditive Kommunikation?'" (148-1972/73), „Lernbuch und Lehrprogramm im Musikunterricht der Klassen 5 bis 10. Die didaktischen Konzepte neuer Veröffentlichungen ('Sequenzen', 'Lehrbuch der Musik')" (122-1973), „Neue Musik im Unterricht: Berio, Ligeti, Penderecki, Serocki, Stockhausen" (109-1974 und 157-1974/75),

---

[275] Interview mit Wilhelm Lehr vom 29. März 1999.

[276] Vgl. Institut für Lehrerfortbildung Hamburg (Hg.): Lehrgangsprogramme von 1970 bis 1981. Hamburg 1970 ff. Im Gegensatz zu den Dillinger Fortbildungen, die in der Regel wöchentliche Lehrgänge darstellten, handelte es sich in Hamburg oft nur um Tageslehrgänge oder Einzelkurse von einer Doppel-Unterrichtsstunde.

„Der Synthesizer. Einführung in die Arbeitsweise. Komposition elektronischer Musik" (135-1975), „Grundlagen der Akustik" (162-1975/76), „Jazz und Pop. Alternativen zur Praxis des Musikunterrichts" (171-1976/77), „Einführung in die Praxis der Pop-Musik" (188-1977/78, 208-1978 und 198-1978/79), „Die Bearbeitung klassischer Originale in der Popularmusik" (207-1978), „Analyse von Kinder- und Jugendschallplatten im Hinblick auf Hörvoraussetzungen für den Musikunterricht" (241-1980), „Pop und Folklore in der Schule" (250-1980/81).[277]

Diese Beispiele belegen, dass – im Gegensatz zur offiziellen bayerischen Lehrerfortbildung – in anderen Bundesländern in den siebziger Jahren in der Lehrerfortbildung stärker Bereiche wie zum Beispiel „Popmusik", „Elektronische Musik" oder „Auditive Wahrnehmungserziehung" berücksichtigt worden sind.

3.4 Veröffentlichungen

Die Akademie fasste seit ihrem Bestehen die Inhalte der durchgeführten Lehrgänge in Form von Protokollen, Akademieberichten und in Verlagen erscheinenden Schriften zusammen. Diese Berichte sollten dabei in erster Linie Hinweise und Handreichungen für die Lehrkräfte darstellen, auch für diejenigen, die an den Kursen nicht teilgenommen haben bzw. nicht teilnehmen konnten. Damit war zugleich eine größere Breitenarbeit möglich.

In dem untersuchten Zeitraum publizierte die Akademie für Lehrerfortbildung die folgenden Akademieberichte im Fachbereich Musik bzw. Musik- und Bewegungserziehung:

Nr. 7	Musik in der Hauptschule	100 S.	1972
Nr. 19	Musik in der Grundschule	121 S.	1974
Nr. 31	Musik- und Bewegungserziehung – Grundlehrgang	99 S.	1978
Nr. 35	Musik- und Bewegungserziehung – Aufbaulehrgang	99 S.	1979
Nr. 37	Musik- und Bewegungserziehung – Abschlusslehrgang	116 S.	1979
Nr. 39	Musik zwischen 1600 und 1750	116 S.	1980

[277] Vgl. ebd.

Der Akademiebericht „Musik in der Hauptschule“ setzte einen deutlichen Akzent auf eine saubere Erarbeitung einer phasen- und altersgerechten Didaktik. Ein Schwerpunkt der Darstellung lag bei den von Handerer, der den Lehrgang leitete, dargestellten musikpraktischen Unterrichtsinhalten: „Lied – Song – Spiritual“, „Einführung in die Mehrstimmigkeit“, „Die rhythmisch-melodisch-gelenkte Improvisation“, „Didaktisch-methodische Erarbeitung eines Sprechstückes“, „Stimm- und Sprecherziehung unter besonderer Berücksichtigung der Mutation“. Den Bereich „Werkhören“ bearbeitete Lehr mit „Einführung in die Instrumentenkunde“ und „Musikhören: Honegger 'Pacific 231'“. Zeitgenössische Musik wurde mit dem Beitrag „Jazz – Schlager“ von Burger berücksichtigt, wenngleich das in diesem Zusammenhang dargestellte Lied „What shall we do with the drunken sailor“ nur sehr eingeschränkt in diesen Musikbereich passt. Dies verdeutlicht, wie in dieser Zeit mit dieser Musikrichtung umgegangen worden ist. Aktuelle didaktische Bereiche wurden mit der „Einführung in die elektronische Musik über das Experiment“ von Mundigl vertreten, ein Beleg dafür, dass auch ein Bereich miteinbezogen wurde, der mehr der „Auditiven Wahrnehmungserziehung“ zuzurechnen ist.[278]

Der Akademiebericht „Musik zwischen 1600 und 1750“ wandte sich besonders an die in der Kollegstufe unterrichtenden Kollegen, bietet aber auch Musiklehrern anderer Schularten und Schulstufen vielfältige Anregungen.[279] Der verstärkte Einbezug der Barockmusik in den Curricularen Lehrplan, besonders des Leistungskurses, legte die Themensetzung nahe. Der Akademiebericht fasst nicht alle während der Lehrgangswoche durchgeführten Einzelveranstaltungen zusammen, sondern beschränkt sich auf drei Themenbereiche und bietet dazu umfassendes Arbeitsmaterial an: „Quellen- und Arbeitsmaterial zum Komplex Aufführungspraxis – Biographie – Musiktheorie im 'Barockzeitalter'“ (Meierott), „Fragen der Ornamentik und Diminution nach den Quellen (dargestellt am Beispiel Blockflöte)“[280] (Reisch) und „Bezüge zwischen Barock und Moderne (dargestellt an Werken von Strawinsky)“ (Oßberger).[281]

Neben der Akademie Dillingen war es insbesondere das Staatsinstitut für Schulpädagogik, das den Unterricht an den bayerischen Schulen beeinflusste und deshalb in dieser Arbeit als nächstes darzustellen ist. Dabei sind insbesondere be-

[278] Vgl. Musik in der Hauptschule – Akademiebericht Nr. 7, S. 2.
[279] Vgl. Musik zwischen 1600 und 1750 – Akademiebericht Nr. 39, S. 3.
[280] Im Inhaltsverzeichnis fälschlich mit „Ornamentik und Dimension“ angegeben.
[281] Vgl. Musik zwischen 1600 und 1750 – Akademiebericht Nr. 39, S. 5.

reits an dieser Stelle das Verhältnis und die gegenseitige Einflussnahme zwischen dem Staatsinstitut und dem vbs zu berücksichtigen.

4. Das Staatsinstitut für Schulpädagogik (ISP) in München

4.1 Das Fachreferat Musik

Die Situation der Schulmusik in Bayern lässt sich nicht vollständig beschreiben, ohne die Arbeit und die Veröffentlichungen des ISP untersucht zu haben, wobei man besonders auf die Curricularen Lehrpläne (CuLP), die Einführung der Kollegstufe und auf verschiedene Handreichungen eingehen muss.

Das Staatsinstitut für Schulpädagogik (ISP) wurde am 1. September 1971 gegründet und umfasste alle Schularten. Sein Vorläufer, das Institut für Gymnasialpädagogik (IGP), das von 1966 bis 1971 bestand, ging in diesem neuen Institut als eine Abteilung auf. Zum 1. Januar 1984 wurde das ISP um eine Abteilung für Bildungsforschung erweitert, die aus dem von 1966 bis 1983 eigenständig arbeitenden Staatsinstitut für Bildungsforschung und Bildungsplanung (IfB) hervorging. Damit war auch eine Namensänderung des Staatsinstitutes verbunden. Seit 1984 trug es den Namen Staatsinstitut für Schulpädagogik und Bildungsforschung (ISB).[282] Das ISB arbeitet seit Bestehen eng mit der Akademie für Lehrerfortbildung und Personalführung Dillingen, den Instituten für Lehrerfortbildungen in Gars und Heilsbronn und der Zentralstelle für Computer im Unterricht in Augsburg zusammen.[283]

Die Aufgabe des ISP/ISB, das unmittelbar dem Bayerischen Staatsministerium für Unterricht und Kultus untersteht, ist es, die Erkenntnisse der Forschung und die Erfahrungen der Praxis für die Schule nutzbar zu machen und das Bayerische Staatsministerium für Unterricht und Kultus bei der Weiterentwicklung des gegliederten Schulwesens in Bayern zu beraten und zu unterstützen. Das ISB regt Schul- und Modellversuche an, begleitet sie und wertet sie in Evaluationen aus. Es erarbeitet einzelne Bildungsstandards und stellt sie den Schulen zur Verfügung. Insbesondere ist es aber die Aufgabe des ISP/ISB, die Arbeit der vom Ministerium berufenen Lehrplankommissionen fachlich und organisatorisch zu betreuen und damit die Reform der Lehrpläne zu ermöglichen, bei der inhaltlichen Planung der Lehrerfortbildung mitzuwirken und laufende Schulversuche pädagogisch zu betreuen, wissenschaftlich zu begleiten und auszuwerten.[284] So waren die Erstellung der „Curricularen Lehrpläne" und die Vorbereitungen für die Ein-

[282] Im Jahr 2001 wurden die Landesbildstellen dem ISB zugeordnet, seit 1.10.2003 trägt das ISB den Namen „Staatsinstitut für Schulqualität und Bildungsforschung".

[283] Vgl. http://www.isb.bayern.de/allgem/wir.htm, S. 3 vom 8. März 2000.

[284] Vgl. http://www.isb.bayern.de/allgem/wir.htm, S. 1/2 vom 8. März 2000, Amtsblatt Nr. 21/1971 vom 8. November 1971, S. 983 f und ISP (Hg.): Rundschreiben 4/71 des Staatsinstituts für Schulpädagogik. München 1971, S. 1.

führung der „Kollegstufe“ zu Beginn der siebziger Jahre mit Abstand die wichtigsten Aufgabengebiete des Institutes. In Folge seiner Entstehungsgeschichte und aus den angegebenen Gründen legte das ISP im Untersuchungszeitraum einen wesentlichen Schwerpunkt auf das Gymnasium. Die anderen Schularten bleiben deshalb in den nachfolgenden Ausführungen unberücksichtigt.

Die einzelnen Referate wurden mit Mitarbeitern besetzt, die sich fachlich und didaktisch besonders qualifiziert hatten und in der Unterrichtspraxis erfahren waren. Die Lehrplanentwürfe und Handreichungen mit Vorschlägen für die Umsetzung der Lehrplanvorgaben im Unterricht wurden unter der Leitung des zuständigen ISP-Referenten von verschiedenen Kommissionen und Arbeitskreisen entwickelt, denen Kollegen aus ganz Bayern angehörten.[285]

Das Staatsinstitut für Schulpädagogik informierte die bayerischen Lehrkräfte mit regelmäßigen Schreiben, in denen Hinweise und Neuerungen bekannt gegeben werden: Rundbriefe (1971 bis 1975), Kontaktlehrerbriefe (1976 bis 1978) und Kontaktbriefe (seit 1979) stellten so eine wichtige Verbindung zwischen dem Institut und den bayerischen Schulen her. Eine Zusammenarbeit des vbs mit dem Staatsinstitut für Schulpädagogik bot sich an, um die zu bewältigenden Aufgaben bestmöglich zu lösen. Schließlich mussten die Referatsleiter des schulartübergreifenden Referats Musik, Adolf H. Gärtner (bis 1974), Wolfgang Schmidt-Brunner (1974)[286] und Hans-Bernd Schmitz (1974 bis 1986),[287] die alle auch im vbs-Vorstand arbeiteten, in neu zusammengestellten Arbeitskreisen die Curricularen Lehrpläne für das Fach Musik erstellen. Auch die Erstellung von Handreichungen und Arbeitsmaterialien sowie Teile der Lehrerfortbildung gehörte zu dem Aufgabenbereich des ISP. Die Situation im Bildungswesen Anfang der siebziger Jahre forderte deshalb der Sache wegen zusätzlich ein enges Zusammenarbeiten. So wurden in den Anfangsjahren die ersten Zusammenkünfte der Arbeitskreise zur Lehrplanrevision von Gärtner gemeinsam mit Benker, die beide als Seminarlehrer an Münchener Gymnasien tätig waren, einberufen. Die erarbeiteten Schriftstücke wurden vom ISP zunächst jeweils dem Ministerium zugeleitet, das sie ihrerseits zur Begutachtung an Benker weitergab, der die besonders unter dem Aspekt der Lerninhalte zum Teil sehr umfassenden Texte in eine gekürzte Form brachte, in der sie dann auch veröffentlicht wurden.[288]

---

[285] Vgl. Amtsblatt Nr. 5/1974 vom 15. März 1974, S. 424: „Verfahrensordnung für die Arbeitskreise ‘Curriculare Lehrpläne’ am Staatsinstitut für Schulpädagogik in München“.

[286] Vgl. Helms/Schneider/Weber: Neues Lexikon der Musikpädagogik – Personenteil. Kassel 1994, S. 214.

[287] Vgl. a. a. O., S. 215. Hans-Bernd Schmitz war in den siebziger Jahren auch Mitglied des vds-Bundesvorstandes und dort für die Presse- und Öffentlichkeitsarbeit verantwortlich.

[288] Interview mit Heinz Benker vom 4. Februar 1999.

4.2 Der Curriculare Lehrplan für das Fach Musik an Gymnasien

Um die Bedeutung der Lehrplanarbeit für die Schulwirklichkeit zu verstehen, erscheint es notwendig, zunächst einen Überblick über die gesetzlichen Grundlagen zu geben.

Basierend auf den Bestimmungen des Grundgesetzes der Bundesrepublik Deutschland legt der Freistaat Bayern den gesetzlichen Rahmen für Bildung und Schule in seiner Verfassung fest. Die wesentlichen Bildungsziele sind in Artikel 131 festgelegt:

„(1) Die Schulen sollen nicht nur Wissen und Können vermitteln, sondern auch Herz und Charakter bilden.

(2) Oberste Bildungsziele sind Ehrfurcht vor Gott, Achtung vor religiöser Überzeugung und vor der Würde des Menschen, Selbstbeherrschung, Verantwortungsgefühl und Verantwortungsfreudigkeit, Hilfsbereitschaft und Aufgeschlossenheit für alles Wahre, Schöne und Gute und Verantwortungsbewusstsein für Natur und Umwelt.

(3) Die Schüler sind im Geiste der Demokratie, in der Liebe zur bayerischen Heimat und zum deutschen Volk und im Sinne der Völkerversöhnung zu erziehen.“[289]

Generell geht die Bayerische Verfassung mit diesen Forderungen weit über die in Artikel 7 des Grundgesetzes aufgestellten Ziele hinaus. Die bei (2) und (3) angegebenen Bildungsziele sind nicht nur vom Gesetzgeber und der Verwaltung, sondern auch von jeder einzelnen Lehrkraft zu beachten. In Vergleich zu anderen Bundesländern ist insbesondere die Betonung des religiösen und des der Heimat verbundenen Aspektes beachtenswert. Nun dürfen diese gesetzlichen Fixierungen eines hohen Bildungs- und Erziehungsziels in der Möglichkeit ihrer Umsetzung weder überschätzt noch unterbewertet werden. Dieser eindeutige Erziehungsauftrag ist aber bedeutsam, da er auf alle weiteren gesetzlichen Verlautbarungen ausstrahlt.

Innerhalb eines demokratischen Staates mit pluralistischer Gesellschaft ist es generell schwierig, verbindliche Normen aufzustellen. Grundlegende Werte müssen trotzdem gesichert sein. Bezogen auf die Zunahme von Wissen und einer sich stets ändernden Welt wäre es aber nicht angemessen, Stoffinhalte generell und auf Dauer festzulegen. Bayern wird diesen beiden Bedürfnissen dahingehend gerecht, dass die Verfassungsrechte an die Spitze des Lehrplans gestellt und so-

[289] Vgl. Bayerische Landeszentrale für politische Bildungsarbeit (Hg.): Verfassung des Freistaates Bayern vom 2. Dezember 1946 (Stand: 1. April 2001). München 2001, S. 71.

mit verbindlich festgelegt sind und die schulische Erfüllung dieser Ziele durch Verordnungen geregelt wird.

Die Geschichte der amtlichen Lehrpläne in Bayern zeigt eine Vielfalt von Versuchen, die zu vermittelnden Inhalte für den Unterricht festzulegen. Lehrpläne, Richtlinien, Rahmenpläne, Bildungspläne und Curriculare Lehrpläne wechseln einander ab. Generell lassen sie sich einer der beiden Grundformen, nämlich den Stoffplänen oder den die Lernziele angebenden Curricularen Lehrpläne zuordnen. Lehrpläne dienen dem Staat als Kontrollorgane und Regulatoren, um seine Erziehungs- und Bildungsziele durchzusetzen. Der Lehrplan ist demnach die „verwaltungsmäßige Grundlage und Sicherung (der staatlichen, d. Verf.) Willensäußerung".[290]

Die für Bayern überwiegende Lehrplanform ist zunächst die der Stoffpläne, sie prägen die Schulwirklichkeit bis zu den siebziger Jahren. Sie bestehen in der Regel aus drei Teilen: Präambel, Stundentafel und Inhaltsangebot. Die Präambeln stellen einen verbindlich gültigen Erziehungsauftrag, die Bildungs- und Erziehungsziele und grundlegende pädagogische und psychologische Wegweisungen dar. Die Stundentafeln geben den zeitlichen Rahmen und damit verbunden auch die Wertigkeit der einzelnen Fächer an. Das Inhaltsangebot listet, bezogen auf einzelne Jahrgangsstufen und einzelne Fächer, die verbindlichen Inhalte und das zu erwerbende Grundwissen auf.

Der Begriff des Curriculums wurde von Robinson eingeführt, um die Tendenz vom Stoffplan zum verbindlichen Ziel- und Methodenplan sprachlich zu verdeutlichen. Diese Absichten prägen auch seine formale Gestaltung. Schwerpunkt ist nicht mehr die Darstellung der Lerninhalte, sondern in der Planung der Unterrichtseinheiten nach den vier Bereichen Lernziel, Lerninhalt, Lehrmethode und Lernzielkontrolle. Bayern verwendet im Rahmen seiner Lehrplanreformen ab den siebziger Jahren den offeneren Begriff des Curricularen Lehrplans, der als Synthese von Lehrplan und Curriculum zu verstehen ist. Die Präambel steckt weiterhin den Rahmen für die Erziehungsziele und -zwecke ab, die Einzellehrpläne stellen Inhalte und Methoden in den Vordergrund und geben genaue Angaben zur Erreichung der unterschiedlichen Lernziele.

Der neu zu schaffende Lehrplan entwickelte sich in den Lehrplankommissionen des ISP schrittweise durch theoretische Arbeiten, praxisrelevante Rückmeldungen der Lehrkräfte und Erprobung in Schulversuchen. Die 1970 erarbeiteten

[290] Vgl. Heigl, Josef: Grundbedingungen der Erziehungswirksamkeit von Lehrplänen und Überlegungen zur Verwirklichung der obersten Bildungsziele „Ehrfurcht vor Gott" und „Achtung vor religiöser Überzeugung" auf der Grundlage des Lehrplans der Grundschule von 1981. Fürstenzell 1986, S. 70.

Lehrpläne trugen zunächst nur den Namen „Curriculum".[291] 1971 wurde für das Gymnasium ein „Curricularer Lehrplan", aufgeteilt in fünf Spalten, erprobt und veröffentlicht. 1972 wurde ein vierspaltiger Lehrplan als Curricularer Lehrplan veröffentlicht.[292] Für das Gymnasium waren bis zu Beginn der achtziger Jahre in jeder Jahrgangsstufe Lehrpläne dieser Form gültig.[293]

Der Arbeitskreis „Curricularer Lehrplan Musik" bearbeitete auf seiner Klausurtagung vom 6. bis 8. März 1974 unter Leitung von Gärtner den Lehrplan für die Kollegstufe und begann mit den Arbeiten für den Grundkurslehrplan Chor, Orchester und Instrumentalmusik. Auf seiner Klausurtagung am 2. und 3. Mai 1974 wurden die Arbeiten am Lehrplan des Leistungskurses Musik abgeschlossen und die Rahmenpläne für die Grundkurse Chor, Orchester und Instrumentalmusik erstellt. Die Grundkurse Chor, Orchester und Instrumentalspiel wurden zum Schuljahr 1974/75 erstmals möglich,[294] die Veröffentlichung eines dazugehörigen Lehrplans erfolgte erst 1976.[295]

---

[291] Damit wurde in Bayern nicht nur inhaltlich, sondern auch in begrifflicher Hinsicht versucht, an das von Robinsohn entwickelte Konzept der Curriculum-Theorie anzuknüpfen; vgl. dazu: Robinsohn, Saul B.: Bildungsforschung als Revision des Curriculum (Aktuelle Pädagogik. Eine Schriftenreihe zur empirischen Erziehungsforschung, hg. von Hans-Jochen Gamm u. Werner Loch in Zusammenarbeit mit Hans Heckel u. Paul Seipp). Neuwied/Berlin 1967.

[292] Vgl.: Apel, Hans Jürgen: Lehrplan- und Curriculumentwicklung in Bayern (1950–1991). München 1991, S. 93.

[293] 1981 begann man mit der Einführung von neuen zweispaltigen Lehrplänen an den Grundschulen, die in der linken Spalte inhaltlich-stoffliche Verteilungen und in der rechten Spalte Hinweise zum Unterricht und dessen Durchführung aufwiesen.

[294] Vgl. KMBek vom 25. Januar 1974, Nr. II/19-8/118 50.

[295] Amtsblatt, Sondernummer 13/1976 vom 13. September 1976, S. 398 ff. Dieser Lehrplan behielt bis 1987 Gültigkeit.

KMBl I So.-Nr. 20/1976 687

Lernziele	Lerninhalte	Unterrichtsverfahren	Lernzielkontrollen
1. Die Vielfalt des Musikangebots in unserer Zeit			
1.1 EINBLICK in die Verschiedenartigkeit musikalischer Veranstaltungen.	☐ Verschiedenartige musikalische Veranstaltungen (live und mediengebunden), z. B. — Konzert (Jazz-, Pop-, Symphonie-, Kirchenkonzert) — Musikalisches Theater (Oper, Operette, Musical) — Festival — Open air — Hitparade. ▶ Traditionelle Konzertformen und neue Wege der Musikvermittlung. Aspekte der Programmgestaltung.	a) Unterrichtsgespräch: Berichte aus dem persönlichen Erfahrungsbereich der Schüler. b) Häusliche Vorbereitung: Sammlung und Auswertung von Berichten, Zeitungs- und Zeitschriftenartikeln und Rundfunkprogrammen. Kurzberichte vor der Klasse. c) Diskussion über das Musikangebot mit abschließender kritischer Stellungnahme (z. B. Gliederung der Abteilung Musik bei einzelnen Hörfunksendern).	Sammeln und Auswerten unterschiedlicher Musikprogramme (live und mediengebunden). Vergleichen der unterschiedlichen Veranstaltungsformen auf Inhalt und Zielsetzung hin.
1.2 EINBLICK in die Vielfalt musikalischer Erscheinungsformen im Konzertangebot der Gegenwart.	☐ Vokal- und Instrumentalmusik — Gattung — Besetzung. ▶ Vokales und instrumentales Musizieren als Grundphänomen musikalischer Gestaltung.	a) Bestimmung ausgewählter Musikbeispiele nach den in Spalte 2 angegebenen Aspekten. b) Diskussion der Arbeitsergebnisse.	Anfertigen einer vergleichenden Übersicht.
1.3 FÄHIGKEIT, das Musikangebot auf seine Funktion und Wirkung hin zu befragen.	☐ Live- und Medienangebot **Funktionen, z. B.** — Repräsentation — Unterhaltung — Agitation **Wirkungen, z. B.** — Stimmungen — Assoziationen — Aktivierung. ▶ Die Rolle der Musik in den verschiedenen Lebensbereichen. Wechselwirkungen zwischen Komponist/Interpret — Werk — Hörer. Wechselwirkung von Produktion und Konsum.	a) Diskussion über das Problem: „Musikindustrie und Manipulation" auf der Grundlage eigener Erfahrungen und unter Verwendung geeigneter Sekundärliteratur. Rückgriff auf die in der Mittelstufe erworbenen Kenntnisse. b) Zuordnung verschiedener Musikbeispiele zu bestimmten Funktionen und Wirkungen. Besprechung der unterschiedlichen Ergebnisse.	a) Anfertigen eines Protokolls über die Diskussion zur Ergebnissicherung. b) Erläutern von Zusammenhängen, Abhängigkeiten und Wechselwirkungen zwischen Musik und Hörer.
2. Das musikalische Material			
2.1 ÜBERBLICK über wichtige musikalische Elemente und die sich daraus ergebenden Strukturen. 2.2 FÄHIGKEIT, kennzeichnende Merkmale einer musikalischen Gattung wiederzuerkennen, zu beschreiben und der	Einzelelemente und die sich daraus ergebenden, für das jeweilige Musikstück bedeutsamen Strukturen sollen an geeigneten Werken aus verschiedenen Epochen dargestellt werden. ☐ Gregorianischer Choral — Melodik: Folge von Intervallen	a) Vorführung von Bildmaterial über frühe Entwicklungen unserer Notenschrift. Hinweis auf alte Schlüssel. b) Unterrichtsgespräch/Partnerarbeit: Feststellung von Tonvorrat, Tonraum, Intervallen, Ausgangs-, Ziel- und Rezitationston.	a) — b) Ausführen eines melodischen Gehördiktats.

Abb. 2: Curricularer Lehrplan Musik für die 11. Jahrgangsstufe: Amtsblatt des Bayerischen Staatsministeriums für Unterricht und Kultus, Sondernummer 20 vom 9. November 1976, S. 687.

Benker schilderte die Zusammensetzung und Arbeitsweise der Arbeitskreise ausführlich in seinem Bericht „In Bayern ist alles im Flusse“:

„Seit kurzem existieren Arbeitskreise, die vom ISP (Staatsinstitut für Schulpädagogik) im Auftrag des Bayerischen Staatsministeriums für Unterricht und Kultus zur Erstellung so genannter curricularer Lehrpläne ins Leben gerufen wurden. Ihnen kommt die Aufgabe zu, für die Sekundarstufe I an Hauptschulen, Realschulen und Gymnasien entsprechende Pläne zu erarbeiten. Ziel dieser Bemühungen ist, den notwendigen und angemessenen Unterbau für den curricular bereits aufbereiteten Grundkurs Musik in der Kollegstufe (nicht für den Leistungskurs!) zu liefern. Grundsätzlich werden auch diese Pläne nach den schon in der Kollegstufe praktizierten Kategorien (Lernziel/Lerninhalt/Unterrichtsverfahren/Lernzielkontrolle) ausgerichtet.

Die Basis für diese Arbeiten bildet einerseits der bereits veröffentlichte curriculare Lehrplan für die Orientierungsstufe, andererseits das Wissen um die Notwendigkeit, aktuelle Lernstoffe und zusätzlich den für alle Fächer gültigen Lernzielkatalog weitgehend zu berücksichtigen. Die Fertigstellung dieser Lehrplanarbeiten ist bestenfalls mit Abschluß des laufenden Schuljahres zu erwarten. (...) Besonders erschwerend für die Ausarbeitung der Pläne wirkt sich die Tatsache aus, daß die sog. ‘Heilige Kuh’ (Limit von 30 Wochenstunden) einen großen Unsicherheitsfaktor darstellt.[296] Mit anderen Worten: es sollen Pläne erstellt werden, deren Lernziel-Volumen zeitlich in keiner Weise abgesichert ist.

Daß aus einem so gelagerten Unterbau nur verschwindend wenige Leistungskurse und nicht allzu viele Grundkurse im Fach Musik in der Kollegstufe resultieren werden, bedarf keines prophetischen Weitblicks. Außerdem muß festgestellt werden, daß es einer langen Anlaufzeit bedarf, um die jetzt in Entstehung befindlichen Pläne in die Praxis umzusetzen: Lehrerfortbildung müßte also auch hier großgeschrieben werden, denn die Hochschulen können diese Innovation erst nach und nach verkraften. Im Endeffekt bleibt die Initiative innerhalb der nächsten Jahre wohl dem Fortbildungswillen und den eigenen praktischen Gehversuchen des einzelnen Lehrers überlassen.“[297]

Benker betonte an dieser Stelle die zentrale Rolle der Lehrerfortbildung, damit die vom ISP neu erarbeiteten Lehrpläne auch in die Praxis umgesetzt werden konnten, und begründete damit den hohen Anteil an Fortbildungen in diesem Bereich. Gleichzeitig meldete er aber eine Skepsis gegenüber dem Zustande-

[296] Vgl. Amtsblatt Nr. 18/1976 vom 21. Oktober 1976, S. 465: Nach Beschluss des Bayerischen Landtages vom 3. Juni 1976 wurde die Staatsregierung ersucht, „für den Pflichtunterricht in den Klassen 5–10 aller Schulen ein Stundenmaß von in der Regel höchstens 30 Stunden anzustreben.“

[297] Benker in NMZ Februar 1976, S. 22.

kommen von Kollegstufenkursen, insbesondere von Leistungskursen in Musik an.

In der Tat stand zum Beispiel im Schuljahr 1973/74 (K 13 des Abiturjahrgangs 1972/74 und K 12 des Abiturjahrgangs 1973/75) „Musik“ vor „Evangelischer Religionslehre“, dem Doppelfach „BioChemie“ und „Wirtschaft-Recht“ an viertletzter Stelle bezogen auf die Belegungshäufigkeit (gk und LK) der bayerischen Kollegiatinnen und Kollegiaten. Alle bayerischen Gymnasien, die in diesem Schuljahr bereits die Kollegstufe eingeführt hatten, führten bei 704 Leistungskursen mit 8.890 Teilnehmern nur 13 Leistungskurse in Musik mit insgesamt 125 Teilnehmern durch. Diese Zahlen belegen, dass die durchschnittliche Schülerzahl im Leistungskurs Musik deutlich unter dem allgemeinen Durchschnitt lag: 9,61 Schüler statt 12,62. Insgesamt belegten in diesem Jahr nur 1,4% der Kollegiatinnen und Kollegiaten den Leistungskurs Musik.[298]

Schmitz verabschiedete sich 1986 aus dem ISP/ISB, um die Schulleitung des Kurt-Huber-Gymnasiums in Gräfelfing zu übernehmen. Seine über zehnjährige Tätigkeit im ISP/ISB, auch in Bezug seiner Zusammenarbeit mit dem vbs, fasste er folgendermaßen zusammen: „In einer Zeit der Reformen und des pädagogischen Aufbruchs habe ich im Jahr 1974 das schulübergreifende Referat Musik am Staatsinstitut für Schulpädagogik (ISP) übernommen. Der Wunsch, dem Fach Musik über die Reformstürme hinweg den ihm gebührenden Platz im Fächerkanon der verschiedenen Schularten zu sichern, war wohl der Anlaß zu diesem Schritt. Es war nicht immer ganz leicht, bestimmte fachdidaktische Vorstellungen, z. B. im Rahmen der neugestalteten gymnasialen Oberstufe oder in der Grundschule (Musik- und Bewegungserziehung) überzeugend zu vermitteln. Doch gerade der zuständige Dialog mit interessierten Kolleginnen und Kollegen ermöglichte erst Revisionen, Korrekturen und damit letztlich zeitgemäße Lösungen. Heute gehören die ‘neuen’ Lehrpläne mit den dazugehörigen Handreichungen und Lehrbüchern bereits zum schulmusikalischen Alltag. Die innere Reform des Musikunterrichts wäre allerdings ohne die fachdidaktische Aufgeschlossenheit der Musiklehrer nicht möglich gewesen. (...)

Danken möchte ich auch den verschiedenen Vorsitzenden des Verbandes Bayerischer Schulmusikerzieher, angefangen bei Heinz Benker über Dr. Peter Granzow bis zu Prof. Franz Hennevogl, für die gute Zusammenarbeit und die zum Teil herzliche Freundschaft. Ich weiß, daß es gerade für Heinz Benker oft nicht ganz leicht war, ja zu sagen zu allen inhaltlichen und organisatorischen Neuerungen

[298] Vgl. ISP (Hg.): Kollegstufen-Statistik des Schuljahres 1973/74 auf dem Stand vom 14. Februar 1974.

im Fach Musik. Stets hat er jedoch mit – beinahe möchte ich sagen – väterlichem Wohlwollen die neue Entwicklung beobachtet und toleriert."[299]

Schmitz betonte damit am Abschluss seiner Tätigkeiten im ISP/ISB zweierlei: Zum einen die Umbruchstimmung, die einen grundlegenden Wandel des Unterrichts an allen Schularten hervorbrachte, zum anderen die verantwortliche Mitarbeit, die der vbs in dieser Zeit und bei der Neuformulierung des Musikunterrichts übernommen hatte.

Als verantwortlicher Redakteur der vbs-Seiten in der NMZ würdigte Schmid an gleicher Stelle die im ISP/ISB unter Schmitz in den siebziger und achtziger Jahren geleistete Arbeit, wobei er gleichzeitig auf die traditionelle Haltung vieler bayerischer Schulmusiker hinwies: „Von Beginn an (1974, d. Verf.) regte sich in den Reihen der bayerischen Musikerzieher heftiger Widerstand gegen alle Veränderungen, die die Reise notwendigerweise mit sich brachte. Da sollten wir plötzlich nach Lehrplänen unterrichten, curricularen noch dazu (was das überhaupt ist!), liebgewordene Gewohnheiten aufgeben, neue Inhalte erarbeiten. Mancher Widerstand entsprang und entspringt da der Bequemlichkeit. Aber auch mit sehr ernsthaften Einwänden hatte sich H.-B. Schmitz, der verantwortlich war für die Erstellung dieser Lehrpläne, auseinander zu setzen. Die 'Verkopfung', die Verwissenschaftlichung des Faches, der Verlust des Musischen wurden befürchtet. Die Vorteile der neuen Lehrpläne, die Notwendigkeit der Integration des Faches Musik in den Fächerkanon sahen nicht alle. Heute ist das anders, die (meist) geduldige Überzeugungsarbeit des ISB-Referenten hat Früchte getragen. Zumindest in der jungen Generation der Schulmusiker – aber nicht nur dort – hat man begriffen, daß die Curricularen Lehrpläne eine wesentliche Voraussetzung für einen sinnvollen Musikunterricht darstellen. Die Erarbeitung dieser Lehrpläne stand wohl im Zentrum der Tätigkeit Dr. Schmitz´ am ISB. Dabei waren die CuLp für das Gymnasium nur ein Teil des 'Gesamtwerkes'. Daneben wurden auch Lehrpläne für die anderen Schularten und für den Instrumentalunterricht erstellt. Als wichtige Hilfe bei der Umsetzung des CuLp in die Schulwirklichkeit brachte das ISB Handreichungen für die einzelnen Jahrgangsstufen heraus. (...) Weitere Aufgaben des Referates waren zum Beispiel die Erarbeitung der umfangreichen Abituraufgaben, die Betreuung verschiedener Schulmodelle, die Vorbereitung und Leitung von Arbeitskreisen."[300]

Schmid konstatiert eine deutliche Skepsis, die die bayerischen Schulmusiker gegenüber den Neuerungen hatten. Neue Lehrplaninhalte und neue Unterrichtsformen waren notwendig, um dem Fach Musik ein Überleben im Fächerkanon

[299] Schmitz in NMZ Dezember 1986, vbs-Beilage, S. 2.
[300] Schmid in NMZ Dezember 1986, vbs-Beilage, S. 1.

dieser Zeit zu sichern. Gleichzeitig gelang es aber, Bewährtes, zum Beispiel der hohe Anteil der Musikpraxis, gegenüber anderen Bundesländern zu bewahren. Dies und das Bereitstellen umfangreicher Materialien müssen als Hauptverdienst der Arbeit des Institutes gewertet werden.

Allgemeine Gesetze und Verordnungen ergeben – insgesamt betrachtet – ein plastisches Bild vom Gymnasium in Bayern. Planungsabsichten und Entwicklungsgänge werden durch die Verordnungen und die begleitenden Schriften des Bayerischen Staatsministeriums für Unterricht und Kultus und seiner unmittelbar untergeordneten Behörden mitgeteilt.

In diesem Zusammenhang stellt sich zunächst die Frage, inwiefern sich Curriculare Lehrpläne von früheren Lehrplänen im Fach Musik unterschieden. Der Deutsche Bildungsrat definierte „Curriculum" im Jahr 1970 folgendermaßen: „Curriculum bedeutet im Kern die organisierte Anordnung auch inhaltlich bestimmter Lernvorgänge im Hinblick auf bestimmte Lernziele. Diese können als ein Verhalten oder als Art und Grad bestimmter Fähigkeiten, Fertigkeiten oder Kenntnisse definiert sein."[301]

Die Curricularen Lehrpläne wurden in Bayern zu einer Zeit eingeführt, in der die Diskussion über eine etwaige musikpädagogische Neuorientierung noch nicht abgeschlossen war, wenngleich sich bereits die einheitliche Grundtendenz durchgesetzt hatte, die die Abhängigkeit von den Vorstellungen einer musischen bzw. volkstümlichen Bildung nicht mehr gelten ließ, sondern stattdessen eine eher fachautonome Struktur unterstützte.[302] Der Deutsche Bildungsrat gab mit folgender Forderung den entscheidenden Anstoß, Lehrpläne zu reformieren: „Die Bedingungen des Lebens in der modernen Gesellschaft erfordern, daß die Lehr- und Lernprozesse wissenschaftsorientiert sind. (...) Wissenschaftsorientierung der Bildung bedeutet, daß die Bildungsgegenstände, gleich ob sie dem Bereich der Natur, der Technik, der Sprache, der Politik, der Religion, der Kunst oder der Wirtschaft angehören, in ihrer Bedingtheit und Bestimmtheit durch die Wissenschaften erkannt und entsprechend vermittelt werden. (...) Die Wissenschaftsorientiertheit von Lerngegenstand und Lernmethode gilt für den Unterricht auf jeder Altersstufe."[303]

Dieser Anspruch auf Wissenschaftlichkeit und Wissenschaftsorientierung war für die curriculare Entwicklung von wesentlicher Bedeutung. Die Wissenschafts-

---

[301] Deutscher Bildungsrat: Strukturplan für das Bildungswesen. Stuttgart 1970, S. 58.

[302] Vgl. Geiling, Heinrich (Hg.): Grundschule: Lernziele – Lehrinhalte – Methodische Planung. München 1972, S. 48.

[303] Deutscher Bildungsrat: Strukturplan für das Bildungswesen. Stuttgart 1970, S. 33.

orientierung wurde dabei hauptsächlich an den herkömmlichen Schulfächern angelegt.[304] Waren die bisherigen Lehrpläne eher von dem zu vermittelnden Stoff geprägt, setzte die Curriculare Planung auf eine eindeutige Zielformulierung. Hatten bislang Themen und Lieder, also die zu vermittelnden Inhalte, im Vordergrund gestanden, war es nun die, auch unter phänomenologischen und soziologischen Gesichtspunkten stehende „Orientierung der Lernziele an der Musik selbst".[305] Aber auch die Zielvorstellungen hatten sich geändert, wenngleich die Praxis noch nicht in der Lage war, dies zu verwirklichen:

Alte Zielvorstellungen	Neue Zielvorstellungen
Entfaltung der musikalischen Anlagen des Schülers	Leben und Agieren des Schülers in einer realen Umwelt
Berücksichtigung eines schülergemäßen musikalischen Schonraums	Bewältigung vielfältiger musikalischer Umwelterscheinungen
Singen, „Musiklehre" am Lied und „Vom Lied zum Kunstwerk" im Vordergrund	Aktivierung möglichst vielfältiger Umgangsweisen und Anreize zum Lernen

Der erste Curriculare Lehrplan für das Gymnasium wurde für das Fach „Ethik" am 4. Juli 1972 veröffentlicht.[306] Hier erschienen zum ersten Mal die für die Curricularen Lehrpläne typische Differenzierung in die vier Spalten „Lernziel", „Lerninhalt", „Unterrichtsverfahren" und „Lernzielkontrolle". Die neuen curricularen Lehrpläne für das Fach Musik an den Gymnasien wurden in den folgenden Schuljahren eingeführt:[307]

---

[304] Die ersten amtlichen Lehrpläne, die Folge dieser Auffassung waren, entstanden in Berlin (1969), Nordrhein-Westfalen (1969) und Bayern (1971).

[305] Vgl. Geiling, Heinrich (Hg.): Grundschule: Lernziele – Lehrinhalte – Methodische Planung. München 1972, S. 48.

[306] Vgl. Amtsblatt Nr. 13/1972 vom 28. Juli 1972, S. 730 ff. Für die Grundschule war bereits am 1. April 1971 die Bekanntmachung über einen neuen Lehrplan erschienen (vgl.: Amtsblatt Nr. 9/1971 vom 10. Mai 1971, S. 333 ff; Lehrplan für das Fach Musik: S. 389 ff). Damit hatte bereits zu einem relativ frühen Zeitpunkt eine permanente Reform der Grundschule in Bayern eingesetzt. Erschwert wurden diese ersten curricularen Überprüfungen und organisatorischen Neubestimmungen allerdings durch eine nicht genügend zur Verfügung stehende Anzahl von Lehrkräften. Vgl. Amtsblatt Nr. 12/1973 vom 27. Juli 1973, S. 634.

[307] Vorläufige Arbeitspapiere bleiben an dieser Stelle unberücksichtigt. Vgl. dazu die Zusammenstellungen in den Rundbriefen und Kontaktlehrerbriefen des ISP. Für die Musischen Gymnasien galt bis in die achtziger Jahre der Lehrplan von 1964. Zum Schuljahr 1983/84 trat als Erstes ein Curricularer Lehrplan für die 9. und 10. Jahrgangsstufe der Musischen Gymnasien in Kraft. Für die bayerischen Realschulen trat ein neuer und nach curricularen Gesichtspunkten entwickelter Lehrplan erst zum Schuljahr 1983/84 (7./8. Jahrgangsstufe) in Kraft. Bis dahin galt der in der Bekanntmachung vom 21. Januar 1969 veröffentlichte Lehrplan. Vgl. Amtsblatt Nr. 3/1982 vom 16. Februar 1982, S. 22.

5. + 6. Klasse (Orientierungsstufe):	1976/77 + 1977/78[308]
7./8. Klasse:	1978/79[309]
9. Klasse:	1980/81[310]
10. Klasse:	1981/82[311]
11. Klasse:	1977/78[312]
12. Klasse (gk und LK):	1976/77[313]
13. Klasse (gk und LK):	1977/78[314]

Hinsichtlich der Lernziele und Lerninhalte des in den siebziger Jahren entwickelten Curricularen Lehrplans erweist es sich als notwendig, auch die Entwicklung der Lehrpläne bis dahin im Überblick zu verfolgen. Da sich die Reform der Oberstufe des Gymnasiums mit der Fortentwicklung der Lehrpläne vom Fachlichen aus betrachtet in Übereinstimmung befindet, erscheint dabei eine kombinierte Betrachtung gerechtfertigt. Sowohl die Lehrplandiskussion als auch die Betrachtung der Oberstufenreform trugen eine Reihe von Aspekten in sich, die wichtige Bestandteile der Arbeit des vbs und vds waren.

Wesentliche Forderungen an ein Curriculum, wie sie schließlich in Bayern auch erfüllt wurden, forderte Binkowski bereits 1970. Sowohl affektive Ziele wie Musikpraxis sind dabei deutlich berücksichtigt: „Der Entwurf für ein künftiges Curriculum hat sich zu orientieren an der Realität der Lebenssituation des einzelnen

[308] Amtsblatt, Sondernummer 18/1976 vom 20. Oktober 1976, S. 652–664. Vgl. Amtsblatt Nr. 4/1977 vom 16. März 1977, S. 56.

[309] Amtsblatt, Sondernummer 10/1978 vom 9. Mai 1978, S. 297–320. Vgl. Amtsblatt Nr. 7/1978 vom 5. Mai 1978, S. 107.

[310] Amtsblatt, Sondernummer 39/1979 vom 12. November 1979, S. 1329–1338. Vgl. Amtsblatt Nr. 20/1979 vom 16. November 1979, S. 525.

[311] Amtsblatt, Sondernummer 3/1981 vom 23. Februar 1981, S. 69–79. Vgl. Amtsblatt Nr. 2/1981 vom 19. Januar 1981, S. 63.

[312] Amtsblatt, Sondernummer 20/1976 vom 9. November 1976, S. 681–697. Vgl. Amtsblatt Nr. 21/1976 vom 10. Dezember 1976, S.625.

[313] Amtsblatt, Sondernummer 13/1976 vom 13. September 1976, S. 338 ff (LK), S. 413 ff (gk). Eine Änderung für den Ausbildungsabschnitt 12/1 (LK) erfolgte zum Schuljahr 1981/82. Vgl. Amtsblatt Nr. 2/1981 vom 19. Januar 1981, S. 63. Eine Änderung für die Lernziele 1.1 und 1.2 im Ausbildungsabschnitte 12/1 (gk) erfolgte zum Schuljahr 1982/83. Vgl. Amtsblatt Nr. 9/1982 vom 8. Juni 1982, S. 81.

[314] Amtsblatt, Sondernummer 13/1976 vom 13. September 1976, S. 338 ff (LK), S. 413 ff (gk) Eine Änderung für die Ausbildungsabschnitte 13/1 und 13/2 (gk) erfolgte zum Schuljahr 1982/83. Vgl. Amtsblatt Nr. 9/1982 vom 8. Juni 1982, S. 81.

und der Gesellschaft. Der einzelne ist unter anderem immer stärker der Gefahr der Nivellierung, der Veräußerlichung und der Entpersönlichung ausgesetzt, die Gesellschaft unterstützt diese gefährliche Entwicklung durch eine wachsende Tendenz zur Vermassung. Bildungsziel muß daher vor allem die Erziehung zum selbständigen Denken und Handeln sein, welches auch das schöpferische Element mit einbezieht. Eine solche Selbständigkeit läßt sich nur erreichen, wenn gewisse Voraussetzungen erfüllt werden. So muß man bei der Aufstellung von Themenkreisen und Übungsmodellen für die Studienstufe auf den in der Grund- und Sekundarstufe erworbenen musikalischen Fertigkeiten und Kenntnissen aufbauen können und diese weiterentwickeln mit dem Ziel, die in den früheren Jahren gewonnenen Erkenntnisse der Zusammenhänge (Einsichten) zu vertiefen und begründete Wertungen zu ermöglichen."[315]

Auch der Einfluss der International Society for Music Education (ISME) wirkte sich innerhalb der Lehrplanarbeit auf die Entwicklungen der deutschen Musikerziehung aus, da die ISME ähnliche Bestrebungen hatte, wie sie von Robinsohn formuliert worden waren.[316] Ähnlich den Verlautbarungen von Kraus auf der Bundesschulmusikwoche 1970 in Saarbrücken, auf der er Lehrplankritik als Voraussetzung für jede Curriculum-Revision sah und jetzt den Begriff der „Musischen Erziehung" eindeutig ablehnte, äußerten sich die Vertreter des vbs in ihren Berichten über die neunte ISME-Konferenz, die vom 8. bis 14. Juli 1970 in Moskau stattfand.

Zusammenfassend ist festzustellen, dass „das Monopol von Lied und Liedersingen zugunsten einer Balance der Funktionsbereiche des Hörens, Machens, Interpretierens und Reflektierens von Musik durchbrochen war. (...) Diese ersten in die Breite gehenden Anregungen von 1970 verstärkten sich in den folgenden Jahren erheblich."[317]

Für die weiteren Jahre ist zusammenfassend festzustellen, dass bei allen Gedanken einer Curriculum-Reform stets der Ausfall affektiver Zielvorstellungen beklagt wurde. Dies wurde besonders auf der elften Bundesschulmusikwoche 1976 in Düsseldorf thematisiert. So gingen drei Plenumsvorträge (Binkowski, Antholz, Richter) darauf ein. Binkowski formulierte das Problem in seinem Vortrag „Die Bedeutung der Musik in unserer Gesellschaft" folgendermaßen: „Die Tendenz zu

---

[315] Binkowski, Bernhard: Themenkreise und Übungsmodelle für das Musikcurriculum der Studienstufe, in: Bildungsziele und Bildungsinhalte des Faches Musik – Vorträge der achten Bundesschulmusikwoche Saarbrücken 1970 (Hg.: E. Kraus). Mainz 1970, S. 249.

[316] Vgl. Gieseler, Walter: Curriculum-Revision und Musikunterricht, in: Schmidt, Hans-Christian (Hg.): Geschichte der Musikpädagogik (= Handbuch der Musikpädagogik Band 1). Kassel 1986, S. 224.

[317] Ebd. S. 226.

nüchterner Sachlichkeit hat auch den Musikunterricht beeinflußt. So erweckt z. B. ein Teil der neuen Curricula den Eindruck rationaler Einseitigkeit. In der Kunst gibt es aber einen Bereich, der mit dem Verstand allein nicht zu erfassen ist, sondern zu dem der Hörer eher mit den Kräften des Gemüts Zugang findet. Deswegen muß der Musikunterricht diesen Bereich ebenso ansprechen und entwickeln wie den rationalen und so den Schüler dazu befähigen, ein Kunstwerk schwerpunktmäßig auch auf den Gemütsbereich einwirken zu lassen."[318]

Gieseler schloss daraus später auf eine für Binkowski typische Wertehaltung, die besonders bei der Gestaltung der bayerischen Curricularen Lehrpläne zum Tragen kam: „Binkowski vertritt dagegen eine ausgesprochene Balance-Lösung: Ratio und Emotio, Spontaneität und Reflexion im Umgang mit Musik. Das heißt doch: Curriculum-Revision ja, aber bereichert um einen spezifisch musikalischen Umgang mit Musik."[319]

Die Mitglieder des vbs beteiligten sich kritisch an der Diskussion um die Curriculum-Reform. Ausgehend von der Feststellung, dass Robinsohns Thesen den Musikunterricht an den allgemeinbildenden Schulen beeinflusst hatten, zeigte Kirch fast zehn Jahre nach deren Veröffentlichung auf, wie vielschichtig sich nach wie vor das eigentliche Problem des Musikunterrichts darstellt und wie schwierig es ist, die allgemein pädagogischen Ansätze auf das Fach Musik zu übertragen. Die vier dargestellten Problemfelder bezogen dabei das ganze schulmusikalische Spektrum mit ein. Besonders kritisiert wurde wieder einmal die mangelhafte, weil praxisferne Lehreraus- und -fortbildung:

„1. Die Aufspaltung des Unterrichts in einen Pflicht-, Wahlpflicht- und Wahlbereich (...) hat nicht nur die Abwählgrenze des Faches weiter nach unten verlagert, sondern auch die Diskussion um die Notwendigkeit eines Musikunterrichts für alle erneut aufgeworfen. Darüber hinaus sind die Lernzielbestimmungen innerhalb der drei genannten Bereiche nicht ohne weiteres plausibel voneinander abzusetzen.
2. Die Konsequenzen, die sich aus den veränderten bzw. erweiterten Zielorientierungen ergeben, haben sich insgesamt noch nicht auf die Lehrerausbildung im erforderlichen Umfang ausgewirkt, gänzlich zu schweigen von den dringlichen Maßnahmen für die Lehrerfortbildung. (...)
3. Die wissenschaftliche Flankierung des Musikunterrichtes durch Hochschulen und Universitäten hat sich in erhöhtem Maße an der Praxis zu orientieren.

[318] Binkowski, Bernhard: Die Bedeutung der Musik in unserer Gesellschaft, in: Schule ohne Musik – Vorträge der elften Bundesschulmusikwoche Düsseldorf 1976 (Hg.: E. Kraus). Mainz 1976, S. 19.
[319] Gieseler, Walter: Curriculum-Revision und Musikunterricht, in: Schmidt, Hans-Christian (Hg.): Geschichte der Musikpädagogik (= Handbuch der Musikpädagogik Band 1). Kassel 1986, S. 244.

Nach der Welle von Erhebungen und Befragungen Jugendlicher zu ihrer Einstellung zur Musik erwartet der Praktiker 'vor Ort' nun konkrete Materialien, die im Grunde den regen Umfrage-Fleiß erst rechtfertigen. Zudem geht es einfach nicht an, daß Studenten und Hochschulabsolventen oft bis ins Referendariat hinein die veränderten Bedingungen, Erwartungen, Forderungen, Inhalte und Verfahrensweisen des Kursunterrichtes in Sekundarstufe I und II unbekannt bleiben.

4. Schulischer Musikunterricht und Instrumentalausbildung verlaufen immer noch zu streng separiert nebeneinander her. Die nun einmal vorherrschende Trennung von schulischer und außerschulischer Musikerziehung ist zwar eine Tatsache, aber kein Naturgesetz."[320]

Kirch fasste damit gleichsam wieder die zentralen Arbeitsgebiete des vbs zusammen: Stellenwert des Faches Musik, Lehrerfortbildung, Arbeitsmaterialien für den Unterricht und Zusammenarbeit mit der außerschulischen Musikerziehung.

Weiteres trat hinzu, das für den Fortbestand des Faches Musik jetzt bedeutsam wurde: Wie bereits erwähnt, wurde 1960 in einer KMK-Rahmenvereinbarung eine „Verminderung der Zahl der Fächer und die Konzentration der Bildungsstoffe" in der Oberstufe gefordert, und 1961 sprach man in den Stuttgarter Empfehlungen von einer „Hinführung zur wissenschaftlichen Arbeitsweise".[321] Damit wurde eine endgültige Weichenstellung für den zukünftigen Musikunterricht in der Oberstufe vorgenommen, die auch eine Änderung der fachimmanenten Strukturen zwangsläufig zur Folge haben musste.

1969 folgte die Empfehlung der Bildungskommission des Deutschen Bildungsrates mit dem Vorschlag, den Pflicht- und Wahlpflichtbereich im Verhältnis 24:10 aufzuteilen. 1970 folgte der Strukturplan für das Bildungswesen, der nur allgemein auf die Ziele der musischen Bildung einging, wobei man eine Einbindung in das pädagogische Gefüge unterließ.[322]

Die Zielrichtung im Rahmen des sprachlich-literarisch-künstlerischen Aufgabenfeldes, dem das Fach Musik zugeordnet wurde, machte dabei besonders Defizite der ästhetischen Elemente offenkundig. Die Zielformulierung war so beschaffen, dass neben Berücksichtigung akustischer und sozialer Momente vor allem eine Tendenz zum kognitiven Lernfach Musik erfolgte. Diese Zielstellungen verdeutlichten damit den gesamten Trend dieser Zeit:

---

[320] Kirch in NMZ Februar 1976, S. 23.
[321] Vgl. Binkowski, Bernhard: Zur Reform der Sekundarstufe II, in: Musik und Bildung 4/1974, S. 213 ff.
[322] Vgl. Gärtner, Adolf H.: Der bayerische Curriculare Lehrplan für Musik in der Kollegstufe, in: Musik und Bildung 4/1974, S. 227 ff.

„1. Fähigkeit und Bereitschaft, akustische Phänomene differenziert wahrzunehmen.
2. Beherrschung von Methoden, Arbeitstechniken und Darstellungsformen, die für das Verständnis von Musik notwendig sind.
3. Fähigkeit und Bereitschaft, Musik zu erleben, zu verstehen und zu werten.
4. Bereitschaft, individuelle Fähigkeiten bei der Planung und Entwicklung musikalischer Gestaltungsaufgaben einzusetzen.
5. Fähigkeit, Werke abendländischer Musik vokal und instrumental vorzutragen. Bereitschaft, am Musikleben der Gegenwart aktiv teilzunehmen."[323]

Bei dieser Zielrichtung, die unmittelbar zu Inhalten und Unterrichtsformen geführt hat, ist eine Annäherung an das musikalische Kunstwerk offensichtlich. Nicht eindeutig erkennbar dagegen war der künstlerische Aspekt nach dem differenzierten Verständnis von Kunst. Die Musik selbst und der affektive Umgang mit ihr nahmen ebenso wie der Schaffensprozess nur eine Randerscheinung ein, wie es auch Bloom als problematisch formulierte: „Ein zweiter Teil der Taxonomie ist der affektive Bereich. Er schließt Lernziele ein, die Veränderungen von Interesse, Einstellungen und Werten und die Entwicklung von Wertschätzungen und geeignetem Anpassungsvermögen beschreiben. Viel Zeit unserer Treffen wurde auf Versuche verwendet, Lernziele dieses Bereichs zu klassifizieren. Es ist eine sehr schwierige Aufgabe, die immer noch nicht vollständig gelöst ist. Mehrere Probleme machen es so schwierig. Lernziele in diesem Bereich sind nicht sehr genau formuliert; tatsächlich scheinen Lehrer sich nicht sehr klar über die Lernerfahrungen zu sein, die diesen Lernzielen angemessen sind. Es ist schwierig, die Verhaltensweisen zu beschreiben, die diesen Zielen entsprechen, da für diesen Bereich die inneren oder verdeckten Gefühle und Emotionen ebenso bedeutend sind wie das beobachtbare Verhalten."[324]

Beim dritten Ziel findet man das Wort „werten", wobei wohl eher an eine Art fachlicher Gewichtung als Werten im Sinne einer Wertvermittlung gemeint war. Hinsichtlich der Zielsetzung wurden also der Musikerziehung gewisse Taxonomien übergestülpt, die für die Musik selbst eigentlich untypisch, wenn nicht sogar ungeeignet sind. Das System der Zielsetzung und das System der Lehrplangestaltung wurden über alle Fächer hin derart vereinheitlicht, dass dadurch notwendige Eigenheiten der Einzelfächer verhindert wurden. Zielformulierungen wie unter erstens angegeben stellten kein Ziel für den Unterricht im Wortsinn

---

[323] ISP (Hg.): IGP - ISP 1976 bis 1976 – 10 Jahre Arbeit für die Schulreform in Bayern. München 1976, S. 4.

[324] Bloom, Benjamin S. (Hg.): Taxonomie von Lernzielen im kognitiven Bereich. Weinheim und Basel 1972, S. 21.

dar, sondern vielmehr ein Ziel im Hinblick auf eine mögliche Disposition des Schülers.

Derart formulierte Begriffe verschleiern eher den Aspekt, da sie vom reinen Hörtraining bis zum strukturierten Hören führen konnten. Zudem enthielten die so formulierten Ziele kaum Durchführungshilfen für den Unterricht oder methodische Hilfen für die Lehrkraft. Vielfach standen diese Ziele schon in Funktion zur traditionellen Bildungsvorstellung, zur tatsächlichen Unterrichtsrealität hatten sie nur geringen Bezug.

Die Ziele selbst waren so formuliert, dass sie kaum fassbare fachliche Inhalte erkennen ließen, abgesehen von dem konkreteren zweiten Ziel. Damit war auch eine logische Verbindung von Ziel und Inhalt nicht dargestellt. Der Lehrplan gab auch keine Verfahrenshilfen, denn dies setzte voraus, dass bereits in der Ziel- und Inhaltsformulierung hätte erkennbar werden müssen, was und wie etwas in einer bestimmten Jahrgangsstufe zu behandeln wäre. Damit mussten Ziele in Abhängigkeiten zu Schülertätigkeiten und nicht aus der Vorstellung eines besonderen musikalischen Bildungszustandes formuliert werden.

Dies wurde im dritten Lernziel versucht. Hier hätte es jedoch besser heißen sollen: „Musik hören, machen, verstehen", wie es der Titel eines Schulbuchs von Lugert[325] nennt. Damit wäre angedeutet, dass es sich dabei um einen Prozess handelt, der sich vom „Hören lernen" über Verstehenshilfen bis hin zur Verbalisierung und zu Wertfragen erstreckt, mehr als es mit „Bereitschaft" ausgedrückt werden kann. Die vorgeschlagene Verbesserung involviert außerdem, dass das Verfahren behutsam und in Kleinschritten mit Rücksicht auf die Schüler zu erfolgen hätte, sonst hieße es lediglich Werkbetrachtung und Interpretation. Dafür steht der Zusatz „lernen". Mit „Hören lernen", „Verstehen lernen" und „Beschreiben lernen" ist etwas gemeint, das sich systematisch über Einblick und Erfahrung zum Wissen entwickeln kann.

Das fünfte Lernziel erscheint schließlich nachgestellt und konnte nur auf eine kleine Schülerzahl angelegt sein. Innerhalb der Lernziele ergaben sich außerdem durch die Taxonomiezuordnungen von „Fähigkeiten" und „Bereitschaft" unklare Zielvorstellungen bei den Unterrichtenden. So hatten die Formulierungen der verpflichtenden Lerninhalte die Lehrkräfte oftmals an die Grenze ihrer fachlichen Fähigkeiten gebracht und ihr Können und Wissen nur am Rand getroffen. Das lag auch in der exakten Inhaltsangabe zum Stoff begründet. Während in den Zielformulierungen durchaus auch affektive Ziele erschienen und eine Beschäftigung mit dem Kunstwerk über die reine Sachinformation hinaus anregten, entstand in

[325] Lugert, Wulf Dieter: Musik hören – machen – verstehen – Arbeitsbuch für den Musikunterricht in den Klassen 5/6. Stuttgart 1979.

der detaillierten Inhaltsspalte oft das Bild vom angehäuften – und oft vom Schüler gar nicht zu verstehenden, sondern nur auswendig zu lernenden – Fachwissen, ohne affektive oder emotionale Bezüge herzustellen.

Eine detaillierte Lehrplananalyse kann von der vorliegenden Arbeit nicht geleistet werden. Um aber einen gewissen Überblick über die bayerischen Lehrpläne der siebziger Jahre zu bekommen, werden im Folgenden kurze Ausschnitte exemplarisch für die Curricularen Lehrpläne der Jahrgangsstufen 5/6 (Unterstufe – Orientierungsstufe), 9 (Mittelstufe) und 12/13 (Oberstufe – Kollegstufe) dargestellt.

Der Curriculare Lehrplan für die 5. und 6.Jahrgangsstufe (Orientierungsstufe)[326]

Für die Schulversuche mit der Orientierungsstufe[327] wurde mit Bekanntmachung des Bayerischen Staatsministeriums für Unterricht und Kultus vom 25. September 1974 Nr. A 8-8/90 184 zum ersten Mal ein Curricularer Lehrplan für das Fach Musik veröffentlicht.[328] Dieser Lehrplan wurde dem Unterricht der Versuchsschulen sowohl mit der schulformbezogenen Orientierungsstufe an Hauptschulen und Gymnasien als auch der integrierten bzw. schulformunabhängigen Orientierungsstufe ab dem Schuljahr 1974/75 zu Grunde gelegt. Mit Beginn des Schuljahres 1976/77 trat dann für alle bayerischen Gymnasien eine Überarbeitung dieses Lehrplans in Kraft.[329]

Hinsichtlich des Ansatzes unterscheiden sich diese beiden Curricularen Lehrpläne doch in wesentlichen Punkten. Zu den Zielsetzungen des Musikunterrichtes ist in den Vorbemerkungen eine zunehmende Konkretisierung und Differenzierung zu erkennen. Außerdem berücksichtigt der Lehrplan von 1976 eindeutig mehr praktische und am Schüler orientierte Anteile, wie zum Beispiel Gestaltungsversuche.[330] Bei der Beschreibung der inhaltlichen Aspekte ist dagegen eine Reduzierung der Angaben festzustellen. Beide Lehrpläne bauen dabei nicht chronologisch auf, sondern sind nach fachlichen Richtzielen bzw. jahrgangsübergreifenden Lernfeldern gegliedert. Beispiele für die zeitliche Abfolge des Unterrichtes waren den Handreichungen zu entnehmen.[331]

---

[326] Vgl. Anhang: A 1.
[327] Vgl. Amtsblatt Nr. 2/1974 vom 5. Februar 1974, S. 240 ff.
[328] Vgl. Amtsblatt Nr. 5/1975 vom 27. März 1975, S. 453 ff.
[329] Vgl. Amtsblatt, Sondernummer 18/1976 vom 20. Oktober 1976, S. 652 ff.
[330] Vgl. Amtsblatt Nr. 5/1975 vom 27. März 1975, S. 453 und Amtsblatt, Sondernummer 18/1976 vom 20. Oktober 1976, S. 652.
[331] Vgl. ebd.

Auch bei der Darstellung der vier Spalten, Lernziele, Lerninhalte, Unterrichtsverfahren und Lernzielkontrollen, finden sich interessante Veränderungen, die an dieser Stelle nur exemplarisch aufgezeigt werden können:

Ist 1974 das erste Lernziel der Rhythmischen Erziehung noch „1.1 Erkennen zeitlicher Abläufe",[332] wandelte es sich 1976 zu dem eher wissenschaftlich geprägten Lernziel „1.1 Kenntnis der gebräuchlichsten Taktarten und Rhythmen".[333] Lautete 1974 das Unterrichtsverfahren „Von zeitlichen Abläufen aus der Erfahrungswelt des Schülers zu musikalischen Zeitordnungen – Veranschaulichung – Pulsschlag, Metronom, Beat, Klatschen und Trommeln",[334] veränderte es sich 1976 zu „a) Nachweis rhythmischer Besonderheiten an geeigneten Beispielen durch den Schüler (...), b) Lehrervortrag: Erläuterung der wesentlichen Merkmale bestimmter rhythmischer Erscheinungsformen. Evtl. Hefteintrag, c) Theoretische Darstellung und praktische Ausführung verschiedener Betonungsordnungen in rhythmischen Abläufen."[335] Allein die Wortwahl erscheint für die Entwicklung systematisch.

Zusammenfassend ist festzustellen, dass sich die umgangsorientierten Lernbereiche am Vorbild der von Venus[336] aufgeführten musikalischen Verhaltensweisen Produktion, Reproduktion, Rezeption, Transposition und Reflexion orientierten.[337]

Im Vergleich zu Lehrplänen anderer Bundesländer ist somit festzustellen, dass – insbesondere innerhalb der Unterstufe – in Bayern die musikalische Elementarlehre und Komponistenportraits weiterhin eine führende Stellung einnehmen, wogegen in anderen Bundesländern eher kommunikative, soziale, auditive und akustisch-sensorische Aspekte im Vordergrund stehen.[338]

---

[332] Amtsblatt Nr. 5/1975 vom 27. März 1975, S. 456.

[333] Amtsblatt, Sondernummer 18/1976 vom 20. Oktober 1976, S. 653.

[334] Amtsblatt Nr. 5/1975 vom 27. März 1975, S. 457.

[335] Amtsblatt, Sondernummer 18/1976 vom 20. Oktober 1976, S. 653.

[336] Vgl. Venus, Dankmar: Unterweisung im Musikhören (= Musikpädagogische Bibliothek 30). Wuppertal 1969, verb. Neuausg. Wilhelmshaven 1984, S. 21 f.

[337] Vgl. Nolte, Eckhard: Die neuen Curricula, Lehrpläne und Richtlinien für den Musikunterricht an den allgemeinbildenden Schulen in der Bundesrepublik Deutschland und West-Berlin, Teil II: Sek. I, Band 1 (= Musikpädagogik – Forschung und Lehre Band 17/1). Mainz 1991, S. 39.

[338] Vgl. Nordrhein-Westfalen, Lehrplan für Gymnasium Sekundarstufe I, in: Nolte, Eckhard: Die neuen Curricula, Lehrpläne und Richtlinien für den Musikunterricht an den allgemeinbildenden Schulen in der Bundesrepublik Deutschland und West-Berlin, Teil II: Sek. I, Band 2 (= Musikpädagogik – Forschung und Lehre Band 17/2). Mainz 1991, S. 301 ff und Schleswig-Holstein, Orientierungsstufe, in: Nolte, Eckhard: Die neuen Curricula, Lehrpläne und Richtlinien für den Musikunterricht an den allgemeinbildenden Schulen in der Bundesrepublik Deutschland und West-Berlin, Teil II: Sek. I, Band 3 (= Musikpädagogik – Forschung und Lehre Band 17/3). Mainz 1991, S. 361 ff.

Der Curriculare Lehrplan für die 9. Jahrgangsstufe des Gymnasiums[339]

Obgleich bereits vor dem Erscheinen der „Curricularen Lehrpläne“ viele Schulmusiker die Themenfelder von Rock- und Popmusik in ihrem Unterricht, besonders in den Mittelstufenklassen, mit berücksichtigten, so war dieser Bereich als verpflichtender Bestandteil des Musikunterrichtes doch neu: „Musik der jugendlichen Teilkultur“.[340] Bereits die Formulierung dieses Bereichs, für den laut Lehrplan acht Stunden vorgesehen sein sollten, lässt deutlich erkennen, dass hier in erster Linie soziologische, gruppendynamische und psychologische Aspekte im Vordergrund stehen sollten.

Da dieser Lehrplan für die 9. Jahrgangsstufe erst zu Beginn des Schuljahres 1980/81 in Kraft trat, bleibt festzustellen, dass der Bereich der Pop- und Rockmusik im Vergleich zu anderen Bundesländern und auch im Vergleich zu den in Bayern musikpädagogisch geführten Diskussionen erst relativ spät verpflichtend berücksichtigt wurde.

Hinzuweisen ist in diesem Zusammenhang auch auf die Tatsache, dass das Bedürfnis nach Materialien gerade in den Bereichen sehr groß war, in denen, wie im eben genannten, von der Lehrkraft neue Inhalte und zusätzliche oder eine von Grund auf neue Unterrichtsvorbereitung verlangten. Für den Bereich der Rock- und Popmusik ist außerdem festzustellen, dass für viele Schulmusiker, die bisher ausschließlich für die von ihnen geliebte „klassische“ Musik geworben hatten, dieser Bereich in keiner Weise als vorbildlich erschien. Deshalb musste gegen einen vielfachen Widerstand bei der Lehrplanerstellung die Feststellung entgegengesetzt werden, dass es sich bei dem Bereich Rock- und Popmusik inzwischen um einen Musikbereich handelte, mit dem bereits ein großer Teil der Schüler lebte und der deshalb auch von der Schule nicht ignoriert werden konnte. Gleichzeitig blieb die Diskussion über eine generelle Notwendigkeit der Behandlung der „Musik der jugendlichen Teilkulturen“ bestehen, was in der Praxis dazu führte, dass er auch weggelassen wurde.[341]

---

[339] Vgl. Amtsblatt, Sondernummer 39/1979 vom 12. November 1979, S. 1329 ff.

[340] Vgl. a. a. O. S. 1331 ff.

[341] Vgl. ISP (Hg., verantwortlich: Hans-Bernd Schmitz): Kontaktbrief Musik 1980 des Staatsinstituts für Schulpädagogik. München 1980, S. 1. Dieser Kontaktbrief stellte außerdem eine Literaturliste zusammen, die Hinweise und Materialien enthielt, die der Lehrkraft eine Einarbeitung in das Thema ermöglichten, z. B. Veröffentlichungen von Rauhe, Kneif, Rebscher, Wiechell und Zimmerschied.

Der Curriculare Lehrplan in der neu gestalteten Oberstufe[342]

Zu Beginn der siebziger Jahre war die Umgestaltung der Oberstufe des Gymnasiums in allen Bundesländern in der Diskussion. Bereits die „Fünfte Bekanntmachung über eine Änderung der Ausführungsbestimmungen zur Schulordnung für die Gymnasien in Bayern" vom 26. Mai 1969 legte den zukünftigen Weg fest. Auch die besondere Bedeutung der Musischen Gymnasien wird dabei berücksichtigt:

„In der Oberstufe soll die Arbeit stärker konzentriert und vertieft werden; der Schüler soll mehr zur Selbsttätigkeit und Verantwortung erzogen werden als in den vorausgehenden Klassen und eine neue Arbeitsgesinnung gewinnen, die ihn auf die Hochschulreife vorbereitet. Die 11. Klasse schließt die Arbeit der Unter- und Mittelstufe ab, führt aber zugleich schon an die neue Aufgabe heran; in der 12. und 13. Klasse soll die Konzentration auf bestimmte Unterrichtsgebiete voll in Erscheinung treten. Zu diesem Zweck wird die Zahl der Pflichtfächer in der 12. und 13. Klasse verringert, einzelne Fächer werden dem Schüler zur Wahl gestellt, ferner werden Arbeitsgemeinschaften angeboten, für die sich der Schüler frei entscheiden kann. Die Arbeit in den beiden letzten Klassen wird durch Schwerpunktfächer bestimmt. Schwerpunktfächer sind (...) am Musischen Gymnasium Religionslehre, Deutsch, nach Wahl des Schülers die erste oder zweite Fremdsprache, Mathematik (12. Klasse), Musik, Kunsterziehung. (...) Dazu kommen als weitere verbindliche Unterrichtsfächer in den 12. und 13. Klassen an allen Schularten (...) ein musisches Fach nach Wahl des Schülers."[343]

Bayern führte erstmals ab dem Schuljahr 1970/71 Versuche zur Neugestaltung der Oberstufe durch. Die Zeit, neue Lehrpläne für diese Versuchsschulen zu entwickeln, war sehr knapp bemessen, die Arbeitskreise erstellten zunächst Provisoria, die mit den an den Versuchen beteiligten Kollegen ständig ergänzt und abgeändert wurden. Auch Anregungen aus anderen Bundesländern wurden aufgegriffen, wie zum Beispiel der Vorsitzenden der einzelnen vds-Landesverbände.[344]

---

[342] Zur Entstehung dieses Lehrplans vgl. Gärtner, Adolf H.: Der Bayerische curriculare Lehrplan für Musik in der Kollegstufe, in: Musik und Bildung. Mainz 4/1974, S. 227 ff. Zu Entstehung, Konzeption und Inhalten des CuLP in der Kollegstufe vgl. Schmitz, Hans-Bernd: Tendenzen und Probleme der praktischen Curriculumarbeit, dargestellt am Fach Musik in der Kollegstufe, in: Schmidt-Brunner, Wolfgang (Hg.): Fachdidaktisches Studium in der Lehrerbildung Musik. München 1978, S. 131 ff.

[343] Amtsblatt Nr. 13/1970 vom 13. Juli 1970, S. 307 f.

[344] Vgl. Gärtner, Adolf H.: Der bayerische Curriculare Lehrplan für Musik in der Kollegstufe, in: Musik und Bildung. Mainz 4/1974, S. 227 und Zimmerschied, Dieter: Musikpädagogische Tendenzen im Spiegelbild der Bundesschulmusikwochen und Bundestagungen, in: Musik und Bildung. Mainz 4/1978, S. 265.

Für das bayerische Modell waren dabei folgende Ansatzpunkte wichtig: „Im Blick auf die veränderte Stellung des Jugendlichen in der Gesellschaft, auf die Ereignisse der neueren pädagogischen Forschung und auf die Erfahrungen aus Schulversuchen wird die Oberstufe der Gymnasien als Kollegstufe neu gestaltet. Die Neugestaltung zielt auf eine wirkungsvollere Sicherung der Studierfähigkeit des Abiturienten; trotzdem soll die Kollegstufe nicht nur ein Bindeglied zwischen Schule und Hochschule sein, sie ist vielmehr in ihren Lernzielen so angelegt, daß der Abiturient von hier aus ebenso den Weg in die Hochschule findet wie in andere Berufsausbildungen und in bestimmte Berufe unmittelbar. (…)

Die individuelle Entscheidung unterliegt nur der einen Beschränkung, daß eine zu enge Spezialisierung vermieden wird. Dies wird durch ein Pflichtpensum von Grundkursen erreicht, das die gewählten Leistungskurse in den ausgesparten Bereichen ergänzt. (…)

Die Leistungskurse dienen der Entfaltung individueller Fähigkeiten des Kollegiaten. Dabei soll der befähigte, interessierte, aber nicht überforderte Kursteilnehmer den Maßstab für alle Forderungen bilden. Spitzenleistungen sollen in diesen Kursen ermöglicht, aber nicht zur Bedingung gemacht werden.“[345]

Die Ständige Konferenz der Kultusminister beschloss am 7. Juli 1972 die „Vereinbarung zur Neugestaltung der gymnasialen Oberstufe in der Sekundarstufe II“. Die wichtigsten Merkmale dieser Reform waren die Differenzierung des Fächerkanons in einen Wahl- und in einen Pflichtbereich. Alle Schülerinnen und Schüler müssen bestimmte Grundfächer belegen (Deutsch, Mathematik) und zwei Leistungskursfächer wählen, in denen sie vertiefte Kenntnisse und Fähigkeiten erwerben sollen. Die Vereinbarung von 1972 löste die „Saarbrückener Rahmenvereinbarung“[346] von 1960 ab.

In der ersten Phase der Reform der Oberstufe des Gymnasiums musste sich das Fach Musik durch seine fachimmanente Wissenschaftlichkeit den anderen Fächern gegenüber als gleichberechtigt legitimieren. Das Fach Musik war somit dem Zwang ausgesetzt, nach Themen und Arbeitsweisen zu suchen, die allgemeinen, wissenschaftlich gültigen Ansprüchen genügen konnten. Der Unterricht entwickelte sich, den Umgang mit dem musikalischen Kunstwerk betreffend, zwangsweise zu einer Art musikwissenschaftlichem Proseminar mit einem Übergewicht an musikalischer Analyse und Texterfassung, die auch rational überprüfbaren Bewertungskriterien standhalten konnten. Dazu entdeckte der Musikunterricht Methoden struktureller Untersuchungen, wie sie in der Musik-

---

[345] Amtsblatt Nr. 24/1970 vom 14. Dezember 1970, S. 642 f.

[346] Rahmenvereinbarung zur Ordnung des Unterrichts auf der Oberstufe der Gymnasien vom 29. September 1960.

wissenschaft üblich waren. Die Verpflichtung des Schülers, ein Instrument zu spielen, war davon unberührt und zeigte keinen Einfluss auf den Kursunterricht.

Eine Konkretisierung der Ziele der Vereinbarung von 1972 findet sich in den „Empfehlungen zur Arbeit in der neugestalteten Oberstufe des Gymnasiums" vom 28. Februar 1978.[347] Ohne auf die Fächer im Einzelnen einzugehen, sind hier Ziele der Oberstufe, Lernbereiche, Unterrichtsverfahren und Gestaltung der sozialen Beziehungen angeführt. Interessant, aber auch unverständlich, erscheint dabei die folgende Einschränkung, die von Anfang an die Startchancen für den Leistungskurs Musik hemmten und ihrerseits wieder Auswirkungen auf die Neugestaltung der Lehrpläne hatten: „Eine weitere Grenze liegt in der Vorbildung, die die Kollegiaten aus der Orientierungs- und Mittelstufe mitbringen. Insofern spielt für einige Wahlkombinationen die Art des vom Schüler bisher besuchten Gymnasiums eine Rolle, während die Kollegstufe an sich nicht schulartgebunden ist. Ein Leistungskurs in Musik z. B. setzt in der Regel voraus, daß der Kollegiat von einem Musischen Gymnasium kommt."[348]

Auch bezüglich der neu zu erarbeitenden Lehrpläne und der im Unterricht vermehrt zu verwendenden Methoden, die mit für die damalige Zeit ungewohnt neuen Begriffen angeführt worden sind, wurden eindeutige Aussagen getroffen:

„An die Stelle der bisherigen Lehrpläne treten in der Kollegstufe Curricula.[349] Das bedeutet, daß die Angabe der Stoffgebiete jeweils mit einer Beschreibung der Zielerwartungen verbunden wird. Alle Kurse, Leistungs- wie Grundkurse, sollen in diesem Sinne curricular geplant und damit hinsichtlich ihrer didaktischen Erfüllung fixiert werden. (...) In den Leistungskursen muß dafür gesorgt sein, daß sich die angebotenen Themen im Laufe der vier Studienhalbjahre auf die wesentlichen Bereiche im Curriculum des betreffenden Faches erstrecken. In den Grundkursen muß bei der Auswahl der Themen darauf geachtet werden, daß die das Fach kennzeichnenden Informationen in der angegebenen Mindestzahl von Studienhalbjahren vermittelt und aufgenommen werden können; enzyklopädische Vollständigkeit kann nicht das Ziel der Kurse sein. (...)

Die Methoden sollen auf die Verwirklichung eines neuen Arbeitsstils abgestellt werden. Versuchen mit neuen Möglichkeiten (z. B. mit projektbezogener Grup-

[347] Vgl. Amtsblatt Nr. 6/1978 vom 17. April 1978, S. 86 ff.

[348] Amtsblatt Nr. 24/1970 vom 14. Dezember 1970, S. 650 f.

[349] Vgl. Sechste Änderung der Bekanntmachung über die Durchführung eines Versuchs für die Gestaltung der Oberstufe der Gymnasien als Kollegstufe, in: Amtsblatt Nr. 3/1974 vom 15. Februar 1974, S. 302: „An die Stelle der bisherigen Lehrpläne treten in der Kollegstufe Curriculare Lehrpläne."

penarbeit, mit Team-teaching) wird Raum gegeben. Es ist jedoch ratsam, das Modell in den Anfangsjahren nicht mit zu vielen Versuchen zu überfrachten."[350]

Für das Fach Musik war der folgende Ansatzpunkt einer Zielsetzung für den neuen Oberstufenunterricht wichtig. Auffällig dabei ist vor allem die inhaltliche Beschränkung auf die „abendländische Tonkunst", zum anderen die berufsbezogene Ausbildung in Bezug auf die zukünftigen Volksschullehrer. Die verpflichtende Voraussetzung, im Leistungskurs Musik ein Instrument adäquat spielen zu können, mag nicht nur als bayerische Besonderheit gelten, sondern ist nicht zuletzt Folge der weiterhin geltenden Bedeutung der Musikpraxis, wie sie sich auch bei der Ausbildung im „Doppelfach Musik" zeigt: „Aufgabe des Musikunterrichtes der Kollegstufe ist es vor allem, die auf den vorgehenden Gymnasialstufen erworbenen Kenntnisse über die Entwicklung der abendländischen Musik zu erweitern und abzurunden, die musikalischen Anlagen und Fähigkeiten des Kollegiaten weiter zu fördern und sein Urteilsvermögen soweit anzuregen, daß er befähigt wird, am musikalischen Leben seiner Zeit ausübend und hörend teilzunehmen. Während im Grundkurs, bedingt durch die auf zwei Studienhalbjahre beschränkte Zeit, nur ein exemplarisches Eingehen auf die wichtigsten Stilepochen und Werke ihrer Hauptvertreter möglich ist, soll im Leistungskurs eine Vertiefung der Kenntnisse und Fähigkeiten angestrebt werden. Der Leistungskurs zielt einerseits auf eine wirkungsvollere Studierfähigkeit derjenigen Kollegiaten, die einen musikbezogenen Beruf (Volksschullehrer, Schulmusikerzieher, Kapellmeister, Musikwissenschaftler, Tonmeister, Journalist u. a.) anstreben, andrerseits will er aber auch alle fördern, die sich für die Musik im besonderen Maße interessieren und auf diesem Gebiet ihre Anlagen weiterbilden und ihre Kenntnisse vervollständigen wollen. Voraussetzung zur Teilnahme am Leistungskurs ist (...) der Nachweis von instrumentalen, oder in Sonderfällen ersatzweise von stimmlichen Fähigkeiten. (...)

Schüler, die ihre instrumentale Ausbildung weder im Pflichtunterricht eines Musischen Gymnasiums noch im Wahlunterricht eines anderen Gymnasialtyps erhalten haben, müssen einen entsprechenden Nachweis erbringen. Der Instrumentalunterricht im Rahmen des Leistungskurses wird im allgemeinen nach den Richtlinien des Musischen Gymnasiums erteilt. (...) Eine der für den Leistungskurs vorgesehenen Stunden ist jeweils für den Instrumentalunterricht bestimmt."[351]

Darauf aufbauend wurden für den Leistungskurs Musik die folgenden Lernziele im Überblick aufgestellt:

---

[350] Amtsblatt Nr. 24/1970 vom 14. Dezember 1970, S. 645.
[351] A. a. O., S. 759.

„a) Kenntnisse der Stilepochen und ihrer bedeutendsten Vertreter, der Formprinzipien und ihrer Verwirklichung in den wichtigsten musikalischen Formen, dazu die Fähigkeit, musikalische Werke zu analysieren und zu beurteilen.
b) Vertiefte Kenntnisse aus der allgemeinen Musiklehre sowie gehörmäßiges Erfassen musikalischer Gestalten und Abläufe.
c) Praktisches Musizieren (...) Verbindlich für alle: Beherrschen eines gewissen Liederkanons, Vom-Blatt-Spiel und -Singen.“[352]

Für den Grundkurs waren dagegen die Zielerwartungen nur sehr kurz gefasst: „Kenntnisse der bedeutendsten Stilepochen, unter besonderer Berücksichtigung der Neuen Musik und der wichtigsten Werkformen.“[353]

Mit Bekanntmachung Nr. II/19-8/118 500 vom 25. Januar 1974 wurden die allgemeinen Bedingungen zur „Durchführung eines Schulversuchs für die Gestaltung der gymnasialen Oberstufe als Kollegstufe“ veröffentlicht.[354] Auch für die neu gestaltete Kollegstufe wurde die Wahlpflicht zwischen Musik und Kunsterziehung als zur Auswahl stehende Fächer im musischen Bereich festgeschrieben.[355] Dabei wird zugleich deutlich, dass die Kurse des Faches Musik durch fehlende Teilnehmerzahlen bedroht waren und deshalb in jedem Fall seine Unaustauschbarkeit betont werden musste: „Daß in den sechziger und siebziger Jahren – im Strukturplan des Deutschen Bildungsrates 1970 und von anderen Seiten – das Prinzip der ‘Wissenschaftsorientierung’ zur Richtschnur für alle Fächer erhoben wurde, war ein grober Mißgriff und hat gerade für die musisch-ästhetische Erziehung die Gefahr einer Schieflage heraufbeschworen, hat den Blick für die spezifischen Bereichsstrukturen und für die notwendige Vielfalt im Gesamtfeld der Schularbeit getrübt, hat falsche Profilierungsneigungen begünstigt und vielerorts zur Verwirrung beigetragen.“[356]

Basierend auf dem eben Gesagten soll ein Beispiel aus dem Lehrplan Grundkurs Musik K 12 an dieser Stelle verdeutlichen, wie problematisch sich ein Aspekt der Kunstbetrachtung durch die Lehrplangestaltung erweisen kann. Dabei ist zu bedenken, dass die Kollegiaten im Grundkurs Musik ein Fach unter vielen gleichwertigen Fächern belegt haben und nicht spezialisiert sind. Das Beispiel belegt auch, wie die Lehrplanfassung von 1976 übertrieben wissenschaftsbetont erschien:

---

[352] A. a. O., S. 759 f.
[353] A. a. O., S. 761.
[354] Vgl. Amtsblatt Nr. 4/1974 vom 25. Februar 1974, S. 311 ff.
[355] Vgl. Amtsblatt Nr. 16/1974 vom 2. September 1974, S. 1271 ff.
[356] Reble, Albert: Zur Situation und Aufgabe der musisch-ästhetischen Erziehung, in: ZfMP Heft 38, Januar 1987, Regensburg 1987, S. 40.

„Notationen von Musik
Lernziele:
Kenntnis ausgewählter Notationsformen mit den zugehörigen Zeichen und Begriffen
Lerninhalte:
Notationen von Musik, z. B. Neumen (Gregorianischer Choral), Buchstaben-Tonschrift oder Dasiazeichen (Musica Enchiriadis), Modalnotation (Notre Dame), Mensuralnotation (Ars nova): Form der Notenzeichen, Länge der Notenwerte, Pausen, Tonhöhe, Schlüssel, Vorzeichen (...)
Unterrichtsverfahren:
a) Informationen durch den Kursleiter: Hinweise zur Suche und Beschaffung einschlägiger Literatur. Auswertung des beschafften Materials durch den Kollegiaten. Kurzberichte einzelner Kollegiaten, ausgehend von Notationsbeispielen, Erörterung der Ergebnisse
b) Gruppenarbeit: Versuch der Übertragung (...)
Lernzielkontrollen:
a) Mündliches Zusammenfassen wichtiger durch Sekundärliteratur vermittelter Erkenntnisse. Beschreiben und Deuten musikalischer Schriftbilder. (...)
b) exemplarisches Übertragen (...)“[357]

Dieser Auszug des Curricularen Lehrplans Musik verdeutlicht, wie Lehrer und Schüler eines Grundkurses durch spezielle musikwissenschaftliche Fragestellungen sowohl im Können wie auch im Interesse nicht situationsgerecht behandelt und wie curriculare Orientierungen unter einem rein kognitivem Aspekt verfolgt wurden. Es ist deshalb nicht allzu verwunderlich, dass im Juni 1982 unter dem Einfluss von praxisnahen Rückmeldungen, zu denen auch die Initiativen des vbs gerechnet werden müssen, eine Neufassung erfolgte:

„Klang und Notation
Lernziele:
Überblick über Beziehungen zwischen Klang und Notation
Lerninhalte:
Weltliche Vokalmusik des Mittelalters aus der ein- und mehrstimmigen Kompositionspraxis, z. B. Walther von der Vogelweide: Palästinalied (...)

[357] Amtsblatt, Sondernummer 13/1976 vom 13. September 1976, S. 413 ff.

Unterrichtsverfahren:

a) Zur Einstimmung und Einführung in das Problem 'Bedeutung der Notenschrift': Singen und Musizieren eines Liedsatzes mit Instrumentalbegleitung und anschließender Versuch, das Stück ohne Vorlage der Noten auszuführen. Überlegung: Erschwerte Einstudierung anhand einer Schallplattenaufnahme anstelle von Noten. (...)

Lernzielkontrollen:

Begründen früher Notenschriftentwicklungen aus Entstehungsformen der mehrstimmigen Musik."[358]

Aus diesem Beispiel kann als Trend für die beginnenden achtziger Jahre eine Hinwendung zu vermehrter Musikpraxis abgeleitet werden. Wurden 1976 noch „Informationen, Gruppenarbeit und Entwicklung von Notationsformen" als Unterrichtsverfahren aufgeführt, waren es 1982 „Singen und Musizieren, Lehrerinformation, Unterrichtsgespräch, Vergleich, Höraufgaben". Dies bedeutet, dass zu Beginn der achtziger Jahre der rein kognitive Aspekt wieder eine Ergänzung durch sinnliche Wahrnehmung erfuhr. Bei der „Zielbestimmung" wurde die „Kenntnis von einzelnen Dingen" von einem zu gewinnenden „Überblick" abgelöst.

Die Bedeutung dieser Lehrplanentwicklung in den siebziger Jahren muss aus heutiger Sicht in ihrer Wirkung auf die gesamte Bildungstheorie hoch eingeschätzt werden, bildete sie doch das Kernstück innerhalb der Reform der Oberstufe. Schmitz verweist auf die zunächst gelungene didaktische Konsequenz einer organisatorischen Reform und betont gleichermaßen das Gewicht der Lehrplanarbeit im Rahmen der Oberstufenreform: „Das Instrument der permanenten Curriculumrevision kann immer dann eingesetzt werden, wenn fachspezifische Belange oder bildungspolitische Entwicklungen dies nötig machen."[359] Hier schlägt Schmitz vertikale und horizontale Verfahren vor, während Schmidt-Brunner bereits die Revisionsforderung soweit betreibt, dass damit der Curriculare Lehrplan in seiner Charakteristik als sich permanent erneuernd, de facto als solcher selbst auflöst.[360]

---

[358] Amtsblatt, Sondernummer 18/1982 vom 9. Juni 1982, S. 458 ff.

[359] Schmitz, Hans-Bernd: Tendenzen und Probleme der praktischen Curriculumarbeit, dargestellt am Fach Musik in der Kollegstufe, in: Schmidt-Brunner, Wolfgang (Hg.): Fachdidaktisches Studium in der Lehrerbildung Musik. München 1978, S. 131 f.

[360] Vgl. Schmidt-Brunner, Wolfgang: Zusammenstellung der Lehrplanentwürfe und Rahmenrichtlinien für den Musikunterricht an allgemein bildenden Schulen von 1969–1977, in: Schmidt-Brunner, Wolfgang (Hg.): Fachdidaktisches Studium in der Lehrerbildung Musik. München 1978, S. 165 ff.

Somit ist erkennbar, dass sich die ersten Ausführungen weitgehend auf die Oberstufe bezogen, weil deren Neugestaltung theoretisch und fachwissenschaftlich eine Art Signalfunktion für das Gymnasium im Gesamten, aber auch für die anderen Schularten aufweisen konnte und sollte. Die neu geschaffene Kollegstufe veränderte nicht nur das Verständnis des Lehrers, sondern immanent die Schulart an sich. Die Möglichkeit, zum Teil anders als in den anderen Bundesländern einen Leistungskurs Musik an jedem Gymnasium durchzuführen, beeinflusste deshalb die Schulmusiker und hob sie aus ihrem „Nebenfach-Image" heraus, stärkte aber gleichsam das Fach in seinem Stellenwert an der jeweiligen Schule.

Diese zunehmende Bedeutung steht sicher nach den Bemühungen der Kestenberg-Reform in unserem Jahrhundert an zweiter Stelle, das Fach Musik im Bildungskanon des Gymnasiums zu sichern. Die Kollegstufe war der Bereich, der in den Reformbestrebungen zentrales Augenmerk erfahren hatte. Mit dem Gelingen dieses Reformvorhabens war außerdem der Fortbestand des Gymnasiums und der des gegliederten Schulwesens gesichert, verbunden mit den im deutschen Bildungswesen vorhandenen Fächern. Nicht nur die Lehrplanreform der Kollegstufe wurde nach und nach für die übrigen Jahrgangsstufen verbindlich, sondern auch die Anlage des Unterrichtes generell, die Art der Stoffbewältigung, die Themenauswahl für den Unterricht, die Lernzielkontrollen und die Gewichtung innerhalb des Bildungsbegriffes eines jeden einzelnen Faches zeigten auf die Unter- und Mittelstufe Auswirkungen. Ähnlich wie in der Kollegstufe wurden neue, vor allem auch wissenschaftliche Prinzipien des Musikunterrichtes in der Unter- und Mittelstufe eingeführt, die auch unmittelbar inhaltlich mit einem genauen Bezug zur jeweiligen Altersstufe erklärt wurden.

In Bezug auf den Musikunterricht in der neu gestalteten Oberstufe fielen in der Diskussion oft zwei Schlagworte, „drohende Verwissenschaftlichung" und „Rückgewinnung des Musischen". Gleißner gab dazu 1979 folgende Anmerkungen, mit denen er zugleich Argumente für den neuen Curricularen Lehrplan lieferte. Ein zentrales Problem des Unterrichtens in der Oberstufe wird dabei in Punkt 3 aufgezeigt:

„1. Gott sei dank verfolgt die moderne Musikpädagogik eine ganzheitliche Musikerziehung, in der praktisches Tun (Gesang, Instrumentalspiel, Musikhören) und Theorie (Musiklehre, Musikgeschichte, Werkbetrachtung, Musiksoziologie etc.) sich ergänzen. Anders könnte der Musikunterricht bzw. der CuLp dem vielfältigen Erscheinungsbild der Musik heutzutage (...) und auch den Erwartungen eines Oberstufenschülers gar nicht gerecht werden. Ganz früher, als das Fach noch 'Singen' hieß, war es einmal so, daß im Musikunterricht das Musisch-Praktische einseitig oder sogar ausschließlich betont wurde.
2. Was eine Verwissenschaftlichung im Sinne von 'zu hohen Anforderungen' betrifft, so muß man fragen: Welches Fach, welcher CuLp ist hier in der ersten

Kollegstufeneuphorie nicht etwas über das Ziel hinausgeschossen? Sowie jeder vernünftige Lehrer dies in der Praxis ausgleicht, so tut das auch der Musiklehrer. Vielleicht ist der Eindruck einer besonderen Verwissenschaftlichung in Musik auch deshalb entstanden, weil sich der ausgearbeitete CuLp im Vergleich zu den früheren Lehrplänen, die praktisch nur Rahmenrichtlinien darstellten, sehr umfangreich ausnimmt. Qualitativ aber ist der Grundkurs-CuLp dem Niveau eines Kollegiaten im Großen und Ganzen durchaus angemessen – eines Kollegiaten, der in den vorhergehenden Klassen auch im 'Nichtvorrückungsfach' Musik normal gearbeitet und nun in der Kollegstufe durch seine Wahl sein besonderes Interesse an Musik bekundet hat.

3. Immer wieder zeigt sich im Unterricht, wie schwer für den Durchschnittsschüler der praktische Umgang mit Musik ist, sei es beim Gesang oder beim Instrumentalspiel oder bei der Hör- oder Notenanalyse. Die Verfechter eines Musikunterrichts, der gemäß den beiden Schlagworten die musische Tätigkeit im Gegensatz zur mehr theoretischen Betrachtung stark in den Vordergrund stellt, nehmen damit dem musisch weniger begabten Durchschnittsschüler die Möglichkeit, wenigstens durch Lernen Punkte zu machen.
4. Eine ganz gravierende Nebenerscheinung des Kollegstufensystems ist es, daß sich altehrwürdige Hauptfächer bei der Kurswahl nun plötzlich in Konkurrenz um die Schülergunst sehen mit bisherigen Nebenfächern wie Geschichte, Biologie, Sozialkunde oder gar mit musischen Fächern. Diese Gleichberechtigung im Kollegstufenangebot muß jedoch aufrechterhalten werden. Wo bliebe sonst das Wohl der Schüler, von der kollegialen Moral ganz zu schweigen!"[361]

Als Ausgangspunkt seiner Überlegungen nahm Gleißner eine typisch bayerische musikpädagogische Grundhaltung ein, nämlich den besonderen Stellenwert des praktischen Umgangs mit Musik in allen Jahrgangsstufen. In Bezug auf den Unterricht in der Kollegstufe ging damit aber die Problematik einher, „musisch weniger begabte Schüler" zu benachteiligen, die nicht gelöst werden konnte. Die erreichte Gleichstellung des Faches Musik im Fächerkanon der Kollegstufe, die schließlich auch ein lange verfolgtes und erreichtes Ziel in der Verbandsarbeit des vbs gewesen war, war aber nach wie vor gerechtfertigt.

Nicht unerheblich erschien, dass im Rahmen des curricularen Ansatzes auch die Auflagen der KMK bezüglich der absoluten Vergleichbarkeit der Abiturleistungen in allen Fächern den Musikunterricht beeinflussten. Einen zentralen Punkt stellte dabei die musikalische Analyse dar, die nicht nur in der Kollegstufe,

[361] Gleißner in NMZ August 1979, S. 26.

sondern zunehmend auch in unteren Jahrgangsstufen gefragt und gefordert wurde. Unberücksichtigt der Tatsache, dass eine genaue Abgrenzung der Begriffe „Werkanalyse", „Werkbetrachtung" und „Werkinterpretation" schwerfällt und die Grenzen fließend sind, erscheint doch, wie bereits erwähnt, der von Alt eingeführte und didaktisch begründete Dreischritt „Beschreiben – Erklären – Deuten" für den Schulunterricht besser geeignet zu sein, da er unmittelbar den Zielen „Musik-Erleben", „Musik-Begreifen" und „Musik-Verstehen" zugeordnet werden kann.

Schmidt-Brunner fasste dies im Zusammenhang der Entwicklung der schulischen Musikpädagogik zusammen, wobei er auch die neue Verantwortung des Faches konkret sah: „Der steile Weg des Schulfaches Musik vom Schulgesangsunterricht Hermann Kretzschmars zu einem mit wissenschaftspropädeutischen Auflagen belasteten Kollegstufenkurs in unserem Curriculumzeitalter hat unserem Fach neben totaler Gleichberechtigung und möglicherweise höherem Ansehen auch einige Verpflichtungen beschert. Geht es doch nunmehr darum, daß sich der Musikunterricht neu profiliert und seine Ziele, Inhalte und Unterrichtsmethoden in sämtlichen Lernbereichen überprüft. "[362]

Zur besseren Durchführung der schriftlichen Klausuren und des Abiturs stellte das ISP Handreichungen zur Verfügung, da unter dem Aspekt des Abiturs eine genauere Lernzielbeschreibung, und zwar auch auf der Feinzielebene, für die Schüler im Bereich der Musikanalyse dringend geboten war. Zugleich wurde auf die vor Einführung der Kollegstufe aus den Musischen Gymnasien bereits vorliegenden Abiturerfahrungen zurückgegriffen, indem Aufgaben der Musikanalyse gesammelt, ausgewertet und durch ausgesuchte Schülerbearbeitungen ergänzt wurden.

[362] Schmidt-Brunner in NMZ Februar 1975, S. 19.

4.3 Veröffentlichungen

Eine wichtige Aufgabe des ISP war es, den Lehrkräften Hilfen für die Umsetzung der neuen Lehrpläne zur Hand zu geben. Im untersuchten Zeitraum legte das ISP die folgenden Handreichungen für den Musikunterricht vor:

- Handreichungen für den Musikunterricht in der Orientierungsstufe, München 1975
- Handreichungen für den Musikunterricht in der Kollegstufe des Gymnasiums, München 1978
- Handreichungen für die Referenten der RLFB (= Regionale Lehrerfortbildung), München 1976

Die „Handreichungen für die Referenten der RLFB" geben umfassende Materialien zur Planung und Durchführung einer regionalen Lehrerfortbildung zur Hand, zum einen allgemeine, zum anderen fachspezifische Materialien.[363]

Wesentliche Aspekte einer jeden Reform wurden an dieser Stelle formuliert, da schulische Veränderungen nur durch veränderte Haltungen bei den Lehrern zu erreichen waren:

„Eine Reform kann weder durch Verordnung neuer Lehrpläne und Organisationsformen noch durch Veröffentlichung von Anregungen zur Gestaltung von

---

[363] Vgl. Handreichungen für die Referenten der RLFB. München 1976 (ohne Seitenangaben):
Allgemeine Materialien:
1. Liste der RLFB-Referenten
2. Liste der MB-Mitarbeiter
3. Dr. Schmitz: Programmvorschlag für die Fortbildungstage im Fach Musik
4. Dr. Schmitz: Einführung in die Ziele der RLFB
5. Dr. Hofmann: Psychologische Aspekte der regionalen Lehrerfortbildung
6. Dr. Schmitz: Hinweise zum Kurzreferat im Unterricht der Kollegstufe
7. Dr. Schmitz: Materialien zur Facharbeit in der Kollegstufe
8. Dr. Schmitz: Handreichungen für den Musikunterricht in der Kollegstufe (allg. Teil)
Fachspezifische Materialien:
1.1 Dr. Schmitz: Einführung in die Curricularen Lehrpläne Musik
1.2 Dr. Schmitz: Pro und kontra Leistungskurs Musik – Argumentationshilfe
1.3 Dr. Schmitz: Gezielte Unterrichtsplanung (Leistungskurs, 2. KHJ)
1.4 Dr. Meierott: Wissenschaftsorientierte Ansätze zur Musikbetrachtung
1.5 Sengstschmid/Thann: Kompositorisches Projekt (zwei Ansätze)
2. Die Abiturprüfung
2.1 Weinzierl, Dr. Schmitz: Die mündliche Abiturprüfung im Leistungskurs
2.2 Dr. Schmitz: Fachspezifische Hinweise zu Abiturprüfungsaufgaben (LK)
2.3 Dr. Schmitz: Standardisierung von Arbeits- und Prüfungstechniken
2.4 Hammaleser, Dr. Schmitz: Praktische Abiturprüfung
2.5 Abiturprüfungsaufgaben 1976 (Leistungskurs)
3. Das Normenbuch Musik
3.1 Erläuterungen zum Normenbuch Musik
4. Materialien für den Musikunterricht im 3. und 4. Kurshalbjahr (Grundkurs Musik)

Unterricht und Lernzielkontrollen allein wirksam werden. Vielmehr erfordert jede Neuerung des Schulwesens bei allen beteiligten Lehrern einen umfassenden Lernprozeß, der durch die regionale und zentrale Lehrerfortbildung zumindest angestoßen werden muß. Bei der Lehrerfortbildung im Zusammenhang mit Neuerungen in der Schule ist die Vermittlung von Kenntnissen über organisatorische Details und über neu in den Lehrplan aufgenommene Themenkreise zweifellos von großer Bedeutung. Noch viel wichtiger aber sind emotionale Lernprozesse, die ablaufen müssen, damit die Hemmungen und Vorbehalte einer Reform gegenüber abgebaut werden und das Verständnis für den Sinn einer Neuerung erst einmal geweckt wird. Nur Ziele, welche die Lehrer selbst akzeptieren, können im Unterricht und in der Erziehung wirksam werden.

Viele Lehrer leben Jahr für Jahr von der Hoffnung, daß die Arbeit, die sie in die Vorbereitung des Unterrichts stecken, sich später einmal dahingehend auszahlt, daß der Arbeitsaufwand hierfür geringer wird. Diese Hoffnung erfüllt sich schon im normalen Betrieb nur zum Teil, eine didaktische und fachliche Reform macht diese jedoch völlig zunichte. Von der daraus erwachsenden Mehrarbeit haben viele Kollegen nicht ganz zu Unrecht eine Abneigung, zumal sie befürchten, daß in wenigen Jahren schon wieder alles anders ist. Um diese Aversion abzubauen, ist es wichtig, daß die Referenten (der regionalen Lehrerfortbildung, d. Verf.) überzeugend zum Ausdruck bringen können, daß die neue Arbeit in der Schule interessanter und befriedigender ist als die bisherige.“[364]

Damit verdeutlichte Hofmann nochmals die große Verantwortung der einzelnen Kolleginnen und Kollegen, um eine Schulreform wirksam werden zu lassen. Weder die Durchführung von Lehrerfortbildungen, die Erarbeitung von modernen Unterrichtsmaterialen noch der Einsatz eines Verbandes konnten jemals ausreichen, qualitative Verbesserungen in unsere Schulen und in unseren Unterricht zu bringen, wenn es nicht jede einzelne Lehrkraft mittragen wollte.

---

[364] Hofmann, Ernst: Psychologische Aspekte der regionalen Lehrerfortbildung, in: Handreichungen für die Referenten der RLFB. München 1976 (ohne Seitenangaben).

III Der Verband Bayerischer Schulmusikerzieher e. V. (vbs)

1. Geschichtliche Entwicklungen von 1928 bis 1970[365]

Um die Bedeutung des Verbandes Bayerischer Schulmusikerzieher e. V. (vbs) und seinen Einfluss auf die bayerische Schulmusik in den siebziger Jahren zu verstehen, erfolgt an dieser Stelle zunächst ein kurzer historischer Abriss. Es vollzog sich, wie bereits erwähnt, infolge der Kestenberg-Reform in Bayern eine eigenständige Entwicklung, deren wesentliche Aspekte im Folgenden auch mit dargestellt werden. Da der vbs sich bis in die jüngste Vergangenheit hinein überwiegend mit dem Fach Musik an den bayerischen Gymnasien beschäftigte, die meisten Mitglieder und Vorstandsmitglieder bis heute aus dem Bereich Gymnasium kamen, erscheint es sinnvoll, auch bei der Darstellung der Verbandsgeschichte den Schwerpunkt auf das Gymnasium zu legen.

Die Realität an den Schulen wurde und wird von vielen Seiten und verschiedenen Faktoren beeinflusst. Eltern- und Lehrerverbände, Parteien und Wirtschaftsvereinigungen, Verwaltungsbehörden, Ministerien und Parlamente beteiligen sich durchaus aktiv an der Ausgestaltung und Struktur von Schule und versuchen stets, nach den unterschiedlichen Interessen Änderungen oder Fortschreibungen in ihrem eigenen Sinne herbeizuführen.[366] Einen nicht unerheblichen Einfluss nehmen auch Wissenschaft und Forschung ein; Veröffentlichungen zeigen Wirkung, wissenschaftliche Gremien setzen Standards. Dabei treten unterschiedliche Tendenzen auf, aber nahezu alle treffen sich in ihrer subjektiven Einschätzung der Schulbildung im Dienste einer Allgemeinbildung und zukünftigen Verwertbarkeit. Da die Mitglieder der genannten Gruppen darunter jeweils etwas anderes verstehen, kommt es in der Regel zu Interessenkonflikten. Die Vertretung und

---

[365] Die Bezeichnung „Verband Bayerischer Schulmusikerzieher e. V. (vbs)" erscheint an dieser Stelle zunächst missverständlich, da dieser Begriff erst ca. 1960 eingeführt wurde und seitdem verwendet wird, während die Bezeichnung „Verband Deutscher Schulmusikerzieher e. V. (vds)" bereits seit 1949 existiert. Zur besseren Verständlichkeit wird in diesem Text jedoch generell die Bezeichnung „Verband Bayerischer Schulmusikerzieher e. V." bzw. die Abkürzung „vbs" verwendet, wenn damit der Berufsverband der Schulmusiker gemeint ist. Eine Übersicht der Vorstandsmitglieder des vbs von 1928 bis 2007 findet sich im Anhang: A 3.

[366] Kaiser führte die Existenz des Musikunterrichtes an den allgemeinbildenden Schulen auf eine politische Entscheidung zurück, da es für ihn dafür keine zwingende fachimmanente Begründung gibt. Vgl. Kaiser, Hermann J.: Musikunterricht für alle?, in: Ritzel, Fred/Stroh, Wolfgang Martin (Hg.): Musikpädagogische Konzeptionen und Schulalltag (= Musikpädagogische Bibliothek 31). Wilhelmshaven 1984, S. 171.

Akzeptanz pluralistischer Anschauungen sind aber wesentliche Merkmale eines demokratischen Staates. Das Thema wird komplex und die Lösung schwierig, wenn man dazu die Interessen der Vertreter einzelner Fächer mitberücksichtigt.

Der vbs nahm und nimmt in diesem Gefüge die Aufgabe ein, für das Fach Musik an den allgemein bildenden Schulen einzutreten, dabei Defizite aufzuzeigen und in Zusammenarbeit mit allen am Bildungsgeschehen Interessierten und Beteiligten neue Lösungswege zu finden, die im Rahmen der verfassungs- und verwaltungsrechtlichen Vorschriften dem Fach Musik den angemessenen Stellenwert sichern. Dies bezog sich von Anfang an sowohl auf musikpädagogische wie auf berufsbezogene Interessen:

„Aufgabe des Verbandes ist

a) Vertretung aller beruflichen und sozialen Interessen der Musiklehrkräfte an den höheren männlichen und weiblichen Lehranstalten, einschließlich der gemeindlichen und privaten Schulen,
b) die Förderung des Faches Musik im Unterrichtsplan der höheren Schulen“[367]

In der Verbandssatzung von 1959 wurden diese Aufgaben konkretisiert:

„Aufgabe des Verbandes ist

a) Vertretung aller beruflichen und sozialen Interessen seiner Mitglieder,
b) Förderung des Faches Musik in Schule und Lehrerbildung, Durchführung von Fortbildungskursen für seine Mitglieder“[368]

Von weiteren Verbänden wurden die Interessen der Schulmusik in Bayern, im Gegensatz zu anderen Bundesländern, nicht vertreten: So gewann der in vielen anderen Bundesländern aktive „Arbeitskreis für Schulmusik“ (AfS), der zwar über viele Jahre seine Bundestagungen in Bayreuth durchführte, in Bayern für die Bildungspolitik im Rahmen des Eintretens für das Fach Musik und die Durchführung von Lehrerfortbildungen erst Ende der neunziger Jahre des 20. Jahrhunderts an Bedeutung. Für den untersuchten Zeitraum spielte er keine Rolle.[369]

---

[367] Satzung des Verbandes der Lehrer für Musik an den höheren Lehranstalten in Bayern in der Fassung vom 25. November 1951, § 2, in: Verband der Lehrer für Musik an den höheren Lehranstalten in Bayern e. V.: 14. Rundschreiben an die Verbandsmitglieder vom 9. Januar 1952. München 1952, S. 3.

[368] Satzung des Verbandes der Lehrer für Musik an den höheren Lehranstalten in Bayern in der Fassung vom 6. Dezember 1959, § 2, in: Verband Bayerischer Schulmusikerzieher e. V.: 45. Rundschreiben an die Verbandsmitglieder vom 29. Februar 1960. München 1960, S. 5.

[369] Neben den im Vergleich zum vbs nur sehr geringen Mitgliederzahlen des afs in Bayern mag die Tatsache, dass der afs bereits ab Mitte der sechziger Jahre musikpädagogische Reformbewegungen zu unterstützen und das Themenspektrum des Musikunterrichtes zu erweitern versuchte, das Haupthindernis gewesen sein, in der eher traditionell orientierten bayerischen Schulmusik Fuß zu fassen und beachtet zu werden. Vgl. Weber, Martin/Junker, Hildegard (Hg.): 40 Jahre Unterrichtshilfen des AfS Band I, 1955–1982. Altenmedingen 2000, S. 6 und S. 7.

Der vbs wurde am 17. Oktober 1928 unter der Bezeichnung „Verband der Fachlehrer für Musik an den Höheren Lehranstalten in Bayern“ gegründet.[370] Anlass und organisatorischer Rahmen dieser Gründung war die im Oktober 1928 in München abgehaltene VII. Reichsschulmusikwoche.[371] Die Situation des Faches Musik an den Höheren Lehranstalten und die Zahl der zur Verfügung stehenden Musiklehrkräfte stellte sich im Gründungsjahr des vbs folgendermaßen dar: Für 87 Gymnasien, 39 Progymnasien und Realschulen und 58 Lyzeen für Schülerinnen standen 137 Fachlehrkräfte zur Verfügung, darunter waren zwei Studienprofessoren, 62 Studienräte, 27 klösterliche Lehrkräfte, 17 Studienlehrer und 29 „nicht-etatmäßige“ Beamte.

Die Stundentafeln zeigen, dass in den Klassen 5 bis 7 zwei Wochenstunden „Singen“ und in Klasse 8 als Wahlfach eine Stunde „musikwissenschaftlicher Unterricht“ ausgewiesen war. Chor, Orchester und insbesondere der instrumentale Wahlunterricht auf Streichinstrumenten ergänzten das Unterrichtsangebot an den Höheren Lehranstalten.[372]

Von besonderer Bedeutung für die ersten Jahrzehnte der Verbandsgeschichte war Anton Walter, der 1928 zum ersten Vorsitzenden gewählt wurde. Der damals 33-jährige Studienrat Walter, der den vbs bis zum Jahr 1961 leitete, führte ihn über eine Zeitspanne, die drei politische Systeme überdauerte, die unterschiedliche Anforderungen an den schulischen Musikunterricht stellten. Es muss als ein erster großer Erfolg des damals noch jungen vbs gewertet werden, dass die Indoktrination des Dritten Reiches die bayerische Schulmusik nicht so stark wie andere Bereiche beeinflussen konnte. Im Rückblick bewertete Hans Busch, vbs-Kassenführer von 1949 bis 1971, diese Zeit folgendermaßen: „Unter seiner energischen Stabführung gelang dem Fach Musik ein entscheidender Paukenschlag und damit ein großer Schritt nach vorne: Der obligatorische Musikunterricht

[370] Hofmann verweist in seiner Arbeit „Zur Geschichte der bayerischen Schulmusik in der ersten Hälfte des 20. Jahrhunderts“ auf Folgendes: „1903 gründete man den Bayerischen Gymnasialmusiklehrer-Verein, den nach Lage der Quellen ersten Fachverband seiner Art, der die Hebung des Musikunterrichts an den humanistischen Gymnasien Bayerns und die Förderung der geistigen und materiellen Interessen der Musiklehrer bezweckte. Da der Verein als ordentliche Mitglieder nur statusmäßig angestellte Gesang- und Musiklehrer eines humanistischen Gymnasiums aufnahm, formierte sich am 16.11.1913 der Verband bayerischer Mittelschul-Musiklehrer für Musiklehrkräfte anderer höherer Schularten. (...) Im Jahr 1920 schlossen sich beide Musiklehrervereine zum Verband der Fachlehrer für Musik an den höheren Lehranstalten Bayerns zusammen. (...) 1928 änderte sich der Vereinsname in Verband der Fachlehrer für Musik an den höheren Lehranstalten in Bayern.“ (Hofmann, Bernhard: Zur Geschichte der bayerischen Schulmusik in der ersten Hälfte des 20. Jahrhunderts. Frankfurt am Main 1995, S. 58). Die beiden zuerst genannten Vereine können somit als ideelle Vorläufer des vbs bezeichnet werden.

[371] Vgl. Busch in NMZ Februar 1979, S. 25: „Die Stunde hierfür war gekommen, als im Oktober 1928 in Augsburg die Reichsschulmusikwoche stattfand.“

[372] Vgl. ebd.

durch alle Klassen mit jeweils zwei Wochenstunden, ausgenommen Klasse 4 und 5 der Oberschulen für Jungen mit nur einer Stunde. In der Zeit des 1000-jährigen Reiches entstand (in Bayern, der Verf.) im Rahmen des Kestenbergschen Reformwerks ein neuer Lehrplan, dessen politisches Etikett (...) keinesfalls aber braun war.'“[373]

Diese Diskrepanz ist dadurch zu erklären, dass gerade zu Beginn der dreißiger Jahre eine nationalsozialistische Kulturpolitik in Bayern im Gegensatz zu anderen Gebieten des damaligen Deutschen Reiches wohl noch am wenigsten zu spüren war. So ist zu verstehen, dass der Musikunterricht der zwanziger Jahre die Situation nach 1945 in Bayern am ehesten entscheidend beeinflussen konnte.

Walter wurde über 33 Jahre in seinem Amt als vbs-Vorsitzender bestätigt (1928 bis 1961). Während seiner Zeit zeichnete sich folgender beruflicher Werdegang ab: 1928 Einrichtung und Leitung des ersten Studienseminars für Musik am Max-Gymnasium in München; 1936 Leitung der Abteilung Schulmusik an der Staatlichen Akademie der Tonkunst München; 1949 Leitung des Hochschulinstituts für das Künstlerische Lehramt an der Staatlichen Hochschule für Musik in München, Fachberatung beim Kultusministerium, 1954 Direktor der Hochschule für Musik in München.[374]

Für diese gesamte Zeit ist es deshalb schwer, klare Grenzlinien zwischen dem vbs einerseits, dem Kultusministerium und der Münchner Musikhochschule andererseits zu ziehen, da sich Funktionen und Aufgabenbereiche stark überschnitten. Durch die Konzentration verschiedener Funktionen in der Person des vbs-Vorsitzenden[375] war es möglich, das Fach Musik in seiner Stellung an den höheren Schulen zu festigen und auszubauen. Für die Verbandsarbeit war es zugleich eine Zeit, in der es galt, die Position der Schulmusik innerhalb des Schulwesens zu verteidigen und gewonnene Stellungen zu halten. So ist zum Beispiel der Ausbildungsgang „Musik als Doppelfach“ für das höhere Schulwesen seit Ende der zwanziger Jahre ein aus dieser Zeit stammendes typisches Charakteristikum.

Bereits 1949 wurde die verbandspolitische Arbeit des vbs im Rahmen der bundesdeutschen Bestrebungen der schulmusikalischen Entwicklung zusammen mit dem 1949 in Hamburg gegründeten Verband Deutscher Schulmusikerzieher e. V. fortgesetzt. Dies mochte in erster Linie in der Person von Walter begründet sein, der die Notwendigkeit sah, in der noch jungen Bundesrepublik über die Ländergrenzen hinweg gemeinsam aktiv zu werden und in seiner beruflichen Funktion

[373] Busch in NMZ Februar 1979, S. 25.
[374] Vgl. Busch in NMZ Februar 1979, S. 25.
[375] Vgl. Verband der Lehrer für Musik an den Höheren Lehranstalten in Bayern e. V.: 26. Rundschreiben an die Verbandsmitglieder vom 20. Oktober 1954. München 1954, S. 1.

ab 1948 bei den von Jöde initiierten „Konferenzen der Musikreferenten der Kultus- und Sozialministerien der Länder" teilnahm.[376] Während der zweiten Tagung dieser Konferenzen wurde von den Teilnehmern am 24. Juni 1949 in Hamburg der vds gegründet und Walter zum stellvertretenden Bundesvorsitzenden gewählt.

Das Erheben von auch heute noch aktuellen Forderungen gehörte zum Verbandsalltag. So findet sich im Protokoll der Mitgliederversammlung vom 7. Dezember 1952 der einstimmig angenommene Antrag, beim Ministerium zu erwirken, das Pflichtstundendeputat des Schulmusikers an das der Lehrer sog. wissenschaftlicher Fächer anzugleichen und von 28 auf 24 Wochenstunden zu reduzieren.[377]

Die vbs-Mitgliederversammlung am 23. Oktober 1960 beschloss die Änderung des Vereinsnamens. Die Entwicklungsgeschichte des Verbandes dokumentiert sich damit auch in der Abänderung seines früheren Namens: Aus dem „Verband der Lehrer für Musik an den höheren Lehranstalten in Bayern eingetragener Verein" wurde der „Verband Bayerischer Schulmusikerzieher e. V.", ein Name, der bis zur Umbenennung in „Verband Bayerischer Schulmusiker e. V." in Folge der bundesdeutschen Namensänderung auf der Bundesdelegiertenversammlung des vds im November 1990, bis 1991 beibehalten wurde.

1961 kandidierte Walter nicht mehr zum Amt des Vorsitzenden und wurde in Würdigung seiner Verdienste zum Ehrenvorsitzenden des vbs gewählt; für seine Bemühungen um die Entwicklung der Schulmusik in Deutschland wurde er zum Ehrenvorsitzenden des vds ernannt. Aber auch nach seinem Ausscheiden aus der Vorstandschaft arbeitete Walter weiterhin aktiv im vbs mit und bemühte sich vor allem um eine Zusammenarbeit mit dem Bundesvorstand. Benker würdigte Walters Lebenswerk für die bayerische Schulmusik anlässlich seines Todes im Jahr 1972.[378]

Neuer Vorsitzender des vbs wurde am 31. Oktober 1961 der spätere Bezirkstagspräsident von Oberbayern, GP Georg Klimm, der damals am Dom-Gymnasium in Freising tätig war. Nach Berichten von Zeitzeugen stagnierte in den

---

[376] Vgl. Saß, Herbert: Der Verband Deutscher Schulmusikerzieher – Zu seiner Geschichte und Wirksamkeit von der Gründung 1949 bis 1971, in: Musik und Bildung 4-5/1989, S. 204.

[377] Vgl. Busch in NMZ Februar 1979, S. 25. 2007 beträgt das Pflichtstundenmaß des bayerischen Schulmusikers 28 Wochenstunden, das Regelstundenmaß für sog. wissenschaftliche Fächer liegt bei 24 Wochenstunden. Als wissenschaftlicher Unterricht wird heute der Unterricht in den Jahrgangsstufen 11 mit 13, Chor und Orchester (max. je drei Stunden an einer Schule) sowie „nicht-erteilte" Unterrichtsstunden gezählt.

[378] Vgl. Anhang: A 4.

Jahren zwischen 1961 und 1970 die Arbeit des vbs.[379] Der Verband informierte seine Mitglieder, wie bereits in den fünfziger Jahren, lediglich durch mehrere jährliche Rundschreiben. Publikationen wurden in den sechziger Jahren nicht veröffentlicht. Da aus dieser Zeit keine weiteren Dokumente vorliegen, können keine spezifischeren Aussagen über die Entwicklung des vbs in dieser Zeit getroffen werden. Dies wirft gleichsam ein Bild auf die vbs-Vorstandsmitglieder, ihren Umgang und ihr Verhältnis zur eigenen Verbandsvergangenheit.

[379] Interview mit Wilhelm Lehr vom 21. August 2000 und Interview mit Adolf H. Gärtner vom 13. März 2001.

2. Der vbs von 1970 bis 1981 als musikpädagogischer und fachpolitischer Verband

2.1 Denkanstöße und Aktivitäten

Auf der Mitgliederversammlung am 18. April 1970 wurde der damals 49-jährige und als Seminarlehrer am Münchner Wilhelms-Gymnasium tätige OStR Heinz Benker zum Vorsitzenden des vbs gewählt. Als vbs-Vorsitzender prägte er in den kommenden elf Jahren nicht nur die Arbeit des vbs, sondern durch seine Mitarbeit in Arbeitskreisen, innerhalb der Lehrerfortbildung und der Lehrplanarbeit insgesamt das Bild der bayerischen Schulmusik. Benker baute in seiner Zeit als Vorsitzender die Arbeit des vbs neu auf und vertrat vehement Ziele und Interessen der bayerischen Schulmusik und der bayerischen Schulmusikerzieher. Der vbs stellte die entscheidenden Weichen für das noch heute gültige, vielfältige Bild der bayerischen, insbesondere gymnasialen Schulmusik. Es war auch die Zeit, in der Bernhard Binkowski als vds-Bundesvorsitzender einen Neuanfang in der bundesweiten Verbandsarbeit initiierte und durchsetzte.

An dieser Stelle werden deshalb zunächst grundlegende Gedanken und Überzeugungen von Benkers musikpädagogischem Ansatz dargestellt. Sie finden sich zusammengefasst in seiner Schrift „Jugend und Musik in Geschichte und Praxis" aus dem Jahr 1968. Neben verbandspolitischen Aspekten stellte Benker auch Überlegungen zur Umsetzung von Musikunterricht an.[380] In späteren Jahren griff Benker in seinen Ausführungen gerne auf diese Gedanken zurück, so dass sich mit ihnen gleichsam Eckwerte des musikpädagogischen Denkens in Bayern der siebziger Jahre beschreiben lassen.

Die große Bedeutung der Musik für Kinder und Jugendliche wurde für Benker dadurch deutlich, dass Jugend und Musik bereits seit jeher stets zwei sich anziehende Faktoren waren. Dabei berücksichtigte er, dass sich die Begegnung von Jugendlichen mit Musik nicht ausschließlich im schulischen Umfeld, sondern auch immer mehr außerhalb pädagogischer Wirkungsweisen abspielte.

[380] Vgl. Benker, Heinz: Jugend und Musik in Geschichte und Praxis. Typoskript mit handschriftlichen Ergänzungen. 1968. 15 Seiten. Das in Benkers Nachlass gefundene Typoskript trägt zu Beginn seine handschriftliche Bemerkung „Trossingen 1968". In welchem Zusammenhang seine Überlegungen evtl. als Referat vorgetragen worden sind, ist heute nicht mehr festzustellen.

Benkers Ansatzpunkt, um Folgerungen für die gegenwärtige Situation abzuleiten, war die Geschichte, ausgehend vom Gesamtideal der „Kalokagathia".[381] Dies bedeutete, dass die Schüler in den verschiedenen Disziplinen nicht getrennt, sondern quasi „fächerübergreifend" unterrichtet werden sollten, wobei stets das musikalische, weniger das rhythmische Element im Vordergrund stand. In diesem Zusammenhang äußerte sich Benker negativ gegenüber einzelnen, damals modernen Erscheinungsformen von Beatmusik und den Konsumpraktiken der Musikindustrie, die mehr das rhythmische Element betonten.

Einen wichtigen Einschnitt in der Geschichte der Musikpädagogik sah Benker in der im 18. Jahrhundert vollzogenen „Abkehr vom universell gebildeten Menschen und die Hinwendung zum ‘einfachen Menschen’ eines Pestalozzi".[382] Der damit einsetzende, für eine lange Zeit praktizierte Musikunterricht fand aber nicht Benkers Zustimmung: „Man hatte die Ziele zu hoch gesetzt und verlor sich in einem jugendfernen, methodisch rechthaberischen Raum. Man vergaß über bi-to-gu, do-re-mi und sonstigen Solmisationen den jungen Menschen; und der lief einfach davon."[383]

Hier wird eine Grundeinstellung von Benkers Bemühungen um einen guten Musikunterricht deutlich: Im Zentrum aller musikpädagogischen Bemühungen hat der Schüler zu stehen. Die Musikpraxis spielt eine wichtige Rolle, allerdings müsse diese Musikpraxis auch umsetzbar sein und den Schüler erreichen. Die entscheidende Frage ist, wie die Jugend der Musik gegenübersteht. Allgemeine Vorbehalte gegenüber bestimmten Ausprägungen der Rock- und Popmusik sind in diesem Zusammenhang wohl aus der Zeit heraus zu verstehen. Benker wies im Gegenteil darauf hin, dass „wir wegkommen müssen vom Vorurteil, daß Beat und Jazz und Schlager und Unterhaltungsmusik von vorneherein nur mindere Qualität zu liefern imstande seien."[384] Für die Situation der schulischen Musikerziehung in Bayern 1968 muss dies eindeutig als ein neuer, wenn nicht gar revolutionärer Gedanke gesehen werden.[385]

---

[381] Vgl. dazu Platons Ausführungen zur Erörterung der musischen Bildung sowie zur Schönheit in: Platon: Der Staat (übersetzt und erläutert von Otto Apelt). Hamburg 1961, S. 110 ff (= Drittes Buch, Abschnitt 401d–403 c).

[382] A. a. O., S. 5.

[383] A. a. O., S. 6.

[384] A. a. O., S. 14.

[385] Ähnliche Forderungen erhob auch Rauhe im gleichen Jahr. Vgl.: Rauhe, Hermann: Kritischer Schallplattenvergleich aus den Bereichen Folklore und Beat, in: Der Einfluss der Technischen Mittler – Vorträge der siebten Bundesschulmusikwoche Hannover 1968 (Hg.: Egon Kraus), Mainz 1968, S. 180 f.

Gleichzeitig wirkte aber die traditionelle Unterscheidung von qualitativ unterschiedlicher Musik noch nach. Wer diese Entscheidung letztlich trifft, entspricht den pädagogischen Ansichten der damaligen Zeit: „... der Lehrer darf seinen persönlichen Geschmack nicht in den Vordergrund stellen; er muß wissen, daß der junge Mensch von heute stärker auf den ekstatischen Ausdruck anspricht als er selbst dies in seiner Jugend getan hat. Und vor allem muß er ihn durch geschickt angestellte Vergleiche und Hinweise allmählich dahin bringen, qualitativ Gutes vom Schlechten zu unterscheiden; er muß ihn dazu erziehen, anspruchsvoll zu hören. Und dafür hat die Jugend eine recht gute Antenne. Sie weiß sehr bald zu unterscheiden zwischen einem guten und einem schlecht arrangierten Beat, zwischen einem harmonisch langweiligen oder interessanten Sound. Und von hier ist der Weg nicht weit zur Eigenbetätigung und zur Improvisation, von der Improvisation zur Form, von der Form zum Stil."[386]

Benkers Ausdrucksweise erscheint hier in mehrfacher Hinsicht ambivalent. Zum einen findet sich eine qualitative Unterscheidung von Musik, zum anderen wird eine generelle Herabsetzung von „U-Musik" abgelehnt. Zum einen finden sich Ansätze einer damals weit verbreiteten reinen Hörerziehung wieder, zum anderen soll das Hören Ausgang und Ziel von eigenem musikalischen Handeln sein, womit Benker bereits sehr früh Ideen von handlungsorientiertem und erfahrungserschließendem Musikunterricht formulierte.[387] Auch die Existenz der technischen Mittler wurde in diesem Zusammenhang sowohl positiv als Ausdruck von Fortschrittlichkeit und Erleichterung im Unterricht als auch negativ bewertet. Ähnliche Gedanken formulierte Venus 1969: „Der Einfluß der technischen Mittler auf die allgemeine Musiksituation hat die Frage nach der Bedeutung des Musikhörens in den Mittelpunkt der didaktischen Reflexion gedrückt. Hörerziehung erscheint gegenwärtig als eine vordringliche Aufgabe des Musikunterrichts. (...) Angesichts dieser Situation scheint es angebracht, sich in der vorliegenden Arbeit nicht ausschließlich auf die Erörterung didaktischer Probleme der Rezeption von Musik zu beschränken, sondern zugleich Gedanken zur Methode zu entwickeln und konkrete Vorschläge zur Unterweisung im Musikhören für den Unterricht zu unterbreiten."[388]

Benker maß in seiner Schrift außerdem psychologischen Erkenntnissen eine wichtige Grundlage für das Gelingen von Musikunterricht zu: Zum einen müsse sich der Musikunterricht an den Erkenntnissen der Entwicklungspsychologie

---

[386] Vgl. Benker, Heinz: Jugend und Musik in Geschichte und Praxis. Typoskript mit handschriftlichen Ergänzungen. 1968, S. 13.

[387] Vgl. Kap. II 1.

[388] Venus, Dankmar: Unterweisung im Musikhören (= Musikpädagogische Bibliothek 30). Wuppertal 1969, verb. Neuausg. Wilhelmshaven 1984, Vorwort.

orientieren, zum anderen fordere die unterrichtliche Umsetzung der musikalischen Lerngegenstände stets eine Berücksichtigung der unterschiedlichen Vorstellungstypen der Schüler, nämlich des visuellen, des akustischen und des motorischen Lerntyps. Zusätzlich sind die unterschiedlichen Erlebnistypen der Schüler, nämlich des sensoriellen, des emotionalen, des assoziativen und des motorischen Typs, zu berücksichtigen. Der Musiklehrer kann, ausgehend von diesen Grundüberlegungen, seine Schüler erfolgreich an Musik heranführen, ihnen das musikalische Bildungsgut vermitteln und ihre musikalischen Anlagen in jeder Hinsicht fördern. Dies verdeutlicht, dass ein eindeutiger Persepektivenwechsel vollzogen worden ist, nämlich, dass von nun an der Schüler im Zentrum des unterrichtlichen Geschehens stehen sollte.[389]

Die musikpädagogische Arbeit des vbs war in den siebziger Jahren[390] in erster Linie von der Entwicklung der in der Folge der Wissenschaftswende eintretenden curricularen Reformen geprägt, wie sie unter anderem von Robinsohn formuliert wurden. Die Einrichtung der neugestalteten Oberstufe des Gymnasiums wurde von der Ständigen Konferenz der Kultusminister der Länder in der Bundesrepublik Deutschland am 7. Juli 1972 vereinbart.[391]

---

[389] Zur Verwirklichung dieser Ideen war es nötig, sie auch in die verbandspolitischen Forderungen mitaufzunehmen. Auf der vbs-Mitgliederversammlung am 18. April 1970 wurde eine umfangreiche Satzungsänderung beschlossen, die fortan zwei stellvertretende Vorsitzende vorsah. So setzte die Verbandsarbeit des vbs in Bayern 1970 nicht nur mit einem personellen, sondern auch mit einem strukturellen Neubeginn an, der die Schwerpunktsetzung auf den zu betrachtenden Untersuchungszeitraums rechtfertigt. In den siebziger Jahren waren, wie auch in den vergangenen Jahrzehnten, alle vbs-Vorstandsmitglieder – ebenso wie die vbs-Mitglieder von wenigen Ausnahmen abgesehen – ausgebildete gymnasiale Schulmusiker. Die Arbeitsbreite des vbs intensivierte sich durch die Ausweitung von unterschiedlichen Aktivitäten, die der Verband wieder in regelmäßiger Folge in seinen Verbandsmitteilungen veröffentlichte. Dies waren zunächst von Benker selbst verfasste, hektographierte und versandte Schreiben an die einzelnen Mitglieder, ab Oktober 1973 erschienen die Verbandsmitteilungen in der Neuen Musikzeitung NMZ. Dies ist auf eine Initiative von Benker gegenüber Bosse zurückzuführen. Da bereits andere Verbände die NMZ als Verbandsorgan verwendeten, wollte auch Benker diese Möglichkeit einer verstärkten Öffentlichkeitsarbeit wahrnehmen und gleichzeitig innerhalb der NMZ ein bayerisches und aus der schulmusikalischen Praxis heraus geschaffenes Gegengewicht zu den Seiten des Arbeitskreises für Schulmusik von W. Krützfeldt schaffen. Ähnlich nutzte der vds bereits seit 1969 die bei Schott in Mainz erscheinende musikpädagogische Zeitschrift „Musik und Bildung" als Verbandsorgan, da auch der vds die Bedeutung der Öffentlichkeitsarbeit erkannt hatte. Die vbs-Seiten wurden zunächst vom Vorsitzenden Benker persönlich, ab August 1976 von Siegfried Michl und von Oktober 1978 bis September 1981 von Inka Stampfl betreut. Hier fanden die Mitglieder des vbs zahlreiche Hinweise zur jeweils aktuellen Situation der Schulmusik.

[390] Auch die siebziger Jahre waren weiterhin durch einen Mangel an ausgebildeten Schulmusikern geprägt: Vgl. z. B. 97. Rundschreiben an die Verbandsmitglieder vom 1. Oktober 1971, S. 6.

[391] Vgl. KMK (Hg.): Vereinbarung zur Neugestaltung der gymnasialen Oberstufe in der Sekundarstufe II vom 7. Juli 1972. Neuwied 1972.

Es ist hervorzuheben, dass der Verband, besonders sein Vorsitzender Benker, bei der Gestaltung des neuen und innovativen Lehrplans für Musik als Grund- und Leistungskursfach innerhalb der Kollegstufe wie auch bei den Neukonzeptionen der Curricularen Lehrpläne der Unter- und Mittelstufe als externer Berater des Ministeriums mitwirken konnte. Die Eingliederung des Faches Musik in das sprachlich-literarisch-künstlerische Aufgabenfeld, wie sie Benker forderte, muss dabei als ein besonderer Verdienst des vbs gewertet werden.[392]

Insgesamt zählen zu den wichtigsten Tätigkeiten des vbs in den siebziger Jahren folgende Aktivitäten:

- Fortbildungen (auch in den unterschiedlichen Regierungsbezirken)
- Aufgaben im Rahmen der Gründungsvorbereitungen, der Mitarbeit und Wahrnehmung von Präsidiumsaufgaben in der 1971 gegründeten Aktionsgemeinschaft Musik in Bayern e. V. und des 1977 gegründeten Bayerischen Musikrates e. V.
- eine enge Zusammenarbeit mit der 1973 gegründeten Landeszentrale für Gesundheitsbildung in Bayern e. V.
- die Veröffentlichung der Verbandsmitteilungen in der Neuen Musikzeitung ab Oktober 1973[393]
- umfangreiche und detaillierte Hinweise zum Steuerrecht in den Verbandsmitteilungen
- die Konzepterstellung, Erarbeitung und Herausgabe eines absolut neu erdachten und bundesweit erfolgreichen Liederbuches mit dem Titel „Lied & Song“ beim Verlag Hieber KG München
- die Zusammenarbeit mit dem Bundesvorstand des vds, insbesondere Vorbereitung und Durchführung der 10. Bundesschulmusikwoche 1974 in München: „Musik und Individuum“
- die enge, auch personell bedingte Kooperation mit dem Staatsinstitut für Schulpädagogik (ISP) durch die Vorstandskollegen Adolf Gärtner,

---

[392] Die vom vbs von Anfang an dringend vorgebrachte Forderung nach einer auch in inhaltlicher Hinsicht sinnvollen Leistungskurs-Kombination Deutsch-Musik ist erst ab dem Schuljahr 1989/90 in Bayern möglich geworden. Vgl. Amtsblatt Nr. 9/1986 vom 22. April 1986, S. 168 und Amtsblatt Nr. 13/1989 vom 2. August 1989, S. 142; zu der erhobenen Forderung vgl. auch: Gärtner, Adolf H.: Der bayerische Curriculare Lehrplan für Musik in der Kollegstufe, in: Musik und Bildung. Mainz 4/1974, S. 231.

[393] Wie bereits erwähnt, erfolgten die Mitteilungen und Veröffentlichungen der Informationen des vbs-Vorstandes an seine Mitglieder bis Oktober 1973 in Form von hektographierten Kopien als Rundschreiben, herausgegeben von Heinz Benker mit Unterstützung von Hans Busch: ca. 8 bis 12 Seiten + Anlagen, ca. sechs Ausgaben jährlich.

Wolfgang Schmidt-Brunner und Hans-Bernd Schmitz.[394]
- die Betreuung der Jugendkonzerte der Münchner Philharmoniker
- die Vertretung im Landesausschuss „Jugend musiziert“

Zusammengefasst formulierte Benker einen eindeutigen Anspruch als Hauptanliegen des vbs, nämlich „den Schulmusikern, der Musik, der Jugend und damit einer Gesellschaft zu dienen, aus der der Faktor Musik nicht mehr wegzudenken ist.“[395]

So wurden vom vbs, ergänzend zu den Veranstaltungen in Dillingen, Vorschläge zur Verbesserung der Lehrerfortbildung formuliert, allerdings nur in Bezug auf das Gymnasium. Gleichzeitig wurde auch die Notwendigkeit eines intensiveren Austauschs zwischen den einzelnen Kollegen thematisiert. Bei beiden Gesichtspunkten stellte sich der vbs damit der in seiner Satzung festgelegten Verpflichtung.[396] Dies wird in den einzelnen durchgeführten Fortbildungen ebenso deutlich wie eine verstärkt einsetzende Basisarbeit des in den siebziger Jahren immerhin über 700 Mitglieder zählenden vbs.

2.2 Fortbildungsveranstaltungen

Bis zum Jahre 1970 fanden von Seiten des vbs alljährliche Mitgliederversammlungen statt, bei denen auch Themen der Lehrerfortbildung referiert wurden. Ab 1970 organisierte der vbs unter Leitung von Benker, der dabei auf seine umfangreichen Erfahrungen als Seminarleiter zurückgreifen konnte, in alleiniger Verantwortung mehrere Fortbildungsveranstaltungen.[397] Diese Fortbildungen wurden vom Bayerischen Staatsministerium für Unterricht und Kultus ideell und finanziell durch die Erstattung von Fahrtkosten und Tagegeldzuschüssen an die Teilnehmer staatlicher Schulen unterstützt. Die Teilnehmer privater Schulen, die Mitglied im vbs waren, erhielten auf Antrag vom Verband die entsprechenden Kosten erstattet.

Die Auswertung der vbs-Fortbildungen zeigt folgende Ergebnisse: Der vbs führte in den Jahren zwischen 1970 bis 1981 nachweisbar 31 Fortbildungsveranstal-

---

[394] ab 1966: Institut für Gymnasialpädagogik (IGP), ab 1971: Institut für Schulpädagogik (ISP), ab 1984: Institut für Schulpädagogik und Bildungsforschung (ISB).

[395] Benker, Heinz: Abriss der Verbandsgeschichte, in: Programmheft zum Jubiläumskonzert am 9. März 1979, S. 7.

[396] Vgl. Satzung des vbs vom 24. März 1973, § 2c: „Bemühung um die Fortbildung seiner Mitglieder.“

[397] Eine Übersicht über die vom vbs von 1970 bis 1981 durchgeführten Fortbildungsveranstaltungen findet sich im Anhang: A 5.

tungen durch.[398] Bei den meisten Fortbildungen handelte es sich um eintägige Veranstaltungen. Nachdem die Vorstandsmitglieder fast ausschließlich im Bereich München tätig und wohnhaft waren, wurden mehr als die Hälfte der Kurse in München veranstaltet, die bayerischen Regierungsbezirke sind annähernd gleichmäßig vertreten. Die meisten Angebote richteten sich explizit an Gymnasiallehrkräfte. Es ist allerdings der Trend festzustellen, dass sich ab 1980 die Fortbildungen für Kolleginnen und Kollegen aller Schularten zuwandten. 1975, 1977 und 1980 wurden eintägige Fortbildungen mit der jährlichen Mitgliederversammlung verbunden.

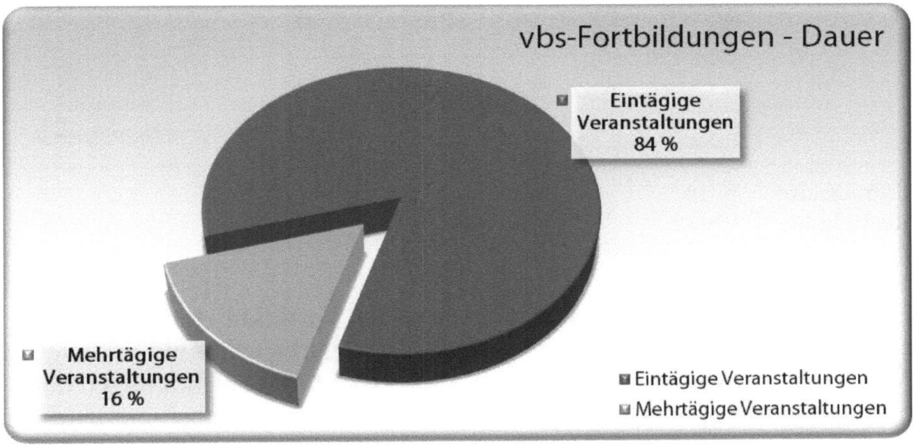

Eintägige Veranstaltungen: 26
Mehrtägige Veranstaltungen: 5

vbs-Fortbildungen – Regierungsbezirke					
München:	16	Oberpfalz:	2	Unterfranken:	1
Oberbayern:	4	Oberfranken:	1	Schwaben:	3
Niederbayern:	2	Mittelfranken:	1	Ausland:	1[399]

[398] Angekündigte Fortbildungen, deren Durchführung nicht nachweisbar ist bzw. die abgesagt wurden, bleiben an dieser Stelle unberücksichtigt. So waren zum Beispiel für das Jahr 1978 zwei Fortbildungen mit Joe Viera in Burghausen zum Thema „Jazz in der Schule" vorgesehen, die in Folge zu geringer Anmeldungen nicht durchgeführt werden konnten.

[399] Bei der einzigen im Ausland durchgeführten Veranstaltung handelte es sich um eine in den Pfingstferien 1980 durchgeführte Studienreise nach Ungarn.

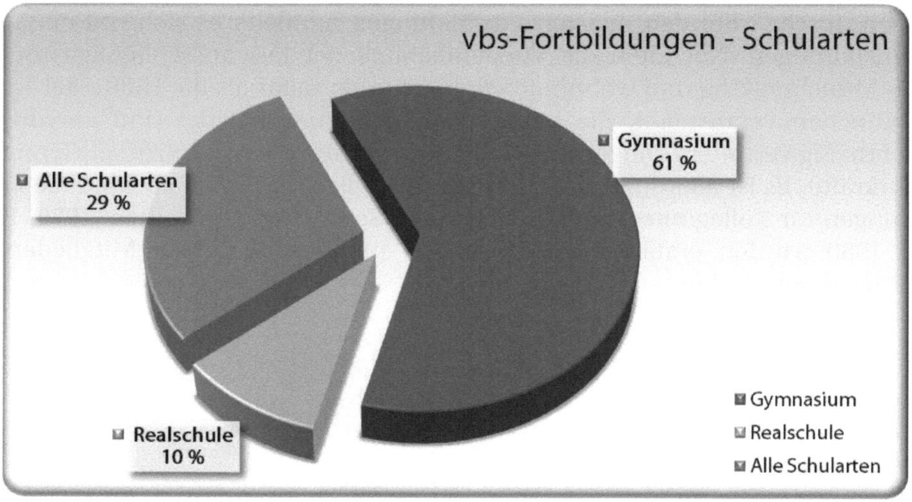

Gymnasium:	19
Realschule:	3
Alle Schularten:	9

Es ist anzumerken, dass es explizit keine eigenen Fortbildungen für den Bereich Grund-, Haupt- und Sonderschule gab, da sich der vbs weiterhin in erster Linie als Vertretung der gymnasialen Schulmusik verstand. Die Fortbildungen der siebziger Jahre waren aber dadurch gekennzeichnet, dass die Angebote zum ersten Mal in der Geschichte des Verbandes die Lehrkräfte an Realschulen ansprechen sollten, wie zum Beispiel bei den Fortbildungswochen in Achatswies. Der vbs wollte damit nicht nur die Interessen der Schulmusik an den Realschulen stärker berücksichtigen, sondern auch im eigenen Interesse Werbung für den Musikunterricht an dieser Schulart betreiben.[400]

Die Themenfelder „Musik, Individuum und Gesellschaft", „Akustische Massenmedien und Freizeit" und „Öffnen des Blickfeldes über die schulischen Fachgrenzen hinaus", die Binkowski im gleichen Jahrzehnt wiederholt zum zentralen Anliegen der Bundesschulmusikwochen machte, wurden auch bei vbs-Fortbildungen aufgegriffen.

Betrachtet man die Konzeption der inhaltlichen Seite der vbs-Fortbildungen, so sind drei Zeiträume voneinander abzugrenzen. Die Jahre 1970 bis 1974 waren einerseits geprägt durch Veranstaltungen für Studienreferendare, andererseits

[400] Interview mit Heinz Benker vom 4. Februar 1999.

durch Themen zur „Aktualisierung des Musikunterrichtes“. Die bundesweit geführten musikpädagogischen Diskussionen wurden demnach in Bayern durch den vbs sehr schnell in die Lehrerfortbildung umgesetzt. Wesentliche Themen waren „Elektronische Musik“ und Benkers Hauptthema dieser Zeit, „Musik in der Werbung“. Die Verwendung des Orff'schen Instrumentariums war ein weiterer Schwerpunkt.

Die Neueinführung der Kollegstufe, Veranstaltungen für Realschullehrkräfte und die Zusammenarbeit mit der Landeszentrale für Gesundheitsbildung bildeten den Schwerpunkt für die Fortbildungen der Jahre 1975 bis 1977. Ab 1977 prägten insbesondere die Themenbereiche um „Musik und Bewegung“ die vbs-Fortbildungen.[401] Gleichzeitig erfolgte damit ein Abrücken von rein gymnasialen Inhalten.

In den Jahren 1978 und 1979 fanden nach den vorliegenden Unterlagen keine Fortbildungsveranstaltungen statt. Die Gründe, die dazu führten, bleiben trotz der erfolgten Recherchen unbekannt. Es ist nur zu vermuten, dass Vorbereitungen und Durchführung der Jubiläumsveranstaltung „50 Jahre vbs“ im März 1979[402] die entsprechenden Kapazitäten gebunden haben.

Für den gesamten Zeitraum wesentlich erscheinen die Zielsetzungen der von Verbänden organisierten Lehrerfortbildungen. Bereits 1972 erhob Schmidt-Brunner in Bezug auf die notwendige Lehrerfortbildung für die bayerischen Schulmusiker folgende Forderungen:

„Der Lehrerfortbildung muß zentrale Bedeutung zukommen, da der nach dem bisherigen Modus ausgebildete Schulmusikerzieher den Anforderungen in erzieherischer wie fachspezifischer Hinsicht (z. B. in der Kollegstufe) nicht in allen Belangen gewachsen ist. Ein Themenkatalog über die Inhalte von Fortbildungsveranstaltungen ist ebenso nötig wie Ökonomie und Effizienz garantierende Organisationsformen der Fortbildung (z. B. Kontaktstudium, Arbeitstagungen mit ‘brainstorming’). (...) Die für die Fortbildung zuständigen Institutionen, der VBS (...) und das ISP (...) müssen ihre Kompetenzbereiche in enger Kooperation sinnvoll aufeinander abstimmen, etwa in der Art, daß das ISP die (vordringlich notwendige) allgemein pädagogische Fortbildung übernimmt (Erziehungswissenschaft, Lern-, Entwicklungs-, Erziehungspsychologie), der VBS die speziell fachliche (z. B. neueste Erkenntnisse der Musikpsychologie, objektadäquate Methoden der Werkinterpretation, neue Methoden des instrumentalen Gruppenunterrichts). Aus der ‘veröffentlichten Meinung’ der gegenwärtig tätigen Musikerzieher muß ein Themenkatalog für aktuelle Fortbildungsinhalte erstellt werden!

[401] Vgl. auch Kapitel II 3.2.
[402] Vgl. auch Kapitel III 2.5.4.

Darüber hinaus muß das 'feed back' garantiert und institutionalisiert sein, d. h. die Teilnehmer von Fortbildungsveranstaltungen müssen sich verpflichten, nach angemessener Zeit von den praktischen Anwendungsmöglichkeiten der Fortbildungsinhalte im Schulalltag einer (zu errichtenden) Zentralstelle Bericht zu erstatten."[403]

Neben der deutlich herausgestellten Notwendigkeit der Lehrerfortbildung wird hier die Verantwortung des vbs und vor allem auch die enge Zusammenarbeit des vbs mit den staatlichen Organisationen, dem ISP und der Akademie Dillingen, deutlich. Allen Institutionen wird ein spezifischer Aufgabenbereich unter einer besonderen Schwerpunktsetzung zugewiesen, die sie zur Verbesserung der Situation zu erfüllen hätten. Mit Hilfe einer Evaluation sollte dies von Anfang an optimiert werden.[404]

Wie bereits erwähnt, besaßen die Lehrpläne vom 1. August 1964 bis in die siebziger Jahre weiterhin Gültigkeit.[405] Die neuen Curricularen Lehrpläne für das Fach Musik traten im Laufe der siebziger Jahre in Kraft. Eine verstärkte Fortbildung zu den neuen Themenbereichen wie Musikpraxis oder Erscheinungsformen der Rock- und Pop-Musik war dringend nötig. Dieser Bedarf wurde vom vbs zumindest ansatzweise abgedeckt.[406] Aus Sicht des vbs ist besonders der Zusammenhang zwischen den neuen Curricularen Lehrplänen und einer daraus zwingend notwendigen Lehrerfortbildung zu knüpfen. Ein wesentliches Ziel des Musikunterrichtes sollte nach Benker „die Förderung des Menschen in seiner Gesamtheit sein",[407] was bedeutete, dass sowohl das aktive Handeln wie auch das Reflektieren wichtige Inhalte musikpädagogischer Bemühungen sein sollten. Eine Verbindung zu den didaktischen Konzepten, die handlungsorientiert angelegt sind, ist hier deutlich zu erkennen.

In seinem Referat „Bedeutung und Möglichkeiten der Hörerziehung" anlässlich der Fortbildungstagung vom 17. bis 20. März 1975 stellte Benker sowohl Hörerziehung im musikalischen Bereich (Bildung des musikalischen Gehörs und Bildung des Hörvermögens) und Hörerziehung im außermusikalischen Bereich dar. Als Beispiele setzte Benker nicht nur Werke „ernster Musik" (Bach, Haydn, Bartok, Strawinsky) ein, sondern auch Musik aus Zentralafrika oder elektronische Musik. Bei der Darstellung von Hörtypen bezog sich Benker auf die Einteilung der

---

[403] Schmidt-Brunner in vbs-Rundschreiben 2/1972, Anlage, S. 1.

[404] Alle Lehrkräfte, die an einer Fortbildung in Dillingen teilnehmen, müssen am Ende des Kurses einen entsprechenden Fragebogen beantworten. Die Angaben werden von der Akademie ausgewertet, dürfen aus Datenschutzgründen aber weder veröffentlicht noch weitergegeben werden.

[405] Vgl. Amtsblatt Nr. 16/1964 vom 26. August 1964, S. 341 ff.

[406] Vgl. dazu Themen wie „Elektronische Musik" (29.10.1970), „Multimedia in der Schule" (22.02.1975).

[407] Interview mit Heinz Benker vom 4. Februar 1999.

Hörtypen von Wellek und Adorno und auf die Hörweisen nach Alt und Venus.[408] Damit verdeutlicht sich Benkers Ansatz, nämlich das Einbeziehen unterschiedlicher Musikarten und unterschiedlicher musikpädagogischer Ansichten in ein umfassendes Konzept von Hörerziehung und damit von Musikunterricht.

Ein Bereich bei der Durchführung der Fortbildungsveranstaltungen war der Aspekt der Gesundheitserziehung, nachdem diese auch im Bewusstsein der Bevölkerung langsam beginnt, eine wichtigere Rolle zu spielen. So führte der vbs, ausgehend vom gesunden Singen in der Gesundheitsbildung, in Zusammenarbeit mit dem stellvertretenden Vorsitzenden Dr. Beckmann mehrere Fortbildungen mit der Landeszentrale für Gesundheitsbildung (LZG) durch.[409] Bei der Veranstaltung „Prophylaxe und Therapie im Musikunterricht" wurden Informationen über physiologische Gegebenheiten und Einflussmöglichkeiten durch die Musikausübung auf sie an die teilnehmenden Eltern, Ärzte und Schulmusiker weitergegeben. Beckmann betonte in seinem Referat die Notwendigkeit der Beschäftigung mit Musik als Möglichkeit, die Gesundheitspotenziale im Menschen zu entwickeln und bat die Schulmusiker dafür um ihre Unterstützung. Angeregt durch die Vorträge, formulierten die Teilnehmer am Schluss der Tagung eine Resolution, die sich gegen die geplante Stundenkürzung im Fach Musik aussprach.[410]

Am 27. Juli 1980 führte der vbs erstmals einen „Tag der Schulmusik" in der Münchner Musikhochschule durch, in erster Linie mit dem Ziel, schulischen Ensembles eine Auftrittmöglichkeit zu bieten und dadurch die Ergebnisse schulmusikalischen Wirkens zu präsentieren. Redebeiträge und Ansprachen sowie Konzerte vokaler und instrumentaler Gruppen aller Regierungsbezirke und Schularten wechselten sich dabei ab.

Idee und Konzeption dieses „Tages der Schulmusik", der unter der Schirmherrschaft des bayerischen Kultusministers stand, war es, zum Abschluss des Schuljahres unterschiedliche Ensembles der bayerischen Schulen, insbesondere der Gymnasien,[411] in die Musikhochschule einzuladen und dem Publikum, darunter

[408] Vgl. Benker, Heinz: Bedeutung und Möglichkeiten der Hörerziehung. Undatiertes Typoskript mit handschriftlichen Ergänzungen. 5 Seiten. Das in Benkers Nachlass gefundene und ausschließlich aus Stichpunkten bestehende Skript lässt leider keinen Rückschluss darauf zu, ob und wie Benker bei seinem Vortrag einen Bezug zwischen den verschiedenen Positionen herstellte.

[409] So zum Beispiel auch vom 17. bis 20. März 1975 in München.

[410] Vgl. Benker in NMZ Dezember 1976, S. 1.

[411] Es musizierten Schülerinnen und Schüler folgender bayerischer Schulen: Volksschule Altusried (Sch), Melanchthon-Gym. Nürnberg (Mfr), Musikgym. der Regensburger Domspatzen (Obf), Anton-Bruckner-Gym. Straubing (Ndb), Kaspar-Zeuß-Gym. Kronach (Ofr), Gym. Fürstenried-West

Vertreter des Bayerischen Landtages, der Bayerischen Staatsregierung, der Ministerien und verschiedener Verbände, ein Bild von ihrer musikalischen Leistungsfähigkeit zu geben. Kurze Grußworte wurden von Benker (vbs), Prof. Dr. Weiß (Musikhochschule), MR Dr. Stümmer (Kultusministerium) und Prof. Dr. Suder (BMR) gesprochen.[412] Stampfl fasste die Zielrichtung des Konzertes und dieses Tages zusammen mit den Worten: „Jedenfalls hat dieses Konzert der Öffentlichkeit gezeigt, daß es an unseren Schulen – wenn auch teilweise unter großen Opfern der Beteiligten – noch klingt!“[413]

2.3 Veröffentlichte Unterrichtsmodelle

In seinen Verbandsinformationen veröffentlichte der vbs im untersuchten Zeitraum Unterrichtsmodelle.[414] Zunächst erscheint die Anzahl von 23 Unterrichtsmodellen innerhalb einer Zeit von zehn Jahren als gering. Ein möglicher Grund dafür ist in der Tatsache zu finden, dass den Verbandsmitteilungen jeweils nur wenig Platz zur Verfügung stand und aktuellen Nachrichten und Hinweisen der Vorzug gegeben werden musste. Einen weiteren Grund mag die Tatsache darstellen, dass nur wenige Kollegen bereit waren, Unterrichtsmodelle für eine schriftliche Veröffentlichung des Verbandes auszuarbeiten. Dies wird dadurch bestätigt, dass insgesamt nur 15 verschiedenen Autoren vertreten sind. Bezogen auf die einzelnen Schularten ist festzustellen, dass die meisten Themen gymnasialorientiert waren. So zeigt sich auch hier die starke Orientierung des vbs am Gymnasium.

Auffällig in inhaltlicher Hinsicht ist der hohe Anteil an Themen, die sich mit Erscheinungsformen populärer Musik und Neuer Musik beschäftigten und damals für den Musikunterricht neue und ungewohnte Bereiche darstellten („Ge-

---

(Obb) und Staatliche Realschule Aschaffenburg I (Ufr). Eröffnet wurde das Konzert vom Hochschulorchester der Münchner Musikhochschule.

[412] An dieser Stelle sei ergänzt, dass der vbs seit 1985 in regelmäßiger Folge unter dem fast gleichen Namen „Tage der bayerischen Schulmusik“ mehrtägige Fortbildungsveranstaltungen für Lehrkräfte in den Räumen der Münchener Musikhochschule veranstaltet, bislang in den Jahren 1985, 1987, 1989, 1991, 1993, 1995, 1997, 2000 und 2003.

[413] Stampfl in NMZ Oktober 1980, S. 28.

[414] Der vbs veröffentlichte seit 1965 Unterrichtseinheiten in seinen Rundschreiben. Vgl. Fenninger, Josef: Untersuchung zum schulischen Musikunterricht in Bayern vom Ende des Zweiten Weltkriegs bis zum Beginn der siebziger Jahre. Frankfurt/Main 1997, S. 192. Bis 1973 erfolgte die Veröffentlichung in den vbs-Rundschreiben, später in der Verbandsbeilage der Neuen Musikzeitung NMZ. In den Jahren 1979 und 1980 wurden keine Unterrichtsmodelle veröffentlicht. In dieser Zeit standen eindeutig standespolitische Interessen im Mittelpunkt der Verbandsmitteilungen. Eine Zusammenstellung der Unterrichtsmodelle findet sich im Anhang: A 6.

räuschmusik", „Elektronische Musik", „Technische Medien", „Penderecki", mehrere Themen zum Bereich „Popmusik"). Diese Unterrichtsmodelle sind eindeutig Reaktion auf, aber auch Ausdruck des bislang „fehlenden" Umgangs mit den neuen Inhalten. Außerdem wurden Themenfelder aufgearbeitet, die Anregungen für die neu eingeführte Kollegstufe gaben („Kompositorisches Projekt"[415], „Musikkritik",[416] „Stilwandel"[417]) sowie allgemein pädagogischen Fragen nachgingen („Lernzielkontrolle", „Motivation", „Partiturprojektion").

Die vom vbs veröffentlichten Unterrichtsmodelle müssen demnach für ihre Zeit als stark innovativ betrachtet werden. Obgleich die Übernahme und die Bedeutung der Unterrichtsmodelle in den eigenen Unterricht der einzelnen Kollegen und Kolleginnen nicht nachzuweisen ist, bleibt festzustellen, dass mit ihnen in jedem Fall von Seiten des vbs der Versuch unternommen worden ist, den Musikunterricht an den bayerischen Schulen von Grund auf zu erneuern.[418]

---

[415] Vgl. Leistungskurs Musik, 3. Kurshalbjahr: „Planung, Entwicklung und klangliche Realisation eines kompositorischen Projektes" in Amtsblatt, Sondernummer 13 vom 13. September 1976, S. 374 ff.

[416] Vgl. Leistungskurs Musik, 4. Kurshalbjahr: „Die Musikkritik – Funktion und Wirkung" in ebd., S. 381 f.

[417] Vgl. Grundkurs Musik, 2. Kurshalbjahr: „Stil und Stilwandel" in ebd., S.431 f.

[418] Ähnlich wie die Unterrichtsmodelle des vbs hatten die vom afs bundesweit veröffentlichten Unterrichtshilfen stark innovativen Charakter. Auch bei den afs-Unterrichtshilfen finden sich ab Mitte der sechziger Jahre verstärkt neue Themenbereiche: „Musik und Werbung" (Nr. 67 von 1970), „Musik und Technik" (Nr. 68/69 von 1970), „Stockhausen: Zyklus für einen Schlagzeuger" (Nr. 78/79 von 1973), „Ligeti: Lux aeterna" (Nr. 80 von 1973). Vgl. Weber, Martin/Junker, Hildegard (Hg.): 40 Jahre Unterrichtshilfen des AfS Band I, 1955–1982. Altenmedingen 2000, S. 154 ff.

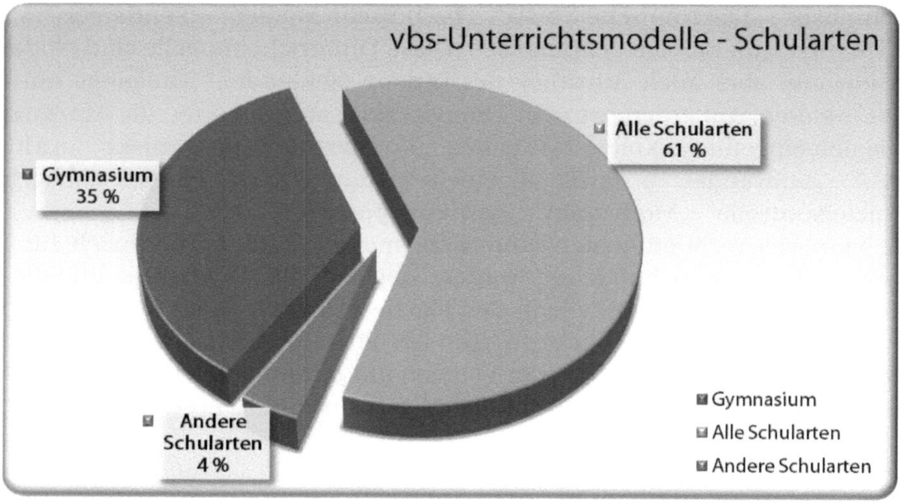

Unterrichtsmodelle nur für Gymnasium:	8
Unterrichtsmodelle für alle Schularten:	14
Unterrichtsmodelle nur für andere Schularten:	1

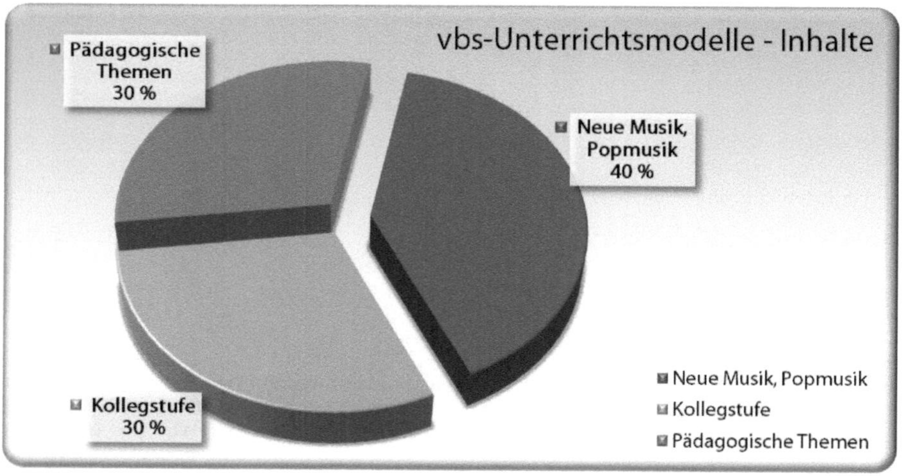

Neue Musik, Popmusik:	9
Kollegstufe:	7
Pädagogische Themen:[419]	7

[419] z. B. Themen zu Lernzielkontrollen, Motivation, team-teaching etc.

2.4 Die Veröffentlichungen des vbs

2.4.1 Veröffentlichungen seit Gründung des Verbandes

Seit 1931 gab der vbs Lehrbücher für den Musikunterricht heraus. Neben den Verbandsvorsitzenden als Leiter der jeweiligen Arbeitskreise stellten sich seit Verbandsgründung über 50 Kolleginnen und Kollegen in den Dienst des gemeinschaftlichen Interesses, um Arbeitsbedingungen und Unterrichtsqualität des Faches Musik zu verbessern. Zur Verdeutlichung des Gesamtzusammenhangs werden an dieser Stelle zunächst Veröffentlichungen aus der Zeit vor 1970 kurz dargestellt.

So erschienen das „Bayerische Liederbuch“ (1931, 1938, 1949, 1956, 1968), das „Chorbuch für gemischte Stimmen“ (1938, 1951), „Musikkunde – Erster Teil“ (1951) (alle im Gemeinschaftsverlag A. Böhm & Sohn Augsburg und Max Hieber München) – Bücher, die sich in Form und Inhalt über Jahrzehnte nur wenig änderten – „Spielmusik für den Violingruppenunterricht (1949/Hieber), das „Deutsche Kunstlied“ I bis III (1950/Schott) und viele weitere musikpädagogische Werke. Bereits in der „Musikkunde – Erster Teil“ wird eine für die Vertreter des vbs typische Grundhaltung erkennbar, eine Grundhaltung, wie sie später von Benker und bundesweit auch von Binkowski vertreten wurde. Walter formulierte dies im Vorwort folgendermaßen: „Theoretische Erkenntnisse sind für die Musikerziehung der Jugend nur dann wertvoll, wenn sie aus dem praktischen Singen und Spielen erwachsen. Ist dies der Fall, werden sie das musikalische Gestaltungsvermögen fördern und der Betrachtung musikalischer Werke eine solide Grundlage geben können. Wenn das vorliegende Werk in dieser Weise Verwendung findet, wird es den Musikunterricht nicht mit neuem Stoff belasten, sondern die gesamte musikerzieherische Arbeit beleben und vertiefen.“[420]

[420] Verband der Lehrer für Musik an den höheren Lehranstalten in Bayern (Hg.): Musikkunde – Erster Teil. Augsburg, München 1951, S. 3.

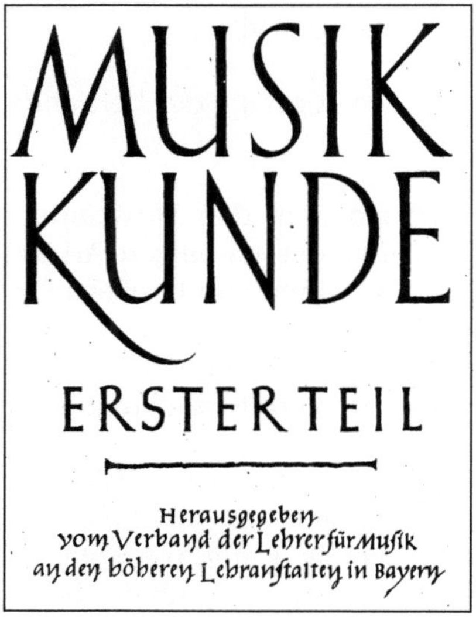

MUSIK KUNDE

ERSTER TEIL

Herausgegeben
vom Verband der Lehrer für Musik
an den höheren Lehranstalten in Bayern

Abb. 3.1: Verband der Lehrer für Musik an den höheren Lehranstalten in Bayern (Hg.): Musikkunde Erster Teil. Augsburg und München 1951 (Böhm/Hieber): Titelseite.

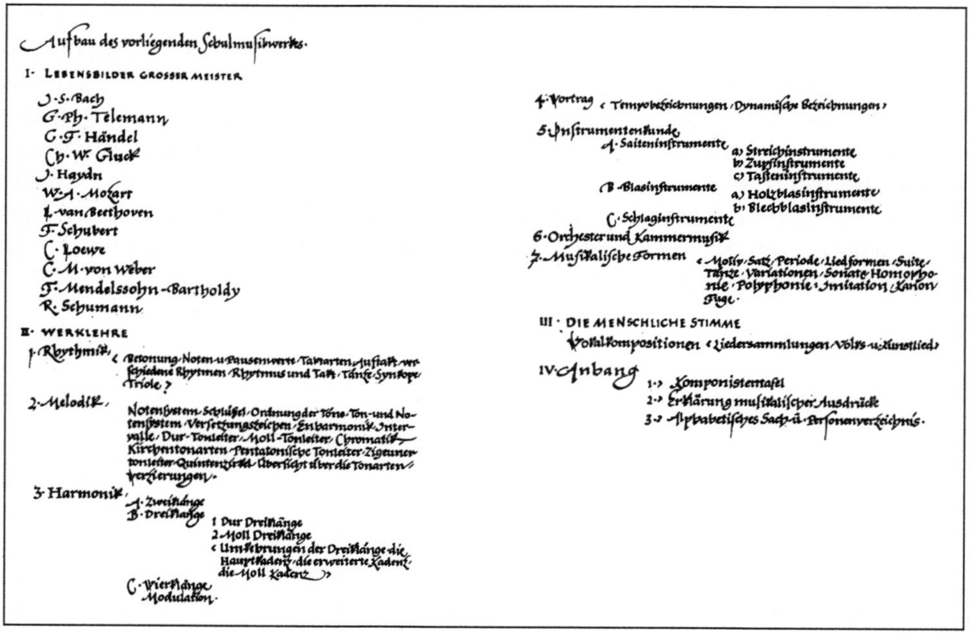

Aufbau des vorliegenden Schulmusikwerkes.

I · LEBENSBILDER GROSSER MEISTER

J. S. Bach
G. Ph. Telemann
G. F. Händel
Ch. W. Gluck
J. Haydn
W. A. Mozart
L. van Beethoven
F. Schubert
C. Loewe
C. M. von Weber
F. Mendelssohn-Bartholdy
R. Schumann

II · WERKLEHRE

1. Rhythmik ‹ Betonung, Noten- u. Pausenwerte, Taktarten, Auftakt, verschiedene Rhythmen, Rhythmus und Takt, Tänze, Synkope, Triole ›

2. Melodik, Notensystem, Schlüssel, Ordnung der Töne, Ton- und Notensystem, Versetzungszeichen, Enharmonik, Intervalle, Dur-Tonleiter, Moll-Tonleiter, Chromatik, Kirchentonarten, Pentatonische Tonleiter, Zigeunertonleiter, Quintenzirkel, Übersicht über die Tonarten, Verzierungen.

3. Harmonik, A. Zweiklänge
B. Dreiklänge
1 Dur Dreiklänge
2 Moll Dreiklänge
‹ Umkehrungen der Dreiklänge, die Hauptkadenz, die erweiterte Kadenz, die Moll Kadenz ›
C. Vierklänge
Modulation.

4. Vortrag ‹ Tempobezeichnungen, Dynamische Bezeichnungen ›

5. Instrumentenkunde
A. Saiteninstrumente
a) Streichinstrumente
b) Zupfinstrumente
c) Tasteninstrumente
B. Blasinstrumente
a) Holzblasinstrumente
b) Blechblasinstrumente
C. Schlaginstrumente

6. Orchester und Kammermusik

7. Musikalische Formen ‹ Motiv, Satz, Periode, Liedformen, Suite, Tänze, Variationen, Sonate, Homophonie, Polyphonie, Imitation, Kanon, Fuge.

III · DIE MENSCHLICHE STIMME

Vokalkompositionen ‹ Liedersammlungen, Volks- u. Kunstlied ›

IV · Anhang
1.) Komponistentafel
2.) Erklärung musikalischer Ausdrücke
3.) Alphabetisches Sach- u. Personenverzeichnis.

Abb. 3.2: Verband der Lehrer für Musik an den höheren Lehranstalten in Bayern (Hg.): Musikkunde Erster Teil. Augsburg und München 1951 (Böhm/Hieber): Seite 4 und 5.

Die Veröffentlichungen unterstützten letzten Endes viele Kollegen und Verbandsmitglieder bei ihrer täglichen Arbeit, trugen aber gleichsam die Arbeit des vbs in finanzieller Hinsicht mit. Mit den eingegangenen Tantiemen konnte der vbs Fortbildungsveranstaltungen durchführen, die Teilnahme von Kollegen und Beispielgruppen bei den Bundesschulmusikwochen unterstützen, Stipendien an Schulmusikstudierende auszahlen und Anschaffungen für Bibliotheken der Musikhochschule München und der Seminarschulen mittragen: „Die Herausgabe der (…) Unterrichtswerke erfolgte dem Wunsch der Vorsitzenden entsprechend zur Bildung und Ergänzung einer finanziellen Rücklage, die Voraussetzung für die Erfüllung verbandsspezifischer Aufgaben speziell in den Jahren war, da der Etat für Lehrerfortbildung beim Kultusministerium gleich Null oder nur ganz klein war.“[421]

Als Arbeitsmaterial für den am Kunstwerk orientierten Unterricht der gymnasialen Oberstufe veröffentlichte der stellvertretende vbs-Vorsitzende Hermann Schiegl Ende der sechziger und Anfang der siebziger Jahre zusammen mit dem Regensburger Schulmusiker Ernst Schwarzmaier die Bände „Klassik“ und „Romantik“ der „Themensammlung musikalischer Meisterwerke“.[422]

Die abgebildeten Dokumente[423] aus den Jahren 1950 und 1967 dienen als Beleg, die umfassenden Tätigkeiten des vbs bei der Erstellung und Herausgabe der Schulbücher darzustellen. Gleichzeitig ist festzustellen, dass der Verband stets die Notwendigkeit erkannt hat, dass die Schulbücher dem jeweiligen Lehrplan und den veränderten zeitlichen Anforderungen entsprechen mussten.

---

[421] Busch in NMZ Februar 1979, S. 26.

[422] Vgl. Schiegl, Hermann/Schwarzmaier, Ernst: Themensammlung musikalischer Meisterwerke, Heft 1: Symphonische Musik der Klassik. Frankfurt 19736 (Diesterweg) und Heft 2: Symphonische Musik der Romantik. Frankfurt/Main o. J.

[423] Vgl. Abb. 4 und 5.

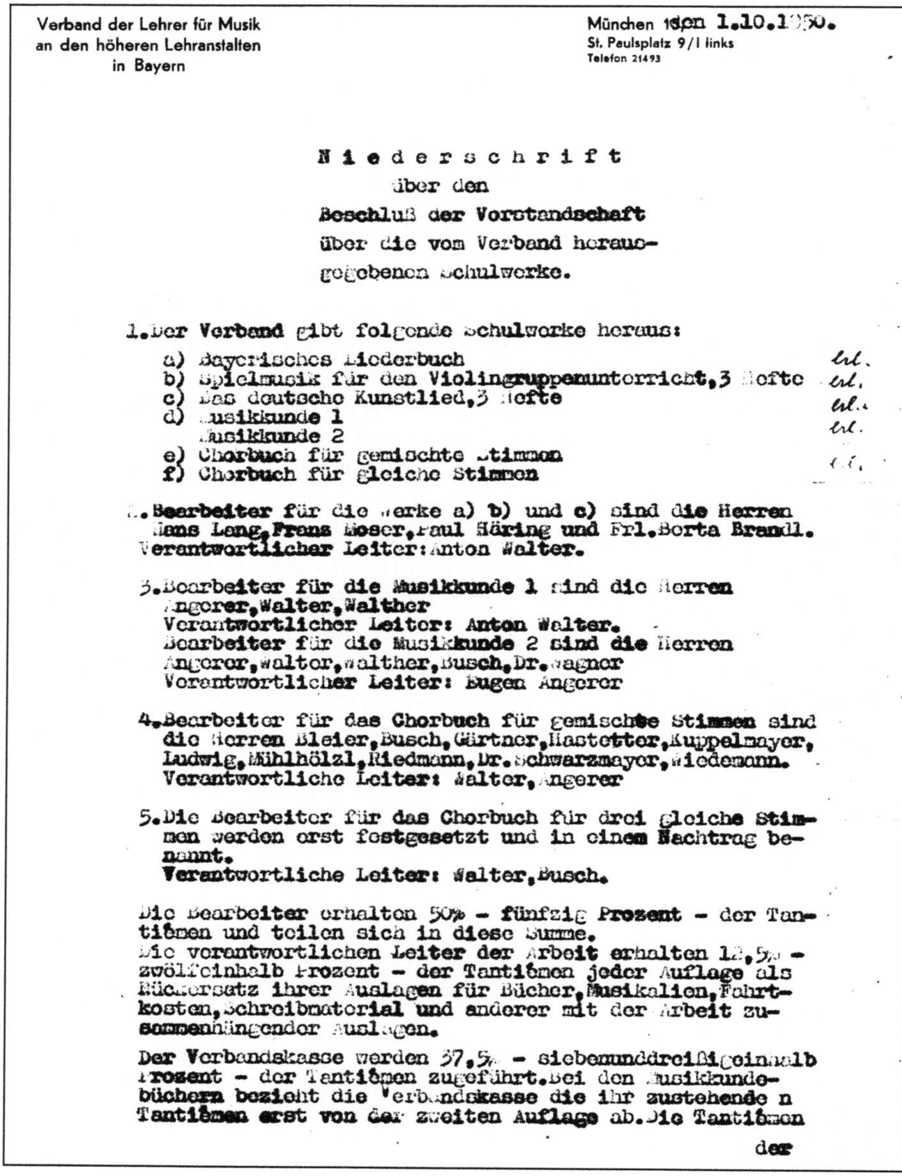

Verband der Lehrer für Musik
an den höheren Lehranstalten
in Bayern

München den 1.10.1950.
St. Paulsplatz 9/I links
Telefon 21493

N i e d e r s c h r i f t
über den
Beschluß der Vorstandschaft
über die vom Verband heraus-
gegebenen Schulwerke.

1.Der Verband gibt folgende Schulwerke heraus:

a) Bayerisches Liederbuch erl.
b) Spielmusik für den Violingruppenunterricht,3 Hefte erl.
c) Das deutsche Kunstlied,3 Hefte erl.
d) Musikkunde 1 erl.
Musikkunde 2
e) Chorbuch für gemischte Stimmen
f) Chorbuch für gleiche Stimmen

2.Bearbeiter für die Werke a) b) und c) sind die Herren Hans Lang,Franz Moser,Paul Häring und Frl.Berta Brandl.
Verantwortlicher Leiter:Anton Walter.

3.Bearbeiter für die Musikkunde 1 sind die Herren Angerer,Walter,Walther
Verantwortlicher Leiter: Anton Walter.
Bearbeiter für die Musikkunde 2 sind die Herren Angerer,Walter,Walther,Busch,Dr.Wagner
Verantwortlicher Leiter: Eugen Angerer

4.Bearbeiter für das Chorbuch für gemischte Stimmen sind die Herren Bleier,Busch,Gärtner,Hastetter,Kuppelmayer, Ludwig,Mühlhölzl,Riedmann,Dr.Schwarzmayer,Wiedemann.
Verantwortliche Leiter: Walter,Angerer

5.Die Bearbeiter für das Chorbuch für drei gleiche Stimmen werden erst festgesetzt und in einem Nachtrag benannt.
Verantwortliche Leiter: Walter,Busch.

Die Bearbeiter erhalten 50% - fünfzig Prozent - der Tantiemen und teilen sich in diese Summe.
Die verantwortlichen Leiter der Arbeit erhalten 12,5% - zwölfeinhalb Prozent - der Tantiemen jeder Auflage als Rückersatz ihrer Auslagen für Bücher,Musikalien,Fahrtkosten,Schreibmaterial und anderer mit der Arbeit zusammenhängender Auslagen.

Der Verbandskasse werden 37,5% - siebenunddreißigeinhalb Prozent - der Tantiemen zugeführt.Bei den Musikkundebüchern bezieht die Verbandskasse die ihr zustehende n Tantiemen erst von der zweiten Auflage ab.Die Tantiemen

der

Abb. 4.1: Verband der Lehrer für Musik an den höheren Lehranstalten in Bayern: Niederschrift über den Beschluss der Vorstandschaft über die vom Verband herausgegebenen Schulwerke vom 1. Oktober 1950, Seite 1.

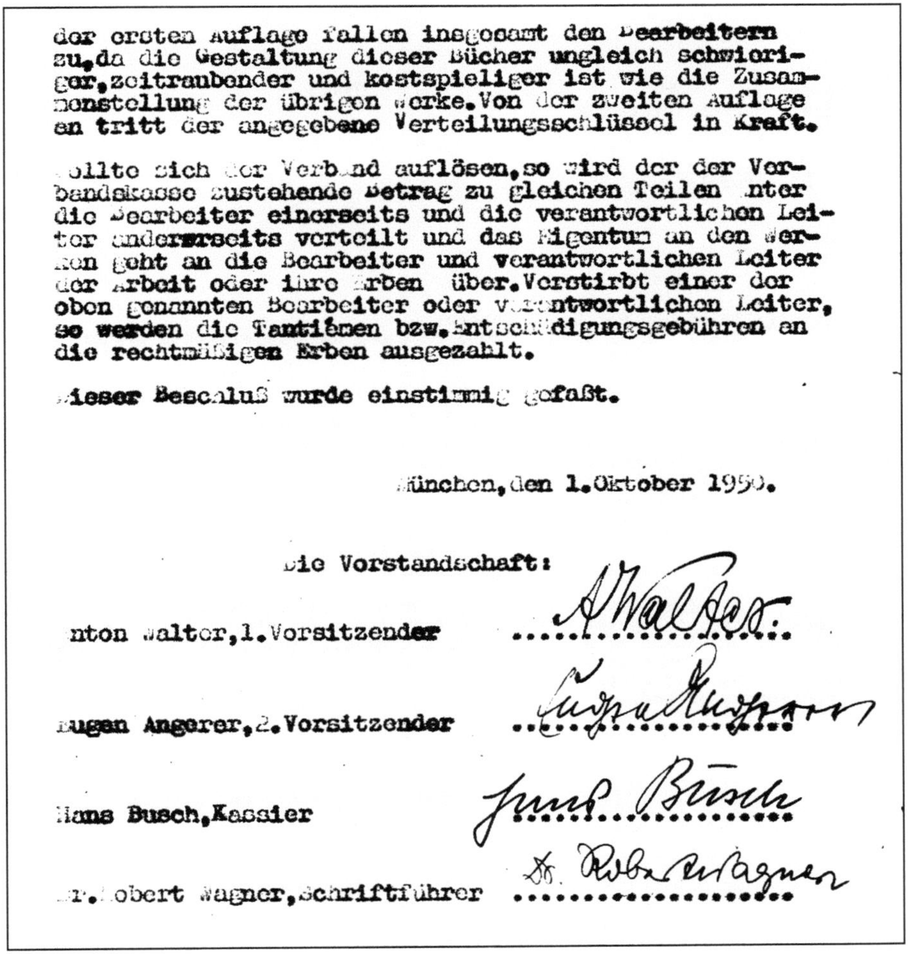

der ersten Auflage fallen insgesamt den Bearbeitern zu, da die Gestaltung dieser Bücher ungleich schwieriger, zeitraubender und kostspieliger ist wie die Zusammenstellung der übrigen Werke. Von der zweiten Auflage an tritt der angegebene Verteilungsschlüssel in Kraft.

Sollte sich der Verband auflösen, so wird der der Verbandskasse zustehende Betrag zu gleichen Teilen unter die Bearbeiter einerseits und die verantwortlichen Leiter andererseits verteilt und das Eigentum an den Werken geht an die Bearbeiter und verantwortlichen Leiter der Arbeit oder ihre Erben über. Verstirbt einer der oben genannten Bearbeiter oder verantwortlichen Leiter, so werden die Tantiemen bzw. Entschädigungsgebühren an die rechtmäßigen Erben ausgezahlt.

Dieser Beschluß wurde einstimmig gefaßt.

München, den 1. Oktober 1950.

Die Vorstandschaft:

Anton Walter, 1. Vorsitzender .... A. Walter.

Eugen Angerer, 2. Vorsitzender .... Eugen Angerer

Hans Busch, Kassier .... Hans Busch

Dr. Robert Wagner, Schriftführer .... Dr. Robert Wagner

Abb. 4.2: Verband der Lehrer für Musik an den höheren Lehranstalten in Bayern: Niederschrift über den Beschluss der Vorstandschaft über die vom Verband herausgegebenen Schulwerke vom 1. Oktober 1950, Seite 2.

5.9.1967

An das
Bayer. Staatsministerium
für Unterricht und Kultus

8 München
Salvatorplatz 2

Betreff: Zulassung von Schulbüchern;
hier: "Unser Lied" (Neubearbeitung des "Bayerischen Liederbuches").

Sehr geehrter Herr Ministerialrat!

Seit über einem Jahrzehnt ist das "Bayerische Liederbuch", herausgegeben vom Verband Bayerischer Schulmusikerzieher bei Anton Böhm u. Sohn, Augsburg/Max Hieber, München, ein lernmittelfrei genehmigtes Schulbuch, das in fast allen Schulen Bayerns verwendet wird. Um dieses Liederbuch den Forderungen des neuen Lehrplans und auch den veränderten Anforderungen unserer Zeit anzupassen, hat der Verband Bayerischer Schulmusikerzieher eine Kommission, bestehend aus bewährten Musikerziehern, gebildet, die eine Neuausgabe vorbereiten soll. Das Ergebnis dieser Arbeit liegt nun vor.

Ich darf das Manuskript der Neubearbeitung des Bayerischen Liederbuches, das jetzt wieder den früheren Titel "Unser Lied" tragen soll und bei Anton Böhm u. Sohn, Augsburg/Max Hieber, München erscheinen wird, dem Bayerischen Staatsministerium für Unterricht und Kultus vorlegen mit der Bitte, das Liederbuch nach Prüfung lernmittelfrei genehmigen zu wollen.

Mit vorzüglicher Hochachtung

(Georg Klimm)

Abb. 5: Verband Bayerischer Schulmusikerzieher e. V.: Schreiben von Georg Klimm an das Bayerische Staatsministerium für Unterricht und Kultus vom 5. September 1967: Zulassung von Lehrbüchern.

Betrachtet man die zu Beginn der siebziger Jahre an den bayerischen Gymnasien verwendeten Musikbücher insgesamt, so nehmen neben Lieder- und Chorbüchern Instrumentalschulen für den Gruppenunterricht den größten Raum ein.[424] Von den vom vbs herausgegeben Büchern sind an erster Stelle das „Chorbuch für

[424] Vgl. Amtsblatt Nr. 17/1971 vom 8. September 1971, S. 816 ff, Amtsblatt Nr. 10/1977 vom 30. Juni 1977, S. 273 f und Amtsblatt Nr. 9/1978 vom 20. Juni 1978, S. 193 f.

gemischte Stimmen für die Höheren Schulen“ und „Unser Lied – Ein Liederbuch für Schulen von der 5.–13. Klasse“ zu nennen.

Daneben fand besonders „Musik im Leben“,[425] das von Binkowski herausgegebene „Unser Liederbuch“[426] und Alts „Das musikalische Kunstwerk“[427] größere Verbreitung an den bayerischen Schulen.[428] Der Oberstufenband von Binkowskis „Unser Liederbuch, Musikkunde mit Beispielen“ war nur bis zu seiner neunten Auflage zur lernmittelfreien Verwendung an den Gymnasien in Bayern zugelassen.[429] Binkowskis „Musik um uns 7.–10. Jahrgangsstufe“ fand in der Realschule Verwendung.[430] Hierbei handelt es sich ausnahmslos um Bücher, die nicht der bayerischen Schulmusik entstammten.

Gerne wurde in den siebziger Jahren in den Jahrgangsstufen 5 bis 7 „Der junge Musikant“[431] verwendet, der mit seiner traditionellen Themenanordnung und unter Berücksichtigung unterschiedlicher Bereiche das Themenspektrum der damaligen Unterrichtsrealität widerspiegeln vermag: „Lieder“ (Seite 7 bis 145), „Vom richtigen Singen“ (Seite 146 bis 148), „Entwicklung der Notenschrift“ (Seite 149 bis 151), „Elementare Musiklehre“ (Seite 152 bis 166), „Musikalische Formen“ (Seite 167 bis 172), „Jazz“ (Seite 173 bis 175), „Instrumente“ (Seite 176 bis 183), „Lebensbilder“ (Seite 184 bis 214).

---

[425] Musik im Leben, Band 1. Frankfurt 1973. Die bayerische Ausgabe wurde von Hermann Schiegl bearbeitet.

[426] Binkowski, Bernhard: Unser Liederbuch Band II – Ausgabe C. Stuttgart 1975[10]. Vgl. zur Einschätzung der Situation der Neuveröffentlichung von Liederbüchern in den siebziger Jahren Gieseler: „…genügte es aber nicht, ein ansonsten sehr akzeptiertes Liederbuch (…) wie das ‘Singbuch’ aus dem Unterrichtswerk ‘Musik in der Schule’ durch flink aufgenommene fremdsprachige Lieder oberflächig zu modernisieren; aber auch zu kurz gegriffen erschienen Versuche, ältere Arbeits- und Liederbücher, die schon hohe Auflagen erzielt hatten, neu zu bearbeiten. Auch hier blieb bloße Addition, was eigentlich eine völlig neue Konzeption erfordert hätte. So in den beiden Bänden ‘Musik um uns’, die zurückgehen auf ‘Unser Liederbuch’ Band II und Oberstufenband.“ in: Gieseler, Walter: Orientierung am musikalischen Kunstwerk oder: Musik als Ernstfall, in: Schmidt, Hans-Christian (Hg.): Geschichte der Musikpädagogik (= Handbuch der Musikpädagogik Band 1). Kassel 1986, S. 201. Als völlige Neukonzeption kann „Lied & Song“ angesehen werden. Fenninger kommt in diesem Zusammenhang zu der entgegengesetzten Schlussfolgerung. Vgl. Fenninger, Josef: Untersuchung zum schulischen Musikunterricht in Bayern vom Ende des Zweiten Weltkriegs bis zum Beginn der siebziger Jahre. Frankfurt/Main 1997, S. 207.

[427] Alt, Michael: Das musikalische Kunstwerk I. Düsseldorf 1966 und Alt, Michael: Das musikalische Kunstwerk II. Düsseldorf 1965.

[428] Vgl. Amtsblatt Nr. 14/1974 vom 8. August 1974, S. 1096 ff.

[429] Vgl. Amtsblatt Nr. 5/1974 vom 15. März 1974, S. 435.

[430] Vgl. Amtsblatt Nr. 18/1976 vom 21. Oktober 1976, S. 481.

[431] Kirmeyer, Rudolf: Der junge Musikant (Hg.: Haus, Karl und Möckl, Franz). München 1972.

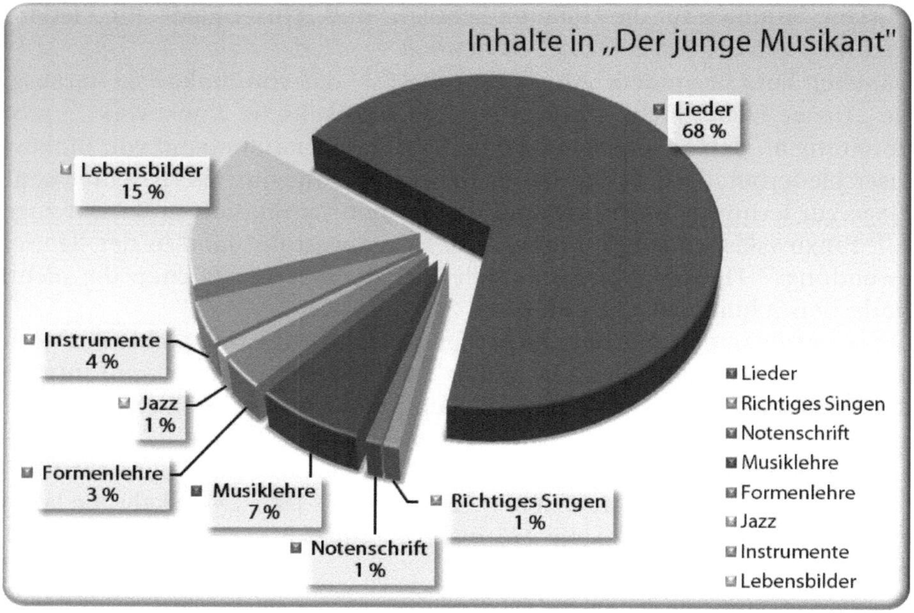

Ab Mitte der siebziger Jahre fanden auch weitere Neuerscheinungen eine gewisse Verbreitung[432], wie z. B. das Schulbuch „Resonanzen" (Diesterweg), das zum Teil sowohl im Volksschul- wie auch im Gymnasialbereich eingesetzt wurde,[433] „Klang und Zeichen" (BLV),[434] Rinderers „Ein Weg zur Musik",[435] oder zu Beginn der achtziger Jahre Seglers 1979 erschienenes „Musik aktuell Band 1: Neue Musik".[436] Ende der siebziger Jahre veröffentlichten Margarete Jürgensson-Rupprecht und Kurt Suttner, die auch dem vbs-Vorstand angehört hatten, im Auftrag des vbs das „Europäische Kunstlied", das für die Mittel- und Oberstufe an Gymnasien lernmittelfrei zugelassen wurde.[437] Für den Kollegstufenunterricht erschienen 1980 von Lenz Meierott und Hans-Bernd Schmitz die „Materialien zur Musikgeschichte, Band 1: Texte".[438]

[432] Vgl. Interview mit Wilhelm Lehr vom 24. August 1999.
[433] Vgl. Amtsblatt Nr. 28/1974 vom 20. Dezember 1974, S. 2016, Amtsblatt Nr. 10/1974 vom 31. Mai 1974, S. 709 und Amtsblatt Nr. 16/1978 vom 1. September 1978, S. 455.
[434] Vgl. Amtsblatt Nr. 4/1976 vom 30. März 1976, S. 67.
[435] Vgl. Amtsblatt Nr. 7/1976 vom 15. Juni 1976, S. 140.
[436] Vgl. Amtsblatt Nr. 17/1981 vom 15. September 1981, S. 631.
[437] Vgl. Amtsblatt Nr. 22/1979 vom 20. Dezember 1979, S. 586.
[438] Vgl. Amtsblatt Nr. 17/1980 vom 16. Oktober 1980, S. 601.

Eine Gesamtaufstellung der Ende der siebziger Jahre zugelassenen Lernmittel findet sich im „Verzeichnis der zum Gebrauch an Schulen zugelassenen Lernmittel“ vom 4. Mai 1979[439] und vom 3. Juni 1980.[440]

2.4.2 Das Liederbuch „Lied & Song"

Zur Vorbereitung dieses neuen Liederbuches, das als Nachfolgewerk des bayerischen Liederbuches „Unser Lied“ gedacht war, führte der vbs in seinem Rundbrief 1/73 eine Erhebung durch. Gefragt wurde nach maximal zehn Liedern, die von den Schülern am liebsten gesungen werden. 64 Erhebungsbögen (ca. 10%) wurden an den vbs zurückgesandt.[441] Im vbs-Rundbrief 4/73 wurden die fünf am meisten genannten Lieder aufgeführt: Kaljinka, What shall we do, Dort drunt im schönen Ungarland, When Israel was in Egyptsland, Ma come bali bella bimba. Der Trend ging also eindeutig in Richtung ausländisches Liedgut, Folklore und Spirituals. Auch die nächstfolgenden fünf Lieder bestätigten dies: Wenn die bunten Fahnen wehen, Nobody knows the troubles, Swanee River, Swing low und Ein Mann, der sich Kolumbus nannt´.

Unter Benker setzte der vbs mehrere, nach Themengruppen aufgeteilte Arbeitsgruppen ein, die das neue Liederbuch konzipierten, da die noch im Gebrauch stehenden Liederbücher mit ihren nicht mehr zeitgemäß geltenden Inhalten als überholt galten. Benker selbst übernahm schließlich die Koordination der einzelnen Arbeitsgruppen.

Außer zehn Nationalhymnen beinhaltet das Buch neben tradiertem Liedgut[442] sehr viele jugend- und zeitgemäße Lieder. Viele Notentexte sind mit Akkordangaben oder Begleitsätzen versehen. Besonders durch die große Anzahl moderner und an der Rock- und Popkultur orientierter Lieder wurde „Lied & Song“ ein großer Verkaufserfolg, da Ähnliches auf dem Markt nicht vorhanden war.[443] Der zweite Teil des Titels „& Song“ muss daher für das Gesamtkonzept als wesentlich betrachtet werden.

---

[439] Vgl. Amtsblatt Nr. 10/1979 vom 7. Juni 1979, S. 197 ff; Musik an Gymnasien: S. 263 ff.

[440] Vgl. Amtsblatt Nr. 9/1980 vom 10. Juni 1980, S. 253 ff; Musik an Gymnasien: S. 329 ff.

[441] Zur genauen Auswertung der Umfrage vgl. Benker, Heinz: Bevorzugte Lieder, in: Musik und Bildung 9/1973, S. 473 f.

[442] Vgl. die Kapitel „Musik“ und „Jahreszeiten“.

[443] Vgl. Kapiteleinteilung von „Lied & Song“: „Musik/Morgen und Abend/Jahreszeiten/Advent, Weihnachten/Geistliches Lied/Wandern und Reisen/Liebe/Tanz/Geselligkeit, Spiel, Scherz, Shanty/Spiritual, Gospel, Blues/Pop, Song/Landsknechte, Reiter/Historische Lieder/Abschied, Besinnung/Nationalhymnen“.

Das Kapitel „Musik und Sprache“ enthält Sprechstücke in größerer Anzahl. Die Beiträge zum Thema „Sprach-Musik“, darunter viele Eigenkompositionen von Benker, stellten Material bereit, um die Lehrplanforderung „an der Gestaltung von Liedern, Spiel- und Sprechstücken aktiv teilzunehmen“[444] zu erfüllen. Gleichsam war damit Unterrichtsmaterial zur Verfügung gestellt, um das Thema „Neue Musik“ mit ihren unterschiedlichen Erscheinungsformen in einem größeren Rahmen für schulische Belange aufzubereiten.

Auch ein umfassender didaktischer Teil im Anhang des Buches, der im Schulalltag leider nur wenig benutzt wurde, brachte neue musikpädagogische Erkenntnisse, die auch nach Jahren noch als mustergültig betrachtet wurden. So lobte Göstl 1996, also noch 20 Jahre nach der Erstveröffentlichung des Buches, dessen inhaltliche Bandbreite und methodisch-didaktische Aufbereitung, kritisierte aber gleichzeitig eine zum Teil ineffiziente Nutzung:

„Was die Literaturauswahl und den Umfang des Buches angeht, ist es („Lied & Song“, d. Verf.) von gleicher hervorragender Qualität wie das oben angesprochene (Gottfried Wolters, ars musica, Band I, d. Verf.) (…) Gute Titel aus dem Bereich Pop wurden dabei ebenso aufgenommen wie im leider häufig vernachlässigten hinteren, ‘gelben’ Teil des Buches einige Sprechstücke. (…) Die ergänzenden Arbeitshilfen sind ausgezeichnet und auch für nicht so versierte Chorleiter (! d. Verf.) meist gut umsetzbar. Der Druck ist überall dort übersichtlich, wo er nicht durch zu viel eingerückte Strophen oder Begleitstimmen zu sehr auseinanderfällt. Immer wieder stellt sich auf Seminaren heraus: Das Buch ist zwar bekannt, es werden aber die ausgezeichneten Anregungen zum Einsingen und zur Behandlung der Hintergründe der Lieder im hinteren Teil des Buches einfach nicht genutzt. Die Verzeichnisse am Ende erlauben einen gezielten und schnellen Zugriff, das Buch ist also für die tägliche Praxis hervorragend geeignet. Auch die Singlagen sind wieder gut zu übernehmen, manchmal könnte man höher transponieren.“[445]

Bereits in den ersten Jahren erreichte „Lied & Song“ sehr hohe Auflagenzahlen.[446] Mit einer Gesamtauflagenhöhe von 405.050 Exemplaren und einem sich daraus errechnenden Gesamtumsatz von 8.567.025,00 DM kann „Lied & Song“ als eines der erfolgreichsten Schulliederbücher in Deutschland bezeichnet werden. Für den vbs ergaben sich daraus bereits in den Jahren 1976 bis 1980 Tantiemen in Höhe von 85.000,00 DM, insgesamt ergaben sich Tantiemen in Höhe von

[444] Amtsblatt, Sondernummer 18/1976 vom 20. Oktober 1976, S. 652.
[445] Göstl, Robert: Singen mit Kindern. Regensburg 1996, S. 80.
[446] Vgl. Anhang A 7.

rund 150.000,00 DM,[447] eine starke finanzielle Rücklage, die für die Verbandsarbeit zur Verfügung stand.

Für die Ausbildung der zukünftigen bayerischen Schulmusiker bedeutend ist die Tatsache, dass jeder Schulmusikstudent an den Musikhochschulen in München und Würzburg im Erscheinungszeitraum ein Freiexemplar des Buches zur Verfügung gestellt bekam. Die Ausbildung im Fach „Schulpraktisches Klavierspiel" orientierte sich über lange Zeit an „Lied & Song". Es ist damit zu rechnen, dass die jungen Schulmusiker die Titel des Buches verstärkt in ihrem Unterricht verwendeten und noch heute verwenden.

Mit „Bekanntmachung Nr. A/11-12/163 279 vom 3. November 1976" wurde „Lied & Song" lernmittelfrei für Volksschulen, Realschulen und Gymnasien zugelassen.[448]

„Lied & Song" fand auch bei den bayerischen Schülerinnen und Schülern regen Zuspruch, wie mehrere Schreiben beweisen. Aus dem Jahr 1985 stammt ein Schreiben eines Münchener Schülers, der darauf aufmerksam macht, dass bei dem Lied „Ce matin" der französische Originaltext aus zwei Strophen, die deutsche Textunterlegung aber nur aus einer Strophe besteht.[449] In der Neuauflage von 1991/92 wurden die entsprechend notwendig erscheinende Ergänzung mit aufgenommen.

[447] pro verkauftes Exemplar im Durchschnitt 0,375 DM: 37,5% von 1,02 DM im Jahr 1976 bis 37,5% von 1,14 DM im Jahr 1997, jeweils abzüglich 5% honorarfreier Exemplare.

[448] Vgl. Amtsblatt Nr. 21/1976 vom 10. Dezember 1976, S. 627 f.

[449] Vgl. Abb. 6.

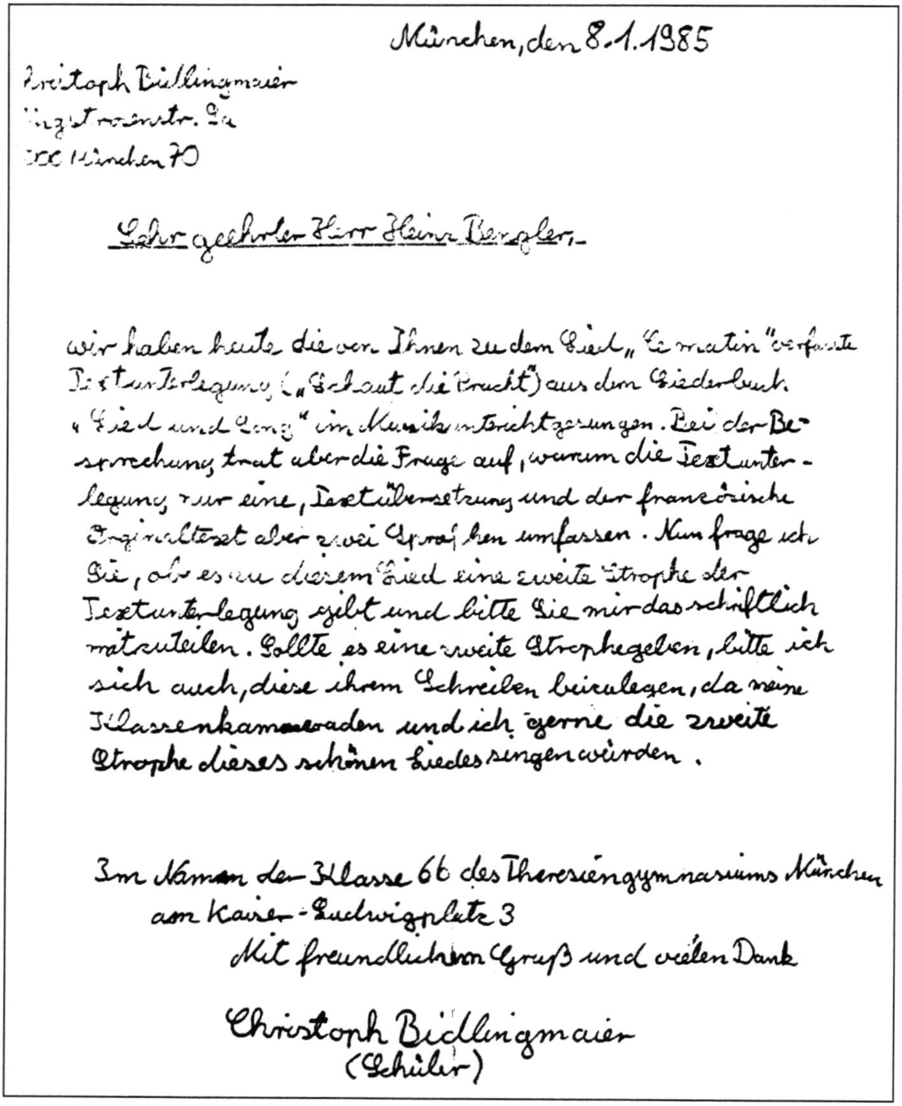

München, den 8.1.1985

Christoph Bidlingmaier
Ingolstädterstr. 2a
8000 München 70

Sehr geehrter Herr Heinz Benzler,

wir haben heute die von Ihnen zu dem Lied „Le matin" verfaste Textunterlegung („Schaut die Pracht") aus dem Liederbuch „Lied und Song" im Musikuntericht gesungen. Bei der Besprechung trat aber die Frage auf, warum die Textunterlegung nur eine, Textübersetzung und der französische Orginaltext aber zwei Strophen umfassen. Nun frage ich Sie, ob es zu diesem Lied eine zweite Strophe der Textunterlegung gibt und bitte Sie mir das schriftlich mitzuteilen. Sollte es eine zweite Strophe geben, bitte ich sich auch, diese ihrem Schreiben beizulegen, da meine Klassenkameraden und ich gerne die zweite Strophe dieses schönen Liedes singen würden.

Im Namen der Klasse 6b des Theresiengymnasiums München
am Kaiser-Ludwigplatz 3
Mit freundlichem Gruß und vielen Dank

Christoph Bidlingmaier
(Schüler)

Abb. 6: Schreiben des Schülers Christoph Bidlingmaier an Heinz Benker vom 8. Januar 1985.

Eine besondere Anerkennung erfuhr das Schulliederbuch „Lied & Song" im Jahr 1989. Im Rahmen einer Feierstunde im Münchener Rathaus wurde Benker als Vertreter des Autorenteams am 9. März 1989 die Urkunde „Europa-Schulbuchpreis 1989" von der Europa-Union München ausgehändigt.

2.4.3 Das Schulbuch „Musicassette 5/6"

Bereits in den sechziger Jahren hatte Benker zwei Musikbücher veröffentlicht: „Von Note zu Note" und „Vom Ton zum Klang".[450] Beiden Bänden lag jeweils eine gleichnamige Fernsehreihe des Bayerischen Rundfunks zu Grunde. Benker verfolgte dabei den Ansatz, dem Schüler, damit also dem Hörer bzw. Leser, Bausteine der musikalischen Elementarlehre in kleinen Schritten und an bekannten Beispielen der Musikgeschichte zu vermitteln. Eine Begegnung zwischen musikalischer Theorie und Werkhören war damit möglich und erwünscht. Benkers Zielsetzung war „die Darstellung der Vielfalt musikalischer Formen für den musiktheoretisch kaum beschlagenen Laien, um ihm über ein rein intuitives Erleben hinaus einen bewußteren Zugang zur Musik zu öffnen."[451]

Bei der Aufbereitung der beiden Bücher fallen besonders die auch für die Sendereihe als bedeutend erachteten methodischen Gesichtspunkte auf, die Benker als wichtigen Ansatzpunkt jeglicher musikpädagogischer Bemühungen sah: „Der Stoff soll möglichst lebendig dargeboten werden. Es gilt, das Modell (...) zu entwickeln, in der die didaktischen und unterhaltsamen Passagen möglichst nahtlos miteinander verknüpft bzw. identisch sind. (...) Der Lehrstoff muß jedoch in jedem Fall primär durch folgende Mittel dargeboten und veranschaulicht werden: 1a Visuell: Graphik, Trick, Licht, Bauelemente (...) 1b Motorisch (Bewegungsstrukturen, Tanz, Szene 2 Akustisch (Instrumental, Vokal) (...) Trotz der stoffbedingten Systematik ist eine ins Detail gehende Vollständigkeit abzulehnen, wenn darunter die Attraktivität leidet. (...)

Um vor allem die jüngere Generation zu gewinnen, müssen verstärkt Beispiele aus der modernen Musik eingebaut werden. So sind viele deutsche Volkslieder Relikte aus einer Zeit, in der die Rhythmik im Vergleich zur Harmonik und Melodik stark in den Hintergrund trat. Auf solche Beispiele muß deshalb auch dann verzichtet werden, wenn sie für die stoffliche Darstellung besonders geeignet erscheinen."[452]

Dieser für die Mitte der sechziger Jahre sehr fortschrittlich erscheinende Ansatz ist allerdings in den Büchern sowie in den angeführten Hörbeispielen der Sendereihen nicht nachzuweisen. Benker vertraute doch wieder den „alten Meistern"

[450] Benker, Heinz: Von Note zu Note, Notenkunde und Melodienlehre. München 1966 und Benker, Heinz: Vom Ton zum Klang, Klangkunde. München 1969. Vgl. auch Amtsblatt Nr. 6/1970 vom 23. März 1970, S. 164.

[451] Benker, Heinz: Überlegungen zur Sendereihe. Maschinenschriftliches Typoskript, datiert vom 1. Mai 1966. 9 Seiten, S. 1.

[452] A. a. O., S. 1 ff.

und dem „deutschen Volkslied", so dass beide Werke einer eindeutigen „Orientierung am Kunstwerk" zuzuordnen sind.

Ähnlich verhält es sich bei Benkers neuem Schulbuch „Musicassette 5/6", [453] das er Ende der siebziger Jahre zusammen mit der Mitautorin Lisl Hammaleser[454] für den Bayerischen Schulbuchverlag für die 5. und 6. Jahrgangsstufe der Gymnasien in Bayern (Orientierungsstufe) erarbeitete. Auch hier finden wir eine ähnliche Grundstruktur, nämlich das schrittweise Heranführen an komplexere Themengebiete. Ebenfalls übernommen wurden inhaltliche Zusammenfassungen am Ende der einzelnen Kapitel und sog. „Übungsprogramme", d. h. Aufgaben für den Schüler. Die Konzeption von „Musicassette 5/6" ging auf eine Initiative von Benker zurück. Der vbs war bei diesem Werk als Herausgeber nicht beteiligt. Es handelt sich bei „Musicassette 5/6" um den einzigen Doppelband für das Fach Musik für zwei Jahrgangsstufen, der in Bayern bis dahin lernmittelfrei zugelassen wurde. Die Zulassung erfolgte sowohl für das Gymnasium als auch für die Hauptschule.[455]

Der vbs veröffentlichte nach Erscheinen des Buches in der NMZ eine kurze Beschreibung, in der insbesondere auf den Bezug zum Curricularen Lehrplan hingewiesen wurde: „'Musicassette' ist ein Unterrichtswerk, das nach den Erfordernissen des curricularen Lehrplans für das Fach Musik in der Orientierungsstufe konzipiert ist. Ein Doppelband erwies sich als notwendig in enger Anlehnung an diesen Lehrplan, der die 5. und 6. Klasse nicht trennt, sondern als eine Einheit sieht. Das Buch ist in 15 Kapitel gegliedert. Neben knapp formulierten Sachinformationen werden Aufgaben und Übungen zur Lernzielkontrolle und Leistungserhebung sowie Zusammenfassungen am Ende der Kapitel angeboten.

Hinweise, Anregungen und Modelle für Gestaltungsversuche und eigenes Singen und Musizieren, Lieder, Sprech- und Spielstücke geben – neben der Wissensvermittlung und Gehörerziehung – der Förderung kreativer Fähigkeiten einen breiten Raum. Randspalten (mit den wichtigsten Sachbegriffen), Zeichnungen und Fotos, übertragbare Raster und zwei Register sollen dem Schüler wie auch dem Lehrer die Handhabung des Buches erleichtern." [456]

Die Kapiteleinteilung von „Musicassette 5/6" entsprach der des Curricularen Lehrplans. Neben dem eher kleinschrittigen Bereitstellen von Informationen schulen vielfältige Aufgabenstellungen unterschiedliche Umgangsweisen mit

---

[453] Benker, Heinz/Hammaleser, Lisl: Musicassette 5./6. Jahrgangsstufe. München 1980.
[454] Vgl. Helms/Schneider/Weber: Neues Lexikon der Musikpädagogik – Personenteil. Kassel 1994, S. 79.
[455] Vgl. Amtsblatt Nr. 15/1980 vom 7. September 1980, S. 563 und Amtsblatt Nr. 19/1980 vom 26. November 1980, S. 633.
[456] Stampfl in NMZ Juni 1980, S. 33.

Musik. Ausgehend vom Thema „Schall" (Kapitel 1) werden die Schüler über die unterschiedlichen Parameter (Kapitel 2: „Lautstärke", Kapitel 3: „Tondauer", Kapitel 4: „Tonhöhe", Kapitel 5: „Tonart") und mit Hilfe einer großen Anzahl von altersgerechten Liedern an die Musik herangeführt. Die Einbeziehung von Musik in das alltägliche Umfeld der Schüler (Kapitel 8: „Musik überall", in dem auch auf Hörfunkprogramme eingegangen wird und Kapitel 9: „Musik und Wirkung") wird ebenso gewährleistet wie unbekannte Musiken (ein Spielstück in Art des „Gamelan" in Kapitel 7: „Sprache und Musik"). An verschiedenen Stellen werden traditionelle (Kapitel 11: „Intervalle", Kapitel 12: „Moll", Kapitel 14: „Musik und Form") und avantgardistische (Kapitel 13: „Zusammenklang") Musikwerke als Beispiele für musiktheoretische Zusammenhänge herangezogen. Im Anhang finden sich zum praktischen Musizieren im Klassenverband Spielsätze, die gut für die „dritte Musikstunde" in der 5. Jahrgangsstufe geeignet waren.

Um die inhaltliche Konzeption von „Musicassette 5/6" und eine möglicherweise typisch bayerische Einstellung darin zu verdeutlichen, sollen an dieser Stelle Inhalte des Werks mit dem vier Jahre später erschienenen Schulbuch „Spielpläne 5/6"[457] und dem bereits 1979 erschienenen „Musik hören – machen – verstehen 5/6"[458] verglichen werden. Der Vergleich mit „Spielpläne 5/6" und „Musik hören – machen – verstehen 5/6" bietet sich dabei aus mehreren Gründen an:

Alle drei Werke sind als Doppelband für die Jahrgangsstufen 5 und 6 konzipiert, stammen aus der gleichen Zeit und vertreten einen eher offenen didaktischen Ansatz. Seit der Neuauflage zu Beginn der neunziger Jahre,[459] die in Folge der Lehrplanumstellung notwendig geworden war, finden „Musicassette" und „Spielpläne" – jetzt als Einzelbände – an den bayerischen Gymnasien Verwendung. „Musik hören – machen – verstehen" war in Bayern nie lernmittelfrei zugelassen und spielte deshalb für den Unterricht an den bayerischen Schulen kaum eine Rolle.

---

[457] Becker, Peter/Kemmelmeyer, Karl-Jürgen/Kreft, Ekkehard/Nykrin, Rudolf: Spielpläne Musik 5/6. Stuttgart 1984.

[458] Lugert, Wulf Dieter: Musik hören – machen – verstehen – Arbeitsbuch für den Musikunterricht in den Klassen 5/6. Stuttgart 1979.

[459] Vgl. Hammaleser, Lisl/Taubald, Richard: Musicassette 5B. München 1993; Hammaleser, Lisl/Taubald, Richard: Musicassette 6B. München 1994; Kemmelmeyer, Karl-Jürgen/Nykrin, Rudolf: Spielpläne Musik 5/Bayern. Stuttgart 1992; Kemmelmeyer, Karl-Jürgen/Nykrin, Rudolf: Spielpläne Musik 6/Bayern. Stuttgart 1992; Bei diesen Nachfolgebänden handelt es sich um die beiden einzigen Schulbuchreihen, die – ab Gültigkeit des neuen Lehrplans von 1992 – für den Gebrauch an den bayerischen Gymnasien lernmittelfrei zugelassen worden sind. Eine eigene Bayern-Ausgabe von „Spielpläne" war aus zwei Gründen erforderlich: Zum Ersten mussten die besonderen Anforderungen des bayerischen Lehrplans berücksichtigt werden, zum Zweiten musste jeweils ein Band für die Jahrgangsstufe 5 und ein Band für die Jahrgangsstufe 6 geschaffen werden, da jahrgangsübergreifende Bänder zu diesem Zeitpunkt in Bayern generell nicht mehr zugelassen waren.

Betrachtet man zunächst den Stellenwert des enthaltenen Liedgutes, ist Folgendes festzustellen:

Lieder	Musicassette 5/6		Spielpläne 5/6		Musik hören – machen – verstehen 5/6	
Gesamtzahl	50		112		41	
Bayerische Lieder	5	10%	8	7%	---	0%
Lieder in Englisch	5	10%	9	8%	14	34%
Lieder in anderen Sprachen	5	10%	11	10%	5	12%
Deutsche Lieder	35	70%	84	75%	22	54%

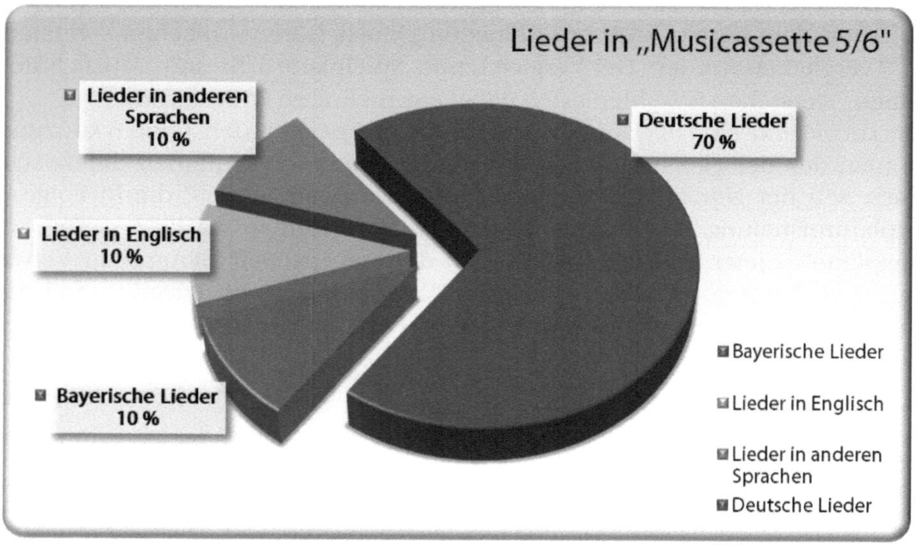

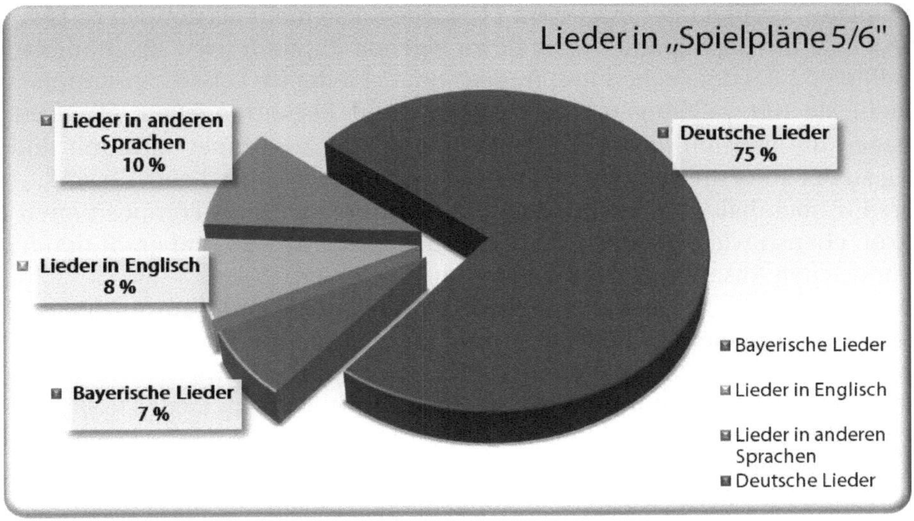
Lieder in „Spielpläne 5/6"
Lieder in anderen Sprachen 10 %
Deutsche Lieder 75 %
Lieder in Englisch 8 %
Bayerische Lieder 7 %
Bayerische Lieder
Lieder in Englisch
Lieder in anderen Sprachen
Deutsche Lieder

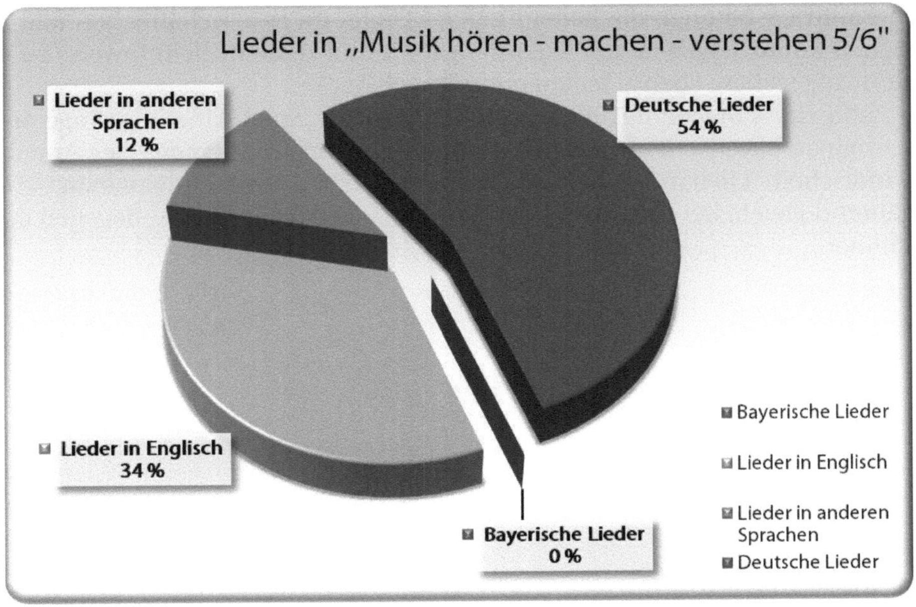
Lieder in „Musik hören - machen - verstehen 5/6"
Lieder in anderen Sprachen 12 %
Deutsche Lieder 54 %
Lieder in Englisch 34 %
Bayerische Lieder 0 %
Bayerische Lieder
Lieder in Englisch
Lieder in anderen Sprachen
Deutsche Lieder

„Spielpläne" verfügt über insgesamt 112 Lieder, also mehr als doppelt so viele wie „Musicassette". „Spielpläne" fasst sie zu eigenen Kapiteln wie z. B. „Kanons und Quodlibets", „Lieder suchen und finden" oder „Lieder im Leben" zusammen und versieht sie mit vielfältigen Informationen und Begleitmodellen. Dagegen erscheinen die meisten Lieder in „Musicassette" im Zusammenhang mit und als Beleg zu der zu vermittelnden Elementarlehre, also als „Mittel zum Zweck". „Musicassette" beinhaltet neben den Liedern, darunter vier Eigenkompositionen von Benker, ebenso wie „Spielpläne" auch sieben Sprechstücke und greift damit den methodischen Ansatz von „Lied & Song" auf.

„Musik hören – machen – verstehen" beinhaltet die geringste Anzahl an Liedern insgesamt, aber die höchste Anzahl an Liedern in englischer Sprache. Alle Lieder sind im vorletzten und umfangreichsten Kapitel des Buches zusammengefasst und thematisch geordnet: „Scherz- und Spottlieder", „Lieder über die Liebe", „Lieder zur Arbeit", „Kinderlieder", „Lieder über den Krieg", „Lieder aus der Zeit der Sklaverei", „Lieder über die Jahreszeiten", „Gebrauchslieder", Kanon" und „Tanz". Zu jedem Lied werden umfangreiche inhaltliche und entstehungsgeschichtliche Informationen gegeben. Die zu den Liedern jeweils angegebenen Arbeitsaufträge betonen die Bedeutung der Lieder im gesellschaftlichen und historischen Kontext. Neben den Akkordangaben sind keine Begleithinweise zu den Liedern angegeben, ebenso fehlen reine Sprechstücke.

Auffällig muss in jedem Fall der – im Vergleich zu „Spielpläne" – geringe Anteil von originär bayerischem Liedgut in „Musicassette" erscheinen. Der Anteil an ausländischem Liedgut ist bei „Musicassette" (20%) und „Spielplänen" (18%) annähernd gleich, bei „Musik machen – hören – verstehen" (46%) dagegen deutlich höher.

In Bezug auf die unterschiedlichen Inhalte des Musikunterrichtes sind bei den drei Büchern folgende Schwerpunktsetzungen zu erkennen:[460]

Inhalte	Musicassette 5/6		Spielpläne 5/6		Musik hören – machen – verstehen 5/6	
Umfang	180 Seiten		216 Seiten		140 Seiten	
Lieder	24 Seiten	13%	51 Seiten	24%	54 Seiten	38%
Spielstücke/Improvisation	32 Seiten	18%	34 Seiten	16%	5 Seiten	4%
Tänze/Bewegung	---	0%	6 Seiten	3%	1 Seite	1%
Elementarlehre	75 Seiten	42%	28 Seiten	13%	13 Seiten	9%
Hören von Musik	24 Seiten	13%	18 Seiten	8%	26 Seiten	19%
Komponistenportraits/ Werkbetrachtung	16 Seiten	9%	46 Seiten	21%	12 Seiten	8%
Neue Musik	1 Seite	1%	10 Seiten	5%	1 Seite	1%
Instrumentenkunde	---	0%	13 Seiten	6%	11 Seiten	8%
Musik & Kommerz	---	0%	---	0%	13 Seiten	9%
Verzeichnisse	8 Seiten	4%	10 Seiten	4%	4 Seiten	3%

[460] Abbildungen und Titelseiten wurden den jeweiligen Themengebieten zugeordnet.

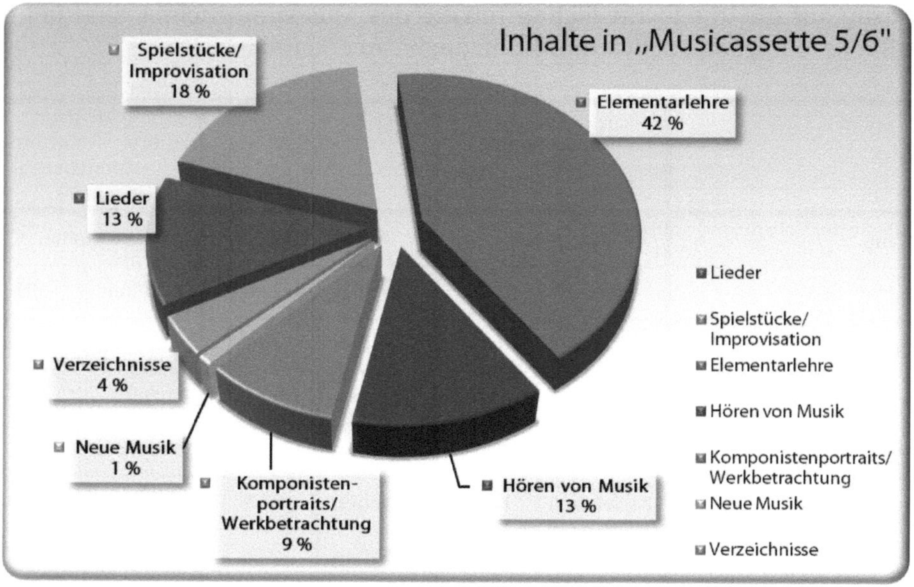
Inhalte in „Musicassette 5/6"
Spielstücke/ Improvisation 18 %
Elementarlehre 42 %
Lieder 13 %
Verzeichnisse 4 %
Neue Musik 1 %
Komponisten-portraits/ Werkbetrachtung 9 %
Hören von Musik 13 %
Lieder
Spielstücke/ Improvisation
Elementarlehre
Hören von Musik
Komponistenportraits/ Werkbetrachtung
Neue Musik
Verzeichnisse

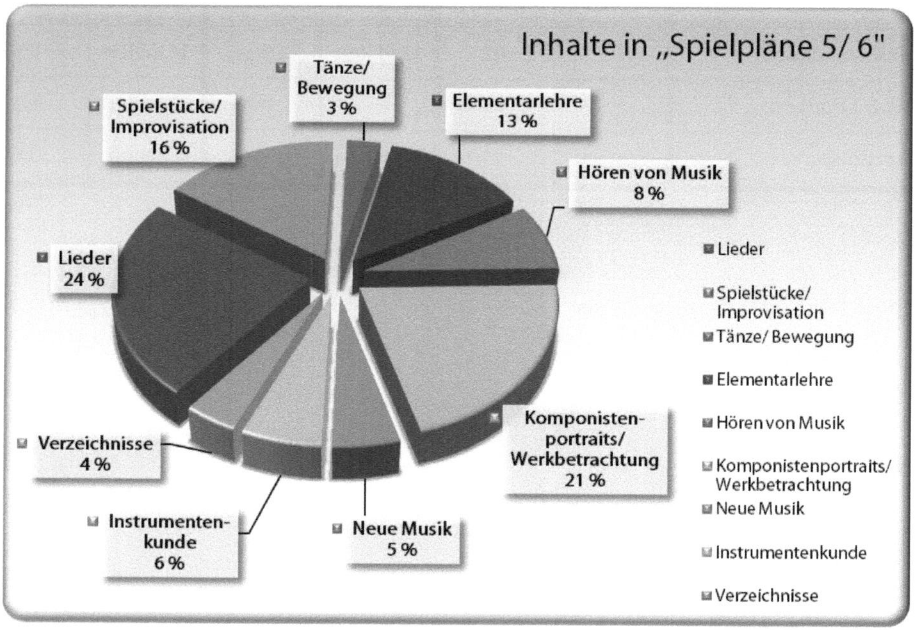
Inhalte in „Spielpläne 5/ 6"
Tänze/ Bewegung 3 %
Spielstücke/ Improvisation 16 %
Elementarlehre 13 %
Hören von Musik 8 %
Lieder 24 %
Verzeichnisse 4 %
Komponisten-portraits/ Werkbetrachtung 21 %
Instrumenten-kunde 6 %
Neue Musik 5 %
Lieder
Spielstücke/ Improvisation
Tänze/ Bewegung
Elementarlehre
Hören von Musik
Komponistenportraits/ Werkbetrachtung
Neue Musik
Instrumentenkunde
Verzeichnisse

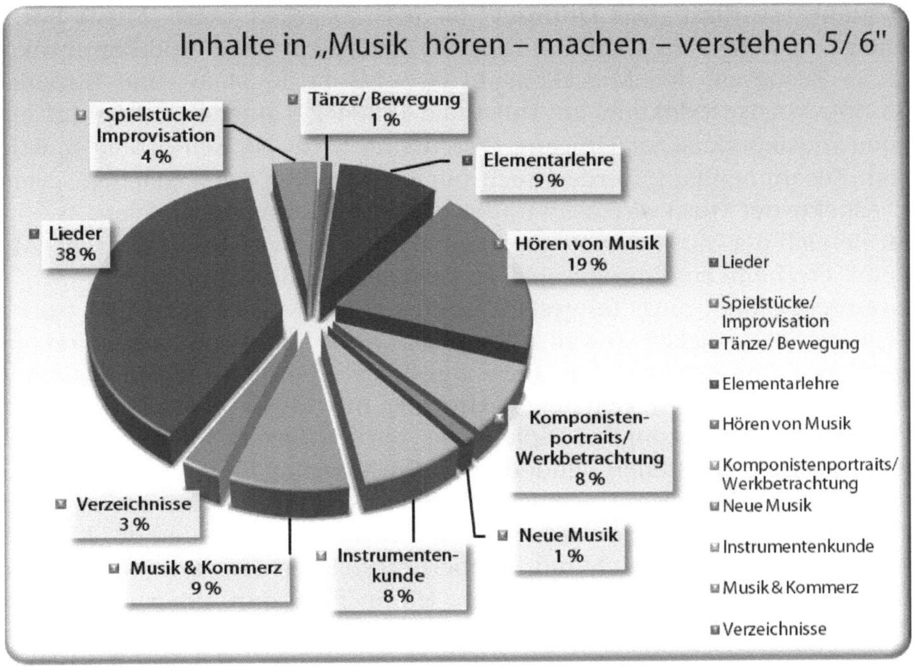

Die Gegenüberstellung dieser drei Schulmusikbücher zeigt, dass die musikalische Elementarlehre, ein wichtiger Bestandteil traditionellen Musikunterrichtes, in „Musicassette“ mit deutlichem Abstand an erster Stelle steht, ein klares Spiegelbild für die bayerische Schulmusik. Die Verbindung zum aktiven Umgang mit Musik beziehungsweise zum musikalischen Hören wird kaum hergestellt, die Verbindung zur Bewegung entfällt. Dadurch und durch die fast absolute Ausgrenzung von „Neuer Musik“ widerspricht „Musicassette“ musikdidaktischen Forderungen, wie sie Ende der siebziger Jahre bundesweit gestellt worden sind.[461] „Musicassette“ stellt sich dadurch auf die Seite traditionellen Musikunterrichtes, während „Spielpläne“ und „Musik hören – machen – verstehen“ stärker gegenwartsbezogenen Forderungen nachgekommen ist.

Der Rock- und Popbereich spielt bei „Musicassette“ und „Spielpläne“ so gut wie keine Rolle. „Musicassette“ beschränkt sich auf zwei Fotos aus diesem Bereich („Popgruppe (sic!) Deep Purple“ S. 82, „Schlagerduo Baccara“ S. 140),

[461] Vgl. Müller, A. M./Ehrenforth, Karl Heinrich: Musikerziehung und die Herausforderung der Gegenwart, in: Musikerziehung als Herausforderung der Gegenwart – Kongressbericht 13. Bundesschulmusikwoche Braunschweig 1980 (Hg.: Karl Heinrich Ehrenforth). Mainz 1981, S. 24 ff.

„Spielpläne" erwähnt „Das Drumset" (S. 104). Dagegen weist „Musik hören – machen – verstehen" in mehrerlei Hinsicht Bezüge zur Rock- und Popmusik auf, sei es in Bezug auf den Musikkonsum (S. 9 bis 11, S. 34–37) und Hitparaden (S. 38–40), Musikproduktion im Tonstudio (S. 24–27) oder in Bezug auf einen eigenen musikpraktischer Umgang (Percussion S. 28–30, Schlagzeug S. 62). In diesem Zusammenhang werden auch nur in „Musik hören – machen – verstehen" Aspekte der Musikwirtschaft und des Musikkonsums thematisiert.

Der Bereich der Musikethnologie bleibt in allen Büchern ausgespart, in „Musicassette" erscheint ein Einzelbeispiel zu Gamelan-Musik (S. 73).

Zusammengefasst muss festgestellt werden, dass „Musicassette 5/6" trotz seiner Theorieüberlastigkeit sowohl auf der Basis eines hermeneutischen und handlungsorientierten Ansatzes wie auch aus einer erfahrungserschließenden Anschauung heraus einen vielfältigen Umgang mit Musik ermöglichen konnte. Ähnlich ist die Zielsetzung bei „Spielpläne" einzuschätzen, während bei „Musik hören – machen – verstehen" eindeutig der Begeisterung für Unterhaltungsmusik nachgegangen wird. Damit versucht „Musicassette 5/6" zwar, die bestehende Kluft zwischen der Musik, die im Unterricht behandelt wird, und der Musik, die Jugendliche in ihrer Freizeit hören, zu überbrücken und den Lernenden zu einem „mündigen Konsumenten" zu erziehen. Hierin liegt zum einen allerdings die Gefahr, dass musikimmanente Bereiche zu Lasten eines „Reden über Musik" vernachlässigt werden. Gleichzeitig bedeutete das Aussparen wesentlicher Aspekte letzten Endes doch wieder ein Festhalten an Traditionen.

Die vorliegende Arbeit kann keine detaillierte Schulbuchanalyse leisten. Es sollte nur der Unterschied zwischen Veröffentlichungen, die vom vbs mitgeprägt waren, und anderen Schulbüchern aufgezeigt werden.

Für die Jahrgangsstufen 7 bis 10 erschienen in den achtziger Jahren jeweils auf den Lehrplan der einzelnen Jahrgangsstufe abgestimmte Folgebände von „Musicassette".[462]

---

[462] Gieseler kritisiert indirekt Inhalte des Folgebandes „Musicassette 7" (Hammaleser, Lisl/Taubald, Richard: Musicassette 7. Jahrgangsstufe. München 1985: „Allerdings erscheint die Beschränkung im letzteren Band (Musicassette 7, d. Verf.) auf Musikerbiographien von Bach, Mozart, Beethoven, Schubert und Bártok nicht recht einsichtig, man hätte auch genau so gut eine andere Auswahl treffen können." in: Gieseler, Walter: Orientierung am musikalischen Kunstwerk oder: Musik als Ernstfall, in: Schmidt, Hans-Christian (Hg.): Geschichte der Musikpädagogik (= Handbuch der Musikpädagogik Band 1). Kassel 1986, S. 204. Gieseler verkennt hier die Bedeutung des Lehrplans in Bayern, zum einen allgemein, zum anderen in Bezug auf die Zulassung von lernmittelfreien Schulbüchern.

2.5 Die Vertretung standespolitischer Interessen

Hauptaufgabe der Verbandsarbeit des vbs war und ist die Vertretung der standespolitischen Interessen.[463] Als Ausgangspunkt dafür sind zunächst die Gefahrenpunkte zu nennen, die zu Beginn der siebziger Jahre die Situation der Schulmusik geprägt haben:[464]

1. Rückgang des Singens und Musizierens in den Schulen, besonders auch in den Volksschulen
2. Rückgang des Musikunterrichts an den Realschulen und den berufsbildenden Schulen
3. Probleme im gymnasialen Musikunterricht durch Abnahme der in der Stundentafel ausgewiesenen Stundenzahl, durch Unterbrechung der Kontinuität und durch Lehrermangel
4. Rückgang des Instrumentalunterrichtes, damit Bedrohung der Existenz der Schulorchester an den Gymnasien
5. Mangelnde Förderung musikalischer Begabungen
6. Verlust der Grundlagen der musikalischen Ausbildung für die künftigen Grund- und Hauptschullehrer durch die Wahlmöglichkeiten zwischen den musischen Fächern in der Oberstufe des Gymnasiums und den Pädagogischen Hochschulen beziehungsweise Universitäten
7. Missverhältnis zwischen den in der Ausbildung erworbenen Fähig- und Fertigkeiten und den Erfordernissen einer zeitgemäßen und konkreten Unterrichtspraxis

Diese Aspekte mussten folglich auch die Satzung des vbs prägen.[465]

[463] Vgl. Satzung des vbs vom 24. März 1973 in: Verband Bayerischer Schulmusikerzieher e. V. (Hg.: vbs, Helmut F. Graetz): Informationsbroschüre. München 1986, S. 9 f.

[464] Vgl. Benker, Heinz: Jugend und Musik in Geschichte und Praxis. Typoskript mit handschriftlichen Ergänzungen. 1968, S. 10.

[465] Zur Steigerung der Effektivität der Verbandsarbeit genehmigte die Mitgliederversammlung des vbs am 24. März 1973 eine neue Satzung. Dies war auch deshalb notwendig geworden, um eine juristische Angleichung an den Bundes-vds zu erreichen, für den seit 1. Januar 1973 ebenfalls eine neue Satzung galt. Die wesentlichen Neuerungen und Veränderungen bezogen sich dabei vor allem auf die Struktur des Verbandes. Vgl. auch Binkowski, Bernhard: Zur Geschichte des vds – Die siebziger Jahre, in: Musik und Bildung. Mainz 4-5/1989, S. 211.

Satzung
des Verbandes Bayerischer Schulmusikerzieher
Genehmigt in der Jahreshauptversammlung
am 24. März 1973 in München

---

§ 1

Der Verband führt den Namen „Verband Bayerischer Schulmusikerzieher e.V.". Er hat seinen Sitz in München und ist in das Vereinsregister des Amtsgerichts München eingetragen. Das Geschäftsjahr fällt mit dem Kalenderjahr zusammen.

§ 2

Aufgabe des Verbandes ist

a) Vertretung aller beruflichen und sozialen Interessen seiner Mitglieder,
b) Förderung des Faches Musik in Schule und Lehrerbildung,
c) Bemühung um die Fortbildung seiner Mitglieder.

§ 3

Der Verband verfolgt keine materiellen und geschäftlichen Ziele. Die Bildung eines Vereinsvermögens wird nicht angestrebt.

§ 4

I. Mitglieder des Verbandes können sein:

a) Alle Lehrkräfte, die ihre Lehrbefähigung für Musik an Schulen aller Art durch ein ordentliches Prüfungsverfahren nachgewiesen haben,
b) Dozenten an Hochschulen, welche die Musikerziehung hauptamtlich vertreten,
c) alle unter a) und b) genannten Lehrkräfte im Ruhestand,
d) alle Personen, die wegen hervorragender schulmusikalischer Verdienste die Ehrenmitgliedschaft auf Beschluß der Mitgliederversammlung verliehen erhalten,
e) alle natürlichen und juristischen Personen als fördernde Mitglieder, die Ziele und Aufgaben der Musikerziehung in den Schulen unterstützen.

In Ausnahmefällen entscheidet die Vorstandschaft über die Aufnahme.

II. Der Eintritt erfolgt durch schriftliche Beitrittserklärung an die Vorstandschaft, welche über die Aufnahme entscheidet. Die Mitgliedschaft endet durch Tod, Austritt oder Ausschluß.

Abb. 7.1: Satzung des Verbandes Bayerischer Schulmusikerzieher e. V. in der Fassung vom 24. März 1973, Seite 1.

Der Austritt muß schriftlich mit einer Frist von 3 Monaten zum Ende eines Geschäftsjahres dem Verbandsvorstand mitgeteilt werden. Nach dem Austritt können Ansprüche an den Verband nicht mehr gestellt werden. Mitglieder, die sich der Erfüllung ihrer Pflichten gegenüber dem Verband entziehen oder sonst den Verband schädigen, können durch Beschluß der Vorstandschaft ausgeschlossen werden. Berufung gegen einen solchen Beschluß des Vorstandes ist möglich; über die Berufung entscheidet die Mitgliederversammlung.

§ 5

Die Mitglieder verpflichten sich zur Entrichtung von Beiträgen, deren Höhe die Mitgliederversammlung festsetzt. Die Zahlung erfolgt ganzjährlich. Studienreferendare und Mitglieder im Ruhestand erhalten Beitragsermäßigung. Die Vorstandschaft kann Ermäßigung für Mitglieder in wirtschaftlicher Notlage bei vorliegendem begründeten Gesuch beschließen. Nichteinzahlung des Beitrages hat zweimalige Mahnung, danach Einziehung durch Postauftrag zur Folge. Bei Zurückweisung desselben kann die Vorstandschaft den Ausschluß aussprechen.

§ 6

Die Organe des Verbandes sind: a) die Mitgliederversammlung,
b) die Vorstandschaft.

Die Vorstandschaft besteht aus dem Vorsitzenden und zwei Stellvertretern, dem Schriftführer und dem Kassenführer. Sie wird von der Mitgliederversammlung mit einfacher Stimmenmehrheit für die Dauer von zwei Jahren gewählt. Die Wahl des Vorsitzenden erfolgt geheim durch Stimmzettel. Briefwahl ist nicht möglich.

Der Vorstand kann nach Bedarf Mitglieder des Verbandes mit Referaten betrauen und in dringenden Sachfragen Arbeitsausschüsse bilden.

Der Vorsitzende und je ein Vorstandsmitglied vertreten den Verband gerichtlich und außergerichtlich.

§ 7

Alljährlich findet eine ordentliche Mitgliederversammlung statt, zu der vom Vorstand mindestens zwei Wochen vorher schriftlich eingeladen wird. Eine Mitgliederversammlung ist außerdem einzuberufen, wenn dies von mindestens einem Drittel der Mitglieder schriftlich unter Angabe der Gründe und des Zweckes verlangt wird.

Die Leitung der Mitgliederversammlung, die immer beschlußfähig ist, obliegt dem Vorsitzenden oder einem Stellvertreter.

Über den Versammlungsverlauf wird ein Protokoll angefertigt, das vom Vorsitzenden und vom Schriftführer zu unterzeichnen ist.

Jedes Mitglied ist stimmberechtigt. Bei Beschlüssen entscheidet einfache Stimmenmehrheit.

Die Auflösung des Verbandes kann nur durch Urabstimmung mit einer Mehrheit von dreiviertel der abgegebenen Stimmen erfolgen.

Aufgaben der Mitgliederversammlung sind:

a) Entgegennahme des jährlichen Rechenschaftsberichtes,
b) Wahl des Vorstandes (alle zwei Jahre),
c) Beschlußfassung über Satzungsänderungen.

München, den 18. April 1973

gez.: Heinz Benker
Vorsitzender

gez.: Siegfried Bissing
Schriftführer

Abb. 7.2: Satzung des Verbandes Bayerischer Schulmusikerzieher e. V. in der Fassung vom 24. März 1973, Seite 2.

Aufgaben des VBS

Fortbildungsveranstaltungen

In Zusammenarbeit mit dem Kultusministerium organisiert der VBS Fortbildungsveranstaltungen für die verschiedenen Schulformen in allen Regierungsbezirken.

Vertretung von Berufs- und Standesinteressen

Der VBS ist die einzige Organisation, die gezielt die Interessen der Schulmusiker in der Öffentlichkeit und gegenüber den Behörden vertritt.

Mitarbeit im Landesmusikrat

Der VBS ist im Vorstand der einflußreichen Dachorganisation aller Berufs- und Laienmusiker vertreten.

Verbandsseiten in der NMZ

Die vom VBS gestalteten Verbandsseiten in der »Neuen Musikzeitung« enthalten Beiträge zur Schul- und Kulturpolitik, Unterrichtsmodelle, Berichte über Tagungen und Konzerte usw.

Ziele des VBS

Angleichung des Stundenmaßes

Vorrangiges Ziel des VBS ist die Angleichung des Stundendeputats der Schulmusiker an das der Lehrer anderer Fächer. In der nächsten Zeit soll dieses Ziel mit besonderem Nachdruck verfolgt werden.

Musik als Vorrückungsfach

Gemäß dem Willen einer überwältigenden Mehrheit seiner Mitglieder strebt der VBS an, daß Musik auch in dieser Hinsicht den anderen Fächern gleichgestellt wird.

Stundentafel Musik

Der VBS setzt sich für die Erweiterung des Musikunterrichts an den allgemeinbildenden Schulen ein. Er wehrt sich gegen die zu befürchtende weitere Reduzierung des musischen Unterrichts.

Zusammenarbeit mit anderen Musikverbänden

Nicht nur zur Erreichung dieser Ziele hält der VBS eine intensive Zusammenarbeit mit anderen Verbänden (z. B. den Sängerbünden, den Sing- und Musikschulen usw.) für unabdingbar.

Was bietet der VBS …

… seinen Mitgliedern

Vertretung der Berufsinteressen

der Musikerzieher aller Schularten.

Fortbildungsveranstaltungen

In Tagungen und Seminaren werden den Musikerziehern aller Schularten praxisorientierte Hilfen und Anregungen gegeben.

Zuschüsse bei Reisen zu Fortbildungsveranstaltungen

Der VBS gewährt – soweit es die finanzielle Lage erlaubt – seinen Mitgliedern Zuschüsse bei Reisen zu Fortbildungsveranstaltungen, zur Bundesschulmusikwoche und zu ähnlichen berufsbezogenen Veranstaltungen.

Kostenloser Bezug der NMZ

Mit der Mitgliedschaft im VBS ist der kostenlose Bezug der »Neuen Musikzeitung« verbunden.

Jahresgabe des VDS

Kostenlos erhält jedes Mitglied des VBS die Jahresgabe des VDS (Bücher zur Unterrichtspraxis o. ä.).

Abb. 8: Verband Bayerischer Schulmusikerzieher e. V.: Informationsblatt (Ende der siebziger Jahre).

Eine Zusammenfassung von Aufgaben, Zielen und Serviceleistungen des vbs ist einem Ende der siebziger Jahre erschienen Informationsblatt zu entnehmen. Danach waren neben der Durchführung von Fortbildungsveranstaltungen und der allgemeinen Vertretung von Berufs- und Standesinteressen[466] die Mitarbeit im Bayerischen Musikrat und die vom vbs gestalteten Verbandsseiten in der NMZ wichtige Aufgaben des Verbandes. Zu den wichtigsten Zielen der Vertretung der Berufs- und Standesinteressen gehörten die Angleichung des Stundenmaßes der Schulmusiker an das der Lehrkräfte anderer Fächer und die Verwirklichung des „Vorrückungsfaches Musik" in allen Jahrgangsstufen,[467] in Bezug auf die schulische Situation die Sicherung und Erweiterung der Stundentafel.

[466] Dabei verdeutlichte der vbs seinen Alleinvertretungsanspruch. Die Existenz des „Arbeitskreises für Schulmusik" (AfS) wurde quasi negiert: „Der VBS ist die einzige Organisation, die gezielt die Interessen der Schulmusiker in der Öffentlichkeit und gegenüber Behörden vertritt" in: Informationsblatt des vbs. (Ende der siebziger Jahre).

[467] Die Verbandsrundschreiben wiederholen in fester Regelmäßigkeit Berichte über Gespräche, die der vbs-Vorstand zu diesen beiden Fragen mit Vertretern des Ministeriums führte (z. B. Gespräch am 19. April 1971: Vgl. 95. Rundschreiben an die Verbandsmitglieder Mai 1971, S. 2 ff. Nach langen Bemühungen des vbs ist an den „Nicht-Musischen" Gymnasien seit dem Schuljahr 1989/90 Musik neben der 10. Jahrgangsstufe auch in den Jahrgangsstufen 9 und 11 Vorrückungsfach. Vgl. Amtsblatt Nr. 20/1989 vom 2. November 1989, S. 314. Seit Beginn des Schuljahres 2003/04 ist Musik ab

2.5.1 Lehrerbildung

Zum Verständnis des Gesamtzusammenhangs erfolgt zunächst eine kurze Zusammenfassung: Der bereits vor 1930 in Bayern konzipierte Studiengang des „Doppelfachs Musik-Lehramt an den höheren Schulen“ erfuhr 1949 mit einer neuen Ausbildungsordnung eine Studienreform, die grundlegend für die fünfziger und sechziger Jahre gültig war.[468]

Der Studiengang „Schulmusik/Lehramt an Gymnasien“ war, wie bereits erwähnt, in Bayern zunächst nur an der Hochschule für Musik in München möglich. Im September 1973 wurde die „Bayerische Fachakademie der Musik in Würzburg“, die Nachfolgerin des Staatskonservatoriums und damit des ältesten staatlichen Musikausbildungsinstituts in Deutschland, in die „Staatliche Hochschule für Musik in Würzburg“ umgewandelt.[469] Seither besteht in Bayern eine zweite Möglichkeit, den genannten Studiengang an einem „Hochschulinstitut für das künstlerische Lehramt der Musik an Gymnasien“ zu studieren, wobei zu berücksichtigen ist, dass die Ausbildungskapazitäten in Würzburg von Anfang an geringer als die in München waren. Durch die bereits bestehenden Verbindungen der Würzburger Hochschule und des Musikwissenschaftlichen Seminars der Universität Würzburg waren die Voraussetzungen zur Schaffung dieses Studiengangs sehr günstig, da innerhalb einer institutionellen Kooperation die praktisch-musikalische Ausbildung an der Hochschule und die wissenschaftlich-pädagogische an der Universität vollzogen wurde.

Die Einführung der Kollegstufe und die damit erfolgte Gleichstellung des Faches Musik mit anderen Fächern sollte auch Konsequenzen in der Schulmusikerausbildung mit sich bringen. Zum einen war es ab dem Wintersemester 1975/76 möglich, neben der Instrumentalkombination Klavier – Violine und Violine – Klavier das Zweitinstrument Violine durch andere Melodieinstrumente wie zum Beispiel Viola, Violoncello, Gambe, Kontrabass, Gitarre, Laute, Blockflöte (als Instrumentenfamilie), Querflöte, Oboe, Klarinette, Fagott, Trompete, Posaune oder Horn zu ersetzen, wie es der vbs gefordert hatte.[470]

Die „Bekanntmachung der Neufassung der Prüfungsordnung für das Lehramt an den Gymnasien in Bayern (GPO)“ vom 25. Mai 1976 bot für die nächsten Jahre die Grundlage für den Studiengang „Musik-Lehramt an Gymnasien“,[471] bis sie

---

der 7. Jahrgangsstufe an den („Nicht-Musischen“) Gymnasien Vorrückungsfach. Letztendlich muss es das Ziel sein, den Vorrückungsstatus auch für die 5. und 6. Jahrgansstufe zu erhalten.

[468] Vgl. Amtsblatt Nr. 5/1949 vom 22. März 1949, S. 39 f.

[469] Vgl. Hennevogl in NMZ Februar 1974, S. 19.

[470] Vgl. Benker in NMZ August 1975, S. 19.

[471] Vgl. Amtsblatt Nr. 10/1976 vom 22. Juli 1976, S. 182 ff; § 54 Musik: S.208 ff.

Ende der siebziger Jahre von der „Ordnung der Ersten Staatsprüfung für ein Lehramt an öffentlichen Schulen Lehramtsprüfung I (LPO I)“[472] abgelöst wurde.

Wesentlicher erscheint ein zweiter Umstrukturierungsprozess: Es bahnte sich in München eine Zusammenarbeit zwischen der dortigen Musikhochschule und dem Fachbereich Geschichts- und Kunstwissenschaften der Ludwig-Maximilians-Universität an. Dieser neu geschaffene Kontakt zwischen Schulmusik und Musikwissenschaft war die Voraussetzung dafür, dass sich die gymnasiale Schulmusik nicht nur den rein künstlerischen, sondern auch den musikwissenschaftlich-intellektuellen Bereichen verstärkt zuwenden konnte. Zudem bedeutete die damit verbundene Möglichkeit einer Promotion im Fach Musikwissenschaft eine Verbesserung der allgemeinen Ausbildungssituation für die Schulmusiker.

Dies erschien notwendig, da durch die Einführung der Kollegstufe die Möglichkeit gegeben war, auch Leistungskurse in Musik an den Schulen anzubieten und durchzuführen. Dies bedeutete, dass sich dadurch das Selbstverständnis von Musik als Schulfach wandeln musste. Konsequenzen waren dahingehend nötig, dass zwar einerseits eine solide künstlerische Ausbildung des künftigen Schulmusikers, die weiterhin einen erheblichen Teil der Studienzeit beanspruchen sollte, nach wie vor eine unverzichtbare Grundlage seiner Studien war, andererseits aber, dass auch der wissenschaftlich und pädagogisch orientierte Bereich einen größeren Stellenwert einnehmen musste. Die Aufgabe, Musik am Gymnasium stärker als theoretisches Phänomen zu erkennen und zu bewältigen, erschien von besonderer Bedeutung und forderte beide Phasen der Lehrerausbildung. Für die notwendige Neuorientierung des Faches lieferten die neuen Prüfungsordnungen auch neue Ansatzpunkte. Eine vertiefte wissenschaftliche Bildung sollte durch die Beschäftigung mit Gegenständen der traditionellen musikhistorischen Forschung wie auch mit neueren Forschungsfeldern der Musikwissenschaft erworben werden können.[473]

Gleichzeitig setzte sich, ähnlich der Entwicklung in anderen Bundesländern, die bayerische Hochschulausbildung von früheren Konzepten ab, ohne aber, dies im Gegensatz zu anderen Bundesländern, den gesellschaftswissenschaftlichen

---

[472] Vgl. Amtsblatt Nr. 13/1978 vom 19. Juli 1978, S. 325; Musik (LaG): S. 383 ff und Amtsblatt Nr. 4/1980 vom 21. März 1980, S. 65 ff: „Bekanntmachung der Neufassung der Ordnung der Ersten Staatsprüfung für ein Lehramt an öffentlichen Schulen; Musik (LaG): S. 121 ff und „Sechzehnte Verordnung zur Änderung der Prüfungsordnung für das Lehramt an den Gymnasien in Bayern vom 18. Juli 1978“, in: Amtsblatt Nr. 15/1978 vom 28. August 1978, S. 443 f. Vgl. Fenninger, Josef: Untersuchung zum schulischen Musikunterricht in Bayern vom Ende des Zweiten Weltkriegs bis zum Beginn der siebziger Jahre. Frankfurt/Main 1997, S. 1.

[473] Vgl. Weiß in NMZ August 1975, S. 22.

Bereich allzu sehr zu betonen: „Mängel solider und heute notwendig breiter Fachlichkeit des Schulmusikstudiums können weder durch Neuauflagen musischer Konzepte noch durch die Flucht in die Gesellschaftswissenschaften behoben werden."[474]

Einige vbs-Vorstandsmitglieder der siebziger Jahre (Benker, Bissinger, Granzow, Schmid) waren als Seminarlehrer an Münchner Gymnasien tätig und konnten in ihrer beruflichen Tätigkeit die vom vbs vertretenen Positionen an die jungen Kolleginnen und Kollegen weitergeben. Gleichzeitig konnten die jungen bayerischen Schulmusiker so „auf einfache Weise" als Mitglieder für den vbs gewonnen werden.

Am 20. Juli 1979 fand erstmals eine gemeinsame Sitzung des vbs mit der Arbeitsgemeinschaft Musikdidaktiker Bayerischer Universitäten statt. Damit wurde ein Kontakt nicht nur zum gymnasialen, sondern auch zum Grund-, Haupt- und Realschulbereich hergestellt. Bei der Sitzung ging es um einen gegenseitigen Informationsaustausch sowie zentral um die Lehreraus- und -fortbildung, wobei in erster Linie Themen besprochen wurden, bei deren Vertretung in der Öffentlichkeit sich Fachdidaktiker und vbs gegenseitig unterstützen konnten. Auswirkungen auf die weitere Arbeit in den Hochschulen sind aus heutiger Sicht nicht zu erkennen, auch aus dem Grund, weil der Kontakt nicht fortgesetzt wurde.[475]

Das Hauptthema der Sitzung war die Situation des Musikunterrichtes in der Grundschule, womit ein wesentliches Hauptproblem der Gesamtsituation erkannt worden war. Die Hochschulvertreter stimmten mit dem vbs darin überein, sich sowohl für einen eigenständigen Musikunterricht wie auch für eine Fortführung der Modellklassen mit erweitertem Musikunterricht einzusetzen. Das Hauptproblem des Musikunterrichts nicht nur an den Grund-, sondern auch an den Haupt- und Realschulen bestand darin, dass für diesen Bereich bayernweit zu wenige Musiklehrkräfte vorhanden waren und Studierende für diesen Bereich kaum gewonnen werden konnten. Daran anschließend stellte es sich als besonders schwierig dar, musikspezifische Fortbildungen für diese Schularten, besonders für den Grund- und Hauptschulbereich, durchzuführen.

---

[474] Ebd.
[475] Vgl. Stampfl in NMZ Oktober 1979, S. 23.

2.5.2 Exkurs: Musikunterricht an Grund-, Haupt- und Realschulen

Obgleich der Bereich der Grund-, Haupt- und Realschulen nicht zum eigentlichen Untersuchungsgegenstand gehört, sind an dieser Stelle – in Anschluss an die Fragen der Lehrerbildung – einige Anmerkungen gegeben, um die fachpolitische Bedeutung des vbs im Zusammenhang aufzuzeigen. Benkers Anliegen, für den Musikunterricht an den bayerischen Schulen einzutreten, bezog erstmals in der Verbandsgeschichte des vbs auch die Situation des Musikunterrichtes an den Grund-, Haupt- und Realschulen mit ein:

„Ein anderes Kapitel, das uns schon immer am Herzen liegt, ist die Förderung der Musikerziehung an Realschulen. Bereits in den Mitteilungen der Nummer 5/75 haben wir Sie gebeten mitzuhelfen, damit es uns gelingt, mehr Kollegen aus diesem pädagogischen Raum zu erfassen; damit allmählich Verbitterung und Resignation der Musiklehrer an Realschulen abgebaut werden können und eine echte musikalische Förderung der Schüler in den Bereich des Möglichen rückt. Wir haben versucht, eine Initialzündung in Form einer Informations- und Diskussionstagung am 29. November in Bayreuth zu tätigen."[476]

Immerhin besaßen 1976 an den bayerischen Realschulen 269 Kollegen die Lehrbefähigung für das Fach Musik,[477] die zu Recht eine Unterstützung von Seiten des vbs erwarten konnten, die bis dahin nur eher nur dürftig gewesen war: „Immer wieder erreichen den vbs Klagebriefe aus dem Kreis der Mitglieder, die an Realschulen tätig sind. Es wird hauptsächlich darüber geklagt, daß die Aktivitäten unseres Verbandes einseitig auf die Belange der Gymnasien ausgerichtet seien."[478]

Eine Satzungsänderung war bereits am 24. März 1973 erfolgt, nach der Mitglieder des Verbandes alle Lehrkräfte sein können, „die ihre Lehrbefähigung für Musik an Schulen aller Art durch ein ordentliches Prüfungsverfahren nachgewiesen haben."[479] Anfang 1975 übernahm Kurt Suttner, von der Ausbildung her selbst ein gymnasialer Schulmusiker,[480] im vbs-Vorstand das Referat für Grund-, Haupt- und Realschulen.

Die wesentlichen Probleme des Faches Musik an den bayerischen Realschulen waren denen des Gymnasiums nicht unähnlich: Unterricht in den Randstunden, Wahlunterricht am Nachmittag, eine Wochenstunde Unterricht in allen Jahrgangsstufen, Status eines Nebenfaches, nur geringe musikalische Vorbildung der

---

[476] Benker in NMZ Dezember 1975, S. 19.
[477] Vgl. Suttner in NMZ Februar 1976, S. 19.
[478] Ebd.
[479] Ebd.
[480] Vgl. Helms/Schneider/Weber: Neues Lexikon der Musikpädagogik – Personenteil. Kassel 1994, S. 241.

Schüler von der Grund- und Hauptschule, unbefriedigender Lehrplan. Selbst die sog. „Wahlpflichtfächergruppe III“, bei der die Schüler in den Jahrgangsstufen 8 bis 10 vermehrt Fächer mit sozialer und musischer Ausrichtung besuchten, bedeutete keine grundlegende Verbesserung der Situation, da sie von den Schülern kaum gewählt und deshalb von den Schulen auch nur selten angeboten wurde.[481]

Nachdem die Problematik von Seiten des vbs erkannt worden war, bemühte er sich ab 1975 vermehrt um den Musikunterricht an den Grund- und Haupt-, besonders aber an den Realschulen. Einen wichtigen Hinweis in diese Richtung der vbs-Arbeit brachte Benker 1976:

„In der Grund- und Hauptschule liegt der Musikunterricht weitgehend im argen, denn die Lehrerbildung ist nicht dazu angetan, den Bedarf auch nur annähernd zu decken. So hat man denn, um den Musiklehrermangel einigermaßen zu „beheben“, den Musikunterricht einfach um 50 Prozent gekürzt; (...) In der Realschule existiert zwar auf dem Papier noch das Fach Musik mit einer Wochenstunde in allen Klassen, wie viele Stunden aber in der Praxis tatsächlich gegeben werden, ist unbekannt; bekannt ist jedenfalls, dass rund 230 Musiklehrer fehlen.“[482]

Im Rahmen seiner Aktivitäten suchte der vbs deshalb ab der zweiten Hälfte der siebziger Jahre erstmals nach Möglichkeiten, auch für die Belange des Musikunterrichtes an den Grund-, Haupt- und Realschulen einzutreten.

2.5.3 Musikunterricht an Gymnasien

Als Hauptprobleme des Musikunterrichts an den bayerischen Gymnasien müssen genannt werden:

- die stets bestehende Absicht einer Wahlpflicht zwischen Kunsterziehung und Musik, z. B. in der 9. und 10. Jahrgangsstufe
- die Sicherstellung des Wahlunterrichtes
- der fehlende Status des Vorrückungsfaches[483]
- das zu hohe Stundendeputat[484]

---

[481] Vgl. Suttner in NMZ Februar 1976, S. 19.

[482] Benker in NMZ Februar 1976, S. 22.

[483] Vgl. Amtsblatt Nr. 17/1974 vom 16. September 1974, S. 1287: EBASchOG, § 10.6.1: „Vorrückungsfächer sind alle Pflichtfächer und Wahlpflichtfächer der Stundentafel mit Ausnahme von Sport, Schreiben und Handarbeit. Musik ist am MuG in allen Jahrgangsstufen, an den übrigen Gymnasien in den Jahrgangsstufen 12 und 13 Vorrückungsfach.“ und Amtsblatt Nr. 9/1977 vom 24. Juni 1977, S. 162: EBASchOG, § 10.6.1.1.

[484] Vgl. Amtsblatt Nr. 16/1974 vom 2. September 1974, S. 1260: „Anrechnungen auf die Unterrichtspflichtzeit im Bereich der Gymnasien: (...) Die Unterrichtspflichtzeit beträgt, soweit nicht Ermäßigungen gewährt werden: (...) bei Lehrern, die ausschließlich in Musik, Kunsterziehung oder Sport

Am 10. März 1976 nahm Benker bei einer Anhörung zum Thema Schulstress im kulturpolitischen Ausschuss des Bayerischen Landtages teil und bezog zu einzelnen Fragen und Anträgen Stellung. Dabei wies er auch auf die Notwendigkeit der Betonung des Musischen in den Schulen hin und stellte ein Zwölf-Punkte-Programm für die Förderung des Musischen in den Schulen auf. Meinungen, die eine befürchtete Abschaffung der ziffernmäßigen Benotung in Musik und Kunsterziehung vertraten, konnte vehement widersprochen werden.

Die Bedeutung der Notengebung und die Folgen eines Leistungsverzichtes in den Musischen Fächern für die Erziehung stellte auch Schmitz sehr ausführlich dar, wobei er sich, als Vertreter des ISP, nicht nur eindeutig für die Benotung im Fach Musik, sondern generell für den Bestand der musischen Fächer und damit auch des Musikunterrichtes einsetzte:

„Beklagt man den Verlust des Erzieherischen in der Schule und bedauert man das Schwinden der Wertorientierung, stellt andererseits in den Leitzielen der Kollegstufe beispielweise die ‘Fähigkeit zur Selbstentscheidung in sozialer Verantwortung’ heraus, so sollte endlich gesehen werden, daß gerade in den musischen Fächern nicht Fachwissen isoliert, sondern immer verknüpft mit Fragen der Wertorientierung Ziel des Lernens ist. Beklagt man, daß derzeit in der Schule die Verwaltung erzieherische Gesichtspunkte verdrängt und nicht mehr das pädagogisch Sinnvolle, sondern das gerichtlich Legitimierbare in den Vordergrund rückt, so sollte man diese unheilvolle Tendenz nicht noch durch eine Abschaffung der Benotung in den Musischen Fächern verstärken.“[485]

---

unterrichten, 27 Wochenstunden (...), bei Lehrern, die sowohl in wissenschaftlichen Fächern als auch in Musik bzw. Kunsterziehung oder Sport unterrichten, bei einem Einsatz in wissenschaftlichen Fächern

von 0 bis 2 Wochenstunden	27 Wochenstunden
von 3 bis 8 Wochenstunden	26 Wochenstunden
von 9 bis 14 Wochenstunden	25 Wochenstunden
von 15 bis 20 Wochenstunden	24 Wochenstunden
von 21 bis 23 Wochenstunden	23 Wochenstunden“

Bestätigt wurde diese Unterrichtspflichtzeit mit Bekanntmachung des Bayerischen Staatsministeriums für Unterricht und Kultus vom 6. März 1981. Vgl. Amtsblatt Nr. 10/1981 vom 22. Mai 1981, S. 229. Wesentlich erscheint hier die folgende Fußnote: „Bei Lehrkräften, die in der Kollegstufe Musik, Kunsterziehung oder Sport unterrichten, wird diese Tätigkeit hinsichtlich der Unterrichtspflichtzeit wie der Einsatz in einem wissenschaftlichen Fach behandelt.“ Für Lehrkräfte an Realschulen lag die Unterrichtspflichtzeit jeweils um eine Stunde höher. Vgl. Amtsblatt Nr. 10/1981 vom 22. Mai 1981, S. 235. Eine ähnliche Situation ist auch in den anderen Ländern zu beobachten. Da Musik-, Zeichen- und Turnunterricht als „technische Fächer“ galten, wurden die sie unterrichtenden Lehrkräfte als nicht gleichberechtigt betrachtet. Vgl. dazu auch Günther, Ulrich: Musikerziehung im Dritten Reich, in: Musik und Bildung, Mainz 11/1983, S. 13.

[485] Schmitz in NMZ Juni 1976, S. 23.

Schmitz verdeutlicht hier auch die Problematik der Notengebung und die Erbringung der im Curricularen Lehrplan geforderten Lernziele im Fach Musik. In den Jahren 1976 und 1977 bestand die Gefahr, dass das Fach Musik an den bayerischen Gymnasien sowohl in der neunten wie auch in der zehnten Klasse alternativ zum Fach Kunsterziehung zur Wahlpflicht gestellt werden würde. Da dies eine starke Beeinträchtigung für das schulmusikalische Wirken bedeuten würde, war es ein Hauptanliegen des vbs, diese Wahlpflicht zu vermeiden beziehungsweise wenigstens einzuschränken. Vielfältige Bemühungen des vbs, die sich in regelmäßigen Gesprächen mit den Vertretern des Ministeriums und des Landtages zeigten, führten letzten Endes dazu, dass Musik in der 9. Jahrgangsstufe weiterhin einstündiges Pflichtfach blieb, für die 10. Jahrgangsstufe war die Wahlpflicht nicht zu verhindern gewesen. Dies bedeutete gleichsam, dass in der 11. Jahrgangsstufe alle Schüler wieder Pflichtunterricht in Kunsterziehung und Musik hatten, die jeweils in einem der beiden Fächer in der 10. Jahrgangsstufe keinen Unterricht hatten.

Als Ausgleich dazu erreichte der vbs, dass zum Schuljahr 1977/78 der Musikunterricht in der 5. Jahrgangsstufe von zwei auf drei Wochenstunden erweitert wurde, womit eine bundesweit einmalige Situation geschaffen war.[486] Die Tatsache, dass diese dritte Musikstunde in der 5. Jahrgangsstufe in erster Linie dem praktischen Musizieren vorbehalten sein sollte, unterstrich dabei die von Benker und dem vbs verfolgten Ziele des Musikunterrichts.

Da ein dreistündiger Pflichtunterricht in Musik an einem Gymnasium ohne musischen Schwerpunkt für alle Stundentafeln aller Bundesländern eine Ausnahmeerscheinung darstellt, ist auf die große Bedeutung des diesbezüglichen kultusministeriellen Schreibens vom 24. August 1977 hinzuweisen.[487] Das Schreiben betont in erster Linie eine „Ausweitung der Möglichkeiten für das praktische Musizieren“ im Klassenunterricht. Weiterhin bietet es drei Möglichkeiten an, diese dritte Musikstunde zu realisieren: Als „Sing- und Musizierstunde“ angelegt, können die Lernenden das vorhandene Instrumentarium verwenden und Lieder, Begleitsätze oder Spielstücke erarbeiten. Im „instrumentalen Großgruppenunterricht“ erlernen alle ein Musikinstrument, z. B. Blockflöte. Der „differenzierte Instrumentalgroßgruppenunterricht“ bedeutet eine Kombination beider Möglich-

---

[486] Erst zum Beginn des Schuljahres 2003/04 wurde die Stundentafel in der 5. Jahrgangsstufe im Fach Musik im Zusammenhang mit der Einführung eines neuen Lehrplans und des G8 wieder auf zwei Stunden reduziert. Die Regelung eines dreistündigen Musikunterrichts in der 5. Jahrgangsstufe galt somit über 25 Jahre, wenngleich in Folge von Lehrermangel der Unterricht oft nur zweistündig erteilt werden konnte.

[487] Vgl. Anhang: A 8.

keiten. Wesentliches Ziel des Unterrichtes soll dabei immer ein verbessertes Zusammenwirken von theoretischen und praktischen Lerninhalten sein, um die Gemeinschaft einer Klasse und die individuellen Erfolgsgefühle jedes Einzelnen zu stärken.

Bei den Bemühungen im Kampf gegen die Wahlpflicht in Mittel- und Oberstufe wurde der vbs auch von Seiten des vds unterstützt. So verabschiedete die vds-Bundesdelegiertenversammlung am 31. Oktober 1976 in Hannover eine Resolution an den bayerischen Kultusminister Prof. Hans Maier mit folgendem Inhalt:[488]

„Die Bundesdelegiertenversammlung des Verbandes Deutscher Schulmusiker e. V. ist äußerst betroffen, daß der Musikunterricht an den Gymnasien durch die im KMBl. Nr. 18 von 1976 veröffentlichten Stundentafeln ausgerechnet in Bayern schwerwiegende Kürzungen in der 9. und 10. Klasse durch Abdrängung (in, d. Verf.) den Wahlpflichtbereich hinnehmen soll. Wir bitten darum, diese Entscheidung unter Berücksichtigung der Existenzfähigkeit und Existenzberechtigung des Faches zu revidieren.

Dabei bitten wir zu bedenken,

a) daß seit den Saarbrückener Rahmenvereinbarungen im Jahre 1959 gerade die musischen Fächer ständig beschnitten wurden;
b) daß ein Großteil der Jugendlichen mit der Sekundarstufe I die schulische Ausbildungszeit beendet und somit der Bildungsauftrag des Faches gerade in diesen entscheidenden Jahren nicht erfüllt werden kann;
c) daß eine sinnvolle Weiterführung in der Kollegstufe (Grund- und Leistungskurs) durch diese rigorose Kürzung sehr in Frage gestellt ist;
d) daß die Schüler dieser Jahrgangsstufen durch das Fach Musik im Vergleich zu anderen Fächern kaum belastet sind.“[489]

Für die 8. Jahrgangsstufe sah das Amtsblatt für die Fächer Kunsterziehung und Musik außerdem einen halbjährlich wechselnden Epochenunterricht vor. Bei der endgültigen Konzeption der Stundentafel wurde von dieser Maßnahme allerdings wieder abgesehen.

---

[488] Vgl. Amtsblatt Nr. 18/1976 vom 21. Oktober 1976, S. 465 ff: „Neue Stundentafeln für die Jahrgangsstufen 5–9 bzw. 5–10 an Hauptschule, Realschule und Gymnasium“.
[489] Benker in NMZ Dezember 1976, Seite 21.

In diesem Zusammenhang muss nochmals auf eine in Zusammenarbeit mit der Landeszentrale für Gesundheitsbildung in Bayern durchgeführte Fortbildungsveranstaltung verwiesen werden. Die unter dem Titel „Prophylaxe und Therapie im Musikunterricht" durchgeführte Veranstaltung zeigte, dass die Schulmusik vor allem unter der Ärzteschaft eine starke Lobby gefunden hatte.

Um gemeinsam und mit Unterstützung anderer gesellschaftlichen Gruppierungen verstärkt für den Musikunterricht eintreten zu können, schloss sich der vbs 1977 den zwei Aktionsgemeinschaften „Humane Schule" und „Rettet die musische Bildung in Bayern" an.

Eine zu Beginn des Jahres 1977 durchgeführte Unterschriftenaktion, die zusammen mit anderen Verbänden getätigt wurde, brachte allein von Seiten des vbs über 3.000 Unterschriften. Insgesamt wurden 35.000 Unterschriften gesammelt. Unter dem Namen „Rettet die musische Bildung in Bayern" hatten sich folgende Verbände unter Führung der GEW Gewerkschaft Erziehung und Wissenschaft, Landesverband Bayern, Fachgruppe Kunst- und Werkerziehung zu einer Aktionsgemeinschaft zusammengeschlossen, um eine größere politische Wirkung zu erzielen:

- BDK Bund Deutscher Kunsterzieher, Landesverband Bayern
- BLLV Bayerischer Lehrer- und Lehrerinnenverband, Fachgruppe Kunsterziehung
- KIV Initiativgruppe Kunsterziehung in Volksschulen
- VBS Verband Bayerischer Schulmusikerzieher
- SfK Seminar für Kunsterziehung PA 3, Pasing
- BVdF Berufsverband der Fachlehrer
- AMS Aktionsgemeinschaft Münchener Schüler
- LSV Landesschülervertretung Bayern
- STAK Studentenvertretung an der Akademie der bildenden Künste München

Bei diesem Zusammenschluss wird deutlich, dass der vbs der einzige musikpädagogische Verband Bayerns war, der sich für die standespolitischen Interessen des Faches Musik einsetzte. In diesem Zusammenhang wurde eine Podiumsdiskussion veranstaltet, die mit dem folgenden, drastischen Handzettel aufrief, an der Aktion teilzunehmen:

Aktionsgemeinschaft
"Rettet die musische Bildung in Bayern"

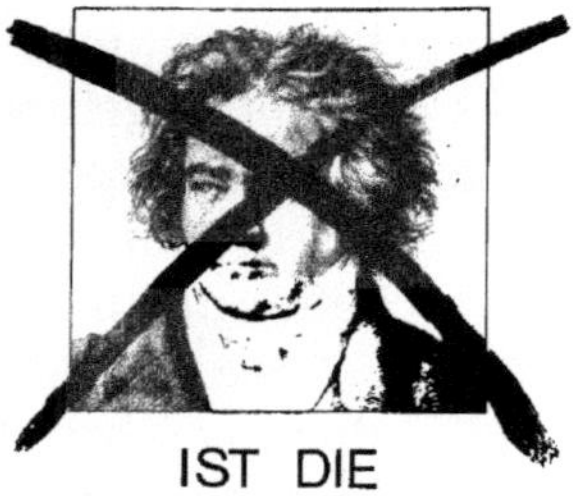

IST DIE
MUSISCHE BILDUNG
IN BAYERN
NOCH ZU RETTEN?

PODIUMSDISKUSSION
10.FEB.77 19.30UHR
Bürgerbräukeller München
Rosenheimer Str. 29

geladen:	DISKUSSIONSLEITUNG Ernst-Maria Lang	geladen:
Prof. H. Maier (Kultusminister)	für die	Herr M. Groth (Schülervertreter)
Frau U. Redepenning FDP	Aktionsgemeinschaft	Dr. J. Kremsreiter
Herr T. Goppel CSU	Prof. H.Schiefele	Herr W. Hertlein
Dr. J. Böddrich SPD	Herr G.Müller-Mettnau	Herr W. Wagenhuber
	Herr Dr. A. Suder	(Elternvertreter)

Verantwortlich im Sinne des Presserechtes: Wulf Schiel, Clemensstr.10
und Christoph Rebbach, Kyreinstrasse 16 – für die Aktionsgemeinschaft
E.i.S.

Abb. 9: Aktionsgemeinschaft „Rettet die musische Bildung in Bayern": Handzettel zur Podiumsdiskussion am 10. Februar 1977 im Bürgerbräukeller München.

Die Aktionsgemeinschaft hatte in den Wochen zuvor bereits über 20.000 Unterschriften gesammelt. Geplantes Ziel dieser Unterschriftensammlung war es, die Öffentlichkeit über die einschneidenden Stundenkürzungen in den musischen Fächern der bayerischen Schulen, wie im erwähnten Amtsblatt verkündet, aufzuklären und dagegen mobil zu machen. Die Aktionsgemeinschaft hatte zwei Maßnahmen gefordert:

„1. Vollständige Rücknahme der verfügten Stundenkürzungen im musischen Bereich der bayerischen Schulen!
2. Einsetzung von je zwei Pflichtstunden für Kunsterziehung/Werken und Musik an allen Schulen und in allen Jahrgangsstufen!“[490]

Neben der erfolgreichen Unterschriftenaktion war es den Veranstaltern auch gelungen, über mehrere Tage eine größere Berichterstattung über die Situation der musischen Fächer in der Tagespresse zu erreichen, die an der Politik des bayerischen Kultusministers deutliche Kritik übte: „Maier mordet Musen“, „Aktion für musische Bildung sammelt 35.000 Unterschriften“, „Musentod als Faschingsgaudi“, „CSU-Kritik an Maier“, „Maier macht musische Rechnung auf“, „Gegen den Sog der verwalteten Welt“[491] lauteten die Überschriften von Artikeln in der Süddeutschen Zeitung.

Mit Hilfe der durchgeführten Aktion und der erfolgten Berichterstattung in der Süddeutschen Zeitung konnte die interessierte Öffentlichkeit informiert werden, die sich bei der Gestaltung des Bildungs- und Schulwesens nicht mehr nur die Anordnungen von Seiten des Ministeriums kommentar- und kritiklos gefallen ließ, sondern selbst aktiv wurde. Diese Tatsache war auch ein taktischer Erfolg der vom vbs stets betriebenen Verbandsstrategie, auch Außenstehende für die Umsetzung seiner Interessen zu gewinnen.

Benker berichtete über den erreichten Erfolg des Verbands in lockerer und ironischer Weise: „Nichts wird so heiß gegessen wie´s gekocht wird“. Dies gilt für den Musikunterricht in der Kollegstufe ebenso wie für die Stundentafeln der Mittelstufe. Wenn wir, d. h. unser Verband und seine Lobby, allerdings in Sachen Stundentafel nicht ein Süppchen mit Unterschriftenaktion und Öffentlichkeitsarbeit gekocht hätten, das genau so heiß war wie das kultusministerielle Mittelstufen-Dreißigstunden-Fünftagewochen-Stundentafel-Süppchen, dann hätten wir wohl eine Suppe zu löffeln gehabt, die zwar nicht der Temperatur wegen, aber des Geschmacks wegen ungenießbar geworden wäre!

Nun können wir immerhin, dank der Überlegungen des Kultusministeriums, einen kleinen Erfolg verbuchen: In der 9. Klasse verbleibt die eine Musikstunde wie bisher und muß nicht wie geplant alternativ neben Kunsterziehung vegetieren; in der 10. Klasse muß zwar der Musikunterricht im Wahlpflichtbereich angeboten werden, dafür wird aber Musik in der 5. Klasse mit 3 Wochenstunden (statt bisher 2) ausgestattet. Versuchen Sie darüber nachzudenken, ob unter diesen Umständen für unser Fach etwas gewonnen oder verloren wurde: die Stunde in

[490] Vgl. Flugblatt der Aktionsgemeinschaft: „Rettet die musische Bildung in Bayern“.
[491] Vgl. Überschriften der Süddeutschen Zeitung in NMZ April 1977, S. 19.

der 10. Klasse existiert ja immerhin, wenn auch unter anderen Voraussetzungen."[492]

Auch zu dem Problem, dass in der 11. Jahrgangsstufe Schüler im Musikunterricht zu unterrichten sind, die in der 10. Klasse keinen Musikunterricht hatten, nahm Benker aus seiner Sicht in diesem Zusammenhang abwägend Stellung. Dies erschien umso problematischer, als dass der Unterricht in der 11. Jahrgangsstufe auch die Hinführung zur Arbeit in der Kursphase darstellte und vor allem für die Schüler von Bedeutung sein musste, die das Fach Musik in Klasse 12 und 13 als Grund- oder Leistungskurs belegen möchten:

„Das Geunke über die Pflichtstunde Musik in der 11. Klasse, in der wieder alle Schüler versammelt sind (auch die Abwähler der 10.), ist nur bis zu einem gewissen Grade berechtigt: Entspricht der gegenwärtige Zustand in der 11. Klasse nicht annähernd dem künftigen? Einer interessierten und aktiven Gruppe von Schülern steht eine mehr oder weniger teilnahmslose von Ignoranten und Unvermögenden gegenüber. Status quo in einer Sondervariante!"[493]

In den kommenden Jahren verfolgte der vbs weiterhin seine bereits dargelegten Ziele. Für das Jahr 1978 wollte der vbs schwerpunktmäßig folgende Probleme behandeln:

„- hohes Regelstundenmaß von 28 Stunden; Gleichstellung mit den sog. Wissenschaftlichen Fächern
- Musikunterricht in der 11. Klasse unter dem Aspekt des Wahlpflichtfaches in der 10. Klasse einerseits und in der Kollegstufe andererseits
- Sicherung des instrumentalen Wahlunterrichts, der immer wieder in letzter Zeit auf sehr unsicheren Beinen stehen mußte"[494]

In allen Jahren war der Kampf des vbs gegen ein vier Stunden höheres Deputat beziehungsweise gegen den sog. „nicht-wissenschaftlichen Unterricht" eines der wichtigsten Arbeitsbereiche. Regelmäßig wurden auf den Mitgliederversammlungen verschiedene Anträge gestellt, dass sich der vbs dafür einsetzen möge, diese Ungleichgewichtung zu beseitigen. Auch in den vom vbs mit dem Ministerium und dem Landtag geführten Gesprächen wies der Verband immer wieder auf dieses Problem hin.

---

[492] Benker in NMZ August 1977, S. 19.
[493] Ebd.
[494] Benker in NMZ Februar 1978, S. 21.

Um die Arbeitsbelastung der bayerischen Schulmusiker genauer zu untersuchen, führte der vbs 1979 eine Fragebogenaktion durch. Mit dem gesammelten und gesicherten Datenmaterial sollte es möglich sein, zusätzliche Argumente in die Diskussion um das Stundendeputat einzubringen. Detlev Hampel, Schulmusiker am musischen Pestalozzi-Gymnasium in München, war bei dieser Aktion für den vbs federführend tätig. Die Beteiligung der vbs-Mitglieder an dieser Fragebogenaktion ist mit ca. 45% als relativ hoch zu bewerten, wenngleich aber auffällt, dass trotz der Wichtigkeit der Angelegenheit mehr als die Hälfte der Mitglieder trotz Rückportoumschlag nicht reagierte: „305 auswertbare Fragebögen ergaben eine durchschnittliche Arbeitszeitbelastung des Schulmusikers von 50,66 Stunden. Nicht berücksichtigt dabei sind Sitzungen, Präsenzen, Aufsichten, Sprechstunden, Elternabende usw. 29 Prozent der Befragten sprachen sich für ein Beifach aus, 71 Prozent dagegen. Weiter ergab die Befragung, daß der Schulmusiker durchschnittlich 449 Schüler unterrichtet hat und jährlich 1159 Arbeiten und 514,4 Hefte korrigiert hat. 81,4 Prozent würden Musik als Vorrückungsfach begrüßen, 18,6 Prozent sprachen sich dagegen aus.“[495]

Laut Umfrageergebnisse wurden folgende psychische und physische Belastungen von den bayerischen Schulmusikern genannt:[496]

[495] Stampfl in NMZ Dezember 1979, S. 26.
[496] Vgl. NMZ April 1980, S. 35.

Belastung	nicht zutreffend	zutreffend, keine Belastung	zutreffend, Belastung
Auf Grund hoher Arbeitsbelastung zu wenig Zeit, um selbst zu musizieren	4 %	4 %	92 %
Organisationsaufwand für musikalische Veranstaltungen außerhalb der Unterrichtszeit	10 %	13 %	77 %
Einzelgespräche zur Begabtenfindung und -förderung	24 %	53 %	23 %
Legitimation und Repräsentation des Faches nach außen durch musikalische Aufführungen	11 %	27 %	62 %
Probleme wegen des geringen Stellenwertes des Fachs bei Schulleitung und Kollegium	58 %	6 %	36 %
Extrem hohe Zahl der insgesamt zu unterrichtenden Schüler	22 %	5 %	73 %
Unterschiedliche musikalische Vorbildung der Schüler	7 %	29 %	64 %
Passive Konsumhaltung der Schüler auf Grund starken Medieneinflusses	15 %	12 %	73 %
Wegen des fehlenden Leistungsdrucks (kein Vorrückungsfach) Notwendigkeit zu besonderer Kreativität und hohem Unterrichtsniveau	15 %	20 %	65 %
Probleme wegen der geringen Einschätzung des Faches bei den Schülern	37%	11%	52%
Disziplinprobleme, da die Schüler von Musikunterricht vorwiegend Ausgleich und Regeneration erwarten	45 %	9 %	46 %
Überbeanspruchung der Stimme durch Sprechen und Singen	27 %	13 %	60 %
Hohe akustische Belastung durch Hörbeispiele und Musizieren	31 %	19 %	50 %
Nachmittags-Wahlunterricht schließt ohne Mittagspause an den Klassenunterricht an	38 %	9 %	53 %
Überwachung und Pflege von Instrumenten und technischen Anlagen	25 %	30 %	45 %
Fehlende Fachräume oder mangelhafte Ausstattung der Fachräume	50 %	4 %	46 %

Die Ergebnisse zeigen, dass die angeführten sechzehn Aspekte möglicher Belastungen im Durchschnitt nur zu 26% als nicht zutreffend, dagegen zu 74% als zutreffend empfunden worden sind. Diese 74% teilen sich im Durchschnitt auf in 17% nicht belastend und 57% in der Tat belastend. Die hohe Arbeitsbelastung, die auch als Folgeerscheinung des um vier Stunden höher angesetzten Stundendeputats angesehen werden muss, ist dabei von den meisten Kolleginnen und Kollegen angegeben worden. Eine Verbesserung dieser Situation war deshalb eines der Hauptanliegen des vbs. Bei der Mitgliederversammlung am 22. März 1980 in Amberg stand deshalb die Frage, wie man am besten gegen das als zu hoch empfundene Stundendeputat vorgehen könnte, an erster Stelle:

„Top I der Generalversammlung war nach wie vor die überaus hohe Stundenbelastung der Schulmusiker, was eine lebhafte Diskussion auslöste, wie dieser diskriminierenden Einstufung des Schulmusikers Einhalt geboten werden könnte. Dies ging sogar bis zu dem Vorschlag, gerichtlich vorzugehen, was allerdings vom Vorsitzenden von Seiten des Verbandes aus als undurchführbar erklärt wurde. Ein mir (Inka Stampfl, d. Verf.) sehr wesentlich erscheinender Antrag während dieser Diskussion könnte jedoch unter Umständen eine geeignetere Ausgangsposition gegenüber dem Ministerium bringen. In diesem Antrag wurde der Verband gebeten, darauf hinzuwirken, daß der Unterricht in den Jahrgangsstufen 5–13 wie der wissenschaftliche Unterricht angerechnet wird."[497]

Die vbs-Mitglieder beantworteten die Fragen zur Schulmusikerausbildung und des Vorrückungsfaches folgendermaßen:

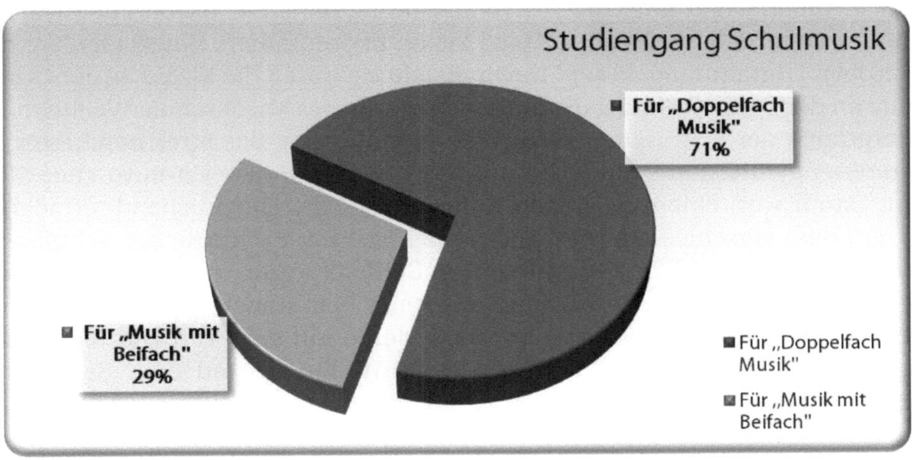

[497] Stampfl in NMZ Juni 1980, S. 32.

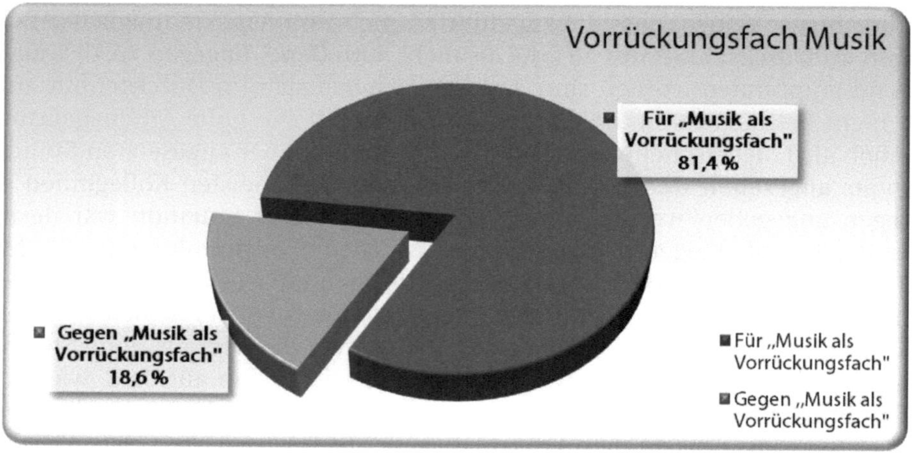

Als weiteres Ergebnis war festzustellen, dass der einzelne Schulmusiker durchschnittlich 18,4 Lerngruppen in 8,35 Jahrgangsstufen unterrichtete.

2.5.4 Jubiläumsveranstaltung „50 Jahre vbs"

Am Freitag, dem 9. März 1979, feierte der vbs in einer Jubiläumsveranstaltung im Großen Konzertsaal der Münchner Musikhochschule sein 50-jähriges Bestehen.[498] Die Schirmherrschaft über die Festveranstaltung hatte der bayerische Staatsminister für Unterricht und Kultus, Hans Maier, übernommen. Eingeladen zur musikalischen Umrahmung dieser Festveranstaltung waren die Klasse 4c der Grundschule an der Farinellistraße, die Folklore-Gruppe der Musikschule Weilheim, die Bläsergruppe der Städtischen Realschule Memmingen, das Streichorchester des Thereresiengymnasiums München und der neu gegründete via-nova-chor München. Damit war, einem wichtigen Anliegen des vbs entsprechend, ermöglicht worden, dass verschiedene Musiziergruppen aus unterschiedlichen schulischen Bereichen das Festkonzert gestalteten. Außerdem wurde durch die Teilnahme von zwei Gruppen die enge Verbundenheit mit befreundeten Verbänden innerhalb des Bayerischen Musikrates, im Besonderen mit dem Verband Bayerischer Sing- und Musikschulen e. V. (Musikschule Weilheim) und dem Bayerischen Sängerbund e. V. (via-nova-chor) demonstriert.

[498] Vgl. Binkowski, Bernhard: 50 Jahre Verband Bayerischer Schulmusikerzieher, in: Musik und Bildung. Mainz 4/1979, S. 254 ff.

Der vds-Vorsitzende Binkowski hob den vbs in seiner Ansprache nicht nur als den größten und aktivsten Landesverband hervor, sondern unterstrich auch die Eigenständigkeit und das politische Denken des vbs sowie die besondere schulmusikalische Entwicklung in Bayern, die offenbar auch andere Bundesländer beeinflusste: „Als Beispiel führte er (Binkowski, d. Verf.) an, daß der VBS immer gewarnt hätte vor einer sog. Reformitis – einer Reform um der Reform willen, daß der VBS wesentliche Beiträge zur Weiterentwicklung der Didaktik beigesteuert habe und vor allem, daß es dem VBS zuzuschreiben sei, daß das praktische Musizieren in den Schulen so sehr gefördert worden ist. Weiterhin sei es ein besonderes Verdienst des VBS, daß das Musizieren nördlich der Mainlinie allmählich wieder 'ins rechte Licht gerückt' werde. Zu guter Letzt wünschte B. Binkowski, daß die überaus gute Zusammenarbeit mit dem VBS auch in Zukunft andauernd möge."[499]

In seiner Festrede[500] fasste der vbs-Vorsitzende Benker das breite Spektrum der bayerischen Schulmusik zusammen. In dieser Ansprache stellte Benker Gedanken an Vergangenheit und Zukunft heraus. Die Nennung und besonders die Reihenfolge in der Aufzählung der für die Zukunft der Verbandsarbeit wichtigen Aufgaben sind dabei typisch für Benkers Denkweise:

„• Berücksichtigung der Wünsche und Erwartungen der dem Schulmusiker mit Leib und Seele anvertrauten Jugend
- die Unterstützung der Schulmusikerzieher hinsichtlich ihrer beruflichen und menschlichen Voraussetzungen durch fachliche Fortbildung, Schaffung eines politischen Rückhalts und eines relativ breiten Informationsangebots
- die Pflege der Musik in der Schule unter besonderer Berücksichtigung
  a) einer vorsichtigen (!, d. Verf.) Gewichtung von pluralistisch-modischen Erscheinungsformen
  b) von wertneutraler Behandlung, aber traditionsbewußter Förderung zeitgenössischer Musik
  c) von sachgerechter und kritischer Reflexion eines soziologisch und kommerziell bedingten Musikangebots von ungeheuren Ausmaßen
- Sorge um die Musikerziehung und Musikpflege in allen schulischen Bereichen
- Förderung des Verständnisses für Musikerziehung als Teilbereich einer Wechselwirkung zwischen Bildung und Erziehung, Leistung und Muße
- Kontaktpflege mit Institutionen, Verbänden etc. schulischer und außerschulischer, musikalischer und allgemeiner Art auf Landes- und Bundesebene, z. B. Staatsministerium für Unterricht und Kultus, Bayerischer Musikrat, Landes-

[499] Stampfl in NMZ April 1979, S. 25.
[500] Vgl. Anhang: A 9.

zentrale für Gesundheitsbildung, Verband Deutscher Schulmusikerzieher usw."[501]

Stehen die Schülerinnen und Schüler und ihre Bedürfnisse bei dieser Auflistung und somit der inhaltlich-fachliche Anspruch an erster Stelle, folgen an zweiter Stelle die Bemühungen um Verbesserungen für die Mitglieder des Verbandes durch die Organisation von Lehrerfortbildungsveranstaltungen und das standespolitische Eintreten des Verbandes. Im letzten Punkt wird dies noch konkretisiert, indem Benker anführt, welche Kontakte von Seiten des vbs gepflegt werden müssen, um langfristig Verbesserungen für die schulische Musikerziehung zu erreichen. Zwei Bereiche müssen dabei klar unterschieden werden: Zum einen die Kontaktpflege innerhalb der Verbände, um gemeinsame Anliegen besser vertreten zu können, zum anderen die Kontaktpflege zu den politischen Entscheidungsträgern, wobei in jedem Fall Regionalpolitiker und Abgeordnete des Bayerischen Landtages als wichtigste Ansprechpartner zu nennen sind.

Im dritten Punkt zeigt sich auch an dieser Stelle das schwerpunktmäßige Aufgreifen didaktischer Positionen und wichtiger zeitgenössischer musikpädagogischer Ansätze. Hier wird eine typisch bayerische Sichtweise deutlich: Altes und Traditionelles gilt es zu bewahren, gleichzeitig wird aber eine Aufgeschlossenheit gegenüber Neuem und Innovativem erwartet, wobei die Gefahren des sich ausweitenden Musikangebotes nicht ignoriert werden dürfen.

Diese Forderungen haben auch heute ihre Gültigkeit nicht verloren. Entsprechend der in der Satzung[502] des vbs niedergelegten Ziele und Aufgaben konkretisieren sie deren Berechtigung und bieten Lösungsvorschläge zu ihrer Umsetzung an. Die Tatsache, dass zur Umsetzung jeweils lange Entwicklungsprozesse durchlaufen werden müssen, kann als Charakteristika jeglicher Verbandsarbeit und Interessenvertretung betrachtet werden.

So hatte sich auch ein Jahr später die Situation nicht verändert. Der vbs knüpfte an seine Jubiläumsveranstaltung an und führte am 27. Juli 1980 in der Münchner Musikhochschule einen „Tag der Schulmusik" durch. Die abendliche Festveranstaltung, bei der nicht nur Schulorchester und Schulchöre, sondern auch das Schulmusiker-Orchester der Hochschule auftraten, stand unter dem Motto „Klingende Schule". Im Programmheft finden sich die bekannten Probleme und Verbandsforderungen wieder.[503]

---

[501] Benker, Heinz: Geleitwort, in: 50 Jahre Verband Bayerischer Schulmusikerzieher, Programmheft zum Jubiläumskonzert am 09. März 1979, S. 3.

[502] Vgl. Satzung des vbs vom 24. März 1973 in: Verband Bayerischer Schulmusikerzieher e. V. (Hg.: vbs, Helmut F. Graetz): Informationsbroschüre. München 1986, S. 9 f.

[503] Vgl. Anhang: A 10.

Kurze Zeit später, am 21. März 1981, feierte der vbs in einem Festakt den 60. Geburtstag seines Vorsitzenden Benker. In der Veranstaltung wurden ausschließlich Werke von Benker aufgeführt. Kurt Suttner, von 1972 bis 1978 stellvertretender Vorsitzender des vbs, hielt die Laudatio.

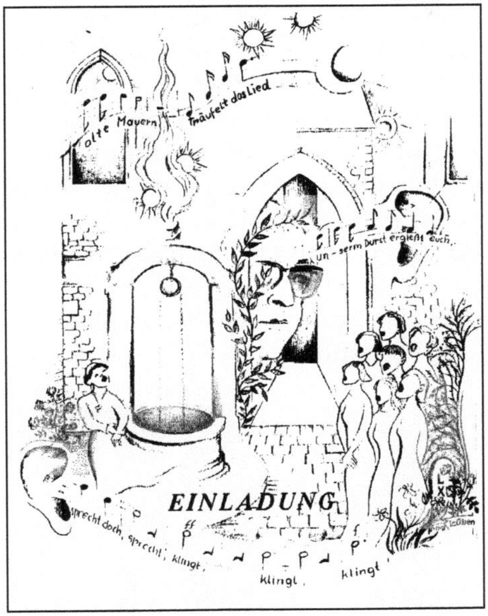

Abb. 10: Programmheft für das Festkonzert am 21. März 1981 zur Feier des 60. Geburtstages von Benker: Titelseite.

Auf der vbs-Mitgliederversammlung am 21. März 1981 kandidierte Benker nicht mehr für den vbs-Vorstand. Zum neuen vbs-Vorsitzender wurde der Seminarleiter des Ludwig-Gymnasiums München, StD Dr. Peter Granzow, gewählt. Für seine Verdienste um die bayerische Schulmusik erhielt der vbs-Ehrenvorsitzende Benker am 10. März 1983 aus der Hand von Kultusminister Hans Maier das Verdienstkreuz am Bande des Verdienstordens der Bundesrepublik Deutschland, das ihm der Bundespräsident verliehen hat. Aus der Laudatio des bayerischen Kultusministers:

„Sehr geehrter Herr Benker, seit 1964 sind Sie Seminarleiter am Wilhelms-Gymnasium in München und nehmen seit einigen Jahren auch die Aufgaben des Fachberaters für die Seminarausbildung in Musik für das Bayerische Staatsministerium für Unterricht und Kultus wahr. In Ihrer Eigenschaft als Leiter des Verbandes Bayerischer Musikerzieher (!, d. Verf.) engagieren Sie sich mit Erfolg für die Interessen und Probleme Ihres Berufsstandes. Ferner waren Sie Mitbegründer der Aktionsgemeinschaft Musik in Bayern und sind seit Bestehen des Bayerischen Musikrates dessen Präsidiumsmitglied. Seit 1977 sind Sie auch aktiv im Vorstand des Bundesverbandes Deutscher Schulmusikerzieher tätig. Sie haben sich weit über Ihre beruflichen Verpflichtungen hinaus für eine solide Ausbildung der bayerischen Schulmusikerzieher sowie für die Belange der bayerischen Schulmusik eingesetzt. Für diese Verdienste hat Sie der Herr Bundespräsident mit dem Verdienstkreuz am Bande ausgezeichnet. Ich habe die Ehre, Ihnen diesen Orden aushändigen zu dürfen."[504]

Auch nachdem Benker das Amt des vbs-Vorsitzenden aufgegeben hatte, blieb er dem vbs weiterhin eng verbunden.[505]

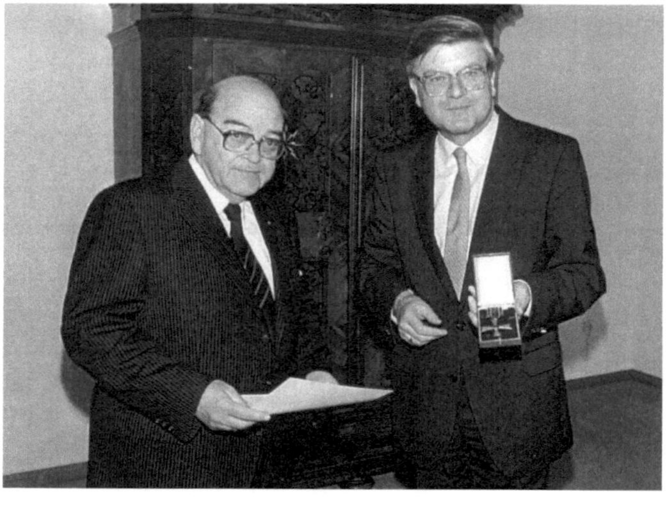

Abb. 11: Foto vom 10. März 1983: Heinz Benker und Kultusminister Hans Maier.

[504] Maier, Hans: Laudatio anlässlich der Aushändigung des Verdienstkreuzes am Bande am 10. März 1983 an Herrn Heinrich Anton Benker, München. Maschinenschriftliches Manuskript München 1983. 1 Seite.

[505] Bis 1983 wirkte Benker weiter als Seminarlehrer und vertrat die Interessen der Schulmusik als Präsidiumsmitglied des Bayerischen Musikrats. Benker verstarb am 2. Juni 2000 in München.

2.6 Die Zusammenarbeit mit dem Verband Deutscher Schulmusikerzieher e. V. (vds)

Mit und nach der Gründung des Verbandes Deutscher Schulmusikerzieher e. V. am 24. Juni 1949 in Hamburg, die durch den Zusammenschluss der bereits bestehenden Landesverbände verwirklicht wurde, beteiligte sich der vbs auch bundesweit, Verbesserungen für den schulischen Musikunterricht zu erreichen.[506] Nordrhein-Westfalen und Bayern müssen als erste aktive Länder im vds betrachtet werden.[507] Egon Kraus leitete den vds als Bundesvorsitzender bis 1970. Der vbs-Vorsitzende Anton Walter war bis 1965 stellvertretender Bundesvorsitzender. Bernhard Binkowski, stellvertretender Bundesvorsitzender nach Anton Walter von 1965 bis 1971, wurde nach dem Vorsitzenden Erwin Fuchs 1971 neuer Bundesvorsitzender.

Grundsätzliches Anliegen des vds war stets die Forderung durchzusetzen, allen Schülern ein umfangreiches Lern- und Erfahrungsspektrum im Umgang mit Musik zu eröffnen. Dabei sollten die vielfältigen und mit Musik zu gewinnenden Erfahrungen aber nicht nur Privileg einer Minderheit sein, sondern allen Kindern und Jugendlichen von allgemein- und berufsbildenden Schulen zugute kommen.

Um seine satzungsgemäßen Aufgaben zu erfüllen,[508] führte der vds ab 1955 – anknüpfend an die Tradition der Reichsschulmusikwochen der Weimarer Republik – Bundesschulmusikwochen und ab 1967 zusätzlich Bundestagungen durch, auf die der vbs in seinen Rundschreiben stets und ausführlich hinwies. Ihr wesentlicher Ansatzpunkt ist das Erfahren und Verbalisieren der ästhetischen Wirklichkeit als grundlegende Kulturtechnik. Von Anfang an sollten die Bundesschulmusikwochen Impulse für die Verbesserung der Arbeit der Schulmusiker geben und gemeinsame Grundforderungen für die schulische Musikerziehung

[506] Vgl. Binkowski, Bernhard: 50 Jahre Verband Bayerischer Schulmusikerzieher, in: Musik und Bildung. Mainz 4/1979, S. 254 ff.

[507] Saß, Herbert: Der Verband Deutscher Schulmusikerzieher – Zu seiner Geschichte und Wirksamkeit von der Gründung 1949 bis 1971, in: Musik und Bildung. 4-5/1989, S. 205. Eine Zusammenstellung aller Bundesschulmusikwochen und Bundestagungen des vds findet sich im Anhang, Anlage 11. Da nach der sechsten Bundesschulmusikwoche 1965 die siebte Bundesschulmusikwoche aus organisatorischen Gründen erst 1968 stattfinden konnte, beschloss der vds als Ersatz 1967 eine Bundestagung durchzuführen. Zu Geschichte und Inhalt der vds-Bundestagungen vgl. Zimmerschied, Dieter: Musikpädagogische Tendenzen im Spiegelbild der Bundesschulmusikwochen und Bundestagungen, in: Musik und Bildung. Mainz 4/1978, S. 262 ff, Binkowski, Bernhard: Zur Geschichte des vds – Die siebziger Jahre, in: Musik und Bildung. Mainz 4-5/1989, S. 210 ff und Maas, Georg: Zwischen Gegenwartsbewältigung und Zukunftsgestaltung – Die Bundesschulmusikwochen von 1955 bis 1988, in: Musik und Bildung. Mainz 4-5/1989, S. 215 ff.

[508] Vgl. Verband Deutscher Schulmusiker e. V. (Hg.): Satzung und Geschäftsordnung (26. Mai 1992). Mainz 1992, S. 2 ff.

vor einer größeren Öffentlichkeit zur Geltung zu bringen.[509] Nach den vorliegenden Quellen beginnt eine ausführliche Berichterstattung über die Bundesveranstaltungen von bayerischer Seite mit der dritten Bundestagung 1971.[510]

Betrachtet man die Kongressthemen der Bundesschulmusikwochen ab 1955, so ist festzustellen, dass die im Titel gewählten Begriffe jeweils aus der bildungspolitischen Debatte ihrer Zeit heraus entstanden und somit selbst eine Ideengeschichte des Musikunterrichtes in Deutschland widerspiegelten, wie zum Beispiel „Lebenshilfe" (1957), „Technische Mittler" (1968), „Schule und Gesellschaft" (1972), „Medieninvasion" (1984).[511] Die aktuelle Diskussion und die zu erwartende Entwicklung bestimmten jeweils das Motto der bundesweit zentralen Veranstaltungen.

Gleichzeitig ist zu erkennen, dass konkrete Begriffe mit abstrakten abwechselten. Damit wird deutlich, dass die Bundesschulmusikwochen zum einen eine Funktion nach innen, zum anderen eine Funktion nach außen zu erfüllen hatten. Nach innen die der internen Information, Diskussion und Definition wie „Quantität und Qualität" (1963), „Bildungsziele und Bildungsinhalte" (1970), nach außen das Setzen von neuen Ideen und Impulsen wie „Musik und Bildung in unserer Zeit" (1961), „Arbeit – Freizeit – Fest" (1986). Weitere Themen verweisen auf Legitimationsversuche, wie „Humane Schule" (1978), „Kulturpolitische Verantwortung" (1984) oder „Spielräume – Musikerziehung in einer gefährdeten Welt" (1988).

An Titeln und Inhalten der Bundesschulmusikwochen ist auch zu erkennen, wie sehr die schulische Musikerziehung bis in die sechziger Jahre am Ideal der musischen Bildung hing: „Musik als Lebenshilfe" (1957), „Musik und Musikerziehung in der Reifezeit" (1959). Ende der sechziger Jahre brachte Alt auf den Bun-

---

[509] Vgl. Saß, Herbert: Der Verband Deutscher Schulmusikerzieher – Zu seiner Geschichte und Wirksamkeit von der Gründung 1949 bis 1971, in: Musik und Bildung. 4-5/1989, S. 205.

[510] Zentrales Mitteilungsblatt des Verbandes Deutscher Schulmusikerzieher e. V. ist die seit 1969 erscheinende musikpädagogische Zeitschrift „Musik und Bildung" (Schott, Mainz ab 1969. Eine Zusammenstellung wichtiger Artikel zur Situation der Schulmusik und der Verbandsarbeit des Verbandes Deutscher Schulmusikerzieher e. V., die in „Musik und Bildung" von 1969 bis 1980 erschienen sind, findet sich im Anhang: A 12), die die frühere Zeitschrift „Musik im Unterricht" (Schott, Mainz 1949 bis 1968. Ab 1956 Teilung in „Allgemeine Ausgabe" und „Ausgabe B") ablöste.

[511] Vgl. dazu Gieseler: „Musik nicht als Spielwerk, sondern als Ernstfall. (...) der Schwenk auf den Bundesschulmusikwochen wird erst 1963 deutlich. (...) Von der Mitte der sechziger Jahre an ist die 'musische Bildung' auf dem Rückmarsch, was übrigens nicht hindern wird, daß Neo-Musisches demnächst wieder auftauchen könnte." in: Gieseler, Walter: Orientierung am musikalischen Kunstwerk oder: Musik als Ernstfall, in: Schmidt, Hans-Christian (Hg.): Geschichte der Musikpädagogik (= Handbuch der Musikpädagogik Band 1). Kassel 1986, S. 190.

desschulmusikwochen in Hannover[512] und Saarbrücken[513] seine Vorstellungen über eine Orientierung am Kunstwerk ein. In den siebziger Jahren war vorherrschendes Thema die Verwissenschaftlichung des Musikunterrichtes und der Anspruch, mit neuen musikdidaktischen Konzepten Defizite im Unterricht auszugleichen.[514]

Der Einfluss des vds auf den Verlauf der deutschen Musikpädagogik und die Fortführung der didaktischen Entwicklung zeigt sich besonders im Wirken der vds-Bundesvorsitzenden, in den sechziger Jahren durch Egon Kraus, in den siebziger Jahren durch Bernhard Binkowski[515] und in den achtziger Jahren durch Karl Heinrich Ehrenforth.[516] Ähnlich wie Benker betonte Binkowski immer wieder, dass nur ein ganzheitliches Bild vom Menschen mit all seinen emotionalen und sozialen Erscheinungen und Hintergründen auch pädagogisch umgesetzt werden könne.[517] Erst wenn die kreativen Kräfte im Menschen freigesetzt werden, kann er als gebildet angesehen werden.

Standen sich in der allgemeinen Diskussion eher zwei musikpädagogische Positionen gegenüber, nämlich zum einen die eher kognitiv empfundene, zum anderen die eher praktisch und handlungsorientiert empfundene, so ist es das Verdienst des vds, diese Diskussion im Laufe seiner Geschichte in Gang zu halten, weiterzutreiben und mit eigenen Vorstellungen zu bereichern.

Von der ersten Bundesschulmusikwoche (1955) an hatte der vbs regelmäßig musikalische Beispielgruppen zu den Bundeskongressen entsandt. Bei allen Veranstaltungen wurde dabei die hohe künstlerische Ausdrucksfähigkeit der bayerischen Schüler und das hohe Engagement der bayerischen Schulmusiker festgestellt, wie es auch Busch in seinem ausführlichen Bericht anlässlich des 50-jährigen vbs-Jubiläums 1979 zusammenfasste.[518]

So waren bei den Bundesschulmusikwochen in Mainz (1955), in München (1959), in Berlin (1961) und in Hannover (1968) bayerische Schulorchester (Busch, München und Pongratz, Erlangen), in München (1959) und Bonn (1965)

---

512 Vgl. Alt, Michael: Der Wandel des musikalischen Bewusstseins durch die Medien und die pädagogischen Folgen, in: Der Einfluss der Technischen Mittler – Vorträge der siebten Bundesschulmusikwoche Hannover 1968 (Hg.: E. Kraus), Mainz 1968, S. 34–45.

513 Vgl. Alt, Michael: Die Mitsprache der Pädagogik bei der Zielproblematik des Musikunterrichts, in: Bildungsziele und Bildungsinhalte des Faches Musik – Vorträge der achten Bundesschulmusikwoche Saarbrücken 1970 (Hg.: E. Kraus), Mainz 1970, S. 39–54.

514 Vgl. Helmholz, Brigitta: „In Grenzen – über Grenzen hinaus“, in: Musik in der Schule 1/1991, S. 55. Vgl. auch Kapitel II 1.

515 Ein für diese Arbeit durchgeführtes Interview mit Binkowski findet sich im Anhang: A 13.

516 Vgl. Bäßler, Hans: vds-Jubiläum, in: vds-Niedersachsen Heft 139, 12/1997, S. 17 f.

517 Vgl. Interview mit Binkowski im Anhang.

518 Vgl. Busch in NMZ Februar 1979, S. 26.

Schulchöre (Brand, Freising und Schrems, Regensburg) vertreten. In Stuttgart (1963) gelangte ein von Chor und Orchester gemeinsam erarbeitetes Werk zur Aufführung (Knapp, Würzburg). Bei den Bundesschulmusikwochen in Hamburg (1957)[519] und Saarbrücken (1970)[520] waren bayerische Gruppen auf Grund des Ferientermins beziehungsweise nicht gesicherter Finanzen nicht vertreten.

Der folgende Überblick fasst chronologisch die bundesweit bedeutsamen Veranstaltungen des vds in den siebziger Jahren aus bayerischer Sicht und auf Grund ihrer Bedeutung für den vbs und die bayerische Schulmusik zusammen. Der jeweilige Umfang der einzelnen Bundesschulmusikwochen und Bundestagungen in der folgenden Darstellung spiegelt dabei gleichermaßen nicht nur die Berichterstattung, sondern auch die Bedeutung für wie auch die Einflussnahme und Mitwirkung durch den vbs wider.

Dritte Bundestagung vom 15. bis 16. November 1971 in Bremen: Musikpädagogik und politische Wirklichkeit

Schmidt-Brunner berichtete aus bayerischer Sicht ausführlich über diese Bundestagung. Der Autor wirft hier dem vds zunächst vor, dass dieser auf der zweiten Bundestagung im Dezember 1969 in Karlsruhe versuchte, „ihre Vergangenheit zu bewältigen, indem sie radikale Lehrplankritik übte und musischen Ballast abwarf, um Voraussetzungen zu einer Lehrplanreform zu schaffen".[521] 1971 dagegen versuchte sie sich „an der (politischen) Gegenwart zu orientieren und für die (musikpädagogische) Zukunft zu planen".[522] Sehr negativ und zum Teil auch ironisch bewertet Schmidt-Brunner Referate und Diskussionen zum Thema der Veranstaltung „Gesamtschule und Ganztagsschule als Modellfälle":

„Daß die Zusammenfassung der Diskussionsergebnisse noch keine Harmonisierung gestattet, ist ebenso eine Folge des föderalistisch bedingten Redens (resp. Singens) mit verschiedenen Zungen der deutschen Schulmusikerzieher wie die vorläufige Formulierung von Alternativen, die immerhin zu einer Bewußtseinserweiterung der Kollegen führen kann und deren eigene Stellungnahme heraus-

[519] Vgl. 43. Rundschreiben an die Verbandsmitglieder vom 1. Februar 1959. München 1959, S. 1.

[520] Vgl. Busch in NMZ Februar 1979, S. 26.

[521] Schmidt-Brunner in vbs-Rundschreiben 6/71 vom Dezember 1971, S. 4. Vgl. Kraus, Egon: Lehrplankritik als Voraussetzung zur Lehrplanreform, in: Musik und Bildung. Mainz 2/1970, S. 53 ff. Wichtige Ergebnisse der zweiten Bundestagung des vds in Karlsruhe (4. bis 7. Dezember 1969) waren: „Ablehnung der bisherigen Monopolstellung der Schulbehörden (...) bei der Neubestimmung von Bildungszielen und Bildungsinhalten, Forderung auf bestimmte Mitwirkung der Fachverbände bei der Lehrplanrevision, Feststellung der Notwendigkeit einer permanenten Weiterentwicklung von Lehrplänen als Direkthilfe und langfristige Curriculumforschung." (Kraus, Egon: vds – 2. Bundestagung Karlsruhe, in: Musik und Bildung Mainz 2/1970, S. 88).

[522] Ebd.

fordern soll. Jedenfalls ist sicher, daß nach dem Gebot der Stunde die Musikpädagogen baldmöglichst nicht nur neue Unterrichtsstrategien, sondern auch Strategien im politischen Bereich werden unternehmen müssen."[523]
Eine ähnliche Stärkung der politischen Arbeit hatte Binkowski bereits 1965 gefordert: „Die Vertreter der Musik haben bisher zu wenig Notiz von der Politik genommen, die meisten Politiker aber haben die Bedeutung der Musik und musikalischen Bildung für die Demokratie nicht erkannt. Unsere (die des vds, d. Verf.) Aufgabe ist es, dieses Versäumnis schnellstens nachzuholen und die Öffentlichkeit aufzuklären. Die Aufgabe der Öffentlichkeit, der politischen Instanzen, der Verwaltungen und Regierungen aber ist es, davon Kenntnis zu nehmen und daraus die Konsequenzen zu ziehen. Der Nutznießer einer derartigen Zusammenarbeit wird die Demokratie sein, die uns allen am Herzen liegt und für deren Festigung wir gemeinsam alles tun müssen, was in unseren Kräften steht."[524]

Die Anwesenheit von Politikern, darunter der Herforder Oberbürgermeister Dr. Kurt Schober (CDU, MdB), Horst-Werner Franke (SPD, Mitglied der Bremer Bürgerschaft) und Gisela Nischelsky (FDP, Vorsitzende des kulturpolitischen Ausschusses im Bremer Senat),[525] auf der dritten vds-Bundestagung unterstreicht eindeutig den geforderten Anspruch, die interessierte Öffentlichkeit in Kenntnis zu setzen. Die Kritik des bayerischen Vertreters bezieht sich wohl auch darauf, dass man in Bayern mit Überlegungen zur Gesamt- und Ganztagsschule in Bayern nur wenig anzufangen wusste. Aber es war klar, dass der vds politisch handeln musste, um seine Interessen durchzusetzen, und es wurde deutlich, dass die in der politischen Verantwortung Stehenden aufgefordert waren, nötige Initiativen zu ergreifen.

Konkrete Forderungen, auch für die bayerische Schulmusik, wie zum Beispiel die Schaffung einer Vollstelle für Musik im Institut für Schulpädagogik, stellte Schmidt-Brunner auf: „Betrifft Agitation und Aktivierung der Verbandsmitglieder: Die Beschlüsse der 3. VDS-Bundestagung müssen von jedem einzelnen Verbandsmitglied verwirklicht werden, denn es geht um unsere Existenz! Einflußnahme auf Landesparlamente, Lobby im Ministerium, Delegieren bestimmter Aufgaben innerhalb des VBS an neu einzurichtende Referate. (...) Bezüglich der Referate im VBS sei auf die Strukturierung z. B. des VDS-Landesverbandes Niedersachsen verwiesen (...) Ein für den VBS notwendiges Referat wäre in einer Interessenvertretung der Musischen Gymnasien zu sehen, (...) für das 'feed-back'

[523] Ebd.
[524] Binkowski, Bernhard: Die politische Bedeutung der musikalischen Bildung für die Demokratie, in: Fortschritt und Rückbildung in der deutschen Musikerziehung – Vorträge der sechsten Bundesschulmusikwoche Bonn 1965 (Hg.: E. Kraus). Mainz 1965, S. 63.
[525] Vgl. Schmidt-Brunner in vbs-Rundschreiben 6/71 vom Dezember 1971, S. 4.

der Kollegen zuständig sein, (...) der VBS sich öffnet für Fachlehrer, für Volks- und Realschullehrer. (...) Drei Schlüsselpositionen kommt bei der inhaltlichen und organisatorischen Wahrung unserer Interessen künftig größte Bedeutung zu: Dem VBS-Vorsitz, dem ISP-Referat, dem Hochschulvertreter. (...) Für das die Belange der Musikerziehung (im Primar- und Sekundarbereich) vertretende ISP-Referat ist eine Vollstelle zu errichten."[526]

Mit der Ernennung von Schmidt-Brunner zum Referenten für Musik wurde diese Vollstelle für das Fach Musik im Institut für Schulpädagogik 1974 geschaffen.[527]

Ausgehend von der zu dieser Zeit auch im vds geführten Debatte um die Gesamtschule[528] brachte Benker mit seinem Vortrag über „Sieben Thesen zum Musikunterricht in der Gesamtschule" einen bayerischen Beitrag auf dieser dritten vds-Bundestagung ein. Obgleich die Gesamtschule in Bayern nur an sehr wenigen Standorten als Schulversuch durchgeführt wurde, erschien es Benker wichtig, zu dieser zentralen Frage Stellung zu beziehen. Folgende Thesen wurden von ihm angeführt:[529]

„1. In der Gesamtschule wird allen Schülern Chancengleichheit zugesichert. Diese Chancengleichheit muß auch für die Unterrichtsfächer gelten. Ein Denken in Haupt- und Nebenfächern ist deshalb nicht mehr zeitgemäß.
2. In Folge des zunehmenden Medienangebots besitzt Musik immer mehr wirtschaftliche Macht. Im Rahmen einer sozialen Integration muß demnach Musikunterricht in der Gesamtschule einen bedeutenden Stellenwert besitzen, um sachkundige Urteilsbildung zu gewährleisten.
3. Die angestrebte Leistungsdifferenzierung muß bedeuten, daß auch für den Musikunterricht Parallelkurse auf unterschiedlichem Niveau angeboten werden.
4. Um die Forderungen der Gesamtschule zu erfüllen, ist eine vollkommene Umstrukturierung der Lehrerbildung nötig.
5. Um die an sie gestellten Forderungen zu erfüllen, muß die Gesamtschule eine Ganztagsschule sein.
6. Die Ganztagsschule hat mehrere Forderungen an den Musikunterricht zur Folge, wie z. B. die Zusammenarbeit mit privaten Musiklehrern oder Musik-

---

[526] Schmidt-Brunner in vbs-Rundschreiben 2/72, S. 4.
[527] Ende 1974 übernahm Hans-Bernd Schmitz das schulartübergreifende Referat Musik.
[528] Vgl. Günther, Ulrich: Musikunterricht in der Gesamtschule – Prinzipien, Ziele, Aufgaben, in: Bildungsziele und Bildungsinhalte des Faches Musik – Vorträge der achten Bundesschulmusikwoche Saarbrücken 1970 (Hg.: E. Kraus). Mainz 1970, S. 222 ff. Eine weitere Tagung zur Frage „Musikunterricht und Ganztagsschule" fand erst wieder im Jahr 2004 (Königstein/Taunus) statt.
[529] Vgl. Benker in vbs-Rundschreiben 6/71, S. 7 ff. Zur Bewertung von Benkers Vortrag zur Gesamtschulproblematik vgl. Fenninger, Josef: Untersuchung zum schulischen Musikunterricht in Bayern vom Ende des Zweiten Weltkriegs bis zum Beginn der siebziger Jahre. Frankfurt/Main 1997, S. 221.

schulen, die Integration des Musikunterrichtes in die Stundentafel auch des Vormittags, Einplanung von Übezeiten und Überäumen mit Instrumenten für Instrumentalschüler.

7. Im Interesse der Schüler müssen gründliche Überlegungen und Vorbereitungen getroffen werden, bevor das alte Schulsystem zu schnell abgeschafft wird."

Aus diesen und aus den allgemeinen Diskussionen dieser Tagung leitete Binkowski, der während der Tagung zum ersten Mal zum Bundesvorsitzenden gewählt wurde, zwölf Fragen beziehungsweise Forderungen ab, die sich auf folgende Themenbereiche bezogen:[530]

„1. Stellenwert des Faches Musik an den Gesamtschulen
2. Chancengleichheit im Musikunterricht
3. Musikunterricht zu Nutzen aller Schüler
4. Zuordnung von Musik zu einem der drei Lernbereiche oder eigenständiger Bereich
5. Auswirkung der Beziehung zwischen Praxis (Gesamtschule) und Theorie auf die Hochschulen
6. Instrumentalunterricht und Instrumentalgruppen an Gesamtschulen
7. Musik als verbindliches Kernfach bis zur 10. Jahrgangsstufe
8. Curriculare Weiterentwicklung auf der Basis, daß zwei Schulsysteme nebenher existieren
9. Vergleich der Effektivität des Musikunterrichts an Gesamtschulen und traditionellen Schulen
10. Intensivierung des Informationsflusses zwischen allen, die am Gesamtschulkonzept arbeiten
11. Arbeitskreise auf Bundes- und Landesebene; Informationen in „Musik und Bildung"
12. Aufgabe des vds ist es, der Gefährdung des Musikunterrichtes entgegenzuwirken und eine Verbesserung des gegenwärtigen Zustandes zu erreichen."

Die Entwicklung der Gesamtschule und damit die Tendenz, die Schichtengliederung des Schulwesens aufzuheben, machen dabei deutlich, dass es das Ziel war, dass alle Schüler, unabhängig von Alter und sozialer Herkunft, sich mit jeder Art von Musik beschäftigen sollten. Dies führte zwangsweise nicht nur zu einer Aufhebung des ehemals allein geltenden Werk- und Kunstanspruchs, sondern auch zu der Vorstellung, dass jede Art von Musik innerhalb der Musikpädagogik Verwendung finden könnte, allerdings zu unterschiedlichen Zwecken. Diese Ent-

---

[530] Vgl. vbs-Rundschreiben 6/71, S. 9 ff.

wicklung führte schließlich zur Auflösung eines gymnasialen Bildungsdenkens und entsprach damit der Nicht-Vertrautheit und Abneigung vieler Schüler gegenüber „klassischer Musik", die im Musikalltag mehr denn je zurückgedrängt wurde.

Neunte Bundesschulmusikwoche vom 19. bis 23. Mai 1972 in Kassel: Musik in Schule und Gesellschaft

Das Thema „Musik in Schule und Gesellschaft" und der damit verbundene gesellschaftliche Anspruch, der an Schule und Unterrichtsfächer gestellt wurde, war für die damalige Zeit außerordentlich aktuell, da es die Zeit war, in der die Positionen der 68er-Bewegung auf die Schulmusik übergegriffen hatten. Die Gesellschaft forderte Neuerungen in allen Bereichen, und entsprechend wurden in Kassel die Diskussionen geführt. Binkowski, der ähnlich wie Benker von Natur aus immer auch auf die Musikpraxis hin ausgerichtet war, hatte zur Vorbereitung dieser Bundesschulmusikwoche einen didaktischen Beirat innerhalb des Bundesvorstandes gegründet, zu dessen Mitgliedern unter anderen S. Abel-Struth gehörte, und hoffte, damit den mehr theoretischen Entwicklungen entgegenzuwirken.[531]

Wesentlicher bayerischer Beitrag dieser Bundesschulmusikwoche war das Referat von Schmidt-Brunner zum Thema „Entwicklung eines didaktischen Konzeptes", bei dem grundlegende Entwicklungen im Rahmen der Lehrplangestaltung und des Curriculums aus bayerischer Sicht dargelegt wurden.[532] Das Referat war Teil der Arbeitskreise, die sich mit dem Stellenwert des musikalischen Kunstwerkes im Unterricht beschäftigten, was beweist, dass diese musikdidaktische Position in Bayern, im Gegensatz zu der ebenfalls auf der Bundesschulmusikwoche diskutierten „Auditiven Wahrnehmungserziehung", eine wesentliche Rolle gespielt hat.

„Die apophantische Objektivation der 9. Bundesschulmusikwoche in Kassel stellte an den musikpädagogischen Globetrotter und Normalkonsumenten akkumulierte und approximativ diffisile Konzentrationspostulate, da die superobruierten Theorieperspektiven seine ohnehin desolate Perzeptionspotenz so konstant in didaktischer, psycho-, öko- und soziologischer Modalität strapaziert wurde, daß sein personelles Phänomen definitiv nur noch durch eine assoziative Persuasionstherapie sensibilisiert, codiert und durch audiovisuelle Kommunika-

---

[531] Interview mit Bernhard Binkowski vom 15. Februar 1999.

[532] Vgl. Schmidt-Brunner, Wolfgang: Entwicklung eines didaktischen Konzeptes, in: Musik in Schule und Gesellschaft – Vorträge der neunten Bundesschulmusikwoche Kassel 1972 (Hg.: E. Kraus). Mainz 1972, S. 211 ff.

tion affirmiert werden konnte."[533] Mit diesen wohl nicht ganz ernst zu nehmenden Worten begann Benker im vbs-Rundschreiben 4/72 seinen Bericht über die Kasseler Bundesschulmusikwoche. Seine Ironie zielte dabei vor allem auf die im Rahmen der Curriculumentwicklung einsetzende Verwendung wissenschaftlicher und nicht aus der deutschen Sprache stammender Begriffe. In diesen wenigen Worten kam bereits eine allgemeine Kritik zum Tragen: „Musikunterricht bedarf einer sicheren Einbettung in die Erfahrungswelt der Jugendlichen, wenn er fruchtbar sein soll; er darf aber nicht durch eine radikale Akzentverschiebung von den 'Hilfswissenschaften' aufgefressen werde!"[534]

Auch Frey[535] übte deutlich Kritik an den vom vds initiierten Ideen und den daraus geführten Diskussionen: „Die Musikerziehung im Bundesgebiet ist in weiten Bereichen von Ideologien geprägt; die Fronten scheinen schon ziemlich verhärtet. Unter dem Deckmantel der Verwissenschaftlichung werden am grünen Tisch Denkmodelle ausgearbeitet, die

- sich in der Praxis als nicht realisierbar herausstellen (...)
- unter Hinweis auf Versachlichung jede herkömmliche Erziehungsweise als Manipulation verdammen (...)
- bei der Musiklehrerausbildung die handwerklich-musikalische Ausbildung als relativ unwichtig abtun und dafür der Musiksoziologie eine absolute Vorrangstellung einräumen wollen (...)
- mit möglichst allgemeinen Formulierungen Gegensätze zu überspielen versuchen und deshalb so substanzlos bleiben, daß der Aufwand in keinem Vergleich mehr zum Ergebnis steht
- das Fach Musik in einen gemeinsamen Bereich 'Ästhetische Erziehung' eingliedern wollen, was auf längere Sicht das Ende der Musikerziehung bedeuten kann."[536]

Besonders deutlich wird diese Kritik in den folgenden Sätzen von Frey, die eine bewusste Abgrenzung der bayerischen von der deutschen Schulmusik verdeutlicht: „Zweifellos genügt es nicht, aus süddeutscher Sicht diesen Strömungen mit einem überlegenen Lächeln zu kontern. Welcher aktive Schulmusiker hat jedoch Zeit, sich ständig über alle einschlägigen Veröffentlichungen auf dem laufenden zu halten, den eigenen praxisbezogenen Standpunkt zu formulieren und ihn seinerseits wieder verbreiten? Nicht vergessen sei die Scheu, in verständlichem

---

[533] Benker in vbs-Rundschreiben 4/72, S. 1.
[534] Ebd.
[535] Vgl. Helms/Schneider/Weber: Neues Lexikon der Musikpädagogik – Personenteil. Kassel 1994, S. 60.
[536] Frey in vbs-Rundschreiben 4/72, S. 2.

Deutsch Dinge zu sagen, die nur noch in 'komplexer Diktion relevant' zu sein scheinen."[537]

Auch Geiger stimmt in eine Kritik gegen eine sich zu sehr an sozialen Gesichtspunkten orientierenden Musikerziehung ein und stellt den Besuch einer derartigen Bundesschulmusikwoche in Frage.[538] Gleichzeitig wird am Bild des traditionellen bayerischen Schulmusikers festgehalten und auf die Erfolge der bayerischen schulmusikalischen Entwicklung hingewiesen. Damit stellt sich gleichsam auch die Frage, wie bayerische Schulmusiker ihr Verhältnis zwischen dem eigenen Verband und dem bundesdeutschen einschätzten. In der Darstellung kommt sowohl das Unverständnis gegenüber „norddeutschen" Ansätzen wie auch eine gewisse patriotische Überheblichkeit deutlich zum Ausdruck: „Soweit – so gut: Die nächste BUSCHUWO wird in Bayern stattfinden! Kommentar ad libitum."[539]

Vierte Bundestagung vom 18. bis 21. November 1973 in Lübeck: Konsequenzen der Schulreform für das Fach Musik unter besonderer Berücksichtigung der Eingangs- und Endstufe[540]

Eine durchaus positive Berichterstattung veröffentlichte Schmidt-Brunner über diese Bundestagung. Ein bereits in Kassel von Binkowski gefordertes Anliegen steht weiterhin im Mittelpunkt der Diskussionen: „(...) muß sich der VDS und seine Landesverbände, also auch unser VBS zugleich als Forum für didaktische Diskussion und für politische Aktivität verstehen und seine bildungspolitischen Initiativen verstärken. Das bedeutet konkret

- Vorschläge zur Studienreform, um das 'Dilemma von praxisferner Theorie und theorieferner Praxis' (Antholz) zu überwinden;
- musikalische Fortbildung auch für Grund- und Hauptschullehrer zu organisieren; (...)
- ein Zusammenarbeiten mit dem Kunsterzieherverband zwecks Stärkung der politischen Front vorsichtig zu prüfen."[541]

---

[537] Ebd.

[538] Geiger in vbs-Rundschreiben 4/72, S. 3 ff, vgl. Anhang: A 14.

[539] Holderbach in vbs-Rundschreiben 4/72, S. 6, vgl. Anhang: A 14.

[540] Benker verdeutlicht die Wichtigkeit der Ergebnisse dieser Tagung in seinem Schreiben an die Neue Musikzeitung vom 3.11.1973, wenn er zu den zu veröffentlichenden Artikel Folgendes schreibt: „Das Material für die Seite 1 ist noch nicht vollständig. Sie erhalten dazu noch einen Kurzbericht über die Bundestagung des VDS in Lübeck, die erst am 18.11. stattfindet. Diese Aktualität muß unbedingt noch in diese Ausgabe (Dezember-Ausgabe, d. Verf.) hinein, im Februar ist es dafür zu spät. Ich werde Sie am 19.11. anrufen und von Lübeck aus die paar Zeilen durchgeben." in: Schreiben von Heinz Benker an die NMZ-Redaktion vom 3.11.1973.

[541] Schmidt-Brunner in NMZ Februar 1974, S. 19.

Daraus leitete Schmidt-Brunner als notwendige Konsequenzen auch konkrete Forderungen für eine zukünftige Arbeit des vbs ab: Gründung neuer Fachreferate für Hauptschule, Musische Gymnasien, Schulversuche, Fortbildung. Wichtig wäre auch die Bereitschaft von mehr Verbandsmitgliedern zu einer aktiven Mitarbeit.[542]

Zehnte Bundesschulmusikwoche vom 16. bis 20. April 1974 in München: Musik und Individuum

War die Bundesschulmusikwoche 1972 eher eine indirekte Reaktion auf die Veranstaltung von 1970, die mögliche Alternativen zum Musikunterricht aufzeigte, so war die Bundesschulmusikwoche 1974 vielmehr eine direkte Reaktion auf den Kongress von 1972, der die Curriculumentwicklung eher skeptisch betrachtet hatte.[543] So setzten Binkowski und sein Bundesvorstand mit dem Titel „Musik und Individuum" ein bewusstes Gegengewicht zur vorangegangenen Bundesschulmusikwoche, da sich inzwischen ein Paradigmenwechsel vollzogen hatte, der die ausschließliche Betonung des gesellschaftlichen Momentes in der Musikpädagogik als falsch ansah: „In der allgemeinbildenden Schule muß die Überbetonung der intellektuellen Entwicklung durch erhöhtes Einbeziehen des affektiven Bereichs vervollkommnet und die Bildung dadurch humanisiert werden."[544]

Wichtiges Element dieser Bundesschulmusikwoche war wiederum das Hinzuziehen von Persönlichkeiten, die nicht aus der Schulmusik kamen. Bei der Podiumsdiskussion zum Thema „Musik in Arbeitswelt und freier Zeit"[545] wurde auch wieder die gesellschaftliche Bedeutung erwähnt, aber, als Folge der Zusammensetzung der Podiumsteilnehmer, doch unter Einbezug weitreichenderer Aspekte: Die Benachteiligung des Musikunterrichtes im Zusammenhang mit einer Benachteiligung für das ganze spätere Leben eines jungen Menschen. Gegenüber den Diskussionsteilnehmern Hanna-Renate Laurien (Politik, Rheinland-Pfalz), Dieter Schnebel (Komposition, Bayern), Alphons Silbermann (Soziologie, Nordrhein-Westfalen), Peter Beckmann (Medizin, Bayern) und Ludwig Neubig (Eltern, Bayern) formulierte der vds seine Anliegen.[546] Durch die Teilnahme dieser Perso-

---

542 Vgl. ebd.

543 Vgl. Zimmerschied, Dieter: Musikpädagogische Tendenzen im Spiegelbild der Bundesschulmusikwochen und Bundestagungen, in: Musik und Bildung. Mainz 4/1978, S. 265.

544 Binkowski, Bernhard: Eröffnungsvortrag, in: Musik und Individuum – Vorträge der zehnten Bundesschulmusikwoche München 1974 (Hg.: E. Kraus). Mainz 1974, S. 11.

545 Vgl. Musik und Individuum – Vorträge der zehnten Bundesschulmusikwoche München 1974 (Hg.: E. Kraus). Mainz 1974, S. 297.

546 Vgl. Musik und Individuum – Vorträge der zehnten Bundesschulmusikwoche München 1974 (Hg.: E. Kraus). Mainz 1974, S. 297.

nen war die Hoffnung verbunden, sie auch für die Verbesserung der Situation der Musikerziehung in der Schule zu gewinnen.[547]

Besonders hervorzuheben ist, dass bei dieser Bundesschulmusikwoche erstmals eine Begeisterung und Unterstützung von Seiten der Elternschaft erfolgte. Meist prägten und prägen erfolglose Maßnahmen zur Aufklärung der Öffentlichkeit über die Bedeutung des schulischen Musikunterrichts das Bild der Verbandsarbeit. Nicht nur die Verbandsspitze, sondern auch jeder einzelne Kollege muss vor Ort dazu beitragen, die jeweiligen Gesprächspartner zu überzeugen, Aufgabe des Verbandes muss es in erster Linie sein, das dazu nötige Material zur Verfügung zu stellen.

Zur Vorbereitung der Bundesschulmusikwoche in München war Benker ab Dezember 1972 als Beisitzer Mitglied im vds-Bundesvorstand. Dies entsprach den Gepflogenheiten seit 1965.[548] Die Arbeit des vbs war in dieser Zeit vor allem durch die umfassenden Vorbereitungen für diese Großveranstaltung geprägt. Binkowski hatte Bayern als Austragungsort der Bundesschulmusikwoche bewusst gewählt, da zum einen ein sehr guter Kontakt zu den bayerischen Kollegen bestand und auf ihre unterstützende Mitarbeit gehofft werden konnte, aber auch, weil sich Bayern im Gegensatz zu anderen Bundesländern durch eine besonders lebendige Musikerziehung auszeichnete.[549]

Bei der Planung dieser Bundesschulmusikwoche konnte der vbs vielfach eigene Anregungen einbringen: So waren in der Eröffnungsveranstaltung und in weiteren Konzerten zahlreiche Beiträge von bayerischen Schulen zu hören. Auch bayerische Referenten standen zur Verfügung:[550]

Karl Graml:	Musik im 1. Schuljahr – Impulse für kognitives Erfassen und kreatives Gestalten
Wilhelm Lehr sen.:	Verwendung von herkömmlichen Instrumenten und elektronischen Klangerzeugern[551]
Renate Lettenbauer:	Stilmerkmale japanischer Musik[552]
Kurt Suttner:	Musik aus Madagaskar

[547] Interview mit Bernhard Binkowski vom 15. Februar 1999.
[548] Saß, Herbert: Der Verband Deutscher Schulmusikerzieher – Zu seiner Geschichte und Wirksamkeit von der Gründung 1949 bis 1971, in: Musik und Bildung. 4-5/1989, S. 205.
[549] Interview mit Bernhard Binkowski vom 15. Februar 1999.
[550] Vgl. Musik und Individuum – Vorträge der zehnten Bundesschulmusikwoche München 1974 (Hg.: E. Kraus). Mainz 1974), S. 6. Eine ausführliche Berichterstattung dieser Bundesschulmusikwoche von bayerischer Seite findet sich in NMZ Juni 1974, S. 19 ff.
[551] Vgl. vbs-Rundschreiben 1/73: Wilhelm Lehr sen.: Stundenbilder zum Thema: Elektronische Musik.
[552] in Zusammenarbeit mit Siegmund Helms.

Diese Zusammenstellung zeigt, dass es dem vbs gelang, ähnlich wie in seinen Unterrichtsmodellen und Fortbildungsveranstaltungen, auch auf der Bundesschulmusikwoche neue Inhalte zu thematisieren. Wie beschrieben, hielten allmählich ja auch ausländische Lieder in die Musikliederbücher Einzug.[553]

Mit einer umfangreichen Berichterstattung in der NMZ unterstrich der vbs die besondere Bedeutung, die diese Bundesschulmusikwoche für die bayerische Schulmusik hatte.[554] Insbesondere in Benkers „Science Fiction" über eine damals in weiter Zukunft liegende Bundesschulmusikwoche des Jahres 2000 sind deutlich Einschätzungen und Bewertungen aus Sicht des vbs-Vorsitzenden zu erkennen.

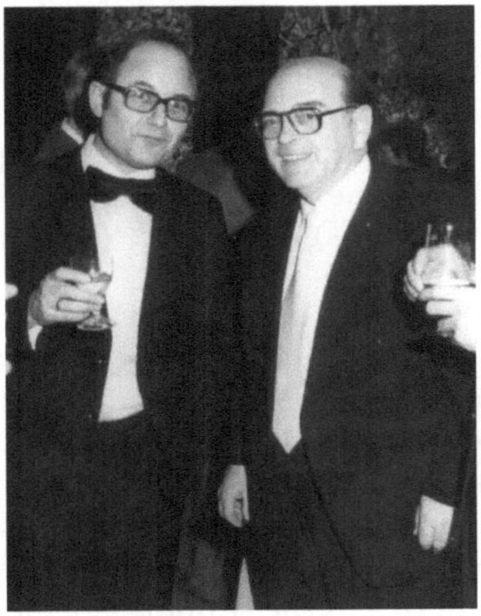

Abb. 12: Foto vom 16. April 1974: MR Walter Schmitt (KM)[555] und Heinz Benker.

[553] Vgl. Kapitel III 2.4.

[554] Dies erscheint besonders deshalb erwähnenswert, da der vbs zur 1959 in München veranstalteten Bundesschulmusikwoche in seinen Rundschreiben keine Inhalte dargestellt hat. Vgl. Fenninger, Josef: Untersuchung zum schulischen Musikunterricht in Bayern vom Ende des Zweiten Weltkriegs bis zum Beginn der siebziger Jahre. Frankfurt/Main 1997, S. 137. Vgl. Anhang: A 15.

[555] Walter Schmitt wirkte von 1969 bis 2000 als zuständiger Ministerialrat für das Fach Musik in der Gymnasialabteilung des Bayerischen Staatsministeriums für Unterricht und Kultus.

Fünfte Bundestagung vom 16. bis 19. November 1975 in Mainz: Schulische Musikerziehung in der Demokratie Ihr Einfluss auf den einzelnen, die Gesellschaft und die Kultur

Die bereits bei der Bundesschulmusikwoche in München angebahnte Zusammenarbeit mit dem Bundeselternrat wurde fortgesetzt und hatte drei Resolutionen des Bundeselternrates im Sinne der Schulmusik an die KMK zur Folge. Neben einer kurzen Berichterstattung über die Tagung[556] wurde eine inhaltliche Diskussion aus bayerischer Sicht nicht geführt.

Elfte Bundesschulmusikwoche vom 20. bis 24. April 1976 in Düsseldorf: Schule ohne Musik? Musik und Musikunterricht in der Bildungsplanung Analysen und Perspektiven

Zwei Referate der Arbeitskreise wurden von bayerischen Kollegen gestaltet, die sich bereits in Bayern bei Fortbildungen bewährt hatten: Zum einen die Veranstaltung „Zur Hör- und Singfähigkeit des Schulanfängers" von Karl Graml und Kurt Suttner.[557] Zum anderen eine Veranstaltung von Richard Taubald zum Thema „Affektive Lernziele im Musikunterricht",[558] ein Thema, das in Bayern stets besonders hervorgehoben wurde.

Dabei schloss Taubald an die Forderungen und Ergebnisse der Münchener Bundesschulmusikwoche an. In den einleitenden Worten ist das Bemühen um „affektive Lernziele" zu erkennen. Einflüsse und Vorgaben des Curriculums sind in der Wortwahl zu spüren. Insgesamt werden wesentliche Bestandteile der bayerischen Schulmusik deutlich:

„In der Podiumsdiskussion der 10. Bundesschulmusikwoche, München 1974, hatte der Schülervertreter eine stärkere Beachtung der 'emotionalen Erziehung' im Musikunterricht gefordert. (...) Die Grundlagen, dieses Thema für den Unterricht zu operationalisieren, überprüfbare Teilziele und Verfahrensweisen aufzuzeigen, sind noch so wenig im Griff, daß Überlegungen nur Ansätze vorläufiger Art zeigen können. Die folgenden Anregungen für die S-II-Stufe lassen sich mit entsprechenden Lerninhalten auch auf die S-I-Stufe übertragen. Wegen der noch ungeklärten Diskussionsgrundlage wird im folgenden nicht zwischen 'affektivem Verhalten', 'Emotionen', 'Gefühl', 'Stimmung', 'Gemüt' unterschieden. Wenn von 'Musikhören' die Rede ist, so soll musikalisches (Nach-)Gestalten nicht ausge-

---

556 Jürgenson-Ruprecht in NMZ Februar 1976, S. 19.

557 Vgl. Graml/Suttner: Zur Hör- und Singfähigkeit des Schulanfängers, in: Schule ohne Musik? – Vorträge der elften Bundesschulmusikwoche Düsseldorf 1976 (Hg.: E. Kraus). Mainz 1976, S. 93 ff.

558 Vgl. Taubald, Richard: Affektive Lernziele im Musikunterricht, in: Schule ohne Musik? – Vorträge der elften Bundesschulmusikwoche Düsseldorf 1976 (Hg.: E. Kraus). Mainz 1976, S. 225 ff.

klammert sein; die Lernziele beziehen sich immer auf 'erklingende Musik'. D. h. auch: die in den Blick gerückten Emotionen sind jeweils auf Musik selbst, weniger als soziales Lernziel auf den musikalischen Partner bezogen (soweit das von der 'Sache Musik' getrennt werden kann)."[559]

Sechste Bundestagung vom 14. bis 15. November 1977 in Hamburg: Bilden – Helfen – Heilen Musikunterricht zwischen Erziehung und Therapie

Die Thematik dieser Bundestagung war für den vbs von besonderem Interesse, da sie ein Tagungsthema zum Anliegen des Gesamtverbandes machte, das bereits am 14. November 1976 als vbs-Fortbildungsveranstaltung zum Thema „Prophylaxe und Therapie im Musikunterricht" in ähnlicher Weise auf bayerischer Landesebene abgehandelt worden war. Das Thema der Tagung macht insofern deutlich, wie sich Positionen des vbs mit denen des vds gedeckt haben und in Folge daraus ähnliche Anstrengungen unternommen worden sind, für den Musikunterricht einzutreten.

Zwölfte Bundesschulmusikwoche vom 28. März bis 1. April 1978 in Karlsruhe: Musik in einer humanen Schule

Der vbs-Vorstand fasste aus mehreren Gründen den Beschluss, zu dieser Bundesschulmusikwoche keine Beispielgruppe zu entsenden. Die vom vbs-Vorstand an seine Mitglieder weitergegebene Begründung brachte einmal mehr das typisch bayerische Selbstverständnis gegenüber dem vds zum Ausdruck:

„Zur 12. Bundesschulmusikwoche 1978 in Karlsruhe wird Bayern diesmal keine Beispielgruppen entsenden. Der Vorstand faßte diesen Beschluß auf seiner letzten Sitzung aus folgenden Gründen: Der Termin – während der Ferien – liegt zu ungünstig. Außerdem kann man den Gruppen nicht zumuten, während der Mittagspause – noch dazu parallel mit anderen Gruppen – aufzutreten."[560]

---

[559] A. a. O., S. 225.
[560] Benker in NMZ Februar 1978, S. 1.

Siebte Bundestagung vom 27. April bis 1. Mai 1979 in Trossingen
Der scheidende Bundesvorsitzende Binkowski fasste die wesentlichen Aufgaben des Verbandes Deutscher Schulmusikerzieher e. V. vds im Schlusswort dieser Tagung zusammen. Damit wurden zugleich auch die in Bayern wichtigen Aufgabenbereiche konkret formuliert, deren sich der vbs stets annahm:

„1. Anknüpfen und Pflege von politischen Kontakten
2. Sensibilisierung und Aktivierung der Medien
3. Mitarbeit des VDS an führender Stelle im jeweiligen Landesmusikrat
4. Nachdruck auf die quantitative Stundenforderung
5. Zentrales Wirken des Verbandes in der Musiklehrerfortbildung und vor allem in der Ausbildung
6. Hilfen jeglicher Art in der Tätigkeit des Lehrers
7. Intensivierung der Mitgliederwerbung durch breite Beteiligung der Mitglieder an der Arbeit in den einzelnen Bezirken“[561]

Auf dieser Bundestagung wurden sowohl ein neuer Bundesvorstand als auch ein neuer Bundesvorsitzender gewählt, da der bisherige Vorsitzende Binkowski[562] nicht mehr kandidierte. Neuer vds-Bundesvorsitzender wurde OStD Dr. Hermann Rubarth (NRW),[563] stellvertretende Vorsitzende wurden Prof. Dr. Karl Heinrich Ehrenforth (NRW)[564] und Prof. Dr. Dieter Zimmerschied (BW),[565] Beisitzer Heinz Benker (BY),[566] Eberhard Neumann (RPF) und Paul Wehrle (BW).[567] Binkowski wurde zum Ehrenvorsitzenden des vds gewählt. Auch der vbs schloss sich den Würdigungen um die großen Verdienste Binkowskis in der deutschen Schulmusik an:

„Wir wollen nicht versäumen, dem scheidenden Vorsitzenden, Prof. Bernhard Binkowski, ein herzliches und tiefempfundenes Dankeschön zu sagen für all die viele Arbeit, die er im Laufe von nicht weniger als neun Vorstandsjahren auf sich genommen hat, für die nicht wenigen Initialzündungen, die ihm da und dort gelungen sind, und für seine nimmermüde Rastlosigkeit im Dienste der Jugend, der Musik und zum Wohle unseres Faches. Wir wünschen dem nunmehrigen Ehrenvorsitzenden noch viele Jahre bei guter Gesundheit und einen Rückkoppe-

[561] Stampfl in NMZ Juni 1979, S. 28.
[562] Vgl. Helms/Schneider/Weber: Neues Lexikon der Musikpädagogik – Personenteil. Kassel 1994, S. 26.
[563] Vgl. a. a. O., S. 201 f.
[564] A. a. O., S. 46 f.
[565] A. a. O., S. 270 f.
[566] Benker schied erst 1981 aus dem vds-Bundesvorstand aus, dem er seit 1972 angehört hatte. Seit 1994 ist Bayern wieder mit einem gewählten Mitglied im Bundesvorstand vertreten.
[567] A. a. O., S. 257.

lungseffekt für seine Bemühungen in Gestalt von musikalischen und außermusikalischen Freuden und Ergötzungen!“[568]

Der neue Bundesvorsitzende Dr. Rubarth zog sich bereits im Sommer 1980 von seiner Amtsführung wieder zurück. Die Bundesdelegiertenversammlung des Verbandes Deutscher Schulmusikerzieher e. V. wählte Prof. Dr. Karl Heinrich Ehrenforth zum neuen Bundesvorsitzenden, die Stellvertreter wurden Dieter Ebert (Berlin) und Prof. Dr. Dieter Zimmerschied (Stuttgart).

Dreizehnte Bundesschulmusikwoche vom 8. bis 12. April 1980 in Braunschweig: Musikerziehung als Herausforderung der Gegenwart

Ernst und Völkl referierten zum Thema „Musik und Bewegungserziehung“ über die von 1977 bis 1979 in Dillingen durchgeführten Lehrgänge.[569] Damit gingen entscheidende Impulse für dieses neue Fach an der Grundschule von Bayern aus.

Weitere Entwicklungen

Auf Initiative von Binkowski stellte der vds Ende der siebziger Jahre Überlegungen für eine neue Großveranstaltung an, die alternierend zu den Bundesschulmusikwochen alle zwei Jahre stattfinden sollte: die Bundesbegegnung „Schulen musizieren“. Neben Peter Koch war es an erster Stelle Benker, der von Anfang an aus dem Wunsch heraus, das praktische Musizieren zu fördern und einer größeren Öffentlichkeit vorzustellen, Binkowski bei der Planung dieser neu zu konzeptionierenden Veranstaltung unterstützte.[570] Damit muss auch der vbs als entscheidender Wegbereiter von „Schulen musizieren“ mitangesehen werden. Gerade bei „Schulen musizieren“ spiegelt sich die Grundeinstellung von Musikunterricht wider, wie sie für Bayern typisch erscheint. Die erste Bundesbegegnung fand vom 25. bis 26. Mai 1981 in Bonn statt. „Schulen musizieren“ sollte sich in den nächsten Jahren zu einer der erfolgreichsten Großveranstaltungen des vds und der deutschen Schulmusik entwickeln.

Eine weitere Verbindung des vbs zum vds zeigt ein Ende der siebziger Jahre vom vbs herausgegebenes Informationsblatt: „Verband bayerischer Schulmusiker (sic!) e. V. im Verband deutscher Schulmusikerzieher (VDS)“[571] Wenn diese For-

---

[568] Benker in NMZ Februar 1980, S. 24.

[569] Vgl. Ernst, Hans-Bruno: Musik- und Bewegungserziehung, in: Musikerziehung als Herausforderung der Gegenwart – Kongressbericht 13. Bundesschulmusikwoche Braunschweig 1980 (Hg.: Karl Heinrich Ehrenforth). Mainz 1981, S. 44 ff und Völkl, Hubert: Unterrichtsbeispiel „Bewegungsgestaltung mit Tüchern“, ebd., S. 51 f.

[570] Interview mit Bernhard Binkowski vom 15. Februar 1999.

[571] Zu beachten ist die im Informationsblatt damals falsch angegebene Bezeichnung „Verband bayerischer Schulmusiker e. V.“ statt „Verband Bayerischer Schulmusikerzieher e. V.“.

mulierung auch zunächst nur eine reine Äußerlichkeit aufzeigt, so macht sie doch bewusst deutlich, dass trotz mancher Gegensätze und Spannungen eine Zusammenarbeit mit dem vds von Seiten des vbs gepflegt wurde, um gemeinsam für die Schulmusik tätig sein zu können.

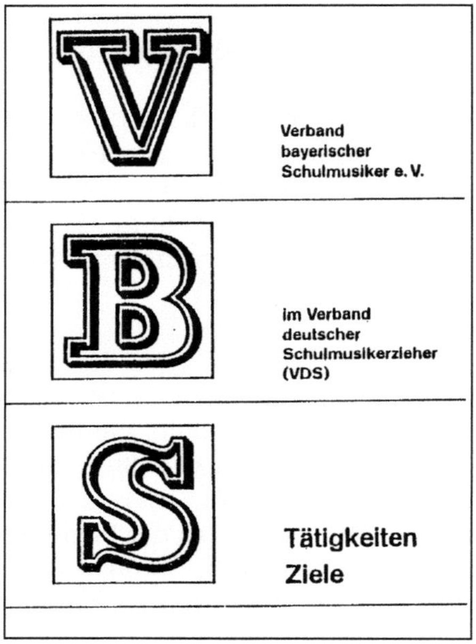

Abb. 13: Verband Bayerischer Schulmusikerzieher e. V.: Informationsblatt (Ende der siebziger Jahre): Titelseite.

2.7 Die Zusammenarbeit mit bayerischen Dachverbänden

2.7.1 Die Aktionsgemeinschaft Musik in Bayern e. V.

Neben der Einbindung in einen bundesweit wirksamen Verband engagierte sich der vbs auch innerhalb Bayerns und arbeitete eng mit anderen Verbänden zusammen. Das älteste noch erhaltene Dokument zur Geschichte der „Aktionsgemeinschaft Musik in Bayern", die Standesvertretung der professionellen Musik in Bayern, ist das Einladungsschreiben vom damaligen Ersten Vorsitzenden des Landesverbandes Bayerischer Tonkünstler, Fritz Büchtger, zur Gründungsversammlung am 9. Januar 1971. Neben wichtigen Persönlichkeiten des Bayerischen Musiklebens vertraten von Seiten des vbs Heinz Benker, Adolf H. Gärtner, Karl Iblacker und Walter Kendl die Schulmusiker und ihre Interessen an diesem Tag. Von Anfang an war es das Hauptanliegen der Aktionsgemeinschaft, die Interessen der Gruppierungen zu vertreten, die sich berufsmäßig mit Musik beschäftigen. „Bei der Gründung waren sowohl schöpferische und ausübende Künstler als auch Ausbildungsstätten und die Musikpädagogik als 'harter Kern' vorhanden – Gewerkschaften, Fachverbände, Künstlerindividuen und ehrwürdige Institutionen hatten den Weg zueinander gefunden. Von Anfang an fand die Zusammenarbeit innerhalb der Aktionsgemeinschaft Musik in Bayern auf sachlicher Basis und in kollegialer Atmosphäre statt."[572]

Das Wort „Aktion" im Titel wurde als Programm verstanden und sollte sich von einer „reinen Arbeitsgemeinschaft" durch den Hinweis auf eine notwendige Aktualität im Namen abgrenzen.

Durch die Aktivitäten von Benker, der seit der Gründung ohne Unterbrechung bis zum 7. November 1992 als Beisitzer in den Vorstand der Aktionsgemeinschaft Musik in Bayern e. V. und später auch in den Bayerischen Musikrat gewählt war, beschäftigte sich die Aktionsgemeinschaft bereits von Anfang an mit dem Themenkomplex Musik, Schule und Musikunterricht und setzte sich mit allen Kräften für die Belange der Schulmusiker ein. So führte die Reduzierung des Musikunterrichtes bereits die nach eingehender Diskussion bei der Gründungsversammlung schriftlich formulierte erste Prioritätenliste für die zukünftige Arbeit an:

„1. Musikunterrichtskürzung an Volksschulen und musikalische Komponente der Ausbildung von Volksschullehrern
2. Förderung des Musikschulwesens

---

[572] Suder, Alexander L.: 25 Jahre und kein Ende ..., in: 25 Jahre Aktionsgemeinschaft Musik in Bayern 1971–1996, Jubiläumsschrift. München 1996, S. 5.

3. Probleme der Ganztagsschule
4. Wohnheime für Musikstudierende
5. Substanzerhaltung der Kulturorchester und Kulturinstitute“[573]

Bereits am 24. Februar 1971 befasste sich eine Eingabe an den Bayerischen Landtag mit der Rücknahme der Kürzungen des Musikunterrichtes.[574] Im Einzelnen wurde die „Wiedereinführung der zweiten Musikstunde in den 3. bis 6. Klassen der Volksschule“ gefordert, gefolgt von der Forderung nach Wiedereinführung von Musik als Pflichtfach in der Ausbildung von zukünftigen Grund- und Hauptschullehrern. Benker, der die Hauptverantwortung für diese erste Petition trug, stellte noch weitere Forderungen auf:

„1. Revision der Saarbrücker Rahmenvereinbarungen
2. Verbesserung des Musikunterrichtes im Vorfeld der Kollegstufe
3. Ausbau in der Mittelstufe bei Gymnasien und Realschulen
4. Musik als Vorrückungsfach“[575]

Der kulturpolitische Ausschuss des bayerischen Landtages befasste sich im Sommer 1971 mit dieser Eingabe und bedachte immerhin einige Punkte mit dem Prädikat „Würdigung“.[576] Es muss festgehalten werden, dass die gute Verbindung der Aktionsgemeinschaft Musik in Bayern zur Politik, zum Beispiel bei den parlamentarischen Abenden und die auf der dortigen Basis gewonnenen Kontakte mit Kulturpolitikern, letztlich mithalf, langfristig viele Forderungen der bayerischen Schulmusik durchzusetzen.

---

[573] Ebd. Allerdings fehlt hier ein sechster Punkt, der im vbs-Rundschreiben 1/71 vom 12. Februar 1971 nachzulesen ist. Dort findet sich folgende Aufstellung:
„1. Musikunterrichtskürzung an Volksschulen und musikal. Ausbildung der Volksschullehrer
Musikunterricht an Realschulen und Gymnasien
Probleme der Ganztagsschule
Förderung des Musikschulwesens
Wohnheime für Musikstudierende
Substanzerhaltung der Kulturorchester und Kulturinstitute“.

[574] Benker in vbs-Rundschreiben 2/1971, S. 4 f.

[575] Ebd.

[576] Das Entscheidende an dieser fast 30 Jahre alten Petition ist aber, dass die meisten Probleme bis heute nicht gelöst sind bzw. sich nur unwesentlich verlagert haben: Seit dem Schuljahr 1997/98 ist Musik ab der 7. Jahrgangsstufe der Hauptschule nur noch Wahlpflichtfach, Hauptproblem im Bereich der Grund- und Hauptschule ist auch heute noch die fast schon zur Regel gewordene fehlende Musikkompetenz der Lehramtskandidaten. Ebenso ist die Wahlpflicht an den Gymnasien nach wie vor Realität. Eine der letzten Forderungen nach einem uneingeschränkten Vorrückungsfach stellte der vbs an den Bayerischen Landtag am 20. August 1999.Weitere Initiativen wurden in den Jahren 2003 und 2007 ergriffen.

2.7.2 Der Bayerische Musikrat e. V. und der Erste Bayerische Musikplan (1978)

Der Bayerische Musikrat e. V. (BMR) wurde am 21. Juni 1977 gegründet. Er ist der Dachverband für die verschiedenen Bereiche des Musiklebens. Er besteht seitdem aus der Aktionsgemeinschaft Musik in Bayern e. V. (AGMB), dem Zusammenschluss von Verbänden und Institutionen aus dem Bereich der Musikberufe und dem Landesverband Singen und Musizieren in Bayern e. V. (LASM), dem Zusammenschluss von verschiedenen Verbänden des Laienmusizierens.[577]

Die erste Delegiertenversammlung des Bayerischen Musikrats wurde am 5. November 1977 in Ingolstadt durchgeführt. Die Aktionsgemeinschaft Musik in Bayern und die Landesarbeitsgemeinschaft Singen und Musizieren entsandten jeweils 20 Delegierte. Das erste Präsidium bestand aus je vier Vertretern der beiden Gruppierungen. Es wählte aus seiner Mitte den Präsidenten. Als erster Präsident wurde Prof. Dr. Alexander L. Suder (Fachhochschule München) gewählt. Erster Vizepräsident war Alois Kremer. Weitere Präsidiumsmitglieder für die AGMB waren Heinz Benker, Dr. Günther Engelmann und Klaus Hashagen, für die LASM Hermann Arnold, Dr. Adolf Eichenseer und Dr. Klaus-Peter Schwiedel. Die zentrale Aufgabe des BMR bestand darin, durch einen kooperativen Zusammenschluss der Verbände und Institutionen des Musiklebens auf Landesebene als Informationszentrum und Gesprächspartner gegenüber staatlichen, kommunalen und anderen Institutionen sowie gegenüber der Öffentlichkeit zu wirken.

Seit Beginn versuchte der Bayerische Musikrat durch seine Fachkompetenz und breite Repräsentanz auf den Meinungsbildungsprozess in der legislativen und exekutiven Gewalt einzuwirken, wobei bis heute der Bereich der Musikpädagogik und somit auch der Schulmusik eine zentrale Position einnimmt. Am 18. Januar 1978 führte der Präsident des BMR Suder zusammen mit Benker im Bayerischen Kultusministerium ein Gespräch mit Minister Hans Maier:[578]

„Im Rahmen des Gesamtkomplexes 'Musik an den Schulen' wurde dem Minister die beängstigende Situation des Realschullehrernachwuchses für das Fach Musik auseinandergesetzt, die Bitte an ihn herangetragen, den musikalischen Wahlunterricht an Gymnasien und Realschulen weiterhin abzusichern, dafür Sorge zu tragen, daß die fachlichen Voraussetzungen in die Wege geleitet werden, um die Erfüllung der Musikstundentafel auch tatsächlich zu gewährleisten und daß die Benachteiligung der Musik- und Kunsterziehungslehrer in Sachen Stun-

---

[577] Zur Entstehung des Bayerischen Musikrates vgl. Bayerischer Musikrat (Hg.): 10 Jahre Bayerischer Musikrat – Festschrift. München 1987, S. 6 ff.

[578] Eine Verbindung zum vds lässt sich hier insofern herstellen, als dass Hans Maier in den siebziger Jahren Mitherausgeber von „Musik und Bildung“ war.

dendeputat beseitigt werde. Auch wurde angeregt, das Thema Musik im Rahmen der beruflichen Bildung im Kultusministerium zur Diskussion zu stellen bzw. an Überlegungen mitzuwirken, die auf eine mögliche Begleitung der beruflichen Ausbildung von Jugendlichen mit Musik hinführen."[579]

Auf Anregung des vbs wandte sich Suder im Mai 1978 in Sachen „Vorrückungsfach" noch einmal dringend an das Bayerische Staatsministerium für Unterricht und Kultus, um endlich die Ungleichwertung der Fächer Musik und Kunsterziehung zu beseitigen: „Da Kunsterziehung Vorrückungsfach sei, Musik hingegen nicht, gleiche die Wahlpflicht zwischen beiden Fächern einer Wahlbeeinflussung, weswegen beide Fächer als Vorrückungsfächer gelten sollten."[580]

Im gleichen Schreiben warnte Suder vor bestehenden Überlegungen, die Wahlpflicht zwischen Musik und Kunsterziehung auch auf die 11. Jahrgangsstufe auszudehnen: „Bei einer eventuell stattfindenden Stundentafelaufwertung für die 11. Klassen der Gymnasien müsse auf alle Fälle das Fach Musik als Pflichtfach bestehen bleiben."[581]

Um den starken Mangel an Musiklehrkräften besonders an den Gymnasien zu beseitigen, stellte der BMR 1980 noch einmal die Forderung nach Angleichung der Arbeitszeit der Schulmusiker an die der anderen Lehrkräfte sowie nach einer Erweiterung der Ausbildungskapazitäten. Neben der Tatsache des „Nichtvorrückungsfaches Musik" wurden besonders die erhöhten Arbeitsbedingungen als Hauptursache gesehen, die mögliche Musiklehrer von ihrem Eintritt in den Schuldienst abhielten.[582]

Am 16. Oktober 1979 trug der Bayerische Musikrat dem Amtschef im Bayerischen Kultusministerium, Dr. Kießling, die Nöte der Schulmusik und mögliche Abhilfen vor. Die Zusammenstellung beweist die enge Zusammenarbeit des vbs mit dem Bayerischen Musikrat und die gegenseitige Unterstützung im Eintreten für wichtige Forderungen:

---

[579] 20 Jahre Bayerischer Musikrat – Chronik in Text und Bild. München 1997, S. 20.

[580] A. a. O., S. 21.

[581] Brief Suders vom 26. Mai 1978, zitiert nach: 20 Jahre Bayerischer Musikrat – Chronik in Text und Bild. München 1997, S. 21. Letztlich erreichten diese Forderungen immerhin einen Teilerfolg: Mit Beginn des Schuljahres 1989/90 erhielt das Fach Musik an den bayerischen Gymnasien den Status „Vorrückungsfach" für die Jahrgangsstufen 9 mit 11.

[582] Trotz mehrerer Gespräche im Bayerischen Staatsministerium zu dieser Thematik, an denen die Vertreter des vbs beteiligt waren, liegt im Jahr 2007 das Stundendeputat des Schulmusikers weiterhin noch um vier Stunden höher als das seiner Kollegen. Leichte Verbesserungen, zum Beispiel durch die Anerkennung von Chor- und Orchesterstunden sowie des Unterrichtes in der 11. Jahrgangsstufe als wissenschaftlicher Unterricht, konnten erst Ende der achtziger Jahre und Anfang der neunziger Jahre erreicht werden.

„1. Die größte Not stellt das Stundendeputat der Schulmusiker dar, das derzeit 28 Wochenstunden beträgt gegenüber anderen Fächern mit 24 Wochenstunden. Laut der in diesem Jahr (vom vbs, d. Verf.) erfolgten Umfrage bedeutet das eine Arbeitszeitbelastung von 50,66 Zeitstunden.
2. Es ist eine feststehende Tatsache, daß Schulmusiker nach wie vor ein Mangelberuf ist. Bei der Erforschung der Gründe ergaben sich die verschiedenartigsten Ursachen:
   - Leider geht z. B. nur ein relativ geringer Teil in das Seminar. Dies mag einesteils darin begründet sein, daß sich unter den Studenten eine gewisse Angst vor der Unterrichtspraxis breit macht. Auch bei Referendaren zeigt sich oftmals ein Angstgefühl vor dem Unterrichten, so daß sowohl Studenten als auch Referendare immer wieder auf andere Berufe ausweichen.
   - Ein weiterer Grund für die geringe Anzahl von Schulmusikern sind die speziellen Schwierigkeiten und Belastungen dieses Berufes.
   - Ferner hält auch viele von der Ausübung des Schulmusikerberufes die relativ geringe Gewichtung des Faches ab.
   - Als weiterer triftiger Grund ist das hohe Stundendeputat von 28 Wochenstunden zu sehen.
   - Dazu kommen noch große Schwierigkeiten im Bereich des Wahlunterrichts. (...)

Um diesem Mißstand Abhilfe zu leisten, bieten sich mehrere Möglichkeiten an:
- Zunächst sollte Musik ähnlich wie Religion zum Vorrückungsfach werden.
- Auf jeden Fall (...) sollte das Stundendeputat vermindert werden.
- Besonders positiv würde sich die Gleichstellung von Chor und Orchester gegenüber dem Pflichtunterricht auswirken.
- Der instrumentale Wahlunterricht müßte unbedingt gesichert werden.“[583]

Zusammenfassend kann gesagt werden, dass die standespolitischen Forderungen des vbs einerseits durch seine Mitarbeit im BMR, andererseits durch die Unterstützung des BMR, dessen Gesamtmitgliederzahl für politische Entscheidungsträger interessant erscheint, erheblich vertreten wurden. Somit konnten, auf lange Sicht betrachtet, Verbesserungen für das Unterrichtsfach, für die dieses Fach unterrichtenden Kolleginnen und Kollegen und schließlich auch für die betroffenen Schülerinnen und Schüler erreicht werden. Von besonderer Bedeutung war in diesem Zusammenhang die Erstellung des Ersten Bayerischen Musikplans im

[583] Stampfl in NMZ Dezember 1979, S. 26.

Jahr 1978, des ersten Musikplans eines deutschen Bundeslandes, der noch näher zu beschreiben ist.

Im Rahmen des „Bayerischen Musikplans“ erarbeitete ein Ausschuss des BMR-Präsidiums mit Benker im Jahr 1978 „Richtlinien zur individuellen Förderung musikalisch besonders begabter Jugendlicher aus Landesmitteln“.[584] Der Bayerische Musikrat nahm sich darüber hinaus in mehreren Arbeitstagungen der Situation des Musikunterrichtes an den bayerischen Schulen an.[585] Dadurch kam der Musikpädagogik im Rahmen der Arbeit des BMR eine besondere Bedeutung zu.

Der Erste Bayerische Musikplan (1978)[586]

Am 5. Oktober 1976 wurde unter Federführung der beiden Kulturpolitiker Otto Meyer und Hans Zehetmair (beide CSU) der Antrag eingebracht, einen Bayerischen Musikplan zu erstellen, der für eine umfassende bayerische Musikförderung die Grundlagen legen sollte. Nachdem am 21. Juni 1977 der Bayerische Musikrat als Dachorganisation der Aktionsgemeinschaft Musik und Bayern und des 1976 gegründeten Landesverbandes Singen und Musizieren in Bayern gegründet worden war, wurde noch am gleichen Tag dem Bayerischen Landtag und dem Bayerischen Staatsministerium für Unterricht und Kultus ein Entwurf zu einem Bayerischen Musikplan überreicht. Am 17. Mai 1978 stellten die CSU-Abgeordneten Herbert Friedlein, Dr. Gebhard Glück, Otto Meyer, Dr. Erich Schosser und Dr. Hans Zehetmair den Antrag, der Landtag möge die Bayerische Staatsregierung beauftragen, einen Musikplan für die nächsten fünf Jahre zu entwerfen und vorzulegen. Der entsprechende positive Beschluss wurde am 22. Juni 1978 im Kulturpolitischen Ausschuss gefasst. Bereits am 12. September beschloss der Ministerrat den vom bayerischen Minister für Unterricht und Kultus vorgelegten Bayerischen Musikplan, der als KMBek veröffentlicht wurde.[587]

Im Vorwort des Bayerischen Musikplanes ist die Unverzichtbarkeit der musikalischen Bildung an den allgemein bildenden Schulen niedergelegt worden. Es werden zahlreiche Maßnahmen zur Verbesserung der Situation des Faches Musik

---

[584] Vgl. Amtsblatt Nr. 3/1979 vom 16. Februar 1979, S. 15.

[585] Vgl. Stampfl in NMZ Juni/Juli 1980, S. 32: „Theorie und Praxis der Ausbildung“ – Bericht über eine Arbeitstagung des Bayerischen Musikrates und Stampfl in NMZ 8-9/1980, S. 31: „Erweiterter Musikunterricht an Grundschulen“. Ein Modellversuch wurde bei der neunten Tagung des Bayerischen Musikrates behandelt.

[586] Vgl. Bayerische Staatsregierung (Hg.): Bayerischer Musikplan. München 1978.

[587] Vgl. ebd. Der Werdegang des auch für die bayerische Schulmusik entscheidenden Bayerischen Musikplanes ist in mehreren aufeinander folgenden Fassungen dokumentiert: Vgl. 20 Jahre Bayerischer Musikrat – Chronik in Text und Bild. München 1997, S. 11.

vorgeschlagen, die den inhaltlichen Konzeptionen des vbs folgten und im Wesentlichen die Handschrift von Heinz Benker trugen: Für die Jahrgangsstufe 3 und 4 der Grundschule wird eine zweite Musikstunde gefordert. Im Bereich der Hauptschule geht es um den kontinuierlichen Ausbau von Schulen mit erweitertem Musikunterricht, im Bereich der Realschule und des Gymnasiums um das zweistündige Pflichtfach in allen Jahrgangsstufen (Realschule: Klasse 7 mit 10, Gymnasium: Klasse 5 mit 11).[588]

Vergleicht man die einzelnen Fassungen, ist auf der anderen Seite zunehmend eine inhaltliche Erweiterung festzustellen: Dies betrifft zum Beispiel die „Verstärkung der Fortbildung für Grundschullehrer, die Herabsetzung der Mindestteilnehmerzahlen im Wahlpflichtfach Musik an den Realschulen."[589] Ebenso wurde bereits 1978 zur Stärkung der Situation der Musischen Gymnasien neben dem grundständigen Latein auch das Angebot des grundständigen Englisch gefordert.

Bereits in der Präambel wurden bei der Beschreibung der „Aufgaben Musikalischer Bildung" Gesichtspunkte angesprochen, die für die Musikerziehung in der Schule als unverzichtbar galten:

„1. Anregung zu eigenschöpferischer und nachschöpferischer Tätigkeit
2. Anleitung zur differenzierten Wahrnehmung der akustischen Umwelt
3. Stärkung intellektueller Bildung und Fähigkeiten
4. Beitrag zur Gesundheitsbildung
5. Begegnung mit zeitgenössischer Musik
6. Basis für Musikberufe"[590]

Besonders der zweite Bereich, „Anleitung zu differenzierter Wahrnehmung der akustischen Umwelt", erscheint erwähnenswert, da er in anderen vorliegenden Schriftstücken und Veröffentlichungen des vbs nicht vorkommt.

---

[588] Wenn auch einige Formulierungen ab der oben angegebenen siebten Fassung nicht mehr expressis verbis ausgedrückt wurden, ist doch festzustellen, dass zumindest einige der schulmusikalischen Forderungen inzwischen erfolgreich umgesetzt werden konnten, wie zum Beispiel die Zunahme von Hauptschulen mit Schwerpunkt Musik oder Musik als zweistündiges Pflichtfach in den Jahrgangsstufen 5 mit 7 der ab 1998 eingeführten sechsstufigen Realschule.

[589] 20 Jahre Bayerischer Musikrat – Chronik in Text und Bild. München 1997, S. 15.

[590] Bayerische Staatsregierung (Hg.): Bayerischer Musikplan. München 1978, S. 9 f und Benker in NMZ Juni 1977, S. 21.

2.7.3 Die Landeszentrale für Gesundheitsbildung in Bayern e. V.

Im Bayerischen Landtag wurde am 29. April 1971 vom Abgeordneten Dr. Cremer (CSU) ein Antrag vorgebracht, der die Staatsregierung um die Errichtung eines „Landesausschusses für Gesundheitserziehung, Gesundheitspflege und Gesundheitsvorsorge“ ersuchte. Der Ausschuss solle „die Bevölkerung über die Notwendigkeit und Zweckmäßigkeit einer vorbeugenden Gesundheitspflege unterrichten, die bereits vorhandenen Bemühungen auf dem Gebiet der Gesundheitserziehung koordinieren und ihnen eine stärkere Wirksamkeit ermöglichen.“[591]

Infolge der weiteren Entwicklungen kam es zunächst am 19. Januar 1973 zur Gründung der „Arbeitsgemeinschaft für Gesundheitsvorsorge in Bayern“. Diese Arbeitsgemeinschaft sollte eine Informationszentrale werden, die als Inhalte und Ziele ihrer Arbeit gemeinsame Aktionen in der Gesundheitsvorsorge, Erfahrungsaustausch, Vermittlung von Referenten und die Koordination zwischen den Mitgliedsverbänden durchführte. Im Februar 1973 regte der damalige Staatsminister Dr. Fritz Pirkl (CSU) an, diese Arbeitsgemeinschaft zur „Landeszentrale für Gesundheitsbildung“ auszubauen.[592]

Die Arbeitsgemeinschaft nahm diese Anregung in dem Bewusstsein an, dass ihr damit ein größeres Betätigungsfeld und damit auch eine größere Verantwortung zukämen. Die Gewinnung weiterer Mitglieder war in diesem Zusammenhang von besonderer Bedeutung. Durch die persönliche Bekanntschaft mit dem späteren Gründungsvorsitzenden der Landeszentrale für Gesundheitsbildung, Josef Baudrexel, von Beruf Gymnasiallehrer und langjähriger Vorsitzender des Bayerischen Volkshochschulverbandes, wurde neben zehn weiteren Verbänden auch Benker und der vbs als Gründungsmitglied der „Landeszentrale für Gesundheitsbildung“ gewonnen, die in ihren ersten zehn Jahren von bescheidenen Anfängen zu einer allgemein anerkannten Institution in Bayern anwuchs.

Es ist hervorzuheben, dass die Gründung der „Landeszentrale für Gesundheitsbildung“ (LZG) das Ergebnis einer landeseigenen Initiative war. Ähnliche Einrichtungen gab es zu diesem Zeitpunkt nur in Niedersachsen, Hessen und Schleswig-Holstein. Zunächst überraschend muss erscheinen, dass der vbs, also ein musikpädagogischer Verband, der Satzung der Landeszentrale entsprach:

[591] Bayerischer Landtag: Drucksache 7/587. München 1971.
[592] Die Umbenennung in „Landeszentrale für Gesundheit in Bayern e. V.“ erfolgte 1998.

„§ 4 Mitgliedschaft

Ordentliche Mitglieder der Landeszentrale können auf schriftlichem Antrag in der Regel juristische Personen des öffentlichen und privaten Rechts werden, wenn sie auf den Gebieten der Volksgesundheitspflege und der Gesundheitsbildung in mindestens drei Regierungsbezirken Bayerns tätig sind.“[593]

Benker erkannte hier zu Recht die Bedeutung der Landeszentrale in den Augen der Bevölkerung und die aus dieser Bedeutung heraus erwachsenden Chancen, die politisch Verantwortlichen leichter überzeugen zu können.

Der vbs hoffte darauf, dass wichtige Forderungen durch hilfreiche Maßnahmen von Außenstehenden bei der Vertretung ihrer Interessen unterstützt werden konnten, da die geführten Diskussionen über die therapeutische Wirkung von Musik keine Konsequenzen von Seiten der Gesetzgebung erbracht hatten. Damit verbunden war auch eine Bewusstseinsbildung in Kreisen der Bevölkerung, die der Schulmusik vom Ansatz her eigentlich fremd gegenüberstand. Wie erwähnt, wurde auch von Binkowski seit der Bundesschulmusikwoche 1974 ein stärkerer Kontakt zu anderen Verbänden und Institutionen gefordert.

In diesem Zusammenhang ist anzumerken, dass der Arzt Peter Beckmann von Landeszentrale für Gesundheit 1974 nicht nur die sich verschlechternde Situation des Musikunterrichtes zusammenfasste, sondern auch die sich daraus ergebenden medizinischen Folgen beschrieb. Entgegenzuhalten ist allerdings seiner Behauptung, dass keine Fachleute für den schulischen Musikunterricht einträten, da dies sehr wohl vom vbs über Jahre hinweg und stets mit großer Anstrengung versucht wurde. Das bedeutende Dokument ist im Anhang als Beleg für den Einsatz der Landeszentrale für Gesundheit wiedergegeben.[594]

Auf Bundesebene argumentierte Binkowski in gleicher Weise. Auch er stellt fest, dass die Fachvertretung durch den Verband von Außenstehenden ergänzt werden muss, um so die Gesellschaft von der Notwendigkeit der schulischen Musikerziehung zu überzeugen:

„Der vds als Fachverband der Musiklehrer an Schule und Hochschule hat sich nie als einseitiger Interessenverband verstanden, der über den Bereich seines eigenen Faches nicht hinauszuschauen vermag. Er ist auch nicht so fachblind, die Wirkung der Musik zu überschätzen und etwa zu behaupten, daß nur sie den Menschen sensibilisieren oder daß nur ihr positiver Einfluss ihn zu humanem Verhalten veranlassen könnte. Denn wir sind uns klar, daß der Erscheinungszu-

[593] Gostomzyk, Johannes Georg/Enke, Martina Christine: Aspekte der Gesundheitsbildung und Gesundheitsförderung in Bayern seit 1973. München 1999, S. 129.

[594] Vgl. Anhang: A 16.

stand von Musik und musikalischer Bildung nur ein Glied in einer Kette von Zusammenhängen darstellt. (...) Es ist daher die Aufgabe aller Sachverständigen, die sich für das Allgemeinwohl mitverantwortlich fühlen, auf die Konsequenzen, die von einer Geringschätzung der Musik in Schule und Gesellschaft ausgehen, die Öffentlichkeit hinzuweisen."[595]

Vor allem durch den auf Initiative von Beckmann erfolgten Appell an die Lehrer darf die Bedeutung der Landeszentrale für Gesundheit in Bayern e. V. bei der Interessenvertretung für das Schulfach Musik nicht als zu gering angesehen werden. In einer eher allgemeinen Hinsicht beschrieb der bayerische Ministerpräsident Stoiber rückblickend die Landeszentrale 1999 in seiner Gratulation zu ihrem 25-jährigen Bestehen: „Von Anfang an hat die LZG als Institution mit hoher Fachkompetenz in gesundheitlichen Fragen die Gesundheitsförderung und die Krankheitsprävention in Bayern wesentlich mitgeprägt. (...) Unter der Zielsetzung 'Erhaltung und Förderung der Gesundheit der Menschen' erfüllt die LZG rund um das Thema Gesundheit vielfältige Aufgaben. (...) Regelmäßig werden öffentlichkeitswirksame Veranstaltungen zu unterschiedlichsten Gesundheitsthemen durchgeführt. Ein weiteres Anliegen der LZG ist es, Lehrerinnen und Lehrer sowie andere Verantwortliche bei der schwierigen Aufgabe zu unterstützen, unsere Jugend für die eigene Gesundheit zu sensibilisieren und ihr Verantwortungsgefühl gegenüber sich selbst und anderen zu wecken."[596]

Der Zusammenschluss staatlicher, städtischer und gesellschaftlicher Einrichtungen in der Landeszentrale für Gesundheitsbildung schaffte „die Voraussetzungen für dringend notwendige Verbesserung und Intensivierung, die Kooperation aller auf dem Gebiet der Gesundheitserziehung und Gesundheitsbildung tätigen Behörden, Sozialversicherungsträger und freien Verbände und Einrichtungen".[597]

Dies ermöglichte der Landeszentrale von Anfang an einen großen Wirkungskreis, konnte sie doch auf bereits bestehende Organisationen aufbauen. In die Veranstaltungen der Landeszentrale, die erfahrungsgemäß auf ein starkes Publikumsinteresse stießen, konnte sich der vbs sui generis einbringen.

Beim Weltgesundheitstag 1978, der unter dem Motto „Auf den Blutdruck achten!" am 12. April 1978 im Prunkhof des Münchner Rathauses durchgeführt wur-

[595] Binkowski, Bernhard: Schule ohne Musik? – Eröffnungsvortrag der 11. BSW, in: Schule ohne Musik? – Vorträge der elften Bundesschulmusikwoche Düsseldorf 1976 (Hg.: E. Kraus). Mainz 1976, S. 12.

[596] Stoiber, Edmund: Grußwort, in Gostomzyk Johannes Georg/Enke, Martina Christine: Aspekte der Gesundheitsbildung und Gesundheitsförderung in Bayern seit 1973. München 1999, S. 6.

[597] Gostomzyk, Johannes Georg/Enke, Martina Christine: Aspekte der Gesundheitsbildung und Gesundheitsförderung in Bayern seit 1973. München 1999, S. 49.

de, organisierte der vbs musikalische Darbietungen der Regensburger Jugend-Blasmusikkapelle und des Münchner via-nova-chores.[598] Durch die jahrelange erfolgreiche Zusammenarbeit mit der Landeszentrale konnte der vbs ein Podium finden, um seinerseits größere Teile der Bevölkerung zu erreichen.

Ein zusätzliches Publikationsforum fand der vbs in der seit 1975 quartalsweise herausgegebenen „Berichte aus der Tätigkeit der LZG und ihrer Mitglieder – Informationen zur Gesundheitsbildung", die sich schwerpunktmäßig mit der Situation des Gesundheitsbildung in Bayern beschäftigen, aber auch auf übergeordnete Entwicklungen und Aktivitäten ihrer Mitgliedsverbände hinweisen.

Im „Jahr des Kindes" beteiligte sich die Landeszentrale für Gesundheitsbildung am 11. Mai 1979 im Hof des Münchner Rathauses mit einer Veranstaltung, bei der der vbs einzelne Teilbereiche mitorganisierte, indem er den Auftritt musikalischer Beispielgruppen aus unterschiedlichen Schulformen vermittelte.

Eine erfolgreiche Zusammenarbeit zwischen dem vbs einerseits und dem Bayerischen Musikrat und der Landeszentrale für Gesundheitsbildung andererseits zeigte sich bei einer Veranstaltung am 31. März 1979 in Memmingen. Diese vom Bayerischen Musikrat initiierte Tagung, die im Beisein von Politikern, Stadträten und Elternvertretern durchgeführt wurde, befasste sich mit dem Thema „Musik in Schule und Gesellschaft". Die Hauptreferate hielten Dr. Peter Beckmann (LZG), Heinz Benker (vbs) und MdL Otto Mayer (CSU). Der Präsident des Bayerischen Musikrates, Prof. Dr. Alexander L. Suder, stellte in seiner Schlussansprache fest, dass es in Bezug auf die Bedeutung des Musikunterrichtes keine Meinungsverschiedenheiten gäbe und leitete daraus zwei Forderungen ab:

„1. Die seit Jahrzehnten bestehende Benachteiligung um vier Stunden in dem Stundendeputat der Schulmusikerzieher (und Kunsterzieher) gegenüber anderen Fächern muß in nächster Zukunft beseitigt werden. Der Bayerische Musikrat erhebt die Forderung nach Abbau dieser Ungleichbehandlung um so überzeugter und dringlicher, als die einstmals bestehenden Gründe für die verschiedenartige Dotierung mit Stunden schon längst nicht mehr existieren. (...)

2. Die Kapazitäten für die Ausbildung von Schulmusikerziehern an allgemein bildenden Schulen müssen schnellstens erweitert werden, um den bis auf Jahre und Jahrzehnte hinaus prognostizierten Lehrermangel im Fach Musik zu beseitigen."[599]

---

[598] Vgl. a. a. O., S. 44: Programmheft Weltgesundheitstag 1978.
[599] Benker in NMZ Juni 1979, S. 28.

Um seine eigenen Interessen optimal vertreten zu können, gelang es dem vbs, andere Verbände und Gruppierungen für sich zu gewinnen und somit einen größeren Einfluss auf politische Entscheidungsträger geltend zu machen. Es wurde jede erdenkliche Gelegenheit genutzt, für den Musikunterricht an den bayerischen Schulen einzutreten. So konnte auf Defizite aufmerksam gemacht und Verbesserungen schließlich auch realisiert werden. Viele Probleme dauern jedoch bis heute an.

IV Resümee und Ausblick

Die Neuerungen der siebziger Jahre und ihre Einflüsse auf die schulische Musikerziehung dieser Zeit sowie die damals eingeleiteten Entwicklungen (Kapitel II 1 und 2) sind auch zu Beginn des dritten Jahrtausends im Schulalltag an den bayerischen Schulen noch spürbar zu erkennen. Der vbs wirkte in den siebziger Jahren sowohl auf musikpädagogischem wie auch auf fachpolitischem Gebiet und nahm dadurch auf die Entwicklung der Schulmusik direkt Einfluss.

Als Institution gab der vbs durch Durchführung von Fortbildungsveranstaltungen (Kapitel III 2.2) und durch Veröffentlichung von Büchern, Unterrichtsmaterialien und Artikeln (Kapitel III 2.3 und 2.4) musikpädagogische Anregungen. Durch seine Offenheit gegenüber anderen Institutionen und durch seine Zusammenarbeit mit Vertretern des Bayerischen Staatsministeriums für Unterricht und Kultus, der Akademie für Lehrerfortbildung in Dillingen (Kapitel II 3) und dem Staatsinstitut für Schulpädagogik (ISP) (Kapitel II 4) in München setzte der vbs Impulse für die bayerische Schulmusik, die in mancher Hinsicht auch von bundesweiter Bedeutung waren, wie es z. B. der Aspekt des praktischen Umgangs mit Musik zeigt. Besonders durch die Übernahme wichtiger Funktionsstellen im Bereich der Schulmusik (Dillingen, ISP) von Kollegen, die eng mit dem vbs zusammenarbeiteten, konnten Vorstellungen des vbs, insbesondere seines Vorsitzenden Benkers, auch von anderer Seite inhaltlich und strukturell übernommen werden. Auch die in Vergleich zu früheren Zeiten verstärkte Zusammenarbeit mit dem vds zeigte deutliche Erfolge für die bayerische Schulmusik, sowohl im musikpädagogischen, wie auch im fachpolitischen Bereich (Kapitel III 2.6).

Außerdem setzte sich der vbs in fachpolitischer Hinsicht für die Interessen des Faches und seiner Kolleginnen und Kollegen ein. (Kapitel III 2.1 und 2.5) Die Mitarbeit im Bayerischen Musikrat e. V. und die Zusammenarbeit mit der Landeszentrale für Gesundheit e. V. (Kapitel III 2.7) bewirkten, dass die eigenen Interessen des vbs auch von anderen Verbänden vertreten wurden. Es ist zu hoffen, dass sich der Bayerische Musikrat auch weiterhin für das Schulfach Musik einsetzen wird; „Musik in der Schule“ ist schließlich für das gesamte Musikleben eines Staats von grundsätzlicher und entscheidender Bedeutung. Auch die Zusammenarbeit mit Gremien der Gesundheitserziehung, wie sie Ende der neunziger Jahren in Kampagnen wie zum Beispiel „Take care of your ears“ wieder forciert worden ist, bieten gute Gelegenheit, die Bedeutung und den direkten Nutzen des Schulfaches Musik einer breiteren Öffentlichkeit immer wieder zu verdeutlichen.

Trotz vieler Problemfelder, trotz des dauernden Kampfes um das Schulfach Musik und trotz erschwerter Arbeitsbedingungen gelang es dem vbs, den Kolleginnen und Kollegen vor Ort immer wieder neue Anregungen zu geben, sie in ihrem Berufsalltag zu unterstützen und ihnen in organisatorischer, fachlicher und pädagogischer Hinsicht hilfreich zur Seite zu stehen (Kapitel III 2.5).

Benker verstand es, seine Mitglieder immer wieder zu ermutigen, ihm selbst waren die Lebenssituation und damit auch die Mühen eines jeden bayerischen Schulmusikers wohl bewusst. Im Rahmen seines Berichtes über die Bundesschulmusikwoche 1978 in Karlsruhe hat Benker treffend zusammengefasst, was auch heute noch von Gültigkeit ist:

„Nach Meinung mancher Vertreter anderer Fakultäten stellt unsere Arbeit relativ wenig Anforderungen, weil wir doch ‘nach Herzenslust singen, musizieren und spielen’ könnten! Es hat keinen Sinn, an dieser Stelle Tatsachen über unsere Arbeit und ihre Anforderungen auszubreiten; wir selbst wissen ja, wie hoch sie sind und wie sie an der Substanz unseres Daseins zehren und zerren. Daß wir aber auch einen der schönsten Berufe haben, das sollten wir uns trotz allem immer wieder vor Augen führen! Freilich werden dadurch die uns auferlegten Ungerechtigkeiten nicht gerechter und unser Beruf auch nicht leichter; unsere Einstellung aber bestimmt erfüllter, ergiebiger und ausgeglichener.“[600]

Erst der zu Beginn des Schuljahres 1992/93 in Kraft getretene Lehrplan für das bayerische Gymnasium gab die als starr empfundene Terminologie des „Curricularen Lehrplans“ zu Gunsten einer offeneren und praxisgerechteren Formulierung von Lernzielen auf. Damit wurde auch der Tatsache Rechnung getragen, dass vor allem im Bereich der affektiven Lernziele freiere Formulierungen eher der Eigenart des Faches Musik entsprechen. Der Fachlehrplan von 1992 bildete schließlich die vierte Ebene eines komplexen Lehrplanwerks,[601] das erstmalig für alle gymnasialen Fächer gleichzeitig und in gegenseitiger Abstimmung erstellt worden war, wodurch fächerübergreifendes Unterrichten erleichtert wurde.

Die in den „Curricularen Lehrplänen“ enthaltenen Hinweise zum Unterricht, zu Unterrichtsverfahren und Lernzielkontrollen waren 1992 nur mehr ansatzweise enthalten, Lerninhalte wurden mehr aus der Sicht des Faches und aus der Sicht des Lehrens und Lernens dargestellt. Die wesentlich knappere Form ergab auch die Notwendigkeit, Formulierungen zu pauschalieren und auf Beispiele zum größten Teil zu verzichten. Obgleich der „Curriculare Lehrplan“ ab 1992 seine Gültigkeit verlor, sprach aber nichts dagegen, bei gleichen Themengebieten zunächst noch die früher enthaltenen Hinweise zur Unterrichtsgestaltung heran-

[600] Benker in NMZ Juni 1978, S. 21.

[601] Dieser Lehrplan ist in vier Ebenen aufgebaut: 1. Bildungs- und Erziehungsauftrag des Gymnasiums, 2. Fachprofile der einzelnen Fächer, 3. Fächerübergreifende Bildungs- und Erziehungsaufgaben, 4. Rahmenpläne der einzelnen Fächer für die einzelnen Jahrgangsstufen.

zuziehen.[602] Verständlicherweise wurde dadurch die unterrichtliche Praxis vielerorts bis über die Jahrtausendwende unverändert beibehalten.

Erst mit dem ab Schuljahr 2003/04 für die 5. Jahrgangsstufe des dann achtjährigen Gymnasiums neu in Kraft tretenden Lehrplan, der auch die „4. Ebene" nicht mehr enthält, ist inzwischen wohl endgültig von „curricularen Prinzipien" Abschied genommen worden. An ihre Stelle tritt eine stärkere Gestaltungsfreiheit für die einzelne Schule und damit auch für die einzelne Lehrkraft. Anstelle von Einzeldetails wird ein klares Grundwissen definiert, das den Schülerinnen und Schülern die Welt in ihrer Komplexität erschließen helfen, wobei fächerübergreifende Denkweisen und der Lebensweltbezug der Unterrichtsinhalte mehr an Bedeutung gewinnen. Die Persönlichkeitsentwicklung der jungen Menschen wird nicht mehr in erster Linie mit Sachkompetenz, sondern mit Sozialkompetenz geschult. Die Lehrpläne der siebziger Jahre erweisen sich so im Nachhinein als eine wichtige Zwischenstufe bei der Fortentwicklung des gegliederten Schulwesens in Bayern.

Für die Weiterentwicklung des Faches Musik an den allgemeinbildenden Schulen scheint es notwendig, auf der Basis der gewonnenen allgemein pädagogischen und musikpädagogischen Erkenntnisse weiter die Qualität des Faches und seine Unverzichtbarkeit im Sinne einer vertieften Allgemeinbildung zu stärken. Die äußerst vielschichtigen und facettenreichen Themen und Methoden des Musikunterrichts müssen in Zukunft noch stärker berücksichtigt werden. Die alleinige Betonung der Stärkung von Sozialkompetenz und Kreativität durch gemeinsames Musizieren kann nicht das Zentrum des Unterrichts in Musik sein, auch eine Rückkehr zum Fach „Singen", wie es zu Beginn des 20. Jahrhunderts stattfand, kann nicht im Interesse der zukünftigen Musikerziehung liegen.

Wichtig ist vielmehr, den vielschichtigen Umgang mit den vielfältigen Erscheinungsformen von Musik zu schulen, eine allgemeine Kommunikationsfähigkeit, einen verständigen Umgang mit musikalischen Kunstwerken und ein bewusstes Hören zu ermöglichen. Selbstverständlich sollen alle musikalischen Lerninhalte, wo immer dies möglich erscheint, auch durch praktische Ansätze erarbeitet werden, wobei diese praktischen Ansätze wiederum in vielfältiger Weise geschehen müssen und nicht auf bestimmte musikdidaktische Positionen reduziert werden dürfen. Besonders wichtig erscheint, dass das eigene aktive Musizieren der Schülerinnen und Schüler im Musikunterricht an den allgemein bildenden Schulen im Vordergrund stehen muss, wie es bereits Benker und auch Binkowski in ihren Positionen in den siebziger Jahren vertraten.

---

[602] Vgl. ISB (Hg., verantwortlich: Ludwig Striegel): Kontaktbrief Musik 1992 des Staatsinstituts für Schulpädagogik und Bildungsforschung. München 1992, S. 1 ff.

Eine ästhetische Offenheit gegenüber verschiedenen Musikrichtungen, die Verbindung von Traditionellem mit Modernem und eine Offenheit gegenüber Neuem müssen, wie sie bereits in den siebziger Jahren vom vbs gefordert und verwirklicht worden sind, als maßgebliche Grundsätze auch für den zukünftigen Musikunterricht gelten.

Dies alles zu erreichen, wird auch in Zukunft wichtiges Anliegen von Lehrplankommissionen, Fortbildungsveranstaltungen und politischer Verbandsarbeit sein, um bayerische Besonderheiten in unserem pluralistischen Staat zu erhalten, den Stellenwert und die Bedeutung des Musikunterrichtes an den allgemein bildenden Schulen zu erhalten und Tendenzen entgegenzuwirken, wie sie heute zunehmend in Erscheinung treten. Die Tatsache, dass in einer Befragung des ISB aus dem Jahr 2000 sowohl Schüler wie Wirtschaftsvertreter die „Aufgeschlossenheit für das Musische und Ästhetische" unter 24 Zielen des Gymnasiums deutlich an die letzte Stelle setzten,[603] muss zu denken geben. Da der Schulmusiker an sich doch einen Pädagogen sui generis darstellt, ist er insbesondere in seiner alltäglichen Arbeit auf eine Kooperation mit den anderen Schulfächern, auf Aspekte fächerübergreifenden und fächerverbindenden Unterrichts, wie sie immer mehr an Bedeutung gewinnen, angewiesen.

Neben ihrem Interesse an der Weiterentwicklung fachdidaktischer oder musikpädagogischer Aspekte sind es besonders zwei organisatorische Rahmenbedingungen, die die bayerischen Schulmusikerinnen und Schulmusiker nach wie vor beschäftigen und subjektiv belasten: „Nicht-Vorrückungsfach" in den Jahrgangsstufen 5 und 6 am Gymnasium[604] und das gegenüber Lehrkräften anderer Fächer um vier Stunden erhöhte „Stundendeputat". Die letztendliche Durchsetzung der beiden damit verbundenen Forderungen (Vorrückungsfach in allen Jahrgangsstufen und gleiches Stundendeputat) muss deshalb weiterhin eine wichtige Aufgabe des vbs bleiben.

Es bleibt zu hoffen, dass es dem vbs aber nicht nur gelingen möge, die standespolitisch wichtigen und nunmehr seit Jahrzehnten erhobenen Forderungen Realität werden zu lassen, sondern auch in Zukunft seinen kompetenten Rat in fachpolitischen Fragen einbringen zu können – zum Wohle einer erfolgreichen Musikerziehung an den bayerischen Schulen.

Insofern bietet das Erbe der siebziger Jahre zwei unterschiedliche Impulse für die weitere Arbeit des vbs:

---

[603] Vgl. ISB (Hg., verantwortlich: Elisabeth Bauer): Lehrplanbefragung am Gymnasium – Auswertung für das Fach Musik. München 2000.

[604] Nach langen Bemühungen wurde das Fach Musik an den bayerischen Gymnasien in der 7. und 8. Jahrgangsstufe mit Beginn des Schuljahres 2003/04 Vorrückungsfach.

1. Musikpädagogischer Impuls: Der vbs muss genau darauf achten, dass die inhaltliche Weiterentwicklung des Fachs Musik nicht nur akademisch geführt, sondern besonders auch durch Lehrerfortbildungen und Publikationen an die einzelnen Lehrkräfte weitergegeben wird. Eigene Fortbildungen und Veröffentlichungen des vbs müssen weiterhin diesem Zweck dienen.
2. Fachpolitischer Impuls: Der vbs darf als fachpolitischer Berater nicht seine Unabhängigkeit und Eigenständigkeit des Denkens verlieren. Er muss gleichzeitig stets darum bemüht sein, dass die notwendigen strukturellen Verbesserungen für das Fach Musik (Vorrückungsfach, Stundendeputat, Stundentafel, Situation des Wahlunterrichts u. a.) als sinnvolle verbandspolitische Vorschläge umsetzungsfähig bleiben. Dafür sind insbesondere weiterhin umfassende Kontakte und Gespräche mit Verantwortlichen aus Politik und Staatsministerium ebenso notwendig wie eine verstärkte Öffentlichkeitsarbeit.

Wenn diese beiden Grundlinien der Verbandsarbeit, wie sie besonders in den siebziger Jahren des vergangenen Jahrhunderts angelegt und verwirklicht worden sind, die Verbandspolitik der kommenden Jahrzehnte bestimmen, dann könnte der Verband Bayerischer Schulmusiker e. V. seinen Beitrag zu seinem eigentlichen „Endzweck“ leisten: Kindern und Jugendlichen in den allgemein bildenden Schulen die Vielfalt von Musik nicht nur näher, sondern sogar nahe zu bringen.

Abkürzungsverzeichnis

AfS	Arbeitskreis für Schulmusik e. V.
AGMB	Aktionsgemeinschaft Musik in Bayern e. V.
ASchO	Allgemeine Schulordnung
BMR	Bayerischer Musikrat e. V.
BPV	Bayerischer Philologenverband e. V.
BSV	Bayerischer Schulbuchverlag
BSW	Bundesschulmusikwoche des vds
CuLP	Curricularer Lehrplan
DPV	Deutscher Philologenverband e. V.
DSB	Deutscher Sängerbund
EBASchOG	Ergänzende Bestimmungen zur Allgemeinen Schulordnung für die Gymnasien vom 30. Juli 1974
gk	Grundkurs
GP	Gymnasialprofessor
GPR	gesellschaftswissenschaftliches Aufgabenfeld (Kollegstufe)
GSO	Gymnasiale Schulordnung
HG	Humanistisches Gymnasium
IfB	Staatsinstitut für Bildungsforschung und Bildungsplanung (1966 bis 1983)
IGP	Staatsinstitut für Gymnasialpädagogik (1966 bis 1971)
ISB	Staatsinstitut für Schulpädagogik und Bildungsforschung (ab 1984), seit 1.10.2003: „Staatsinstitut für Schulqualität und Bildungsforschung“
ISME	International Society for Music Education
ISP	Staatsinstitut für Schulpädagogik (1971 bis 1984)
KM	Bayerisches Staatsministerium für Unterricht und Kultus
KMBek	Kultusministerielle Bekanntmachung
KMK	Konferenz der Kultusminister

KMS	Kultusministerielles Schreiben
LaG	Lehramt an Gymnasien
LASM	Landesverband Singen und Musizieren in Bayern e. V.
LDO	Dienstordnung für Lehrer an staatlichen Schulen in Bayern
LK	Leistungskurs
LPO	Lehramtsprüfungsordnung
LZG	Landeszentrale für Gesundheitsbildung in Bayern e. V., seit 1998: Landeszentrale für Gesundheit in Bayern e. V.
MNT	mathematisch-naturwissenschaftlich-technisches Aufgabenfeld (Kollegstufe)
MS	Ministerielles Schreiben
MuG	Musisches Gymnasium
NMZ	Neue Musikzeitung
OR	Oberrealschule
OStR	Oberstudienrat
RG	Realgymnasium
RLFB	Regionale Lehrerfortbildung
StD	Studiendirektor
StP	Studienprofessor
StR	Studienrat
SLK	sprachlich-literarisch-künstlerisches Aufgabenfeld (Kollegstufe)
USPD	Unabhängige Sozialdemokratische Partei Deutschlands
VBSM	Verband bayerischer Sing- und Musikschulen e. V.
vbs	Verband Bayerischer Schulmusikerzieher e. V., seit 1991: Verband Bayerischer Schulmusiker e. V. (VBS)
vds	Verband Deutscher Schulmusikerzieher e. V., seit 1990: Verband Deutscher Schulmusiker e. V. (VDS)
ZfMP	Zeitschrift für Musikpädagogik (Bosse, Regensburg)

Verzeichnis der Abbildungen

Literaturverzeichnis

1. Bücher

Abel-Struth, Sigrid: Materialien zur Entwicklung der Musikpädagogik als Wissenschaft (= Musikpädagogik – Forschung und Lehre Band 1). Mainz 1970 (Schott)

Adorno, Theodor W.: Einleitung in die Musiksoziologie. Frankfurt/Main 1962 (Suhrkamp)

Adorno, Theodor W.: Philosophie der neuen Musik. Frankfurt/Main 1978 (Suhrkamp)

Aichele, Karl/Binkowski, Bernhard (Hg.): Unser Liederbuch – Oberstufenband. Stuttgart 1958 (Metzler)

Aichele, Karl/Binkowski, Bernhard (Hg.): Unser Liederbuch – Mittelstufenband. Stuttgart 1959 (Metzler)

Alt, Michael: Musikkunde für die Oberstufe höherer Schulen. Düsseldorf 1955 (Schwann)

Alt, Michael: Das musikalische Kunstwerk I. Düsseldorf 1966 (Schwann)

Alt, Michael: Das musikalische Kunstwerk II. Düsseldorf 1965 (Schwann)

Alt, Michael: Didaktik der Musik. Düsseldorf 1968 (Schwann)

Amberg, Hellmuth/Schiedermair, Werner/Selzle, Erich: Dienstordnung für Lehrer an staatlichen Schulen in Bayern (LDO) – Kommentar und Anhang mit Vorschriftensammlung. Donauwörth 1977 (Auer)

Amtsblatt des Bayerischen Staatsministeriums für Unterricht und Kultus. München 1920 bis 2004

Antholz, Heinz: Unterricht in Musik. Düsseldorf 1970 (Schwann)

Apel, Hans Jürgen: Lehrplan und Curriculumentwicklung in Bayern. München 1991 (PimS)

Arbeitskreis Musikpädagogische Forschung e. V. (Hg.): Musikpädagogische Forschung, Band 1: Einzeluntersuchungen. Laaber 1980 (Laaber)

Baacke, Dieter: Beat – die sprachlose Opposition. München 1970[2] (Iuventa)

Bäßler, Hans (Hg.): Der Reader. Hannover 1999 (Eigenverlag)

Barsig, Walter/Berkmüller, Hans/Sauter, Helmut (Hg.): Lernplanung und neue curriculare Lehrpläne. Donauwörth 1977 (Auer)

Bayerisches Beamtengesetz (BayBG) in der Fassung vom 9. November 1970 (bearbeitetet von Hans Hartmann und Fritz Janssen). München 1970 (Jehle)

Bayerische Landeszentrale für politische Bildungsarbeit (Hg.): Verfassung des Freistaates Bayern vom 2. Dezember 1946 (Stand: 1. April 2001). München 2001

Bayerisches Staatsministerium für Unterricht, Kultus, Wissenschaft und Kunst (Hg.): Schulreform in Bayern, Band 1: Lehrpläne für die Grundschule, Orientierungsstufe und Hauptschule. München 1970 (Greska)

Bayerisches Staatsministerium für Unterricht, Kultus, Wissenschaft und Kunst (Hg.): Schulreform in Bayern, Band 2: Kollegstufe am Gymnasium. München 1972 (Greska)

Bayerisches Staatsministerium für Unterricht und Kultus (Hg.): Allgemeine Schulordnung und ergänzende Bestimmungen für die Gymnasien in Bayern 1977. München 1977 (Jehle)

Bayerisches Staatsministerium für Unterricht, Kultus, Wissenschaft und Kunst (Hg.): Tradition und Perspektive – 150 Jahre Bayerisches Kultusministerium. München 1997 (St. Otto)

Bayerisches Staatsministerium für Unterricht und Kultus (Hg.): Schule und Bildung in Bayern 2000. München 2000 (Universal)

Bayerisches Staatsministerium für Unterricht und Kultus (Hg.): Schule und Bildung in Bayern 2002. München 2002 (Pegnitz)

Becker, Peter/Kemmelmeyer, Karl-Jürgen/Kreft, Ekkehard/Nykrin, Rudolf: Spielpläne Musik 5/6. Stuttgart 1984 (Klett)

Benker, Gertrud: Reise durch das konzertante Bayern. München 1968 (Lambert Müller)

Benker, Heinz: Von Note zu Note – Notenkunde und Melodienlehre. München 1966 (Lambert Müller)

Benker, Heinz: Vom Ton zum Klang – Klangkunde. München 1969 (Lambert Müller)

Benker, Heinz/Hammaleser, Lisl: Musicassette 5./6. Jahrgangsstufe. München 1980 (BSV)

Binkowski, Bernhard (Hg.): Unser Liederbuch 2 (Ausgabe für Süddeutschland). Stuttgart 1969 (Klett)

Binkowski, Bernhard/Hug, Manfred/Koch, Peter: Musik um uns 11.–13. Schuljahr. Stuttgart 1973 (Metzler)

Binkowski, Bernhard/Brändle, Walter/Prinz, Ulrich: Musik um uns 7.–10. Schuljahr. Stuttgart 1975 (Metzler)

Binkowski, Bernhard/Brändle, Walter/Prinz, Ulrich: Musik um uns 7.–10. Schuljahr – Lehrerband. Stuttgart 1975 (Metzler)

Binkowski, Bernhard (Hg.): Unser Liederbuch Band II – Ausgabe C. Stuttgart 1975[10] (Metzler)

Binkowski, Bernhard (Hg.): Unser Liederbuch Band II – Für das 5. bis 7. Schuljahr. Stuttgart 1979 (Metzler)

Blättner, Fritz: Geschichte der Pädagogik. Heidelberg 1973[14] (Quelle & Mayer)

Blankertz, Herwig: Die Geschichte der Pädagogik. Wetzlar 1982 (Büchse der Pandora)

Blasl, Franz (Hg.): rote reihe universal edition. Wien 1969 ff (Universal Edition)

Bloom, Benjamin S. (Hg.): Taxonomie von Lernzielen im kognitiven Bereich. Weinheim und Basel 1972 (Beltz)

Brix, Lothar: Die Krise der Musikpädagogik. Laaber 1977 (Laaber)

Clauß, Dieter/Geck, Martin/Kemen, Hans Joachim/Küntzel, Gottfried: Banjo Musik 5/6. Stuttgart 1978 (Klett)

Clauß, Dieter/Geck, Martin/Kemen, Hans Joachim/Küntzel, Gottfried: Banjo Musik 7–10. Stuttgart 1981 (Klett)

Daube, Otto: Singendes Musizieren. Dortmund 1950 (Crüwell)

Deutscher Bildungsrat (Hg.): Lernziele der Gesamtschule (= Gutachten und Studien der Bildungskommission Band 12). Stuttgart 1969 (Klett)

Deutscher Bildungsrat: Strukturplan für das Bildungswesen. Empfehlungen der Bildungskommission. Stuttgart 1970 (Klett)

Diesterweg-Verlag (div. Hg.): Musik im Leben, Band 1. Frankfurt/Main 1973 (Diesterweg)

Dollinger, Hans: Bayern – 2000 Jahre in Bildern und Dokumenten. Gütersloh 1979 (Prisma)

Dopheide, Bernhard: Musikhören – Hörerziehung. Darmstadt 1978 (Wissenschaftliche Buchgesellschaft)

Ehrenforth, Karl Heinrich: Verstehen und Auslegen. Die hermeneutischen Grundlagen einer Lehre von der didaktischen Interpretation der Musik (= Schriftenreihe zur Musikpädagogik). Frankfurt/Main 1971 (Diesterweg)

Fachgruppe Musik in der Fachschaft II des NSLB: Unser Lied – Liederbuch für höhere Schulen. Augsburg und Wien o. J. (ca. 1936?) (Böhm)

Fenninger, Josef: Untersuchung zum schulischen Musikunterricht in Bayern vom Ende des Zweiten Weltkriegs bis zum Beginn der siebziger Jahre (= Beiträge zur Geschichte der Musikpädagogik Band 5). Frankfurt/Main 1997 (Lang)

Fluck, Bernhard: Gymnasium – Auftrag – Fortschritt/Deutscher Philologenverband und Gymnasium im 19. und 20. Jahrhundert. Düsseldorf 2003 (Pädagogik & Hochschul Verlag)

Frisius, Rudolf et al./Arbeitskreis Curriculum Musik (Hg.): Sequenzen Musik Sekundarstufe I Arbeitsbuch I. Stuttgart 1972 (Klett)

Frisius, Rudolf et al./Arbeitskreis Curriculum Musik (Hg.): Sequenzen Musik Sekundarstufe I Information 1. Stuttgart 1971 (Klett)

Füller, Klaus: Kompendium Didaktik Musik. München 1977 (Ehrenwirth)

Geiling, Heinrich (Hg.): Grundschule: Lernziele – Lehrinhalte – Methodische Planung. München 1972 (Oldenbourg)

Gieseler, Walter: Grundriß der Musikdidaktik. Düsseldorf 1973 (Henn)

Gieseler, Walter (Hg.): Kritische Stichwörter Musikunterricht. München 1978 (Fink)

Göstl, Robert: Singen mit Kindern. Regensburg 1996 (ConBrio)

Gostomzyk, Johannes Georg/Enke, Martina Christine: Aspekte der Gesundheitsbildung und Gesundheitsförderung in Bayern seit 1973 (= Schriftenreihe der Landeszentrale für Gesundheit in Bayern e. V.). München 1999 (Senser)

Gröning, Carl-Heinrich: Unterhaltungsmusik in der Schule – Ein Diskussionsbeitrag (= Schriftenreihe zur Musikpädagogik Band III). Frankfurt/Main 1970 (Diesterweg)

Gruhn, Wilfried: Geschichte der Musikerziehung. Hofheim 1993 (Wolke)

Günther, Ulrich: Die Schulmusikerziehung von der Kestenberg-Reform bis zum Ende des Dritten Reiches. Neuwied 1967, 2. überarb. Aufl. Augsburg 1992 (Wißner)

Gundlach, Willi/Schmidt-Brunner, Wolfgang: Praxis des Musikunterrichts. Mainz 1977 (Schott); vds-Jahresgabe 1977

Hammaleser, Lisl: Übungsprogramm Musiklehre. München 1978 (Hueber-Holzmann)

Hammaleser, Lisl: Übungsprogramm Musiklehre compact. Mainz 1982 (Schott)

Hammaleser, Lisl/Taubald, Richard: Musicassette 7. Jahrgangsstufe. München 1985 (BSV)

Hammaleser, Lisl/Taubald, Richard: Musicassette 5B. München 1993 (BSV)

Hammaleser, Lisl/Taubald, Richard: Musicassette 6B. München 1994 (BSV)

Heigl, Josef: Grundbedingungen der Erziehungswirksamkeit von Lehrplänen von Lehrplänen und Überlegungen zur Verwirklichung der obersten Bildungsziele „Ehrfurcht vor Gott“ und „Achtung vor religiöser Überzeugung“ auf der Grundlage des Lehrplans der Grundschule von 1981, Fürstenzell 1986 (Rudolf-Döbler-Verlag)

Heise, Walter/Hopf, Helmuth/Segler, Helmut (Hg.): Quellentexte zur Musikpädagogik. Regensburg 1973 (Bosse)

Heitger, Marian (Hg.): Medien und Pädagogik (= Grundfragen der Pädagogik der Gegenwart Band 2). Wien 1981 (Herder)

Helmholz, Brigitta: Musikdidaktische Konzeptionen in Deutschland nach 1945. Essen 1996 (Blaue Eule)

Helms, Siegmund (Hg.): Musikpädagogik – Spiegel der Kulturpolitik. Regensburg 1987 (Bosse)

Helms, Siegmund/Hopf, Helmuth/Valentin, Erich: Handbuch der Schulmusik. Regensburg 1985 (Bosse)

Helms, Siegmund/Schneider, Reinhard/Weber, Rudolf: Kompendium der Musikpädagogik. Kassel 1995 (Bosse)

Helms, Siegmund/Schneider, Reinhard/Weber, Rudolf: Neues Lexikon der Musikpädagogik – Personenteil. Kassel 1994 (Bosse)

Helms, Siegmund/Schneider, Reinhard/Weber, Rudolf: Neues Lexikon der Musikpädagogik – Sachteil. Kassel 1994 (Bosse)

Helms, Siegmund/Schneider, Reinhard/Weber, Rudolf: Handbuch des Musikunterrichts – Band 3: Sekundarstufe II. Kassel 1997 (Bosse)

Hessisches Institut für Lehrerfortbildung – Fachbereich Musik (Hg.): Klassenmusizieren. Fuldatal und Frankfurt/Main 1996 (Eigenverlag)

Heymann, Hans-Werner (Hg.): Allgemeinbildung und Fachunterricht. Hamburg 1997 (Bergmann + Helbig)

Höhnen, Heinz W. (Projektleitung)/Binkowski, Bernhard (Hg.)/Hopf, Helmuth/Jakoby, Richard (Hg.): Entwicklung neuer Ausbildungsgänge für Lehrer der Sekundarstufen I und II im Fach Musik. Regensburg und Mainz 1977 (Bosse, Schott)

Hölscher, Bernhard/Pietzsch-Amos, Margret/Rüdiger, Karl/Trott, Helmut: Klang und Zeichen Band 1 (Grundschule). Düsseldorf 1973 (Schwann)

Hölscher, Bernhard/Rüdiger, Karl/Trott, Helmut: Klang und Zeichen Band 2 (Sek. I, Klasse 5–8). Düsseldorf 1975 (Schwann)

Hölscher, Bernhard/Kirch, Klaus/Rüdiger, Karl/Trott, Helmut: Klang und Zeichen Band 3 (Sek. I, Klasse 9–10). Düsseldorf 1978 (Schwann)

Hofmann, Bernhard: Zur Geschichte der bayerischen Schulmusik in der ersten Hälfte des 20. Jahrhunderts (= Beiträge zur Geschichte der Musikpädagogik Band 2). Frankfurt/Main 1995 (Lang)

Hopf, Helmuth/Krützfeld, Werner (Hg.): Musikpädagogik im Drahtverhau. Ratingen und Kastellaun 1975 (Henn)

Hopf, Helmuth/Rauhe, Hermann/Krützfeld-Junker, Hildegard: Lehrbuch der Musik 1. Wolfenbüttel 1970 (Möseler)

Hopf, Helmuth/Rauhe, Hermann/Krützfeld-Junker, Hildegard: Lehrbuch der Musik 2. Wolfenbüttel 1972 (Möseler)

Hopf, Helmuth/Rauhe, Hermann/Krützfeld-Junker, Hildegard: Lehrbuch der Musik 3. Wolfenbüttel 1972 (Möseler)

Hopf, Helmuth/Heise, Walter/Helms, Siegmund: Lexikon der Musikpädagogik. Regensburg 1984 (Bosse)

Institut für Lehrerfortbildung Hamburg (Hg.): Lehrgangsprogramme von 1970 bis 1981. Hamburg 1970 ff

Jöde, Fritz: Musik und Erziehung. Wolfenbüttel 1924^2 (Zwißler)

Jürgenson-Rupprecht, Margarete/Suttner, Kurt (Hg.): Das europäische Kunstlied. Mainz 1979 (Schott)

Kaiser, Hermann J. (Hg.): Ästhetische Theorie und musikpädagogische Theoriebildung (= Musikpädagogik – Forschung und Lehre Beiheft 8). Mainz 1998 (Schott)

Kemmelmeyer, Karl-Jürgen/Nykrin, Rudolf: Spielpläne 7/8. Stuttgart 1986 (Klett)

Kemmelmeyer, Karl-Jürgen/Nykrin, Rudolf: Spielpläne 9/10. Stuttgart 1988 (Klett)

Kemmelmeyer, Karl-Jürgen/Nykrin, Rudolf: Spielpläne Musik 5/Bayern. Stuttgart 1992 (Klett)

Kemmelmeyer, Karl-Jürgen/Nykrin, Rudolf: Spielpläne Musik 6/Bayern. Stuttgart 1992 (Klett)

Kestenberg, Leo (Hg.): Schulmusikunterricht in Preußen. Amtliche Bestimmungen für höhere Schulen, Mittelschulen und Volksschulen. Berlin 1927

King, Paul E./Mathieu, Gustave/Holton, James P.: Technik und Arbeitsformen des Sprachlabors. Berlin, Bielefeld 1965 (Cornelsen)

Kirmeyer, Rudolf: Der junge Musikant (Hg.: Haus, Karl und Möckl, Franz). München 1972 (BSV)

Klafki, Wolfgang: Studien zur Bildungstheorie und Didaktik. Weinheim 1963 (Beltz)

Klausmeier, Friedrich: Die Lust, sich musikalisch auszudrücken. Reinbek bei Hamburg 1978 (Rowohlt)

Klett-Verlag (Hg.): Lernziele der Gesamtschule. Stuttgart 1969 (Klett)

Klinkhammer, Rudolf: Ausbildungsordnungen des Lehramtsfaches Musik in der Studienreform der 1970-er Jahre. Essen 1987 (Blaue Eule)

KMK (Hg.): Vereinbarung zur Neugestaltung der gymnasialen Oberstufe in der Sekundarstufe II vom 7. Juli 1972. Neuwied 1972 (Luchterhand)

KMK (Hg.): Kulturpolitik der Länder 1971/72. Bonn 1973 (Deutscher Bundesverlag)

KMK (Hg.): Einheitliche Prüfungsanforderungen in der Abiturprüfung – Musik. Neuwied 1975 (Luchterhand)

KMK (Hg.): Einheitliche Prüfungsanforderungen in der Abiturprüfung – Musik – Beschluss vom 18.8.1981. Neuwied 1982 (Luchterhand)

Koch, Peter/Prodoehl, Hans-Gerd: Determinanten staatlicher Bildungsplanung und -politik 1969–1978. Köln 1979 (Pahl-Rugenstein)

Landeszentrale für Gesundheitsbildung in Bayern (Hg.): Rhythmus und Gesundheit. Landshut 1977 (Bosch)

Lehr, Wilhelm: Lehrgebiet Musik – Musik und Kreativität. München 1979 (Hueber-Holzmann)

Lemmermann, Heinz: Musikunterricht. Bad Heilbrunn 1977 (Klinkhardt)

Lemmermann, Heinz: Musikunterricht. Bad Heilbrunn 1984[3] (Klinkhardt)

Lennert, Rudolf (Hg.): Das Problem der gymnasialen Oberstufe. Bad Heilbrunn 1971 (Klinkhardt)

Lugert, Wulf Dieter: Grundriß einer neuen Musikdidaktik. Stuttgart 1975 (Metzler)

Lugert, Wulf Dieter: Musik hören – machen – verstehen – Arbeitsbuch für den Musikunterricht in den Klassen 5/6. Stuttgart 1979 (Metzler)

Lugert, Wulf Dieter: Musik hören – machen – verstehen – Arbeitsbuch für den Musikunterricht in den Klassen 7/8. Stuttgart 1982 (Metzler)

Lugert, Wulf Dieter: Musik hören – machen – verstehen – Arbeitsbuch für den Musikunterricht in den Klassen 9/10. Stuttgart 1986 (Metzler)

Mack, Friedrich: Notenlesen. München 1978 (Manz)

Meidel, Eva: Der Aspekt der Schülerorientierung in Konzeptionen der Musikdidaktik seit 1945 (= Beiträge zur Geschichte der Musikpädagogik Band 11). Frankfurt/Main 2002 (Lang)

Menzel, Horst: Jugend und Reizmusik – Ein Diskussionsbeitrag (= Schriftenreihe zur Musikpädagogik Band II). Frankfurt/Main 1969 (Diesterweg)

Meyer-Denkmann, Gertrud: Klangexperimente und Gestaltungsversuche im Kindesalter (= rote reihe Band 11). Wien 1970 (Universal Edition)

Neuhäuser, Meinolf/Reusch, Arnold/Weber, Horst: Resonanzen 1. Frankfurt/Main 1973 (Diesterweg)

Neuhäuser, Meinolf/Reusch, Arnold/Weber, Horst: Resonanzen 1 – Lehrerinformation. Frankfurt/ Main 1973 (Diesterweg)

Neuhäuser, Meinolf/Reusch, Arnold/Weber, Horst: Resonanzen 2. Frankfurt/Main 1977 (Diesterweg)

Nolte, Ekkard: Lehrpläne und Richtlinien für den schulischen Musikunterricht in Deutschland vom Beginn des 19. Jahrhunderts bis in die Gegenwart (= Musikpädagogik – Forschung und Lehre Band 3). Mainz 1975 (Schott)

Nolte, Eckhard: Die neuen Curricula, Lehrpläne und Richtlinien für den Musikunterricht an den allgemeinbildenden Schulen in der Bundesrepublik Deutschland und West-Berlin, Einführung und Dokumentation/Teil I: Primarstufe (= Musikpädagogik – Forschung und Lehre Band 16). Mainz 1982 (Schott)

Nolte, Eckhard: Die neuen Curricula, Lehrpläne und Richtlinien für den Musikunterricht an den allgemeinbildenden Schulen in der Bundesrepublik Deutschland und West-Berlin, Teil II: Sek. I, Band 1 (= Musikpädagogik – Forschung und Lehre Band 17/1). Mainz 1991 (Schott)

Nolte, Eckhard: Die neuen Curricula, Lehrpläne und Richtlinien für den Musikunterricht an den allgemeinbildenden Schulen in der Bundesrepublik Deutschland und West-Berlin, Teil II: Sek. I, Band 2 (= Musikpädagogik – Forschung und Lehre Band 17/2). Mainz 1991 (Schott)

Nolte, Eckhard: Die neuen Curricula, Lehrpläne und Richtlinien für den Musikunterricht an den allgemeinbildenden Schulen in der Bundesrepublik Deutschland und West-Berlin, Teil II: Sek. I, Band 3 (= Musikpädagogik – Forschung und Lehre Band 17/3). Mainz 1991 (Schott)

Nykrin, Rudolf: Erfahrungserschließende Musikerziehung. Konzepte – Argumente – Bilder (= Perspektiven zur Musikpädagogik und Musikwissenschaft Band 4). Regensburg 1978 (Bosse)

Orff, Carl: Schulwerk – Musik für Kinder: Band I. Mainz 1950, Band II. Mainz 1952, Band III. Mainz 1953, Band IV. Mainz 1954, Band V. Mainz 1954 (Schott)

Peschl, Gabriele: Musikerziehung in Österreich. Wien 1997 (Holzhausen)

Pfeiffer, Wolfgang: Musiklehrer. Essen 1994 (Blaue Eule)

Platon: Der Staat (übersetzt und erläutert von Otto Apelt). Hamburg 1961 (Felix Meiner)

Rauhe, Hermann/Reinecke, Hans-Peter/Ribke, Wilfried: Hören und Verstehen. Theorie und Praxis handlungsorientierten Musikunterrichts. München 1975 (Kösel)

Reble, Albert: Geschichte der Pädagogik. Stuttgart 2002[20] (Klett-Cotta)

Rebscher, Georg: Materialien zum Unterricht in Popularmusik. Wiesbaden 1973 (Breitkopf & Härtel)

Rectanus, Hans (Hg.): Didaktische Studien – Neue Ansätze im Musikunterricht. Stuttgart 1972 (Klett)

Richter, Christoph: Musik als Spiel. Orientierung des Musikunterrichts an einem fachübergreifenden Begriff. Ein didaktisches Modell. Wolfenbüttel 1975 (Möseler)

Richter, Christoph: Theorie und Praxis der didaktischen Interpretation von Musik (= Schriftenreihe zur Musikpädagogik). Frankfurt/Main 1976 (Diesterweg)

Ritzel, Fred/Stroh, Wolfgang Martin (Hg.): Musikpädagogische Konzeptionen und Schulalltag (= Musikpädagogische Bibliothek 31). Wilhelmshaven 1984 (Heinrichshofen)

Robinsohn, Saul B.: Bildungsforschung als Revision des Curriculum (Aktuelle Pädagogik. Eine Schriftenreihe zur empirischen Erziehungsforschung, hg. von Hans-Jochen Gamm u. Werner Loch in Zusammenarbeit mit Hans Heckel u. Paul Seipp). Neuwied und Berlin 1967 (Luchterhand)

Rövenstrunck, Bernhard/Wiedemann, Georg: Die Musik – Ein Schlüssel zum Verständnis musikalischer Ereignisse. Stuttgart 1968 (Klett)

Roscher, Wolfgang: Polyästhetische Erziehung. Köln 1976 (Dumont)

Roscher, Wolfgang: Musik, Kunst, Kultur als Abenteuer. Kassel 1994 (Bärenreiter)

Schaper, Hans-Christian: Bewegung im Raum – Vorstufe A und B. München 1973 (Hueber-Holzmann)

Schaper, Hans-Christian: Bewegung im Raum – Heft 1 bis 4. München 1974 (Hueber-Holzmann)

Schaper, Hans-Christian: Musiklehre compact. München 1976 (Hueber-Holzmann)

Schaper, Hans-Christian: Gestaltungselemente der Musik. München 1978 (Hueber-Holzmann)

Schaper, Hans-Christian: Musikforum compact. München 1980 (Hueber-Holzmann)

Schardt, Alois/Brauneiser, Manfred: Zwischenbilanz der Bildungspolitik. München 1967 (Ehrenwirth)

Schiegl, Hermann/Schwarzmaier, Ernst: Themensammlung musikalischer Meisterwerke, Heft 1: Symphonische Musik der Klassik. Frankfurt/Main 1973[6] (Diesterweg)

Schiegl, Hermann/Schwarzmaier, Ernst: Themensammlung musikalischer Meisterwerke, Heft 2: Symphonische Musik der Romantik. Frankfurt/Main o. J. (Diesterweg)

Schließ, Rudolf/Lischka, Reinhard: Ton und Taste. Paderborn 1975 (Schöningh)

Schließ, Rudolf/Lischka, Reinhard: Ton und Taste – Arbeitsheft. Paderborn 1975 (Schöningh)

Schmidt, Hans-Christian (Hg.): Geschichte der Musikpädagogik (= Handbuch der Musikpädagogik Band 1). Kassel 1986 (Bärenreiter)

Schmidt-Brunner, Wolfgang, Fachdidaktisches Studium in der Lehrerbildung Musik. München 1978 (Oldenbourg)

Schütz, Volker: Rockmusik – eine Herausforderung für Schüler und Lehrer. Oldenburg 1982 (Isensee)

Schuh, Friedrich: Geschichte des Bayerischen Philologenverbandes – Band I. Eichstätt 1964 (Funk)

Segler, Helmut: Musik aktuell. Kassel 1971 (Bärenreiter)

Segler, Helmut: Liedermagazin. Kassel 1975 (Bärenreiter)

Strukturförderung im Bildungswesen des Landes Nordrhein-Westfalen (Hg.): Musikerziehung in Nordrhein-Westfalen (= Schriftenreihe des Kultusministers Heft 29). Köln 1976 (Greven)

Suder, Alexander L.: Anregen aufregen zupacken – Publikationen zu Musik, Medien und Politik 1953–2001. Regensburg 2002 (ConBrio)

Verband Bayerischer Schulmusikerzieher (Hg.): Bayerisches Liederbuch. Augsburg/München o. J. (ca. 1956?) (Böhm/Hieber)

Verband Bayerischer Schulmusikerzieher (Hg.): Unser Lied. Augsburg/München 1969 (Böhm/Hieber)

Verband Bayerischer Schulmusikerzieher (Hg.): Lied & Song. München 1976 (Hieber)

Verband der Fachlehrer für Musik an den höheren Lehranstalten Bayerns (Hg.): Liederbuch für die unteren Klassen der höheren Lehranstalten von Clemens Huber. München 1924[5]. (Kellerer)

Verband der Lehrer für Musik an den höheren Lehranstalten in Bayern (Hg.): Bayerische Liederbuch für die männlichen höheren Lehranstalten in Bayern. Augsburg und Wien o. J. (ca. 1932?) (Böhm)

Verband der Lehrer für Musik an den höheren Lehranstalten in Bayern (Hg.): Bayerische Liederbuch. Augsburg/München o. J. (ca. 1949?) (Böhm/Hieber)

Verband der Lehrer für Musik an den höheren Lehranstalten in Bayern (Hg.): Musikkunde Erster Teil. Augsburg/München 1951 (Böhm/Hieber)

Venus, Dankmar: Unterweisung im Musikhören (= Musikpädagogische Bibliothek 30). Wuppertal 1969 (Henn), verb. Neuausg. Wilhelmshaven 1984 (Heinrichshofen)

Vogelsänger, Siegfried: Musik als Unterrichtsgegenstand. Mainz 1970 (Schott)

Weber, Martin: Musikpädagogik im Zeichen des Pluralismus (=Institut für Musikpädagogische Forschung, Forschungsbericht Band 10). Hannover 1997 (Hochschule für Musik und Theater Hannover)

Weber, Martin/Junker, Hildegard (Hg.): 40 Jahre Unterrichtshilfen des AfS Band I, 1955–1982. Altenmedingen 2000 (Hildegard-Junker-Verlag)

Westphalen, Kurt: Praxisnahe Curriculumentwicklung. Donauwörth 1973 (Auer)

Wiechell, Dörte: Didaktik und Methodik der Popmusik (= Schriftenreihe zur Musikpädagogik). Frankfurt/Main 1975 (Diesterweg)

Woll, Erna: Programmierte Unterweisung in der Musikerziehung – Ein Erfahrungsbericht mit zwölf Programmentwürfen in Ausschnitten. München 1968 (Ehrenwirth)

Woll, Erna: Buchprogrammiertes Musiklernen. Wolfenbüttel 1970 (Möseler)

Woll, Erna: Einführung in das Notenhören. Frankfurt/Main 1971 (Diesterweg)

Worms, Marianne: Der Arbeitskreis für Schulmusik und allgemeine Musikpädagogik (AfS) e. V. und seine Impulse für die Musikpädagogik. Altenmedingen 2003 (Hildegard-Junker)

Wüthrich-Mathez, Hans: Bibliographie zur allgemeinen Musikerziehung. Bern und Stuttgart 1980 (Haupt)

Zimmerschied, Dieter: Beat – Background – Beethoven (= Schriftenreihe zur Musikpädagogik). Frankfurt/Main 1971 (Diesterweg)

2. Einzelne Aufsätze

Adorno, Theodor W.: Thesen gegen die 'musikpädagogische Musik',
in: Junge Musik 4/1954. Wolfenbüttel und Mainz 1954, S. 111–113 (Möseler, Schott)

Adorno, Theodor W.: Kritik des Musikanten,
in: Dissonanzen. Göttingen 1956, S. 62–101 (Vandenhoeck & Ruprecht)

Bäßler, Hans: Töne, Klänge, Farben – Vom Umgehen mit und Leben in der Musik als Horizont der Allgemeinbildung,
in: Heymann, Hans-Werner (Hg.): Allgemeinbildung und Fachunterricht. Hamburg 1997, S. 55–66 (Bergmann + Helbig)

Benker, Heinz: Pädagogisches Seminar. Ausbildung der Musikreferendare in Bayern,
in: Schmidt-Brunner, Wolfgang (Hg.): Fachdidaktisches Studium in der Lehrerbildung Musik. München 1978, S. 64–73 (Oldenbourg)

Binkowski, Bernhard: Musikpädagogik und Öffentlichkeit,
in: Schmidt, Hans-Christian (Hg.): Geschichte der Musikpädagogik. Kassel 1986, S. 356–375 (Bärenreiter)

Blume, Friedrich: Schulmusik am Rande des Verderbens,
in: Das Musikleben – Zeitschrift für Musik 5-6/1949. Mainz 1949, S. 136–140 (Schott-Melosverlag)

Blume, Friedrich: Schulmusik am Rande des Verderbens (Fortsetzung),
in: Das Musikleben – Zeitschrift für Musik 7-8/1949. Mainz 1949, S. 191–195 (Schott-Melosverlag)

Borris, Siegfried: Entgegnung auf Adornos „Thesen gegen pädagogische Musik" in Darmstadt, 12. Juni 1954,
in: Junge Musik 6/1954. Wolfenbüttel und Mainz 1954, S. 188–189 (Möseler, Schott)

Ehrenforth, Karl Heinrich: Das Verhältnis von Musikwissenschaft und Musikpädagogik,
in: Höhnen, Heinz W. (Projektleitung)/Binkowski, Bernhard (Hg.)/Hopf, Helmuth/Jakoby, Richard (Hg.): Entwicklung neuer Ausbildungsgänge für Lehrer der Sekundarstufen I und II im Fach Musik. Regensburg und Mainz 1977, S. 425–448 (Bosse, Schott)

Fischer, Wilfried: „Didaktische Interpretation von Musik“ und „Handlungsorientierter Musikunterricht“,
in: Schmidt, Hans-Christian (Hg.): Geschichte der Musikpädagogik (= Handbuch der Musikpädagogik Band 1). Kassel 1986, S. 297–341 (Bärenreiter)

Funk-Hennings, Erika: Musische Bildung – Polyästhetische Erziehung. Eine historisch vergleichende Studie über zwei musikdidaktische Ansätze des 20. Jahrhunderts,
in: Arbeitskreis Musikpädagogische Forschung e. V. (Hg.): Musikpädagogische Forschung, Band 1: Einzeluntersuchungen. Laaber 1980, S. 30–49 (Laaber)

Gebhard, Ursula: Musik und Bewegungserziehung – Didaktische Aspekte eines neuen Faches,
in: Schmidt-Brunner, Wolfgang (Hg.): Fachdidaktisches Studium in der Lehrerbildung Musik. München 1978, S. 92–97 (Oldenbourg)

Gieseler, Walter: Orientierung am musikalischen Kunstwerk oder: Musik als Ernstfall,
in: Schmidt, Hans-Christian (Hg.): Geschichte der Musikpädagogik (= Handbuch der Musikpädagogik Band 1). Kassel 1986, S. 174–214 (Bärenreiter)

Gieseler, Walter: Curriculum-Revision und Musikunterricht,
in: Schmidt, Hans-Christian (Hg.): Geschichte der Musikpädagogik (= Handbuch der Musikpädagogik Band 1). Kassel 1986, S. 215–266 (Bärenreiter)

Graml, Karl: Zur Situation des Musikunterrichts in der Grundschule,
in: Schmidt-Brunner, Wolfgang (Hg.): Fachdidaktisches Studium in der Lehrerbildung Musik. München 1978, S. 74–91 (Oldenbourg)

Helmholz, Brigitta: Musikdidaktische Konzeptionen nach 1945,
in: Helms, Siegmund/Schneider, Reinhard/Weber, Rudolf: Kompendium der Musikpädagogik. Kassel 1995, S. 42–63 (Bosse)

Hörmann, Stefan: Michael Alt und seine Didaktik der Musik: Innovativ oder konservativ,
in: Hermann J. Kaiser (Hg.): Musikpädagogik – Forschung und Lehre Beiheft 8: Ästhetische Theorie und musikpädagogische Theoriebildung. Mainz 1998, S. 137–150 (Schott)

Kaiser, Hermann J.: Musikunterricht für alle?,
in: Ritzel, Fred/Stroh, Wolfgang Martin (Hg.): Musikpädagogische Konzeptionen und Schulalltag (= Musikpädagogische Bibliothek 31). Wilhelmshaven 1984, S. 166–173 (Heinrichshofen)

Kraemer, Rudolf-Dieter: Musikpädagogische Forschung seit den 60-er Jahren. Perspektiven für die 90-er Jahre,
in: Lugert, Wulf Dieter/Schütz, Volker (Hg.): Aspekte gegenwärtiger Musikpädagogik. Stuttgart 1991, S. 87–110 (Metzler)

Ott, Thomas: Didaktischer Optimismus und Unterrichtswirklichkeit – Am Beispiel des Lehrbuchs „Sequenzen“,
in: Ritzel, Fred/Stroh, Wolfgang Martin (Hg.): Musikpädagogische Konzeptionen und Schulalltag (= Musikpädagogische Bibliothek 31). Wilhelmshaven 1984, S. 117–123 (Heinrichshofen)

Rupp, Rainer Maria: Gibt es noch eine gymnasiale Bildungsidee?,
in: Das Gymnasium in Bayern, April 2004. München 2004, S. 27–30 (Geiselberger)

Schmid, Helmut: Das Annagymnasium und die musischen Fächer im Wandel der Zeit,
in: Societas Annensis (Hg.): Nachrichtenblatt 2001. Augsburg 2001, S. 20–38 (Eigenverlag)

Schmidt-Brunner, Wolfgang: Zusammenstellung der Lehrplanentwürfe und Rahmenrichtlinien für den Musikunterricht an den allgemeinbildenden Schulen von 1969–1977,
in: Schmidt-Brunner, Wolfgang (Hg.): Fachdidaktisches Studium in der Lehrerbildung Musik. München 1978, S. 165–177 (Oldenbourg)

Schmitz, Hans-Bernd: Tendenzen und Probleme der praktischen Curriculumarbeit, dargestellt am Fach Musik in der Kollegstufe,
in: Schmidt-Brunner, Wolfgang (Hg.): Fachdidaktisches Studium in der Lehrerbildung Musik. München 1978, S. 131–150 (Oldenbourg)

Stapelberg, Reinhold: Artikel „Jöde",
in: Die Musik in Geschichte und Gegenwart Band 7. Kassel 1958, S. 80 ff (Bärenreiter)

Twittenhoff, Wilhelm: Stellungnahmen zu den „Thesen gegen die musikpädagogische Musik" von Theodor W. Adorno,
in: Junge Musik 6/1954. Wolfenbüttel und Mainz 1954, S. 185–188 (Möseler, Schott)

Walter, Franz: Revolutionär, libertär oder nur pubertär? – Die 68-er,
in: Civis mit Sonde 3/99. Erlangen 1999, Seite 20–23 (Civis)

3. Kongressberichte der Bundesschulmusikwochen

Musikerziehung in der Schule – Vorträge der ersten Bundesschulmusikwoche Mainz 1955 (Hg.: Egon Kraus). Hamburg 1956 (Schott)

Musik als Lebenshilfe – Vorträge der zweiten Bundesschulmusikwoche Hamburg 1957 (Hg.: Egon Kraus). Hamburg 1958 (Sikorski)

Musik und Musikerziehung in der Reifezeit – Vorträge der dritten Bundesschulmusikwoche München 1959 (Hg.: Egon Kraus). Mainz 1959 (Schott)

Musik und Bildung in unserer Zeit – Vorträge der vierten Bundesschulmusikwoche Berlin 1961 (Hg.: Egon Kraus). Mainz 1961 (Schott)

Quantität und Qualität in der deutschen Musikerziehung – Vorträge der fünften Bundesschulmusikwoche Stuttgart 1963 (Hg.: Egon Kraus). Mainz 1963 (Schott)

Fortschritt und Rückbildung in der deutschen Musikerziehung – Vorträge der sechsten Bundesschulmusikwoche Bonn 1965 (Hg.: Egon Kraus). Mainz 1965 (Schott)

Der Einfluss der Technischen Mittler auf die Musikerziehung unserer Zeit – Vorträge der siebten Bundesschulmusikwoche Hannover 1968 (Hg.: Egon Kraus). Mainz 1968 (Schott)

Bildungsziele und Bildungsinhalte des Faches Musik – Vorträge der achten Bundesschulmusikwoche Saarbrücken 1970 (Hg.: Egon Kraus). Mainz 1970 (Schott)

Musik in Schule und Gesellschaft – Vorträge der neunten Bundesschulmusikwoche Kassel 1972 (Hg.: Egon Kraus). Mainz 1972 (Schott)

Musik und Individuum – Vorträge der zehnten Bundesschulmusikwoche München 1974 (Hg.: Egon Kraus). Mainz 1974 (Schott)

Schule ohne Musik – Vorträge der elften Bundesschulmusikwoche Düsseldorf 1976 (Hg.: Egon Kraus). Mainz 1976 (Schott)

Musik in einer humanen Schule – Vorträge der zwölften Bundesschulmusikwoche Karlsruhe 1978 (Hg.: Egon Kraus). Mainz 1979 (Schott)

Musikerziehung als Herausforderung der Gegenwart – Kongressbericht 13. Bundesschulmusikwoche Braunschweig 1980 (Hg.: Karl Heinrich Ehrenforth). Mainz 1981 (Schott)

Schulische Musikerziehung und Musikkultur – Kongressbericht 14. Bundesschulmusikwoche Berlin 1982 (Hg.: Karl Heinrich Ehrenforth).Mainz 1983 (Schott)

Medieninvasion – Die kulturpolitische Verantwortung der Musikerziehung – Kongressbericht 15. Bundesschulmusikwoche Kassel 1984 (Hg.: Karl Heinrich Ehrenforth). Mainz 1985 (Schott)

Arbeit – Freizeit – Fest – Brauchen wir eine andere Schule? – Kongressbericht 16. Bundesschulmusikwoche Ludwigshafen 1986 (Hg.: Karl Heinrich Ehrenforth). Mainz 1986 (Schott)

Spiel-Räume fürs Leben – Musikerziehung in einer gefährdeten Welt – Kongressbericht 17. Bundesschulmusikwoche Karlsruhe 1988 (Hg.: Karl Heinrich Ehrenforth). Mainz 1989 (Schott)

In Grenzen – über Grenzen hinaus – Kongressbericht 18. Bundesschulmusikwoche Lübeck 1990 (Hg.: Karl Heinrich Ehrenforth). Mainz 1991 (Schott)

Identität in der Vielfalt – Kongressbericht 19. Bundesschulmusikwoche Augsburg 1992 (Hg.: Dieter Zimmerschied). Mainz 1993 (Schott)

„Lebenswelt“ Chancen für Musikunterricht und Schule – Kongressbericht 20. Bundesschulmusikwoche Gütersloh 1994 (Hg.: Dieter Zimmerschied). Mainz 1995 (Schott)

„Werte-Wandel“ Musikunterricht in neuer Orientierung – Kongressbericht 21. Bundesschulmusikwoche Rostock 1996 (Hg.: Dieter Zimmerschied). Mainz 1997 (Schott)

„Toleranz“ Dimensionen für den Musikunterricht – Kongressbericht 22. Bundesschulmusikwoche Potsdam 1998 (Hg.: Hans Bäßler). Mainz 1999 (Schott)

„Brücken“ Musikunterricht im geeinten Europa – Kongressbericht 23. Bundesschulmusikwoche Koblenz 2000 (Hg.: Hans Bäßler). Mainz 2001 (Schott)

„Musikgeschichte(n) – Musikpädagogik im Spannungsfeld zwischen Gestern und Heute – CD-ROM zur 24. Bundesschulmusikwoche Halle/Saale 2002. Mainz 2003 (Schott)

„Aktiv hören – innovativ gestalten – Kongressbericht 25. Bundesschulmusikwoche Hannover 2004 (Hg.: Hans Bäßler). Mainz 2005 (Schott)

4. Artikel in Zeitschriften

Antholz, Heinz: Bundesschulmusikwochen als Spiegel musikpädagogischer Zeitgeschichte, dargestellt am Paradigma „Schulleben“,
in: Musik und Bildung. Mainz 4/1982, S. 213–217

Bäßler, Hans: vds-Jubiläum,
in: vds-Niedersachsen Heft 139, 12/1997, S. 17 f

Benker, Heinz: Bevorzugte Lieder,
in: Musik und Bildung. Mainz 9/1973, S. 473–474

Binkowski, Bernhard: Zur Reform der Sekundarstufe II,
in: Musik und Bildung. Mainz 4/1974, S. 213–215

Binkowski, Bernhard: 50 Jahre Verband Bayerischer Schulmusikerzieher,
in: Musik und Bildung. Mainz 4/1979, S. 254–255

Binkowski, Bernhard: Zur Geschichte des vds – Die siebziger Jahre,
in: Musik und Bildung. Mainz 4-5/1989, S. 210–213

Boelhauve, Ursula: Ästhetische Erziehung und auditive Wahrnehmungserziehung,
in: Zeitschrift für Musikpädagogik Heft 44, März 1988, Regensburg 1988, S. 21–31

Brinkmann, Rainer O.: Szenische Interpretation von Musiktheater,
in: Diskussion Musikpädagogik Heft 18/2003, Oldershausen, S. 13–19

Ehrenforth, Karl Heinrich: Didaktische Interpretation von Musik – für Kinder Anmerkungen zu einer zwanzigjährigen Diskussion,
in: Musik und Bildung. Mainz 2/1992, S. 5–10

Ernst, Hans-Bruno: Staatliche Lehrerfortbildung für das Fach Musik in Bayern, in: Musik und Bildung. Mainz 7-8/1979, S. 448–451

Fischer, Wilfried: Das „musikdidaktische Wunderland“ und die schulpraktische Realität,
in: Musik und Bildung. Mainz 10/1982, S. 620–630
Frisius, Rudolf: Musikunterricht als auditive Wahrnehmungserziehung,
in: Musik und Bildung. Mainz 1/1973, S. 1–5

Gärtner, Adolf H.: Der bayerische Curriculare Lehrplan für Musik in der Kollegstufe,
in: Musik und Bildung. Mainz 4/1974, S. 227–231
Günther, Ulrich: Musikerziehung im Dritten Reich,
in: Musik und Bildung. Mainz 11/1983, S. 11–17
Günther, Ulrich: Die Entwicklung der Schulmusikerziehung vor den Reformen der 70er Jahre,
in: Diskussion Musikpädagogik Heft 2/1999, Oldershausen 1999, S. 6–14

Helmholz, Brigitta: „In Grenzen – über Grenzen hinaus“,
in: Musik in der Schule 1/1991, Berlin 1991, S. 55

Jacoby, Richard: Aufgaben und Funktionen des Schulmusikerziehers in den 80er und 90er Jahren,
in: Musik und Bildung. Mainz 9/1981, S. 566–568

Konferenz der Musik-Fachberater der Bundesländer und West-Berlins: Synopse der gegenwärtig in den Ländern gültigen Stundentafeln für das Fach Musik in Haupt-, Realschulen und Gymnasien beziehungsweise in Gesamtschulen,
in: Musik und Bildung. Mainz 4/1974, S. 242–235
Kraus, Egon: Lehrplankritik als Voraussetzung zur Lehrplanreform,
in: Musik und Bildung. Mainz 2/1970, S. 53–56
Kraus, Egon: vds – 2. Bundestagung Karlsruhe,
in: Musik und Bildung Mainz 2/1970, S. 88

Lehr, Wilhelm sen.: Schöpferische Spiele mit Klängen in der Sekundarstufe I,
in: Musik und Bildung. Mainz 9/1974, S. 506–510

Maas, Georg: Zwischen Gegenwartsbewältigung und Zukunftsgestaltung – Die Bundesschulmusikwochen von 1955 bis 1988, in: Musik und Bildung. Mainz 4-5/1989, S. 215–220

Mack, Wolfgang: Dschungelpfade, in: Erhard-Friedrich-Verlag (Hg.): Schüler 2000-Arbeit. Seelze 2000, S. 108–111

Pütz, Werner: Musik in der allgemeinbildenden Schule aus sozialpädagogischer Sicht, in: Musik und Bildung. Mainz 5/1980, S. 302–306

Reble, Albert: Zur Situation und Aufgabe der musisch-ästhetischen Erziehung, in: Zeitschrift für Musikpädagogik Heft 38, Januar 1987, Regensburg 1987, S. 29–40

Richter, Christoph: Schülerorientierung ohne didaktische Interpretation?, in: Musik und Bildung. Mainz 6/1984, S. 444–457

Richter, Christoph: Der Beitrag des Faches Musik zum Auftrag der allgemeinbildenden Schule, in: Diskussion Musikpädagogik Heft 1/1999, Oldershausen 1999, S. 29–56

Richter, Christoph: Vom Nutzen und Benutzen musikpädagogischer Konzeptionen, in: Diskussion Musikpädagogik Heft 2/1999, Oldershausen 1999, S. 42–50

Roscher, Wolfgang: Tendenzen und Differenzen einer integrativen Musikpädagogik, in: Zeitschrift für Musikpädagogik Heft 6, Oktober 1978, Regensburg 1978, S. 64–67

Roscher, Wolfgang: Polyästhetische Erziehung, in: Musik und Bildung. Mainz 7-8/1982, S. 318–319

Saß, Herbert: Der Verband Deutscher Schulmusikerzieher – Zu seiner Geschichte und Wirksamkeit von der Gründung 1949 bis 1971, in: Musik und Bildung. Mainz 4-5/1989, S. 204–209

Schmitz, Hans-Bernd: Das Lehramtsstudium Musik aus bayerischer Sicht, in: Musik und Bildung. Mainz 6/1984, S. 457–458

Stäblein, Bruno: Die Ausbildung der bayerischen Schulmusiker,
in: Die Musikerziehung – Zentralorgan für alle Fragen der Schulmusik, ihrer Grenzgebiete und Hilfswissenschaften (Hg.: Verband akademisch gebildeter Musiklehrer), Heft V/1928, Heft 10, Dortmund 1928

Stafette-Redaktion (Hg.): Leserforum Musikunterricht,
in: Neue Stafette – Jugendmagazin, Heft 2/1975, Nürnberg 1975, S. 26–27

Stafette-Redaktion (Hg.): Leserforum Musikunterricht,
in: Neue Stafette – Jugendmagazin, Heft 3/1975, Nürnberg 1975, S. 18

Stafette-Redaktion (Hg.): Leserforum Musikunterricht,
in: Neue Stafette – Jugendmagazin, Heft 4/1975, Nürnberg 1975, S. 38

vds (Hg.): Die Landesverbände stellen sich vor,
in: Musik und Bildung. Mainz 4/1982, S. 238–244

Weber, Martin: Musikdidaktische Konzeptionen für die allgemeinbildende Schule in der Bundesrepublik Deutschland der 1960er und 1970er Jahre,
in: Diskussion Musikpädagogik Heft 2/1999, Oldershausen 1999, S. 15–41

Weyer, Reinhold: Das Volkslied als Gegenstand des Musikunterrichts – Aspekte einer didaktischen Neubestimmung,
in: Musik und Bildung. Mainz 9/1973, S. 433–438

Zimmerschied, Dieter: Musikpädagogische Tendenzen im Spiegelbild der Bundesschulmusikwochen und Bundestagungen,
in: Musik und Bildung. Mainz 4/1978, S. 262–266

Zimmerschied, Dieter: Schulmusik und öffentliches Musikleben,
in: Musik und Bildung. Mainz 5/1981, S. 288–292

Zimmerschied, Dieter: Die internationalen Kontakte des vds,
in: Musik und Bildung. Mainz 4-5/1989, S. 214–215

5. Akademie für Lehrerfortbildung Dillingen

Lehrerfortbildung in Bayern. Dillingen 1971 ff

Musik in der Hauptschule (Akademiebericht Nr. 7). Dillingen 1972

Musik in der Grundschule (Akademiebericht Nr. 19). Dillingen 1974

Musik- und Bewegungserziehung – Grundlehrgang (Akademiebericht Nr. 31). Dillingen 1978

Musik- und Bewegungserziehung – Aufbaulehrgang (Akademiebericht Nr. 35). Dillingen 1979

Musik- und Bewegungserziehung – Abschlusslehrgang (Akademiebericht Nr. 37). Dillingen 1979

Musik- und Bewegungserziehung – Multiplikatorenlehrgang. Donauwörth o. J. (1979?) (Auer)

Musik zwischen 1600 und 1750 (Akademiebericht Nr. 39). Dillingen 1980

Akademie für Lehrerfortbildung Dillingen 1971–1981. Donauwörth 1981 (Auer)

Liedbegleitung und Instrumentalspiel im Unterricht (Akademiebericht Nr. 71). Dillingen 1983

25 Jahre Akademie für Lehrerfortbildung in Dillingen/Bayern – Bilanz und Ausblick, Symposion vom 21.–23. Februar 1996/Programmheft. Dillingen 1996 (Eigenverlag)

25 Jahre Akademie für Lehrerfortbildung in Dillingen/Bayern 1971–1996. Donauwörth 1996 (Auer)

6. ISP/ISB

ISP (Hg.): Handreichungen für den Musikunterricht. München 1971

ISP (Hg.): Handreichungen für den Musikunterricht in der Kollegstufe 2. Folge. München 1972

ISP (Hg.): Curriculumarbeit in Bayern. 2. Folge. Modelle und Ergebnisse. München 1974 (BSV)

ISP (Hg.): Plädoyer für Erziehung. Donauwörth 1975 (Auer)

ISP (Hg.): Handreichungen für den Musikunterricht in der Orientierungsstufe. München 1975

ISP (Hg.): Kollegstufe. Die neugestaltete Oberstufe in Bayern (5 Bände). Donauwörth 1975 ff (Auer)

ISP (Hg.): IGP-ISP 1966 bis 1976 – 10 Jahre Arbeit für die Schulreform in Bayern. München 1976

ISP (Hg.): Handreichungen für die Referenten der RLFB (= Regionale Lehrerfortbildung). München 1976

ISP (Hg.): Handreichungen für den Musikunterricht in der Kollegstufe des Gymnasiums. München 1978

ISP (Hg.): Oberste Bildungsziele in Bayern. München 1980[2]

ISB (Hg.): Handreichungen für den Musikunterricht in den Jahrgangsstufen 7–10 des Gymnasiums. München 1985

Rundbriefe (1971 bis 1975), Kontaktlehrerbriefe (1976 bis 1978) und Kontaktbriefe (seit 1979) des ISP/ISB der Abteilung Gymnasium und des Referats Musik an die bayerischen Gymnasien. München 1971 ff

ISB (Hg., verantwortlich: Ludwig Striegel): Kontaktbrief Musik 1992 des Staatsinstituts für Schulpädagogik und Bildungsforschung. München 1992

7. Weitere Drucksachen

Aktionsgemeinschaft Musik in Bayern (Hg.): 25 Jahre Aktionsgemeinschaft Musik in Bayern 1971–1996 Jubiläumsschrift. München 1996

Bayerischer Musikrat (Hg.): bmr-Correspondenz. München 1978 ff

Bayerischer Musikrat (Hg.): 10 Jahre Bayerischer Musikrat – Festschrift. München 1987

Bayerischer Musikrat (Hg.): Entwurf zu einem 2. Bayerischen Musikplan – Stand: 21. Juni 1987. München 1987 (Eigendruck)

Bayerischer Musikrat (Hg.): 20 Jahre Bayerischer Musikrat – Chronik in Text und Bild. München 1997

Bayerischer Philologenverband (Hg.): 125 Jahre Bayerischer Philologenverband. München 1988 (Eigendruck)

Bayerisches Staatsministerium für Unterricht, Kultus, Wissenschaft und Kunst (Hg.): Wissen und Werte für die Welt von morgen – Dokumentation zum Bildungskongress des Bayerischen Staatsministeriums für Unterricht, Kultus, Wissenschaft und Kunst 29./30. April 1998. München 1998

Bayerische Staatsregierung (Hg.): Bayerischer Musikplan. München 1978

Musiker-Service Allgäu (Hg.): Musiker Service Zeitung, Ausgabe Mai 1980. Kempten 1980

Riedlbauer, Jörg (Hg.): 25 Jahre Bayerischer Musikrat. München 2002

Verband Bayerischer Schulmusikerzieher e. V. (Hg.): Informationsblatt. München Ende der siebziger Jahre

Verband Bayerischer Schulmusikerzieher e. V. (Hg.): 50 Jahre Verband Bayerischer Schulmusikerzieher – Programmheft zum Jubiläumskonzert am 09.03.1979. München 1979

Verband Bayerischer Schulmusikerzieher e. V. (Hg.: vbs, Helmut F. Graetz): Informationsbroschüre. München 1986

Verband Bayerischer Schulmusiker e. V. (Hg.: vbs, Helmut F. Graetz und Markus Köhler): Informationsbroschüre. München 1992

Verband Deutscher Schulmusiker e. V. (Hg.): Satzung und Geschäftsordnung (26. Mai 1992). Mainz 1992

Verband der Lehrer für Musik an den Höheren Lehranstalten in Bayern e. V.: Rundschreiben an die Verbandsmitglieder. München 1949 bis 1959

Verband Bayerischer Schulmusikerzieher e. V.: Rundschreiben an die Verbandsmitglieder. München 1960 bis 1973

8. Skripte

Benker, Heinz: Überlegungen zur Sendereihe. Maschinenschriftliches Typoskript, datiert vom 1. Mai 1966. 9 Seiten

Benker, Heinz: Jugend und Musik in Geschichte und Praxis. Typoskript mit handschriftlichen Ergänzungen. 1968. 15 Seiten (Vortrag in Trossingen 1968)

Benker, Heinz: Schreiben an die NMZ-Redaktion vom 3.11.1973. 1 Seite

Benker, Heinz: Bedeutung und Möglichkeiten der Hörerziehung. Typoskript mit handschriftlichen Ergänzungen. 1975. 5 Seiten

Ernst, Hans-Bruno: Rhythmische Erziehung, Maschinenschriftliches Skript. 5 Seiten

ISB (Hg., verantwortlich: Bauer, Elisabeth): Lehrplanbefragung am Gymnasium – Auswertung für das Fach Musik. München 2000. 48 Seiten

ISP (Hg.): Kollegstufen-Statistik des Schuljahres 1973/74 auf dem Stand vom 11.2.1974 vom 14. Februar 1974

Maier, Hans: Laudatio anlässlich der Aushändigung des Verdienstkreuzes am Bande am 10. März 1983 an Herrn Heinrich Anton Benker. München. Maschinenschriftliches Manuskript München 1983, 1 Seite

9. Internet

http://www.isb.bayern.de/allgem/wir.htm vom 8. März 2000:
Staatsinstitut für Schulpädagogik und Bildungsforschung

10. Interviews

Heinz Benker	04. Februar 1999
Bernhard Binkowski	15. Februar 1999, 30. August 2000, 27. Oktober 2000
Adolf H. Gärtner	13. März 2001
Wilhelm Lehr	29. März 1999, 24. August 1999, 21. August 2000

Anhang

A 1:

Amtsblatt Nr. 5/1975 vom 27. März 1975, S. 453

Curricularer Lehrplan für das Fach Musik in der Orientierungsstufe

I. Vorbemerkungen

Aufgabe des Musikunterrichts in der Orientierungsstufe ist es, die musikalischen Anlagen der Schüler weiterzubilden und den Umgang mit der Musik bewußter zu vollziehen. Eigenes Singen und Musizieren sind Grundlage für bewußtes Hören sowie für die Einsicht in die künstlerischen Ausdrucksformen und Gesetzmäßigkeiten in der Musik.

Der Curriculare Lehrplan für das Fach Musik umreißt Zielvorstellungen, die im Sinne einer allgemeinen Musikerziehung für alle Schüler der Orientierungsstufe gültig sein sollen.

Die Lernziele und Lerninhalte sind verbindlich, nicht jedoch deren Reihenfolge. Lernziele und Lerninhalte, die nicht überall verbindlich gemacht werden, sind mit einem Stern (*) gekennzeichnet. Dabei wird der Stern den Zielen, Teilzielen oder Lerninhalten jeweils vorangesetzt. Jeder Lehrer soll aber bestrebt sein, gemäß den vorhandenen Bedingungen auch möglichst viele der nicht verbindlich verlangten Lernziele und Lerninhalte zu erfüllen. Die Unterschiede der Verbindlichkeit der Lernziele stellen keine äußere Differenzierung aufgrund der Leistungsfähigkeit der Schüler oder der Schularten dar, sondern beziehen sich ausschließlich auf die vorhandenen Unterrichtsgegebenheiten.

Der Curriculare Lehrplan für das Fach Musik **ist nicht chronologisch aufgebaut**, sondern nach den folgenden fachlichen Richtzielen geordnet:

1. Grunderfahrungen im Umgang mit rhythmischen Abläufen (rhythmische Erziehung)
2. Fähigkeit, akustische Wahrnehmungen bewußt aufzunehmen, zu ordnen und nachzuvollziehen (Gehörbildung)
3. Fähigkeit des richtigen Gebrauchs der Stimme und Freude am Singen (Stimmbildung, Stimmpflege und Liedsingen)
4. Fertigkeit im Instrumentalspiel; Grundkenntnisse im Gebrauch technischer Mittler
5. Fähigkeit zu musikalischen Gestaltungsversuchen
6. Grundkenntnisse aus der Musiklehre
7. Fähigkeit zu bewußtem Hören und Erleben von Musik (Musikhören und Werkbetrachtung)

Beispiele für die zeitliche Abfolge des Unterrichts liefern die Handreichungen.

Amtsblatt, Sondernummer 18/1976 vom 20. Oktober 1976, S. 652

1. Zielsetzungen des Musikunterrichts in der 5. und 6. Jahrgangsstufe

Der Musikunterricht in der 5. und 6. Jahrgangsstufe der Hauptschule und des Gymnasiums hat die Aufgabe, die in der Grundschule erworbenen Kenntnisse und Fertigkeiten auszubauen und die musikalischen Anlagen der Schüler zu fördern.

Der Altersstufe entsprechend soll das Singen und Musizieren und die eigenschöpferische Betätigung im Rahmen von Gestaltungsversuchen im Mittelpunkt des Musikunterrichts stehen. Hier liegen auch die Ansatzpunkte für bewußtes Hören, sowie für Aufgeschlossenheit und Verständnis für künstlerische Ausdrucksformen und Gesetzmäßigkeiten in der Musik.

Der vorliegende Curriculare Lehrplan Musik versucht, den Zielvorstellungen einer allgemeinen Musikerziehung in der 5. und 6. Jahrgangsstufe von Hauptschule und Gymnasium mit einem differenzierten Angebot gerecht zu werden. Er soll einerseits beim Schüler die Fähigkeit und Bereitschaft wecken

— an der Gestaltung von Liedern, Spiel- und Sprechstücken aktiv teilzunehmen
— an der Planung, Entwicklung und Ausführung musikalischer Gestaltungsversuche mitzuwirken
— die Musik in ihrer Vielgestaltigkeit bewußt zu hören und zu erleben

und andererseits im Rahmen konkreter Unterrichtssituationen und an Hand geeigneter Musikstücke die Vermittlung von Grundkenntnissen aus der Musiklehre sicherstellen.

2. Aufbau und Organisation des Curricularen Lehrplans Musik für die 5. und 6. Jahrgangsstufe

Der Curriculare Lehrplan für die 5. und 6. Jahrgangsstufe ist jahrgangübergreifend in folgende Lernfelder gegliedert:

1. Rhythmische Erziehung
2. Gehörbildung
3. Stimmbildung, Stimmpflege und Liedsingen
4. Gestaltungsversuche
5. Musiklehre
6. Musikhören und Werkbetrachtung

A 2:

Fortbildungslehrgänge Musik der Akademie für Lehrerfortbildung Dillingen vom 1. August 1971 bis 31. Juli 1981

Fortbildungslehrgänge Musik der Akademie für Lehrerfortbildung Dillingen vom 1. August 1971 bis 31. Juli 1981					
Kurs	Termin	Titel	Inhalte	Referenten	Schulart Teilnehmer
o.A.	20.09.–24.09.1971	Probleme der Musikerziehung		Gärtner (Ltg.)	G (30)
2/2	10.01.–13.01.1972	Musikerziehung	Akademiebericht Nr. 7	Handerer (Ltg.)	V (30)
3/12	24.07.–28.07.1972	Musikunterricht in der Hauptschule		Coers, Handerer (Ltg.)	V (30) (HS)
3/66	11.12.–15.12.1972	Musikerziehung		Coers, Gebhard (Ltg.)	V (30)
4/3	08.01.–12.01.1973	Musik in der Kollegstufe – Umgang mit technischen Medien	 Hörverhalten und Programmgestaltung Mikrofonale Aufnahmetechniken Erzeugung von Klängen mit elektronischen Mitteln Neues Gerät zur Klangrealisation Kleinlabor zur Erzeugung elektronischer Musik Klangmontage, Tonbandmontage	Gärtner (Ltg.) Goslich Warnke Schaaf Trüstedt Mundigl Kraus	G (30)
4/13	22.01.–26.01.1973	Musikerziehung in der Grundschule		Coers, Baldermann (Ltg.)	V (40) (GS)
4/22	05.02.–09.02.1973	Musikerziehung in der Hauptschule		Coers, Bittner (Ltg.)	V (30) (HS)
4/83	04.06.–08.06.1973	Musikerziehung in der Hauptschule		Coers, Handerer (Ltg.)	V (30) (HS)

5/27	10.09.– 14.09.1973	Musikerziehung in der Realschule		Coers, Ebert (Ltg.)	R (30)
5/50	15.10.– 27.10.1973	Musik in der Sekundarstufe I		Coers, Handerer (Ltg.)	R, V (40)
5/63	12.11.– 16.11.1973	Wechselbeziehungen zwischen Musik und Gesellschaft		Coers, Gärtner (Ltg.)	G (30)
			Wechselbeziehung zwischen Musik, Staat und Gesellschaft	Holderbach	
5/64	14.11.– 16.11.1973	Möglichkeiten der Fachkoordinierung von Geschichte, Kunsterziehung und Musik		Hasch, Koutek (Ltg.)	G (30)
5/102	14.01.– 18.01.1974	Musik in der Primarstufe (Aufbaulehrgang)		Coers, Handerer (Ltg.)	V (30) (GS)
6/3	04.02.– 08.02.1974	Musikunterricht in Volks- und Sonderschulen		Ernst, Matschke (Ltg.)	V (30)
6/18	27.02.– 01.03.1974	Sonderprobleme des Musikunterrichts im Musischen Gymnasium		Ernst, Schmidt (Ltg.)	G (20) (MuG)
			Grundsatzfragen des MuG	Gärtner	
			Aussprache	MR Dr. Rüdinger MR Schmitt	
			Vokalimprovisation und Möglichkeiten einer Notation	Hein	
			Probleme und Leistungsbemessung im Instrumentalunterricht	Hechtel, Reil, Hammaleser	
			Reifeprüfung und Lehrmittel	Rose	
			Musikalische Analyse im Musikunterricht	Keilhack	
			Arbeit in Gruppen und mit Gruppen	Schießl	
			Yamaha-Gruppenunterricht	Hintz	

			Instrumentalgruppenunterricht	Hampe	
6/31	18.03.– 22.03.1974	Musikerziehung in der Grundschule (Aufbaulehrgang)		Ernst, Handerer (Ltg.)	V (30) (GS)
6/50	16.04.– 19.04.1974	Musik und Bewegung im Elementarbereich		Ernst (Ltg.)	B (30)
6/70	13.05.– 17.05.1974	Der curriculare Lehrplan „Musik" in der Orientierungsstufe	 Aufgabenstellung der OS Einführung in der CuLP der OS CuLP-Handreichung-Unterrichtsmodell: Ableitung von Kriterien zur Erstellung von Feinzielsequenzen Altersspezifische Probleme der OS Erfahrungsberichte zur Arbeit in der OS Stimmbildung am Lied Vorstellung des Projekts „Sequenzen" und des Unterrichtswerks „Resonanzen" Der musikalische Test Musiklehre und Singen im CuLP der OS Werkhören in der OS Möglichkeiten, Lernziele aus der Musiklehre durch Umweltmusik abzudecken Praktische Arbeit mit „Sequenzen"	Ernst (Ltg.) Lohrer Gärtner Schmidt Schießl Sauer, Lettenbauer Gross Reusch Hammaleser Seebach Bachmann Burger Hammaleser	G, V (30)

6/113	15.07.–19.07.1974	Sonderprobleme des Leistungskurses Musik in der Kollegstufe		Ernst, Schmidt (Ltg.)	G (30)
			Ist- und Soll-Stand des Modells der regionalen Lehrerfortbildung	Ernst	
			Der LK Musik – Abiturprüfungsfach der Kollegstufe	Gärtner	
			Umsetzung des CuLP	Schmidt	
			Erstellung von Arbeitsbögen zur Lernzielkontrolle	Prüfert	
			Erarbeitung von Tests zur Leistungsmessung	Hammaleser	
			Inhaltliche und organisatorische Probleme der Leistungserhebung	Hechtel	
			Exkursion zum Gymnasium Nördlingen – Unterrichtsmodell: Der Übergang zur Klassik	Scheck	
			Zusammenstellung von Materialien für die zukünftigen Dozenten der RLFB	Schmidt	
6/124	29.07.–02.08.1974	Musikerziehung in der Hauptschule mit besonderer Berücksichtigung der Orientierungsstufe		Ernst, Handerer (Ltg.)	G, V (30)
6/124A	29.07.–02.08.1974	Musikunterricht in der Volksschule		Ernst, Matschke (Ltg.)	V (30)
7/5	17.09.–20.09.1974	Musikunterricht in der Kollegstufe		Ernst (Ltg.)	G (30)
7/30	14.10.–18.10.1974	Musik in der Sekundarstufe I		Ernst (Ltg.)	A (25)

7/40	28.10.–31.10.1974	Musikunterricht in der Primar- und Elementarstufe		Ernst (Ltg.)	A (30)
7/54	12.11.–15.11.1974	Musikerziehung in der Grundschule		Ernst (Ltg.)	V (30) (GS)
7/66	25.11.–29.11.1974	Musikunterricht in der Realschule mit besonderer Betonung des Werkhörens		Ernst (Ltg.)	R (25)
7/80	09.12.–13.12.1974	Musik und Bewegung im Elementarbereich		Ernst (Ltg.)	B (30)
8/5	03.02.–07.02.1975	Seminar für Musikpflege		Ernst (Ltg.)	A (60)
8/14	17.02.–21.02.1975	Probleme der Leistungsmessung im Musikunterricht der Kollegstufe		Ernst (Ltg.)	G (25)
			Leistungsmessung und Lernzielkontrolle	Bittlinger	
			Curricularer Lehrplan Musik in der Kollegstufe	Gärtner	
			Leistungsmessung in Musik	Reusch	
			Bedeutung der Lernziele (affektiver Bereich)	Taubald	
			Leistungsmessung auf der Kollegstufe	Happ	
			Leistungsmessung im Instrumentalunterricht Klavier	Hammaleser	
			Leistungsmessung bei der Analyse (Mozart)	Keilhack	
			Leistungsmessung bei der Analyse (Webern)	Hechtel	
			Punkteermittlung gk/LK	Hechtel	
			Lernzieltaxonomien von Roth, Bloom	Hechtel	
			Grundkurs 1. Studienhalbjahr	Hammaleser	

			Aufgabenstellung und Aufgabenbewertung in der schriftlichen Abiturprüfung Ist- und Soll-Stand des Modells der regionalen Lehrerfortbildung (Bericht in NMZ 6/7 75)	Schmitz Lohrer	
8/67	21.04.–25.04.1975	Fragen des Instrumentalgruppenunterrichts	Lehrgang ausgefallen!	Ernst (Ltg.)	A
8/83	16.05.–19.05.1975	Seminar für Musikpflege		Ernst (Ltg.)	A (60)
8/97	02.06.–06.06.1975	Musik in der Realschule		Ernst (Ltg.)	R (30)
8/108	16.06.–20.06.1975	Musikunterricht in der Hauptschule		Ernst (Ltg.)	V (30) (HS)
8/128	07.07.–11.07.1975	Musikunterricht in der Orientierungsstufe		Ernst (Ltg.)	G, V (30)
8/140	21.07.–25.07.1975	Musik in der Primarstufe (Aufbaulehrgang)		Ernst (Ltg.)	V (30) (GS)
9/2	08.09.–12.09.1975	Musikerziehung in der Grundschule (Grundkurs)		Ernst (Ltg.)	V (30) (GS)
9/54	03.11.–07.11.1975	Lehrplan und Reifeprüfung an den musischen Gymnasien (besonders der Langform)		Ernst (Ltg.)	G (25)
9/64	17.11.–21.11.1975	Musikerziehung in weiterführenden Schulen (Mittelstufe)		Ernst (Ltg.)	G, R, V (30)
9/69	25.11.–28.11.1975	Musikerziehung in der 5. und 6. Jahrgangsstufe		Ernst (Ltg.)	G, V (30)
9/81	01.12.–05.12.1975	Musikerziehung in der Realschule		Ernst (Ltg.)	R (25)

9/88	08.12.– 12.12.1975	Musikästhetik, Musikpsychologie, Musiksoziologie im Leistungskurs, Musik in der Kollegstufe		Ernst (Ltg.)	G (30)
10/5	02.02.– 06.02.1976	Musikerziehung in der Grundschule (Aufbaukurs)		Ernst (Ltg.)	V (30) (GS)
10/15	16.02.– 20.02.1976	Musikunterricht in der Mittelstufe des Gymnasiums		Ernst (Ltg.)	G (30)
10/44	19.03.– 20.03.1976	Schulpraktisches Klavierspiel I		Ernst, Frey (Ltg.)	A (15)
10/50	22.03.– 26.03.1976	Fortbildungslehrgang der musisch-pädagogischen Fächer an den Fachakademien für Sozialpädagogik		Ernst (Ltg.)	B (40)
10/80	26.04.– 30.04.1976	Entwicklungstendenzen der Neuen Musik im Leistungskurs Musik in der Kollegstufe		Ernst (Ltg.)	G (30)
10/101	24.05.– 26.05.1976	Fortbildung für Lehrer in Klassen mit erweitertem Musikunterricht		Ernst (Ltg.)	V (30)
10/118	08.06.– 11.06.1976	Schulische Musikpflege		Ernst (Ltg.)	A (30)
10/129	25.06.– 26.06.1976	Schulpraktisches Klavierspiel II		Ernst, Frey (Ltg.)	A (15)
10/147	12.07.– 16.07.1976	Musikunterricht in der Hauptschule		Ernst (Ltg.)	V (30) (HS)
10/155	19.07.– 23.07.1976 (Gars)	Musikästhetik, Musikpsychologie, Musiksoziologie im Leistungskurs Musik in der Kollegstufe		Ernst (Ltg.)	G (30)

11/11	13.09.–17.09.1976	Arbeit mit Literatur, Quellen und Medien im Musikunterricht der Kollegstufe		Ernst (Ltg.)	G (30)
11/40	13.10.–15.10.1976	Lehrgang für die Seminarlehrer in Musik		Ernst (Ltg.)	G (15)
11/53	25.10.–29.10.1976	Fortbildung für Ausbildungslehrer im musischen Bereich		Ernst (Ltg.)	V (30)
11/66	08.11.–12.11.1976	Musikunterricht in der 5./6. Jahrgangsstufe		Ernst (Ltg.)	G, V (30)
11/86	29.11.–03.12.1976	Musikpädagogisches Praktikum für nebenamtliche Musiklehrkräfte am Gymnasium und an der Realschule		Ernst (Ltg.)	G, R (20)
11/109	10.01.–14.01.1977	Regionale Lehrerfortbildung für das Fach Musik in der Kollegstufe	Einführung in die Musik des 20. Jahrhunderts	Ernst (Ltg.) Weiß	G (15)
11/115	18.01.–21.01.1977	Musikerziehung in der Grundschule (Grundkurs)		Ernst (Ltg.)	V (30) (GS)
12/3	31.01.–04.02.1977	Seminar für Instrumentalspiel Klavier/Violine/Blockflöte		Ernst (Ltg.)	A (25)
12/22	21.02.–25.02.1977	Musik und Bewegung in der Grundschule		Ernst (Ltg.)	V (30) (GS)
12/41	10.03.–11.03.1977	Schulpraktisches Klavierspiel I		Ernst, Frey (Ltg.)	A (15)
12/51	21.03.–25.03.1977	Musikunterricht in der Kollegstufe		Ernst (Ltg.)	G (30)
12/59	04.04.–07.04.1977	Musikerziehung und Rhythmik in Fachakademien für Sozialpädagogik		Ernst (Ltg.)	B (25)

12/78	21.04.– 22.04.1977	Schulpraktisches Klavierspiel II		Ernst, Frey (Ltg.)	A (15)
12/84	25.04.– 29.04.1977	Erweiterter Musikunterricht in Grund- und Hauptschulen		Ernst (Ltg.)	V (25)
12/96	09.05.– 13.05.1977	Chorisches und solistisches Singen		Ernst (Ltg.)	A (30)
12/125	13.06.– 17.06.1977	Lernzielorientierter Musikunterricht in der Hauptschule		Ernst (Ltg.)	V (30) (HS)
12/144	04.07.– 08.07.1977	Musik in Realschulen		Ernst (Ltg.)	R (25)
12/158	19.07.– 22.07.1977	Musiktherapie an Sonderschulen		Werner, Ernst (Ltg.)	S (30)
13/5	05.09.– 09.09.1977	Analyse und Interpretation im Musikunterricht der Kollegstufe		Ernst (Ltg.)	G (30)
13/140	05.09.– 09.09.1977 (Gars)	Musik und Bewegung im Religionsunterricht der Grund- und Hauptschule		Stenger, Wolf (Ltg.)	V (25)
13/14	19.09.– 23.09.1977	Musik- und Bewegungserziehung (Grundlehrgang)	Akademiebericht Nr. 31	Ernst (Ltg.)	V (32)
13/27	03.10.– 07.10.1977	Musik- und Bewegungserziehung (Grundlehrgang) – Wdh.		Ernst (Ltg.)	V (32)
13/40	17.10.– 21.10.1977	Fortbildung für Ausbildungslehrer im musischen Bereich		Ernst (Ltg.)	V (30)

13/68	15.11.– 18.11.1977	Musik- und Bewegungserziehung (Grundlehrgang) – Wdh.		Ernst (Ltg.)	V (32)
13/101	12.12.– 16.12.1977 (München)	Oper und Musiktheater als musikalische Lerngegenstände I	Bericht in NMZ 2/1978, S. 21	Ernst (Ltg.)	A (30)
13/130	24.01.– 27.01.1978	Musik- und Bewegungserziehung (Aufbaulehrgang)	Akademiebericht Nr. 35	Ernst (Ltg.)	V (32)
14/6	08.02.– 11.02.1978	Begleitausschusssitzung des Modells für Musik- und Bewegungserziehung (Sonderlehrgang für Fortbildungsreferenten)	 Rhythmische Erziehung Bewegungsbildung Sinnesschulung Unterrichtsbeispiel Gestaltungsprojekte	Ernst (Ltg.) Völkl Glücksmann N.N. Völkl Ernst	V (6) (Multis)
14/12	13.02.– 17.02.1978	Musik- und Bewegungserziehung (Aufbaulehrgang) – Wdh.	 Microteaching Gestaltungsprojekte Bewegungsbegleitung Unterrichtsbeispiel Sinnesschulung Rhythmische Erziehung	Ernst (Ltg.) Herrschel Herrschel Glücksmann Völkl Völkl Völkl	V (32)
14/29	06.03.– 10.03.1978	Musik- und Bewegungserziehung (Aufbaulehrgang) – Wdh.	 Microteaching Gestaltungsprojekte Bewegungsbegleitung Unterrichtsbeispiel Sinnesschulung Rhythmische Erziehung	Ernst (Ltg.) Herrschel Herrschel Glücksmann Völkl Völkl Völkl	V (32)

14/68	18.04.– 21.04.1978	Neue Ziele und Inhalte im Musikunterricht der Hauptschule	 Curricularer Lehrplan Gestaltungsversuche Musikhören und Werkbetrachtung Unterrichtsbeispiel	Ernst (Ltg.) Kugler Ernst/Burger Ernst/Burger N.N.	V (30) (HS)
14/80	02.05.– 05.05.1978	Fortbildung für Lehrer in Klassen mit erweitertem Musikunterricht	 Singen und Sprechen Handzeichen und relative Notennamen Lehrplan	Ernst (Ltg.) Rüdiger Rinderer Ernst	V (25)
14/129	20.06.– 23.06.1978	Musik in der Grundschule (Aufbaukurs)	 Liedsingen Gestaltung von Spielliedern Elementares Blockflötenspiel Liedsatz/Liedbegleitung Arbeit mit Stabspielen Arbeit mit Schlagwerk	Ernst (Ltg.) Ernst Miehle Kaminski Ebert Burger Burger	V (30) (GS)
14/145	03.07.– 05.07.1978	Koordinierungslehrgang für Fachdidaktik im Rahmen des neuen Faches Musik- und Bewegungserziehung	 Lehrplan Modellversuche Rhythmische Erziehung Bewegungsbildung Vorschläge zur Ausbildung im neuen Fach	Ernst (Ltg.) Schmitz Ernst Völkl Glücksmann Schmaderer	V (30) (GS)
14/150	10.07.– 14.07.1978	Musikunterricht in der Kollegstufe	 Aktuelle Probleme Instrumentalgruppenunterricht in gk und LK, Ergebnisbericht	Ernst (Ltg.) Schmitz Hampe	G (25)

			Unterrichtsbeispiel LZ 2.2: Einsicht in die Bedeutung von Tonsystemen A. Berg: Wozzeck O. Messiaen: Einstimmige Stücke für Orgel Probleme der Korrektur und Leistungsbewertung Kollegstufe Unterrichtsbeispiel LK 12: Impressionismus/ Expressionismus Gehörbildung/Hörerziehung Analyse von musikbezogenen Texten	Losekamm Weiß, Gruber Schmitz Thann Schmitz, Ernst St. Schmitt	
14/165	24.07.– 04.08.1978	Musikalische Sommerakademie für Instrumentalspiel	Kammermusikalisches Spiel für Violine, Violoncello, Klavier, Blockflöte	Ernst (Ltg.)	A (30)
15/153	04.09.– 08.09.1978 (Gars)	Musik und Bewegung im Religionsunterricht (Aufbaukurs)		Schmied (Ltg.) Wolf (Ltg.)	V (25)
15/13	18.09.– 22.09.1978	Musikunterricht in der Kollegstufe: Analyse und Interpretation	 Analyse im CuLP, Arten und Techniken der Analyse, Abgrenzung Analyse – Interpretation Mehrstimmiges Lied im 15./ 16. Jahrhundert Korrektur und Bewertung im Bereich Analyse Gegenüberstellung von instr. Musik des 14. Jahrhunderts und Neuer Musik	Ernst (Ltg.) Meierott Just Schmitz Meierott	G (25)

			Analysen zur Zauberflöte Vergleich zwischen Werkidee und kompositorischer Wirklichkeit (ausgewählte Musik nach 1945) Musikkritik – LZ 2.1.–2.4 (LK)	Gruber Stahmer Meierott, Ernst	
15/29	02.10.– 07.10.1978	Musik- und Bewegungserziehung in der Sonderschule	 Das Konzept der Musik- und Bewegungserziehung Bewegungsbildung Umgang mit elementarem Instrumentarium Sinnesschulung Rhythmische Erziehung, Bewegungsbegleitung und Bewegungsgestaltung	Werner, Ernst (Ltg.) Huß Burger Glücksmann Schirm/ Kaminski Völkl	S (30)
15/67	06.11.– 10.11.1978	Musik- und Bewegungserziehung für Lehrer der 1. und 2. Jahrgangsstufe	 Bewegungsbildung Umgang mit dem Orff-Instrumentarium Sinnesschulung Rhythmische Erziehung Bewegungsgestaltung Gestaltungsprojekte	Ernst (Ltg.) Glücksmann Wilfert/Ernst Wilfert Völkl Herrschel Herrschel	V (30) (GS)
15/83	20.11.– 21.11.1978	Begleitausschusssitzung zum Modellversuch B „Musik- und Bewegungserziehung“		Ernst (Ltg.)	V (6)

15/87	22.11.– 24.11.1978	Fortbildungstagung der Seminarlehrer für Musik an Gymnasien	Richtlinien für die Koordinierung der Beurteilung und Bewertung der schriftlichen Hausarbeit Aktuelles vom KM	Ernst, Benker (Ltg.)	G (10)
15/99	04.12.– 08.12.1978	Oper und Musiktheater als musikalische Lerngegenstände (II)	 Musiktheater:Bedeutung des Raumes Darstellungsübungen: Umsetzung von Musik Dialog und Einleitung Szene 2/2. Akt „Freischütz“ – Übertragung auf die Schulpraxis Musikpädagogische Arbeit mit einer Mozartoper Gruppenarbeit der einzelnen Schularten zum Entwurf von Unterrichtsmodellen Maskenspiel für musikalische Gestaltungsversuche	Ernst (Ltg.) Hartmann Weiß, Gruber Schmitz, Ernst Mangold	A (30)
15/106	11.12.– 15.12.1978	Arbeit mit dem Orff-Instrumentarium I	 Das Orff-Schulwerk und sein Instrumentarium als Modell und weiterführender Impuls in der zeitgenössischen Musikpädagogik Spieltechnik und Grundlagen des Spiels mit Orff-Instrumenten Gestaltungsversuche mit dem Orff-Instrumentarium Liedsatz und Liedbegleitung mit dem Orff-Instrumentarium	Ernst (Ltg.) Thomas Urabel, Burger Lehr Frey	A (25)

			Bewegungsbegleitung und -gestaltung mit dem Orff-Instrumentarium Gestaltungsprojekte Musik und Sprache	Herrschel Godela Orff	
15/133	15.01.– 19.01.1979	Musik- und Bewegungserziehung (1. Abschlusslehrgang)	Akademiebericht Nr. 37 Kindertänze Improvisation und Spiel mit dem Orff-Instrumentarium Sprache und Musik Unterrichtsbeispiel 1. Jgst. Rhythmik mit Kindern: Taktile Sinnesschulung Projekte zur Bewegungsbegleitung und Bewegungsgestaltung (Schwerpunkt Raum)	Ernst (Ltg.) Müller Burger Godela Orff Völkl Glathe Dex-König	V (32) (GS)
15/145	29.01.– 02.02.1979	Unterrichtseinheiten zum Lehrplan Musik in Realschulen	 Werkhören/Improvisation Unterrichtsbeispiel: Werkbetrach- tung zur Variationsform Südamerikanische Instrumente (Spieltechnik, -praxis) Arbeit mit dem Orff-Instrumentarium Unterrichtsbeispiel: Erarbeitung einer Klangfarbenpartitur Lied und Stimme	Ernst (Ltg.) Ebert Härtel Fink, von Bassem Burger Mudrich Frey	R (25)

16/9	12.02.– 16.02.1979	Musik- und Bewegungserziehung (2. Abschlusslehrgang) – Wdh.	Kindertänze Improvisation und Spiel mit dem Orff-Instrumentarium Sprache und Musik Unterrichtsbeispiel 1. Jgst. Rhythmik mit Kindern: Taktile Sinnesschulung Projekte zur Bewegungsbegleitung und Bewegungsgestaltung (Schwerpunkt Raum)	Ernst (Ltg.) Müller Burger Godela Orff Völkl Glathe Haselbach	V (32) (GS)
16/39	12.03.– 16.03.1979	Chorarbeit und Chorleitung	Grundsätzliche Elemente zur chorischen Stimmbildung Praktische Chorarbeit an: • Scandello • Killmayer • Nitsche • Purcell • de la Motte Demonstration stimmlicher Aspekte in einem Schulchor Grundlagen der Schlagtechnik Erfahrungsberichte zum Aufbau eines Chores Stimmliche Probleme bei der Arbeit mit Mutanten	Ernst (Ltg.) Rüdiger Frey Frey Heichele/Frey Köhler/Heichele Heichele	A (30)

16/48	26.03.– 30.03.1979	Musik- und Bewegungserziehung (3. Abschlusslehrgang) – Wdh.	 Kindertänze Improvisation und Spiel mit dem Orff-Instrumentarium Sprache und Musik Unterrichtsbeispiel 1. Jgst. Rhythmik mit Kindern: Taktile Sinnesschulung Projekte zur Bewegungsbegleitung und Bewegungsgestaltung (Schwerpunkt Raum)	Ernst (Ltg.) Müller Burger Godela Orff Völkl Glathe Haselbach	V (32) (GS)
16/79	24.04.– 27.04.1979 (Gars)	Geistliche und weltliche Musik zwischen 1000 und 1600	 Interpretation des Gregorianischen Chorals aus der Sicht der neueren Forschung (Semiologie) Organum und Motette der Notre-Dame-Epoche Aufführungspraxis von geistlicher und weltlicher Musik im 16. Jahrhundert Motette und Madrigal des 16. Jahrhunderts (mit Unterrichtsbeispiel) Das französische Chanson 1350–1450 – Zu Übertragung und Aufführung Die Musik des Mittelalters im Unterricht der Kollegstufe – Materialien und didaktische Hinweise	Ernst (Ltg.) Joppich Dr. Just Schwämmlein Hofmann Meierott Meierott	G (30)

			Gesprächsmöglichkeiten mit dem ISP-Referenten	Schmitz	
16/87	30.04.–03.05.1979	Begleitausschusssitzung zum Modellversuch B „Musik- und Bewegungserziehung“		Ernst (Ltg.)	V (6)
16/112	05.06.–08.06.1979	Musikhören und Werkbetrachtung als zentrale Aufgaben des Musikunterrichtes in der Hauptschule		Ernst (Ltg.)	V (30) (HS)
			Der Stellenwert des Musikhörens in verschiedenen musikpädagogischen Konzeptionen, besonders des CuLP	Ernst	
			Lied, Singen und Musikhören		
			Gestaltungsversuche und Musikhören	Salzer	
			Das Oratorium in meiner Praxis	Bachmann	
			Die Variation	Burger	
			Rhythmische Erziehung und Arbeit mit dem Orff-Instrumentarium	Burger	
			Videoaufzeichnung einer Unterrichtsstunde – LZ 4.2	Becher	
			Nachbesprechung und weiterführende Gruppenarbeit		
			Vorstellung neuer Materialien zum Musikhören	Ernst	
16/119	11.06.–13.06.1979	Koordinierungslehrgang für Fachdidaktik im Rahmen des neuen Faches Musik- und Bewegungserziehung		Ernst (Ltg.)	A (30)

16/127	18.06.–21.06.1979	Begleitausschusssitzung zum Modellversuch B „Musik- und Bewegungserziehung“		Ernst (Ltg.)	V (6)
16/139	02.07.–06.07.1979	Musik-, Bewegungserziehung und Spiel in der Berufsfachschule für Kinderpflege		Ernst (Ltg.)	B (20)
			Praktischer Einstieg mit einem Projekt aus der rhythmischen Erziehung	Ernst	
			Die Stellung des Faches „Musik-, Bewegungserziehung und Spiel“ in der Praxis und im Lehrplankonzept		
			Grundbegriffe aus der Musiklehre	Burger, Wilfert	
			Instrumentalspiel mit dem Orff-Instrumentarium		
			Bewegungserziehung – LZ 6.1, 6.2		
			Erarbeitung und Gestaltung von Sprechstücken (mit besonderer Berücksichtigung der Sprecherziehung)	Godela Orff	
			Freie Sing- und Musiziergruppen (Blockflöte)	Ernst, Wilfert	
			Unterrichtsbeispiel, Diskussion und Nachbesprechung	Oberauer	
			Projektarbeit: Bewegungsgestaltung, Vorstellen der Ergebnisse, Ansätze zur Weiterarbeit	Ernst	
16/143	09.07.–13.07.1979	Musik in der Grundschule (3. und 4. Jahrgangsstufe)		Ernst (Ltg.)	V (30) (GS)
			Einführung in didaktische Neuerungen des Grundschulbereichs	Ernst	

			„Lied“ als Bildungsinhalt, „Stimm- und Sprecherziehung“ als Arbeitsgebiet des Lehrplans Ein Menuett des jungen Mozart – Unterrichtsbeispiel Rhythmik Arbeit mit dem Orff-Instrumentarium (Improvisation, Liedbegleitung) Das Spiellied – Unterrichtsbeispiel Musikhören als Umsetzung in Bewegung: Tanz und Spiellieder, Projektarbeit Möglichkeiten, Musik in der Grundschule für das Schulleben wirksam werden zu lassen	Hierdeis Lifka Wilfert Smolina/ Zenglein Manger Zenglein Ernst	
16/158	23.07.–27.07.1979	Musikerziehung in der Realschule	Werkhören und Improvisation Erweiterung der musikalischen Eigengestaltung zu einer bestimmten Form (Unterrichtsbeispiel in einer 8. Jahrgangsstufe) Folklore aus Mittel- und Süd-amerika – Südamerikanische Instrumente (Spieltechnik) Arbeit mit Stabspielen und dem Drum-Set	Ernst (Ltg.) Ebert Benker Fink, Keemss Keemss	R (25)

			Von der Folk- zur Rockmusik: Materialien zu einer Unterrichtssequenz	Kugler	
			Eigengestaltung im Sinne des Orff'schen Schulwerks	Burger	
			Übertragungsmöglichkeiten des Musizierens mit südamerikanischen Instrumenten in das Musizieren im Klassenverband	Ebert	
			Möglichkeiten eines Beitrags des Faches Musik für das Schulleben an der Realschule	Feser	
			Chorgesang mit Realschülern (Videoaufzeichnung)	Rosenberg	
			Stimmbildnerische Arbeit im Realschulalter mit besonderer Berücksichtigung der Pubertät und des Aspekts der Motivation zum Singen	Rüdiger	
17/4	03.09.–14.09.1979	Musikalische Sommerakademie für Instrumentalspiel (Bericht in NMZ 12/79 über 1978 und 1979)	Arbeit der Instrumentalgruppen Violine, Blockflöte, Violoncello, Klavier: • Einzelunterricht • Hospitation • Gruppenunterricht • Zusammenspiel Unterrichtsversuch mit einem Violinschüler Unterrichtsversuch mit einer Blockflötengruppe (Schüler)	Ernst (Ltg.)	A (30)

			Zusammenarbeit in kammer-musikalischen Ensembles Abschlusskonzert		
17/33	08.10.–12.10.1979	Musik- und Bewegungserziehung in der Grundschule	 Ziele, Inhalte und Verfahren des Schulfaches Musik- und Bewegungserziehung nach dem Lehrplan Bewegungsbildung Arbeit mit dem Orff-Instrumentarium Sinnesschulung Rhythmische Erziehung Unterrichtsbeispiel Bewegungsbegleitung – Bewegungsgestaltung: Projektarbeit – Vorstellen der Ergebnisse	Ernst (Ltg.) Ernst Glücksmann Smolina Wilfert Völkl Herrschel	V (30) (GS)
17/43	22.10.–26.10.1979	Musik zwischen 1600 und 1750	Akademiebericht Nr. 39 Theoretische Quellen der Zeit zu Generalbass und Aufführungspraxis Sprachkompositionen von Schütz, Schein und Franck Werke des Barock in der zeitgenössischen Kritik und Analyse Die Fuge (praktisches Unterrichtsbeispiel – zur Unterrichtsgestaltung in der KS)	Ernst, Schmitz (Ltg.) Meierott Zöbeley Meierott Hofmann	G (25)

			Fragen der Ornamentik und Diminution nach den Quellen (Beispiel Blockflöte) LZ: 2.18 „Bezüge zwischen Barock und Moderne“ (Praxisbericht – Materialien – Leistungsmessung) Zur Entstehungsgeschichte der Oper unter besonderer Berücksichtigung von Monteverdis Opernschaffen Lehrplanentwicklung, Handreichungen, Hilfen und Arbeitsmaterialien	Reisch Oßberger Voss Schmitz	
17/66	12.11.– 16.11.1979	Musik in der Hauptschule – Aufbaulehrgang	 Rhythmische Erziehung und Improvisation Sing- und Spielkreisleitung Gestaltungsversuche Möglichkeiten der Stimmpflege auch in der Hauptschule Gestaltung von Unterrichtseinheiten und Lehrplanabschnitten (unter dem fachspezifischen Gesichtspunkt der Wertorientierung) in Gruppenarbeit Gemeinsame Durchführung eines Unterrichtsbeispieles Beiträge der Musik zum Schulleben in der HS	Ernst (Ltg.) Burger Frey Salzer Rüdiger Ernst	V (30) (HS)

17/77	19.11.– 20.11.1979	Begleitausschusssitzung zum Modellversuch „Musik- und Bewegungserziehung B“		Ernst (Ltg.)	V (7)
17/79	26.11.– 30.11.1979	Musik- und Bewegungserziehung in der Sonderschule		Huß, Ernst (Ltg.)	S (25)
			Ausgewählte Beispiele aus dem Konzept der Musik- und Bewegungserziehung	Ernst	
			Umgang mit dem Orff-Instrumentarium	Burger	
			Bewegungsbildung	Glücksmann	
			Schwerpunkt Sinnesschulung (mit Videoaufzeichnung einer Unterrichtsanalyse)	Schirm	
			Bewegungsbegleitung	Herrschel	
			Unterrichtsbeispiel zur rhythmischen Erziehung	Vierkant	
			Gruppen- und Projektarbeit als Bewegungsgestaltungen	Ernst	
			Plenumsdiskussion zu Möglichkeiten der Verwirklichung des Schwerpunktprogramms durch Musik- und Bewegungserziehung	Huß/Ernst/ Zitzelsberger	
17/226	03.12.– 07.12.1979 (Pappenheim)	Grundlagen des Musikunterrichts in der Grundschule		Ernst (Ltg.)	V, S (35)
17/99	17.12.– 21.12.1979	Musikpädagogische Arbeit mit dem Orff-Instrumentarium		Ernst (Ltg.)	A (30)
			Spieltechnik und Grundlagen Schwerpunkt Literatur, Stabspiele	Burger	

			Schwerpunkt Improvisation, kleines Schlagwerk Musik und Sprache im Sinne des Orff-Schulwerkes: Prakt. Arbeit mit ausgewählten Beisp. Bewegungsbegleitung und Bewegungsgestaltung mit dem Orff-Instrumentarium Klangrealisationen mit dem Orff-Instrumentarium: Kreatives Arbeiten im Rahmen der Werkbetrachtung und Analyse (mit Unterrichtsbeispiel) Ensemblespiel mit Percussions-instrumenten	Tominaga Godela Orff Herrschel Lehr Fink, Keemss	
17/117	07.01.–11.01.1980	Musik- und Bewegungs-erziehung: Spiel in der Berufsfachschule für Kinderpflege	Lehrgang ausgefallen!	Ernst (Ltg.)	B
17/132	28.01.–01.02.1980	Musik in der Realschule	Musikhören in Verbindung mit dem Orff-Schulwerk am Beispiel Variation Sing- und Spielkreisleitung Tänze durch die Jahrhunderte Jugendkonzerte in Nürnberg: Vorstellung des Modells	Ernst, Heimbucher (Ltg.) Heimbucher Frey De Lutry Harries	R (25)

			Unterrichtsbeispiel in einer 8. Jahrgangsstufe Ergänzung zur Musiklehre in der Realschule Tendenzen der Lehrplanentwicklung	Heimbucher Ebert Schmitz, Feser	
18/6	11.02.–15.02.1980	Musikalische Projekte zur Gestaltung des Schullebens		Ernst (Ltg.)	A (25)
18/33	03.03.–07.03.1980 (Deutsches Museum, München)	Oper und Musiktheater als musikalische Lerngegenstände	Oper und Musiktheater in den Lehrplänen der einzelnen Schularten Information über das System eines Operntheaters Ballett: Demonstration und Erklärungen – Übertragung auf schulische Möglichkeiten Führung durch die Bayerische Staatsoper Darstellungsversuche zum Musiktheater mit folgenden Schwerpunkten: 1. Die Bedeutung des Raumes 2. Darstellungsübung: Umsetzung von Musik Die Instrumente des Opernorchesters in ihrer Entwicklung und Vielfalt Nacharbeit in Arbeitskreisen	Ernst (Ltg.) Großer De Lutry Hartmann, Steinbacher Eppelsheim	A (25)

			„Freischütz“ – Spottszene: Praktische Erarbeitung und szenische Realisierung Arbeitsgruppen zur Übertragung auf schulische Möglichkeiten	Hofmann, von Noe Kuen, von Noe	
18/49	17.03.–21.03.1980	Klassen mit erweitertem Musikunterricht in der Grund- und Hauptschule	 Stimmbildnerische Grundprobleme – elementarisiert Gemeinsames Chorsingen mit Berücksichtigung von Zielen des Schwerpunktprogramms Gruppenunterricht Blockflöte: Theoretische Grundsatzeinführung der übergeordneten Prinzipien – Arbeit mit Schülern und Lehrern Kombination von Gruppenunterricht verschiedener Sparten Exkursion nach Gräfelfing – Besuch einer Instrumentenfabrik für Orff-Instrumente Der Solfége – Unterricht im Rahmen einer mit dem Namen Kodály verbundenen Musikerziehung	Ernst (Ltg.) Ernst Heilbut Alliger Gabór	V (25)
o.A.	1980	Arbeitskreis der Fachberater: 12. Arbeitstagung (Bericht in NMZ 4/80)	Verbindung von Curriculumentwicklung und -erprobung mit der Lehrerbildung		
18/79	28.04.–02.05.1980	Musik- und Bewegungserziehung in der 1./2. Jahrgangsstufe	 Einführung in das Konzept der Musik- und Bewegungserziehung	Ernst (Ltg.) Ernst	V (30) (GS)

			Umgang mit dem Orff-Instrumentarium Rhythmische Erziehung mit Unterrichtsbeispielen Sinnesschulung Bewegungsbildung – Bewegungsgestaltung – Bewegungsbegleitung Gestaltungsprojekte	Burger Völkl Wilfert Herrschel Herrschel	
18/100	19.05.–23.05.1980	Schulspiel in der Hauptschule (kein Musiklehrgang!)	Pantomime als Körpersprache: Grundlagen, Voraussetzungen, Übungen Schulspiel im Fernsehen: Arbeitsbericht und Ergebnisse Praxisbericht: Unterrichts- und Lehrplangestaltung im Kursunterricht Schulspiel der Hauptschule Figurentheater: Möglichkeiten, Fertigung einer Handpuppe, Spiel Masken und Schatten Schulspiel unter Dominanz der Musik Spielgruppe und Schulbühne, Spiel nach Texten Bedeutsamkeit des Schulspiels für das Schulleben	Ernst (Ltg.) Parizek Vogel Folger Schlamp Mangold Gunsenheimer Lemmerich Ernst	V (20) (HS)
18/105	27.05.–30.05.1980	Gestaltung der 3. Musikstunde in der 5. Jahrgangsstufe des Gymnasiums		Ernst (Ltg.)	G (30)

18/122	09.06.–13.06.1980 (Gars)	„Klang und Notation“ im Grundkurs Musik		Ernst (Ltg.)	G (30)
			Das Kyrie aus der Messe von Machaut	Ruhland	
			Unterrichtsbeispiel: Machaut-Messe – Arbeitsweisen und Techniken im Grundkurs Musik	Benker	
			Das Schriftbild der Neuen Musik	Karkoschka	
			Krysztof Penderecki: „Anaklasis“ – Klang und Notation mit Unterrichtsbeispiel	Lehr	
			Die Partitur als Abbild des Wandels von Idee, Notation und klanglichem Ereignis	Eppelsheim	
			Elektronikstudio: • Klangquellen • Deformation des Klang-materials • Kompositionsprozess • Notation	Rehberg	
			Möglichkeiten der praxisbetonten Aufarbeitung des Themas „Elektronische Musik“	Klinger	
			Fragen der Lehrplanentwicklung:	Benker, Ernst	
			Gespräch mit dem ISP-Referenten	Schmitz	
18/130	23.06.–27.06.1980	Musik- und Bewegungserziehung in der 1./2. Jahrgangsstufe		Ernst (Ltg.)	V (30) (GS)
			Einführung in das Konzept der Musik- und Bewegungserziehung	Ernst	
			Umgang mit dem Orff-Instrumentarium	Burger	
			Bewegungsbildung	Glücksmann	

			Rhythmische Erziehung mit Unterrichtsbeispiel Sinnesschulung Bewegungsgestaltung, Bewegungsbegleitung Gestaltungsprojekte	Völkl Wilfert Herrschel Herrschel	
18/142	07.07.– 11.07.1980	Möglichkeiten des Wahl-unterrichts in Musik an Realschulen	 Möglichkeiten des Kursunterrichts Musik in der Realschule Chorarbeit in der RS: Beispiele aus der Praxis Sing- und Spielkreisleitung Arbeit mit einem Perkussions-ensemble: südamerikanische Folkloreinstrumente, Mallets, Drum-Set Exkursion zur Realschule Wertingen: Volksmusikgruppe, Jazzgruppe, Bläsergruppe Arbeit in der Blockflötengruppe: Praxis, Schulen, Literatur, Aufbau und fachliche Organisation Bedeutung des Wahlunterrichts für die Entwicklung eines musikalischen Schullebens	Ernst (Ltg.) Rindfleisch Rosenberg Suttner Keemss Mudrich, Bierl Reisch Ernst	R (25)
18/231	01.02./ 31.07.1980	Der Kassettenrecorder als Arbeitsmittel im Musik-unterricht		Hartmann (Ltg.)	V (20)

19/8	07.09.– 12.09.1980	Musikalische Sommeraka- demie – Chorarbeit und Chorleitung		Ernst (Ltg.)	A (40)
19/18	22.09.– 26.09.1980	Musik- und Bewegungserziehung in der 1./2. Jahrgangsstufe	Einführung in das Konzept der Musik- und Bewegungserziehung Umgang mit dem Orff-Instrumentarium Bewegungsbildung Rhythmische Erziehung (mit Unterrichtsbeispiel) Sinnesschulung Bewegungsgestaltung, Bewegungsbegleitung Gestaltungsprojekte	Ernst (Ltg.) Ernst Smolina Müller Völkl Wilfert Manger Manger/Ernst	V (30) (GS)
19/28	29.09.– 30.09.1980	Begleitausschuss zum „Modellversuch Musik- und Bewegungserziehung B“		Ernst (Ltg.)	S (6)
19/207	06.10.– 10.10.1980 (Pappenheim)	Musik in der Grundschule		Ernst (Ltg.)	V, S (35)
19/52	20.10.– 22.10.1980	Schulpraktisches Klavierspiel I	Typische Bassbildung zu gegebener Melodie, Einführung in jazzverwandte Musik, Untersuchen und realisieren charakteristischer Melodien, Rhythmen, Harmonien und Formen,	Ernst, Frey (Ltg.)	A (15)

			Modelle zum Begleiten von Spirituals, Shanties, internationaler Folklore, ausgewählte Beispiele aus der Popularmusik		
19/57	27.10.–30.10.1980	Rhythmik und elementare Musikerziehung in der Schule für Geistigbehinderte		Ernst, Huß (Ltg.)	S (30)
19/72	03.11.–07.11.1980 (Gars)	Grundkurs Musik in der Kollegstufe: „Stil und Stilwandel“		Hofmann (Ltg.)	G (30)
			Epochenstil, Materialstil, Personalstil – Bestimmung anhand zweier musikgeschichtlicher Perioden: 1600 und 1750	Meierott	
			Entwurf didaktischer Modelle zum CuLP: Stil und Stilwandel – Gruppenarbeit	Hofmann	
			Kritische Auseinandersetzung mit den gängigen Begriffen zum Stilwandel um 1600	Schmitt	
			Unterrichtsbeispiel: Das Stabat Mater im Wandel der Stile von Gregorianik bis zur Moderne	Lehr	
			Der abrupte Stilwandel, dargestellt an drei Beispielen repräsentativer Musik	Kopp	
			Unterrichtsbeispiel: Der Personalstil von Komponisten des Hochbarock	Hofmann	

			Musizieren von charakteristischen Werken zum Thema des Lehrgangs	Hofmann	
19/81	12.11.– 14.11.1980	Schulpraktisches Klavierspiel II	Typische Bassbildung zu gegebener Melodie, Einführung in jazzverwandte Musik, Untersuchen und realisieren charakteristischer Melodien, Rhythmen, Harmonien und Formen, Modelle zum Begleiten von Spirituals, Shanties, internationaler Folklore, ausgewählte Beispiele aus der Popularmusik	Ernst, Frey (Ltg.)	A (15)
19/93	24.11.– 28.11.1980	Musik- und Bewegungs-erziehung in Sonderschulen für Lernbehinderte (Grundlehrgang)	 Einführung in das Konzept der Musik- und Bewegungserziehung Unterrichtsbeispiel zum Thema „Sinnesschulung“ in der Schule für Lernbehinderte Analyse des Unterrichtsbeispieles Bewegungsbegleitung Informationsfahrt zum „Kinderzentrum München“ (Prof. Hellbrügge) Arbeit mit dem Orff-Instrumentarium Bewegungsbildung Rhythmische Bausteine	Ernst, Huß (Ltg.) Ernst Schirm Schirm, Huß Herrschel Burger Glücksmann Ernst	S (25)

19/110	08.12.– 12.12.1980	Musikpädagogische Arbeit mit dem Orff-Instrumentarium		Ernst (Ltg.)	A (30)
19/120	15.12.– 16.12.1980	Begleitausschuss zum „Modellversuch Musik- und Bewegungserziehung B“		Ernst (Ltg.)	S (6)
19/128	12.01.– 16.01.1981	Musik in der 3./4. Jahrgangsstufe		Lehr (Ltg.)	V (30) (GS)
			Lehrplan und Lehrplanentwicklung unter besonderer Berücksichtigung der Weiterführung von Musik- und Bewegungserziehung	Hierdeis	
			Unterrichtsbeispiel: Ein Menuett des jungen Mozart	Lifka	
			Rhythmik	Wilfert	
			Arbeit mit dem Orff-Instrumentarium	Smolina, Zenglein	
			Unterrichtsbeispiel in einer 3. Jahrgangsstufe Lied: Wenn der Dudelsack	Manger	
			Musikhören als Umsetzung in Bewegung	Zenglein	
			Projektarbeit	Zenglein	
			Möglichkeiten, Musik in der Grundschule für das Schulleben wirksam werden zu lassen	Ernst	
19/137	19.01.– 20.01.1981	Schulpraktisches Klavierspiel III		Ernst, Frey (Ltg.)	A (15)
			Differenzierte Bassbildung zu gegebener Melodie, Beispiele jazzverwandter Musik Untersuchen und realisieren charakteristischer Melodien,		

			Rhythmen, Harmonien und Formen, Modelle zum Begleiten von Spirituals, Shanties, internationaler Folklore, ausgewählte Beispiele aus der Popularmusik, Improvisieren mit den Elementen Melodie, Rhythmus, Harmonie		
19/142	26.01.–30.01.1981	Musik- und Bewegungserziehung in Sonderschulen für Lernbehinderte (Aufbaulehrgang)		Lehr (Ltg.)	S (25)
19/196	01.09.80/31.01.81	Der Kassettenrecorder als Arbeitsmittel im Musikunterricht		Hartmann (Ltg.)	A (20)
20/9	09.02.–13.02.1981	Weiterführung der Ansätze aus der Musik- und Bewegungserziehung im Fach Musik der 3./4. Jahrgangsstufe	 Die Weiterführung der Musik- und Bewegungserziehung in der 3./4. Jgst. – Von der Konzeption zur praktischen Durchführung Unterrichtsbeispiel in der 3. Jahrgangsstufe: Rondo Der Einsatz des Orff-Instrumentarium in der 3./4. Jahrgangsstufe Improvisation mit dem Orff-Instrumentarium Bewegungsbegleitung Unterrichtsbeispiel in der 4. Jahrgangsstufe: Tanzlied – Verwendung der Schallplatte	Lehr (Ltg.) Müller Daub Daub Daub Herrschel Busch	V (30) (GS)

			Möglichkeiten und Methoden der Tanzerziehung	Busch	
			Vom Kindertanz zur Volkstanzgruppe	Heinrichsen	
			Unterrichtsbeispiel in der 4. Jahrgangsstufe: Bela Bartok, Ein Abend auf dem Lande (Hörerziehung)	Lifka	
			Sing- und Spielkreisleitung	Lehr	
			Der Einsatz von technischen Medien, Projektplanung		
			Bericht von der „Traumfabrik“ Regensburg als Anregung zu kreativitätsorientierter Projektplanung	Pawelke	
20/25	23.02.–27.02.1981	Musikpädagogische Arbeit mit dem Orff-Instrumentarium		Lehr (Ltg.)	A (30)
			Das Orff-Instrumentarium im Unterricht: Theoretische Grundlagen – praktische Arbeit	Sulz	
			Unterrichtsbeispiel in der 2. Jahrgangsstufe aus dem Bereich Musik und Bewegung	Müller	
			Der Umgang mit dem elementaren Instrumentarium	Müller	
			Improvisation mit dem Orff-Instrumentarium	Müller	
			Unterrichtsbeispiel in der 4. Jahrgangsstufe	Egger	
			Bewegungsbegleitung und Bewegungsgestaltung unter Einbezug des Schlagwerks	Holzheuer	

			Unterrichtsbeispiel in der 7. Jahrgangsstufe (Gym.) Die Verwendung des Orff-Instrumentariums in der Sekundarstufe I Anwendung des Orff-Instrumentariums zur Liedbegleitung Bewegungsbegleitung	Lehr sen. Lehr sen. Zenglein Zenglein	
20/45	11.03.–13.03.1981	Blockflöte für Anfänger (1. Lehrabschnitt)	 Anfangsunterricht Gruppenarbeit, Zusammenspiel mit Orff–Instrumenten und anderen Instrumenten	Lehr (Ltg.) Reisch Reisch, Lehr, Bielaczek, Seitz	V (15)
20/51	16.03.–20.03.1981 (München)	Oper und Musiktheater als musikalische Lerngegenstände	 Oper und Theater in den einzelnen Schularten RS und Gym. Information über das System eines Operntheaters Zum Berufsbild Ballett: Begegnung mit Gislinde Skroblin, Bayer. Staatsoper Arbeitskreise Führung durch die Bayer. Staatsoper Unterrichtsbeispiel: Eingangsszene des Freischütz Die Instrumente des Opern-orchesters in ihrer Entwicklung und Vielfalt, Arbeitskreise	Lehr (Ltg.) Grosser Grosser Ernst/Lehr Josefowski Ernst/Lehr Hofmann Eppelsheim	G, R (25)

			Zur Typologie des Opernsängers: Exemplarische Arbeitsausschnitte zur Sprecherziehung und Gesangskunst, Arbeitskreise Berufsbild Repetitor und Kapellmeister Berufsbild Opernsänger mit Einstudierung der Spottszene aus dem Freischütz – Praktische Realisierung der Spottszene	Ernst/Lehr von Noe Kuen	
20/61	30.03.–03.04.1981	Bewegungsbegleitung und Bewegungsgestaltung für Dozenten an Fachakademien für Sozialpädagogik (und für Lehrer an Fachschulen)	 Arbeit mit dem elementaren Orff-Instrumentarium Vom Auftrag der Musik in der Sozialpädagogik Bewegungsbegleitung Musische Früherziehung mit praktischen Beispielen Bewegungsbegleitung und Bewegungsgestaltung Anwendung des Schlaginstrumentariums in Verbindung mit der Schulung des stimmlichen Ausdrucks Von der Bewegung zum Volkstanz Singen, Spielen, Tanzen, Improvisation, Liedbegleitung und Bewegungsspiele unter Einbezug des Brauchtums	Lehr (Ltg.) Müller Debes Burger Nürnberger Dex-König Fink Schwab Völkl	B (25)

20/288	06.04.–10.04.1981 (Hesselberg)	Musik in der Hauptschule		Ernst (Ltg.)	V, S (35)
20/199	13.04.–16.04.1981 (Gars)	Musik, Bewegung und Sprache im Religionsunterricht der 1. bis 6. Jahrgangsstufe		Schalk, Unkel (Ltg.)	V (30)
20/93	27.04.–28.04.1981	Modellausschuss „Musik- und Bewegungserziehung in der Sonderschule“		Lehr (Ltg.)	S (6)
20/95	27.04.–30.04.1981	Wiener Klassik		Lehr (Ltg.)	G (30)
			Die Kompositionsprinzipien der Klassik, dargestellt im Kontrast zu den Prinzipien des Barock	Monatzeder	
			Orchesterbesetzung und Instrumentation der Wiener Klassik – Analyse	Meierott	
			Instrumentationsübungen und Aufführungsversuche (Arbeitsgruppen)	Meierott	
			Unterrichtsbeispiel: Der Einbezug des praktischen Musizierens in die Unterrichtsarbeit des LK	Lehr sen.	
			Synästhesie	Schawelka	
			Die Entwicklung des Streichquartetts in der Klassik	Hofmann	
20/111	13.05.–15.05.1981	Blockflöte für Anfänger (2. Lehrabschnitt)		Lehr (Ltg.)	V (15)
			Instrumentalunterricht mit der Blockflöte	Reisch	
			Einzelunterricht Blockflöte	Reisch	

			Instrumentales Zusammenspiel mit didaktischer Orientierung	Bielaczek	
			Liedbegleitung und Ensemblespiel unter Einbeziehung von Blockflöten und anderen Instrumenten	Seitz	
20/118	18.05.–22.05.1981	Schlaginstrumente in der Realschule		Lehr (Ltg.)	R (25)
			Notwendigkeiten und Methoden, das Orff-Instrumentarium und anderes Schlagwerk altersgerecht einzusetzen	Kugler	
			Unterrichtsbeispiel in einer 7. Klasse	Häring	
			Schlagwerk in der Gesamtschule – Arbeitsbericht	Lettenbauer	
			Rhythmik	Härtel	
			Elementare Spieltechnik: Bongo, Conga, Drum-Set	Diewald	
			Der Einsatz der Schlaginstrumente bei Jugendlichen im Alter von 12 bis 16 Jahren	Fink	
			Die Verwendung des Schlagwerks in der Folklore und bei der Behandlung historischer Musik	Fink	
			Unterrichtsbeispiel in einer 8. Jahrgangsstufe	Diewald	
			Schlaginstrumentarium altersgerecht eingesetzt	Schwander	
			Bericht von der Regensburger „Traumfabrik“	Pawelke	

20/135	01.06.–02.06.1981	Modellausschuss „Musik- und Bewegungserziehung in der Sonderschule“		Lehr (Ltg.)	S (6)
20/140	09.06.–12.06.1981	Musik- und Bewegungserziehung in der 1./2. Jahrgangsstufe		Lehr (Ltg.)	V (30) (GS)
			Das Fach Musik- und Bewegungserziehung: Lehrplan, Arbeitsbereiche und didaktische Struktur	Ernst	
			Der Umgang mit dem Orff-Instrumentarium: Einfache Liedbegleitung von Liedern, die zur Bewegung anregen	Lehr	
			Der Umgang mit dem Orff-Instrumentarium: Melodische und rhythmische Improvisation, Pentatonik, Ostinato, Bordun, einfache Formen	Christ	
			Rhythmik	Heinzmann	
			Lieder, Spiele, Tänze: praktische Beispiele, Literatur Gestaltung von Sprichwörtern, Abzählversen und Rhythmicals in Musik und Bewegung	Christ	
			Bewegungsbildung, Bewegungsbegleitung: • Grundbewegungsarten • Verwendung von Handgeräten • Bewegungsspiele • partnerbezogene Bewegung • formbezogene Bewegung	Heinzmann	

			Gestaltungen von: • Alltags- und Naturereignissen • Gedichten • Erzählungen Stabspielübungen, Liedbegleitungen, Spiel-mit-Stücke, Volkstänze	Sulz Sulz	
20/153	29.06.– 01.07.1981	Blockflöte für Anfänger (3. Lehrabschnitt)	 Einzelunterricht Instrumentales Zusammenspiel in Gruppen Unterrichtsbeispiel in einer 1. Jahrgangsstufe: Flötenanfänger Unterrichtsbeispiel in einer 4. Jahrgangsstufe: Die Flöte im Mittelpunkt einer allgemeinen Musikstunde (Fortgeschrittene)	Lehr (Ltg.) Reisch Lehr/Bielaczek Kremser Egger	V (15)
20/159	06.07.– 10.07.1981	Sing- und Spielkreisleitung in der Hauptschule			V (25) (HS)

A 3:

Vorstandsmitglieder des vbs von 1928 bis 2006

Vorstandsmitglieder des Verbandes Bayerischer Schulmusikerzieher e.V. von 1928 bis 2006				
Mitglieder-versammlung (i. d. R. in München)	**Vorsitzender**	**stellvertretende Vorsitzende**	**Schriftführer**	**Kassenführer**
17.10.1928 (München)	Prof. Anton Walter, München			
29.04.1949 (Wieder-gründung)	Prof. Anton Walter, München	StR Eduard Ludwig, München	StR Robert Wagner, München	StR Hans Busch, München
13.11.1949	Prof. Anton Walter, München	StP Eugen Angerer, Weilheim	StR Robert Wagner, München	StR Hans Busch, München
10.11.1950 (keine Neuwahlen)	Prof. Anton Walter, München	StP Eugen Angerer, Weilheim	StR Robert Wagner, München	StR Hans Busch, München
25.11.1951	Prof. Anton Walter, München	StP Eugen Angerer, Weilheim	StR Dr. Robert Wagner, München	StR Hans Busch, München
07.12.1952 (keine Neuwahlen)	Prof. Anton Walter, München	StP Eugen Angerer, Weilheim	StR Dr. Robert Wagner, München	StR Hans Busch, München
29.11.1953	Prof. Anton Walter, München	OStR Eugen Angerer, Weilheim	StR Dr. Robert Wagner, München	StR Hans Busch, München
14.11.1954 (Nürnberg) (keine Neuwahlen)	Prof. Anton Walter, München	OStR Eugen Angerer, Weilheim	StR Dr. Robert Wagner, München	StR Hans Busch, München
04.12.1955	Prof. Anton Walter, München	OStR Eugen Angerer, Weilheim	StR Dr. Robert Wagner, München	StR Hans Busch, München

09.12.1956 (keine Neuwahlen)	Prof. Anton Walter, München	OStR Eugen Angerer, Weilheim	StR Dr. Robert Wagner, München	StR Hans Busch, München
01.12.1957	Prof. Anton Walter, München	StR Georg Klimm, Freising	StR Dr. Robert Wagner, München	StR Hans Busch, München
09.11.1958 (Regensburg) (keine Neuwahlen)	Prof. Anton Walter, München	StR Georg Klimm, Freising	StR Dr. Robert Wagner, München	StR Hans Busch, München
06.12.1959 (Verband Bayerischer Schulmusik-erzieher e.V.)	Prof. Anton Walter, München	StP Georg Klimm, Freising	StP Dr. Robert Wagner, München	StR Hans Busch, München
23.10.1960 (Erlangen) (keine Neuwahlen)	Prof. Anton Walter, München	StP Georg Klimm, Freising	StP Dr. Robert Wagner, München	StR Hans Busch, München
31.10.1961	StP Georg Klimm, Freising	OStR Hermann Schiegl, München	OStR Dr. Robert Wagner, München	StP Hans Busch, München
11.11.1962 (Nürnberg) (keine Neuwahlen)	OStR Georg Klimm, Freising	OStR Hermann Schiegl, München	OStR Dr. Robert Wagner, München	StP Hans Busch, München
15.03.1964	OStR Georg Klimm, Freising	OStR Hermann Schiegl, München	OStR Dr. Robert Wagner, München	StP Hans Busch, München
08.11.1964 (Würzburg) (keine Neuwahlen)	OStR Georg Klimm, Freising	Prof. Hermann Schiegl, München	OStR Dr. Robert Wagner, München	OStR Hans Busch, München

28.11.1965	GP Georg Klimm, Freising	Prof. Hermann Schiegl, München	OStR Dr. Robert Wagner, München	OStR Hans Busch, München
03.12.1966 (Nürnberg) (keine Neuwahlen)	GP Georg Klimm, Freising	Prof. Hermann Schiegl, München	StD Dr. Robert Wagner, München	OStR Hans Busch, München
02.12.1967	GP Georg Klimm, Freising	Prof. Hermann Schiegl, München	StD Dr. Robert Wagner, München	GP Hans Busch, München
30.11.1968 (Würzburg) (keine Neuwahlen)	GP Georg Klimm, Freising	Prof. Hermann Schiegl, München	StD Dr. Robert Wagner, München	GP Hans Busch, München
18.04.1970	OStR Heinz Benker, München	OStR Walter Kendl, Unterwössen OStRin Christa Friedrich, Tutzing	OStRin Sabine Döbereiner, München	GP Hans Busch, München
02.04.1971 (Erlangen)	OStR Heinz Benker, München	OStR Walter Kendl, Unterwössen OStRin Christa Friedrich, Tutzing	GP Siegfried Bissinger, München	StR z.A. Peter Granzow, Gauting
10.03.1972	GP Heinz Benker, München	GP Kurt Suttner, Faistenhaar GP Dr. Margarete Jürgenson-Rupprecht, München	GP Siegfried Bissinger, München	StR z.A. Peter Granzow, Gauting
24.03.1973 (keine Neuwahlen)	GP Heinz Benker, München	GP Kurt Suttner, Faistenhaar GP Dr. Margarete Jürgenson-Rupprecht, München	GP Siegfried Bissinger, München	StR Dr. Peter Granzow, Gauting
09.03.1974	GP Heinz Benker, München	GP Kurt Suttner, Faistenhaar GP Dr. Margarete Jürgenson-Rupprecht, München	GP Siegfried Bissinger, München	StR Dr. Peter Granzow, München

22.02.1975 (keine Neuwahlen)	GP Heinz Benker, München	GP Kurt Suttner, Faistenhaar GP Dr. Margarete Jürgenson-Rupprecht, München	GP Siegfried Bissinger, München	StR Dr. Peter Granzow, München
20.03.1976	StD Heinz Benker, München	StD Kurt Suttner, Faistenhaar StRin Renate Lettenbauer, München	StD Siegfried Bissinger, München	OStR Dr. Peter Granzow, München
12.03.1977 (Ingolstadt)	StD Heinz Benker, München	StD Kurt Suttner, Faistenhaar RLin Renate Lettenbauer, München	StD Siegfried Bissinger, München	StR z.A. Ferdinand Preis, München
25.02.1978	StD Heinz Benker, München	StD Wieland Schmid, München RLin Renate Lettenbauer, München	StD Siegfried Bissinger, München	StR Ferdinand Preis, München
10.03.1979 (keine Neuwahlen)	StD Heinz Benker, München	StD Wieland Schmid, München RLin Renate Lettenbauer, München	StD Siegfried Bissinger, München	StR Ferdinand Preis, München
22.03.1980 (Amberg)	StD Heinz Benker, München	StD Wilhelm Elsdörfer, München RLin Renate Lettenbauer, München	StD Siegfried Bissinger, München	StR Ferdinand Preis, München
21.03.1981	StD Dr. Peter Granzow, München	StD Wieland Schmid, München RLin Renate Lettenbauer, München	StR Detlef Hampel, München	StR Ferdinand Preis, München
13.03.1982 (keine Neuwahlen)	StD Dr. Peter Granzow, München	StD Wieland Schmid, München RLin Renate Lettenbauer, München	StR Detlef Hampel, München	StR Ferdinand Preis, München

12.03.1983	StD Dr. Peter Granzow, München	StD Wieland Schmid, München Prof. Hans-Bruno Ernst, Eichstätt	StR Detlef Hampel, München	StR z.A. Helmut F. Graetz, Starnberg
17.03.1984 (keine Neuwahlen)	StD Dr. Peter Granzow, München	StD Wieland Schmid, München Prof. Hans-Bruno Ernst, Eichstätt	StR Detlef Hampel, München	StR z.A. Helmut F. Graetz, Starnberg
23.03.1985	Prof. Franz Hennevogl, Höchberg	StD Dr. Peter Granzow, München StD Wilhelm Lehr, Dillingen	StR z. A. Stefan Kalmer, München	StR Helmut F. Graetz, Starnberg
06.03.1986 (keine Neuwahlen)	Prof. Franz Hennevogl, Höchberg	StD Dr. Peter Granzow, München StD Wilhelm Lehr, Dillingen	StR z. A. Stefan Kalmer, München	StR Helmut F. Graetz, Starnberg
28.03.1987	StD Wilhelm Lehr, Dillingen	StR Helmut F. Graetz, Starnberg StRin Ursula Lindner, München	StR Stefan Kalmer, München	Ursula Graetz, Starnberg
19.03.1988 (keine Neuwahlen)	StD Wilhelm Lehr, Dillingen	StR Helmut F. Graetz, Starnberg StRin Ursula Lindner, München	StR Stefan Kalmer, München	Ursula Graetz, Starnberg
11.03.1989	OStD Wilhelm Lehr, Dillingen	StR Helmut F. Graetz, Starnberg StR Stefan Kalmer, München	SR Konrad Diewald, Moosburg	Ursula Graetz, Starnberg
10.03.1990 (Würzburg) (keine Neuwahlen)	OStD Wilhelm Lehr, Dillingen	StR Helmut F. Graetz, Starnberg StR Stefan Kalmer, München	SR Konrad Diewald, Moosburg	Ursula Graetz, Starnberg

09.03.1991	OStD Wilhelm Lehr, Dillingen	StR Helmut F. Graetz, Starnberg StR Stefan Kalmer, München	SR Konrad Diewald, Moosburg	Markus Köhler, München
14.03.1992 (Ingolstadt) (keine Neuwahlen)	OStD Wilhelm Lehr, Dillingen	StR Helmut F. Graetz, Starnberg StR Stefan Kalmer, München	SR Konrad Diewald, Moosburg	StRef Markus Köhler, München
27.03.1993	OStD Wilhelm Lehr, Dillingen	RR Konrad Diewald, Moosburg StR Stefan Kalmer, München	SR Andreas R. Köhler, Eggenfelden	StRef Markus Köhler, München
12.03.1994 (Regensburg) (keine Neuwahlen)	OStD Wilhelm Lehr, Dillingen	RR Konrad Diewald, Moosburg StR Stefan Kalmer, München	SR Andreas R. Köhler, Eggenfelden	StR z. A. Markus Köhler, München
08.04.1995	StR z. A. Markus Köhler, München	RR Konrad Diewald, Moosburg OStR Stefan Kalmer, München	SR Andreas R. Köhler, Eggenfelden	FLin Marianne Feigl, Langquaid
16.03.1996 (Augsburg) (keine Neuwahlen)	StR Markus Köhler, Augsburg	RR Konrad Diewald, Moosburg OStR Stefan Kalmer, München	SR Andreas R. Köhler, Eggenfelden	FLin Marianne Feigl, Langquaid
22.03.1997	StR Markus Köhler, Augsburg	SR Peter Hutter, Murnau OStR Dr. Christoph Lickleder, Kelheim	SR Andreas R. Köhler, Eggenfelden	FLin Marianne Feigl, Augsburg
14.03.1998 (keine Neuwahlen)	StR Markus Köhler, Augsburg	SR Peter Hutter, Murnau OStR Dr. Christoph Lickleder, Kelheim	SR Andreas R. Köhler, Eggenfelden	FLin Marianne Feigl, Augsburg

06.03.1999	StR Markus Köhler, Augsburg	SR Peter Hutter, Murnau OStR Dr. Christoph Lickleder, Kelheim	SR Andreas R. Köhler, Eggenfelden	FLin Marianne Feigl, Augsburg
15.04.2000 (keine Neuwahlen)	StR Markus Köhler, Augsburg	SR Peter Hutter, Murnau OStR Dr. Christoph Lickleder, Kelheim	SR Andreas R. Köhler, Eggenfelden	FLin Marianne Feigl, Augsburg
10.03.2001	StR Markus Köhler, Augsburg	SR Peter Hutter, Murnau OStR Gerhard Ottowitz, Mallersdorf-Pfaffenberg	SR Andreas R. Köhler, Eggenfelden	FLin Marianne Feigl, Augsburg
16.03.2002 (keine Neuwahlen)	StR Markus Köhler, Augsburg	SR Peter Hutter, Murnau OStR Gerhard Ottowitz, Mallersdorf-Pfaffenberg	SR Andreas R. Köhler, Eggenfelden	FLin Marianne Feigl, Augsburg
12.04.2003	StR Markus Köhler, Augsburg	SR Peter Hutter, Murnau StR Jochen Schwarzmann, Krumbach	SR Andreas R. Köhler, Eggenfelden	FLin Marianne Feigl, Augsburg
13.03.2004 (keine Neuwahlen)	OStR Markus Köhler, Augsburg	SR Peter Hutter, Murnau StR Jochen Schwarzmann, Krumbach	SR Andreas R. Köhler, Eggenfelden	FLin Marianne Feigl, Augsburg
05.03.2005	OStR Markus Köhler, Augsburg	SR Peter Hutter, Murnau StR Jochen Schwarzmann, Krumbach	SR Andreas R. Köhler, Eggenfelden	FLin Marianne Feigl, Augsburg
17.03.2006 (keine Neuwahlen)	OStR Markus Köhler, Augsburg	SR Peter Hutter, Murnau StR Jochen Schwarzmann, Krumbach	SR Andreas R. Köhler, Eggenfelden	FLin Marianne Feigl, Augsburg

A 4:

Nachruf auf den vbs-Ehrenvorsitzenden Prof. Anton Walter (1972)

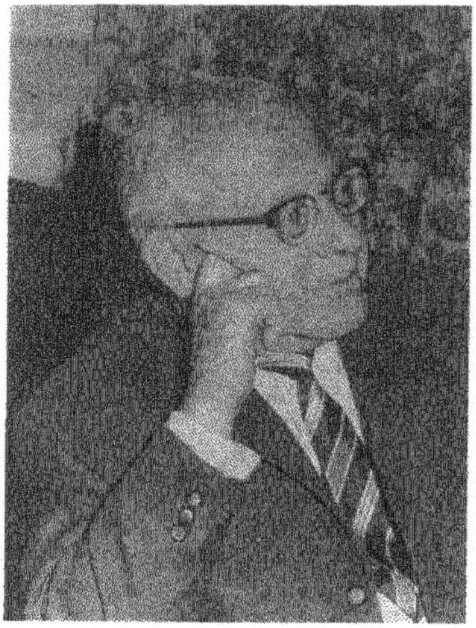

„Es geht ein dunkle Wolk herein" und überschattet die ohnehin von schweren Gewittern heimgesuchte Landschaft der Bayerischen Schulmusik:

Professor Anton Walter

hat uns am 13. Juli verlassen und ist heimgegangen in eine Welt, die in ihrer von uns nicht nachvollziehbaren Durchsichtigkeit des Klingens seinen Idealvorstellungen sicherlich mehr entgegenkommt als die Klangrealisationsversuche unserer auf weite Sicht verunsicherten schulmusikalischen Gaue. Sein Tod erfüllt uns zwar mit großer Trauer, jedoch noch mehr mit dem Gefühl der Dankbarkeit: Ist nicht sein Wirken und sein Wollen immer noch lebendig, das er als Mensch, als Lehrer und Berater, und auch als Freund in uns gepflanzt und fest verankert hat?

Als Mensch war er so scharf geschliffen wie jene dicke Brille, die er lange Jahre ertragen mußte, bis ihn ein gütiges Geschick vor der Erblindung konnt' bewahren; doch hinter diesem scharfen Schliff verbargen sich Gerechtigkeit und Güte, schweigsame Klugheit oder zielstrebige Eloquenz, und gar nicht selten obendrein ein Schalk!

Wer je als Lehrer ihn genoß, der weiß, daß neben seinem Menschsein die höchsten Qualitäten eines Pädagogen ihm zu eigen waren: Autorität durch fachliche Potenz, Geduld und Überzeugungskraft und schließlich noch ein hohes Maß an zündender Begeisterungsfähigkeit!

Wen wunderts da, daß man sich allenthalben seines Rates versicherte, ob im Kultusministerium, ob in Hochschule oder Schule; ob bei der Erstellung von Lehrplänen ober beim Ausbau des Instrumentalgruppenunterrichts an Gymnasien. Sein Rat hatte Gewicht, ob für Ministerialrat oder Student, wenn hin und wieder er auch zunächst wirkte, als hätte er das delphische Orakel selbst bemüht; am Ende spürte man den Weitblick!

Wen wunderts da, daß man ihm Ämter hat verliehn, die aufzuzählen sich erübrigt, denn nicht die Ämter waren es, die er erstrebte, sondern die Hilfe, die er kraft der Ämter für die Musik erwirken konnte; für die Musik und die Kollegen in der Schule, die sich dem gleichen Ideal verschrieben hatten, das ihn ein ganzes Leben lang erfüllte: musikalische, musizierende, musikbegeisterte Jugend!

Von 1918 an hat ihn, den ehemals hervorragenden Geiger, dieses musikpädagogische Wollen nicht mehr verlassen, weder als Lehrer in Würzburg, Speyer und Pasing, noch als Student der Staatl. Akademie der Tonkunst (1919 - 1923); weder als Schulmusiker an der Oberrealschule in Landshut, noch als Leiter eines Studienseminars am Maximilians-Gymnasium in München. Je höher er die Leiter des Erfolgs erklimmen konnte, desto mehr verdichtete sich sein Wirken auf dieses Ziel hin, bis es ihm und der Schulmusik beschieden war, die Leitung der Abteilung Schulmusik an der Staatl. Hochschule, das Direktorat und die Stellvertretung des Präsidenten dieser Institution und die Führung des Verbandes Bayerischer Schulmusikerzieher in einer Hand zu vereinigen. Dies hatte eine weitere Häufung von Aufgaben zur Folge wie etwa die Mitwirkung im Bildungsbeirat des Bayerischen Philologenverbandes und im Vorstand des Landesverbandes Bayerischer Tonkünstler, im Deutschen Musikrat und in der Arbeitsgemeinschaft Musikerziehung und Musikpflege.

Doch nicht von den Ämtern soll hier die Rede sein, nicht vom Bayer. Vedienstorden, sondern von dem Menschen, Musiker und Musikerzieher Anton Walter, dem es gelungen ist, der Musik an den Höheren Schulen zum blühenden Leben zu verhelfen; ihr eine Stellung zu sichern, der auch die gegenwärtigen Unbilden kaum die Basis entziehen können, wenn uns die Kraft gegeben ist, sein Vermächtnis unverzagt und trotz aller Rückschläge weiterzuführen!

Er hatte den gleichen Beruf wie Sie, liebe Kolleginnen und Kollegen; es war ein schwerer Beruf, es blieb ein schwerer Beruf! Das Wirken Anton Walters aber hat ihn zu einem schönen und lohnenden Beruf gemacht. Auch ihm waren Rückschläge und Widerwärtigkeiten keineswegs unbekannt; er hat sie schweigend hingenommen und handelnd überwunden! Sein Schweigen konnte mitunter einer Generalpause gleichen, die den gesicherten Schluß auf der Tonika vorausahnen läßt!

So soll er uns ein Beispiel sein, ohne Pathos, ohne Fanfaren; ein schlichtes und einfaches Beispiel. Wir, die wir seinen Beruf ergriffen haben, werden die Unebenheiten unserer schulmusikalischen Wirklichkeit genau so überstehen wie er, unser Anton Walter, die Irrfahrten des tausendjährigen Reiches überstanden hat.

„Wir setzen uns in Tränen nieder
und rufen Dir im Grabe zu:
Ruhe sanfte, sanfte ruh'!"

Aber wir haben noch ein gut Stück Weges zu gehen, um jenes zu erreichen, was ihn erfüllte. Das Gedenken an ihn und sein Vermächtnis nehmen wir mit auf den Weg!
Er wird unser Ehrenvorsitzender bleiben!

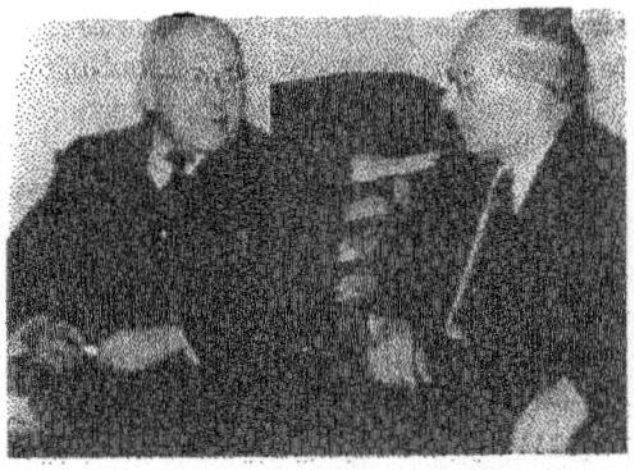

Ein eigenartiges Geschick hat es so gefügt, daß ihm einer seiner besten Freunde und langjährigen Mitarbeiter genau eine Woche später nachgefolgt ist:

Oberstudienrat i.R. Eugen Angerer

ist am 20. Juli im Alter von 82 Jahren verstorben. Er war ein äußerst liebenswerter Kollege, der lange Jahre hindurch entscheidend das Wohl und Wehe unseres Verbandes mitgetragen hat.

Seine fachlichen Qualitäten waren ebenso groß wie sein stets hilfsbereites Herz. Seine stille, humorvolle Heiterkeit erfreute Kollegen und Schüler; sie ließ die Kraft und Tapferkeit nur ahnen, die ihn, dem 1914 Schwerkriegsbeschädigten, 42 Dienstjahre durchstehen ließ! Zehn Jahre lang betreute er am Wilhelmsgymnasium in München die Studienreferendare für Musik, bis er schließlich nach weiteren 10 Dienstjahren am Gymnasium in Weilheim 1956 in den Ruhestand versetzt wurde. Für seine besonderen pädagogischen Verdienste wurde ihm 1961 das Verdienstkreuz am Band verliehen.

Wir gedenken seiner Persönlichkeit und seines verdienstvollen Wirkens in Dankbarkeit und werden ihm ein Gedächtnis bewahren, das seine Ehrenmitgliedschaft über den Tod hinaus nicht erlöschen läßt!

Heinz Benker
Vorsitzender des
Verbandes Bayer. Schulmusikerzieher

Verband Bayerischer Schulmusikerzieher
8 München 82 · Hippelstraße 57b

1972

A 5:

Fortbildungsveranstaltungen des vbs von 1970 bis 1981

Fortbildungsveranstaltungen des vbs von 1970 und 1981					
Termin	Ort	Schulart	Titel	Referent	Teilnehmer
29.10.70	München	Gym.	Elektronische Musik Rechtliche und organisatorische Fragen des MU am Gymnasium	Riedl Gärtner Kendl Busch	200
15.02.71	München	Gym. (Ref.)	Diskussions- und Ausspracheabend für Musikreferendare: Referendar-Colloquium	Benker	
15.05.71	Passau	Gym.	Aktualisierung des Musikunterrichtes: Musikerziehung heute – Wagnis zum Experiment Musik in der Werbung, Verwendungsmöglichkeiten im Unterricht Colloquium über die Situation des Musikunterrichts und die Suche nach neuen Ansätzen und Impulsen	Lehr sen. Benker	
29.10.71	Kaufbeuren	Gym.	Aktualisierung des Musikunterrichtes: Geräuschmusik Musik in der Werbung, Verwendungsmöglichkeiten im Unterricht Colloquium über die Situation des Musikunterrichts und die Suche nach neuen Ansätzen und Impulsen	Holderbach Benker Bihlmayer	
08.11.71	München	Gym.	Colloquium: Die Problematik des Musikunterrichts in der Großstadt	Benker	40
20.11.72	München	Gym. (Ref.)	Diskussions- und Ausspracheabend für Musikreferendare: Concerto grosso referendarico con gusto e spirito	Benker	
15.01.73	München	Gym.	Colloquium: Wir Schulmusikerzieher heute	Benker	40
27.02.73	München	Gym. (Ref.)	Veranstaltung für Studienreferendare: Verwendung des Orff´schen Instrumentariums im Klassenunterricht	Walch	

25.10.73	Ansbach	Gym.	Aktualisierung des Musikunterrichts: Musik und Werbung Situation des Musikunterrichtes in der Mittelstufe (Bericht in NMZ 12/73, Seite 26)	 Benker Taubald	
26.10.73	Würzburg	Gym.	Aktualisierung des Musikunterrichts (Wiederholung vom 25.10.1973): Musik und Werbung Situation des Musikunterrichtes in der Mittelstufe	 Benker Taubald	
21.01.74	München	Gym. (Ref.)	Veranstaltung für Studienreferendare: Analyse und Interpretation außermusikalischer assoziativer Vorstellungen beim Musikhören	 Schulz (Marburg)	
22.01.74	München	alle	Allgemeine Probleme und Techniken des Programmierten Unterrichts im Fach Musik (in Zusammenarbeit mit dem ISP)	Mack	25
20.01.–25.01.75	Achatswies/ Fischbachau	Gym.	Rhythmus und Tanz im Musikunterricht der Sekundarstufe I und II (in Zusammenarbeit mit dem Pädagogischen Institut der Landeshauptstadt München)	Hellmuth (Hamburg) Kotansky (VHS München)	30
22.02.75	München	alle	Multi-Media in der Schule	Granzow	
17.03.–20.03.75	München	alle	AG Musikerziehung im vbs: Praktische Arbeit mit dem Orff-Instrumentarium Bedeutung und Möglichkeiten der Hörerziehung Musik als gesundheitsbildender Faktor und ihre therapeutischen Möglichkeiten Musik und Bewegung Popmusik im Unterricht Orff-Instrumentarium in der Blindenschule	 Forstpointner Benker Beckmann Andreas Granzow Keller	
11.07.75	München	Gym.	Schulmusiktreffen: Kollegstufe, Mittelstufe, Schulmusikerausbildung, Regelstundenmaß, Schulbuch	Benker	28

25.10.75	Straubing	Gym.	Abitur und Kollegstufe		„sehr gut“
07.11.75	Memmingen	Gym.	Abitur und Kollegstufe		„sehr gut“
29.11.75	Bayreuth	RS	Informations- und Diskussionstagung für Musiklehrer an Realschulen	Suttner	
14.02.76	München	RS	Informations- und Diskussionstagung für Musiklehrer an Realschulen	Suttner	
14.11.76	München	alle	Prophylaxe und Therapie im Musikunterricht (in Zusammenarbeit mit der LZG)	Müller-Limmroth de Wert Beckmann Chapuis	
12.03.77	Ingolstadt	Gym.	Folie und Arbeitsblatt im Musikunterricht	Sporer	50
14.05.77	Amberg	Gym.	Analyse und Musikerlebnis (Grundkurs Musik in der Kollegstufe) Bewegungserziehung im Musikunterricht der 5. bis 10. Jahrgangsstufe Probleme des Schulchors (Bericht in NMZ 8/77)	Taubald Herrschel Buchner Suttner	
10.10.–14.10.77	Achatswies	RS/ Gym.	Musik und Bewegung (in Zusammenarbeit mit dem pädagogischen Institut der Stadt München) (Bericht in NMZ 12/77)	Hellmuth-Oetjens Kotansky	30
15.10.77	Augsburg	Gym.	Analyse und Musikerlebnis (Grundkurs Musik in der Kollegstufe) Probleme des Schulchors Bewegungserziehung im Musikunterricht der 5. bis 10. Jahrgangsstufe	Taubald Suttner Herrschel	
08.03.80	München	Gym.	Musik und Bewegung: Tänze für die Mittelstufe Formen des höfischen Tanzes (Bericht in NMZ 4/80)	Tomanke	

21.03.80	Amberg	alle	Informationen und Unterrichtsmodelle zum Thema Medienkunde	Kemmelmeyer	
17.05.80	München	alle	Musik und Bewegung: Leichte Tänze für die 5. und 6. Klasse	Tomanke	
24.05.– 05.06.80	Ungarn	alle	Ungarn-Studienreise mit Fachinformationen		
27.07.80	München	alle	Tag der Schulmusik (Bericht in NMZ 10/80, S. 28)		
18.11.– 22.11.80	Achatswies	alle	Improvisation in den Bereichen Musik, Sprache, Bewegung und Darstellung (in Zusammenarbeit mit dem pädagogischen Institut der Stadt München)	Hellmuth- Oetjens Orff Schingerlin	

A 6:

Unterrichtsmodelle des vbs von 1970 bis 1981

vbs-Rundschreiben 3/71:
Michael Kugler: Die Arbeit mit der Partiturprojektion

vbs-Rundschreiben 1/72:
Ekkehard Holderbach: „Geräuschmusik" im Unterricht

vbs-Rundschreiben 2/72:
Peter Röckl: Unterrichtsstunde für die 10. Klasse:
Die „progressive" Popmusik als musikalischer Protest der Jugend gegen die Erwachsenenwelt
Die „progressive" Popmusik und ihre Abhängigkeit von der Vergnügungsindustrie

vbs-Rundschreiben 6/72:
Ekkehard Holderbach: „Geräuschmusik" im Unterricht (II)

vbs-Rundschreiben 1/73:
Wilhelm Lehr sen.: Stundenbilder zum Thema: Elektronische Musik

vbs-Rundschreiben 2/73:
Michael Kugler: Die Arbeit mit der Partiturprojektion

vbs-Rundschreiben 4/73:
Ekkehard Holderbach: Unterrichtsbeispiel zur Wechselbeziehung zwischen Musik, Staat und Gesellschaft unter Beteiligung der Fächer Musik, Geschichte, Sozialkunde[605]

NMZ August/September 1974:
Wilhelm Lehr sen.: Lernzielkontrolle – einmal anders
Vorschläge für eine unorthodoxe Methode

[605] Zu dieser Thematik wurde vom 12. bis 16. November 1973 ein Kurs in Dillingen durchgeführt.

Richard Taubald: Wie macht man Schüler neugierig
Motivation im Musikunterricht – Überlegungen zum Unterrichtsstil

Peter Granzow: Eine Synthese von Bild und Klang
Gedanken und Anregungen zu multimedialen Versuchen im Unterricht

NMZ Oktober/November 1975:
Wilhelm Lehr sen.: Anschleppseil im Musikunterricht
Kreatives Gestalten in der Sekundarstufe I – Vorschläge für die Praxis

NMZ Dezember 1975/Januar 1976:
Wilhelm Lehr sen.: Team-Teaching – fächerübergreifend (Mu, Ku, D)
Eine Unterrichtssequenz als Modell: Manierismus in der Hochrenaissance

NMZ Februar/März 1976:
Peter Granzow: Der Planet Polygor im Klassenzimmer
Zwischen Song und Schnulze: Cat Stevens „Numbers" als Unterrichtsmaterial

NMZ Oktober/November 1976:
Hans-Bruno Ernst: Musik und Bewegung
Ein neues Fach für die Musik in der Grundschule

NMZ Dezember 1976/Januar 1977:
Dieter Rößler: Nonverbale Ausdrucksstudien zu Musik
Für die Praxis in Sekundarstufe I: Beispiel einer Unterrichtsstunde

NMZ April/Mai 1977:
Heinz Benker: Instrumentalspiel im Unterricht unserer Schulen
Lernziele und Arbeitspraxis in Sekundarstufen I und II

NMZ Juni/Juli 1977:
Volkhard Simons: Das Spiel als Ziel neuer Unterrichtsmedien
Zum Einsatz von technischen Medien im Unterricht

NMZ August/September 1977:

Heinz Benker/ Fritz Köll/ Othmar Thann:	Gruppenarbeit in der Kollegstufe Ein kompositorisches Projekt als Denkanstoß für den Leistungskurs

NMZ Oktober/November 1977:

Wolfgang Klinger:	Wie man kritisch mit Musikkritik umgeht Anmerkungen zur Behandlung im Leistungsfach Musik: Musikkritik – Curricular

NMZ Oktober/November 1977:

Klaus Kirch:	Die Theorie auf dem Prüfstand Eine Grundkursfolge in der Sekundarstufe II

NMZ Oktober/November 1978:

Valentin Schmitt:[606]	Verschiedene Stilrichtungen in der aktuellen („populären") Musik – Übersicht

NMZ Februar/März 1981:

Wilhelm Lehr sen.:	Der Stilwandel wird hinterfragt Unterrichtssequenz für Musikkurs: Beispiel „Stabat Mater"

NMZ Juni/Juli 1981:

Wilhelm Lehr sen.:	Für den Unterricht: Werke von Penderecki und Zimmermann analysiert

[606] Vgl. Pape, Winfried/Verhees, Peter: Tabellarische Übersicht über die Entwicklung der Rockmusik, in: Musik und Bildung Mainz 7-8/1981, S. 445 ff.

A 7:

Lied & Song – Auflagenzahlen

Auflage:	**Jahr:**	**Auflagenhöhe:**	**Verkaufspreis:**
1. Auflage	1976	30.400	17,00 DM
2. Auflage	1977	30.000	17,00 DM
3. Auflage	1978	30.000	17,00 DM
4. Auflage	1979	30.000	17,00 DM
5. Auflage	1980	30.000	17,00 DM
6. Auflage	1980	20.000	17,00 DM
7. Auflage	1981	10.000	17,00 DM
8. Auflage	1981	10.000	19,00 DM
9. Auflage	1982	10.000	22,00 DM
10. Auflage	1982	20.000	22,00 DM
11. Auflage	1983	10.000	22,00 DM
12. Auflage	1983	10.000	22,00 DM
13. Auflage	1984	20.000	22,00 DM
14. Auflage[607]	1985	20.000	24,50 DM
15. Auflage	1986	12.000	24,50 DM
16. Auflage	1987/88	15.000	24,50 DM
17. Auflage	1989	15.000	24,50 DM
18. Auflage	1990	15.000	24,50 DM
19. Auflage[607]	1991/92	15.000	26,50 DM
20. Auflage	1993	7.150	26,50 DM
21. Auflage	1994	15.000	28,50 DM
22. Auflage	1996	15.500	28,50 DM
23. Auflage	1997	15.000	28,50 DM

[607] Neubearbeitung.

A 8:

MS Nr. II/13-8/122 246 vom 24. August 1977: Dritte Musikstunde in der 5. Jahrgangsstufe

BAYERISCHES STAATSMINISTERIUM
FÜR UNTERRICHT UND KULTUS

Nr. II/13 - 8/122 246
(Im Antwortschreiben bitte angeben)

MÜNCHEN, 24. August 1977
Salvatorstraße 2
Durchwahl 21 86 / 456

An alle Gymnasien
in Bayern

Staatsinstitut für Schulpädagogik
31. AUG. 1977
Tgb. Nr. 12122 z.A.

Dritte Musikstunde in der 5. Jahrgangsstufe
Anlage: 1 Abdruck dieses Schreibens: weitergeleitet an → StL

Im Rahmen der Revision der in KMBl I Nr. 18 vom 21. Oktober 1976 veröffentlichten Stundentafeln für das Gymnasium durch MS vom 25. Mai 1977 Nr. A/8 - 8/61 253 sind künftig für die 5. Jahrgangsstufe in allen Ausbildungsrichtungen des Gymnasiums <u>drei</u> Wochenstunden Musik vorgesehen. In der 6. und 7. Jahrgangsstufe wird mit Ausnahme des Musischen Gymnasiums das Fach Musik zweistündig erteilt.

Damit ist die Möglichkeit gegeben, stärker als bisher im Sinne einer Entlastung des Schülers das fachspezifische Profil zu betonen. Gedacht ist dabei an eine Ausweitung der Möglichkeiten für das <u>praktische Musizieren.</u>

<u>Organisation</u>
Die dritte Musikstunde wird im Klassenverband durchgeführt und soll in der Regel zusammen mit den beiden übrigen Musikstunden vom gleichen Musiklehrer gehalten werden. Sie ist <u>ausschließlich</u> dem praktischen Musizieren vorbehalten.

Klassenkonzerte, Vortragsabende und Schulkonzerte können darüber hinaus in regelmäßigen Abständen Lernfortschritte deutlich machen und zugleich durch die Vermittlung eines Erfolgsgefühls Ansporn und Befriedigung sein. Ferner können die genannten Veranstaltungen dazu beitragen, das Schulleben in erheblichem Maß zu bereichern.

Postanschrift: Briefach, 8000 München 1   Fernruf: Vermittlung (089) 21 86 1   Fernschreiber: 05-29789

Grundlage für die inhaltliche Planung der dritten Musikstunde ist der Curriculare Lehrplan für die 5./6. Jahrgangsstufe (KMBl I So.-Nr. 18/1976, S. 652-664), vor allem mit den Lernzielen 1.2, 1.3, 3.1, 3.2, 3.3, 3.4, 4.2. Aus der Auflistung der Lernziele ergeben sich als Schwerpunkte Aktivitäten im Bereich des Singens und des Instrumentalspiels. Folgende Möglichkeiten stehen zur Auswahl, wobei auf den vorhandenen Ausstattungsstand der Schule Rücksicht zu nehmen ist (eine Zuweisung gesonderter Haushaltsmittel ist nicht möglich):

1. Sing- und Musizierstunde
   Der Lehrer versucht unter Berücksichtigung vorhandener Instrumentalkenntnisse, der Verteilung verfügbarer Instrumente auf die einzelnen Schüler und des an der Schule vorhandenen (Orff-) Instrumentariums und Notenmaterials eine Sing- und Musiziergruppe aufzubauen. Eine reichhaltige Spielliteratur für unterschiedlichste Besetzungen wird den jeweiligen Gegebenheiten gerecht.

2. Instrumentaler Großgruppenunterricht (z. B. Blockflöte)
   Um einen effizienten Instrumentalgroßgruppenunterricht sicherzustellen, ist es unbedingt erforderlich, daß jeder Schüler sein eigenes Instrument besitzt. Kostenmäßig mit den üblichen Utensilien für den Kunstunterricht vergleichbar, kann den Eltern die einmalige Anschaffung z. B. einer Blockflöte zugemutet werden, zumal es sich hier um kein Verbrauchsmaterial handelt. Eine Absprache zwischen Schule und Elternhaus ist jedoch in jedem Fall ratsam.

3. Differenzierter Instrumentalgroßgruppenunterricht
   Sollten nicht alle Schüler in der Lage sein, dasselbe Instrument zu spielen, so bietet sich das vorhandene Orff-Instrumentarium als geeignetes Mittel an, eine Beteiligung jedes Schülers am Instrumentalunterricht zu sichern. Gerade im Ensemblespiel lassen sich beispielsweise Blockflöten und Orff-Instrumente ohne Schwierigkeiten kombinieren. Mannigfaltige Literatur unterschiedlicher Schwierigkeitsgrade liegt vor.

Z i e l e

Die dritte Musikstunde in der 5. Jahrgangsstufe sieht die Verwirklichung folgender Ziele vor:

- Steigerung des gemeinschaftlichen Musiziererlebnisses
- Erwerb stimmlicher und instrumentaler Techniken; Förderung und Vertiefung musikpraktischer Anlagen und Neigungen
- Vermittlung eines Erfolgsgefühls, ausgelöst durch den eigenen Beitrag zur Gesamtleistung und den Ansporn, das vokale und instrumentale Musizieren als sinnvolle und befriedigende Freizeitgestaltung anzusehen
- Anbahnung des Verständnisses für die Gesetzmäßigkeiten und Wirkungsursachen von Musik auf Grund der im praktischen Umgang mit derselben erworbenen Kenntnisse.

Leistungsbeurteilung

Im Zuge der beabsichtigten Entlastung des Schülers und eines gezielten Ausgleichs zu den kognitiven Fächern ist bei der Leistungsbeurteilung und -bewertung auf die oben genannten Ziele der dritten Musikstunde besonders Rücksicht zu nehmen. Eine einseitig straffe Notengebung erscheint pädagogisch nicht vertretbar. Vielmehr ist von dem in Nr. 21.3.2 Satz 1 EBASchOG eingeräumten pädagogischen Spielraum sinnvoll Gebrauch zu machen. Der Schüler muß aber Aufschluß erhalten über individuelle Defizite und Lernfortschritte. Entsprechende Hinweise des Lehrers nehmen im Instrument Bezug auf

- technische Wiedergabe (Texttreue, Tempo, Geläufigkeit, rhythmische Sicherheit)
- musikalische Gestaltung (Tonbildung und Ausdruck, dynamische Gestaltung und stilistisches Erfassen)
- Schwierigkeitsgrad des Stückes
- Zusammenspiel;

im Singen auf

- Stimm- und Atemtechnik (z. B. verschiedene Formen der Atmung, Vokalausgleich, Artikulation, Stütze)

- musikalische Gestaltung (z. B. Phrasierung, dynamische Beweglichkeit, Tonbildung und Ausdruck)
- Chordisziplin
- allgemeine Musikalität (z. B. Intonation, rhythmische Sicherheit, selbständige Stimmführung).

Weiterführung in der 6. und 7. Jahrgangsstufe

Auf Grund der systematischen und schulstufenübergreifenden Anlage des Curricularen Lehrplans für die 5./6. Jahrgangsstufe ist eine Umverteilung des theoretischen Stoffes möglich. Eine Betonung der Musiktheorie in der 5. Jahrgangsstufe schafft in der 6. Jahrgangsstufe einen freien Raum, der dem verstärkten Musizieren vorbehalten bleiben soll. In etwas größeren Abständen könnte somit auch in der 6. Jahrgangsstufe die Klasse als Sing- und Musizierkurs bzw. als Instrumentalkurs weitergeführt werden. Ein zusätzlicher Zeitgewinn entsteht dadurch, daß durch die Beschäftigung mit dem Instrument musiktheoretische Sachverhalte anschaulicher gemacht und ständig wiederholt werden.

Für die 7. Jahrgangsstufe bietet sich u. U. die Möglichkeit an, interessierte Schüler in einer Neigungsgruppe weiter zu fördern.

Die obigen Regelungen gelten probeweise für zwei Schuljahre.

Es wird gebeten, am Ende des Schuljahrs 1977/78 dem Staatsinstitut für Schulpädagogik einen kurzen Ergebnisbericht zuzuleiten, der über die Durchführung sowie über eventuelle Schwierigkeiten Auskunft gibt. Verbesserungsvorschläge sind willkommen.

Der beiliegende Abdruck ist für die Fachschaft Musik bestimmt.

I. A.

(Himmelstoß)
Leitender Ministerialrat

BAYER. STAATSMINISTERIUM FÜR UNTERRICHT UND KULTUS

A 9:

Auszug aus der Rede von Heinz Benker vom 9. März 1979, abgedruckt in NMZ April/Mai 1979, S. 25

Dem Schulmusiker eine Laudatio

Last not least hatte der Vorsitzende des VBS, *Heinz Benker*, das Wort. Seine Ansprache sprühte vor Esprit und es sei ihm nicht vorenthalten, seine Rede in Auszügen allen Nichtanwesenden als geistigen und sprachlichen Geburtstagsschmaus sowie den Anwesenden als Reminiszenz an das „Finale giocoso" aller Reden darzubieten:

„Erwarten Sie von mir keine lange Festrede, wir Musiker musizieren lieber! Ich will Sie auch nicht mit weit-ausholenden Verbands-Reminiszenzen langweilen; eine kurze Zusammenfassung von Aufgabenbereich und Geschichte des Verbands finden Sie im Programmheft.

Eines Mannes aber wollen wir in Dankbarkeit gedenken, der diesen Verband ins Leben gerufen hat und 33 Jahre geführt hat, des 1972 verstorbenen Professors Anton Walter. Sein Geist weilt mitten unter uns, denn durch seine Hand sind ganze Generationen von Schulmusikern gegangen, und die Konzeption dieses Konzertsaales hier ist nicht zuletzt seiner Initiative als Direktor der Musikhochschule zu verdanken. Wir haben heute am Grabe von Anton Walter einen Kranz niedergelegt.

Meine Damen und Herren! Diese Feierstunde könnte man als geeigneten Zeitpunkt betrachten, um die Sorgen und Nöte der Schulmusiker vor so vielen kompetenten Vertretern der Legislative und der Exekutive auszubreiten. Ich glaube daher, daß für diesen Zweck der anschließende Empfang besser geeignet ist, zumal dort der Feuchtigkeitsgehalt der Luft sicher größer sein wird als hier.

An die Stelle einer Lamentatio will ich eine kleine Laudatio setzen, die sich mit der Person und dem Beruf der Schulmusiker befaßt: Wenn ein junger Mensch sich entschlossen hat, diesen Beruf zu ergreifen, hat er neben der üblichen Vorbereitung auf das Abitur bereits eine Vorleistung erbracht, die in fast keiner anderen Fakultät verlangt wird: nämlich die Vorbereitung zur Aufnahmeprüfung an der Musikhochschule, die zwei Instrumente und allgemeine Musiklehre umfaßt und darüber hinaus die Prüfung in Gesang. Von den immensen, langfristig anfallenden Unterrichtskosten für die Eltern soll gar nicht die Rede sein!

Wenn es diesem jungen Menschen dann gelungen ist, gegen eine nicht zu verachtende Konkurrenz und mit viel Glück die Aufnahmeprüfung zu bestehen, dann steht er vor der Crux der Zimmersuche als einer, der auf zwei Instrumenten und auch noch Gesang üben will und muß.

Hat er schließlich alle Schwierigkeiten und Anforderungen eines vierjährigen Studiums hinter sich gebracht, dann erfährt er zum ersten Mal im zweijährigen Referendariat, daß er einen der schönsten, aber auch schwierigsten Berufe gewählt hat; denn im Gegensatz zu den meisten anderen Fächern hat das Fach Musik kein Gewicht im Sinne des Vorrückens, es sei denn am Musischen Gymnasium. Das heißt also: der Schulmusiker muß Leistungen von den Schülern fordern und erzielen, die mit dem Begriff Leistung in unserer Leistungsgesellschaft nicht identisch sind, weil sie nichts einbringen! Er muß Leistungen erreichen, die für den Schüler gleichzeitig jenen Ausgleich bringen sollen, der den Leistungsdruck der übrigen Fächer kompensiert!

Um dies zu erreichen, genügen weder fachliche Kompetenz und großes Können noch Kenntnis und Erfüllung der Lehrpläne; dazu bedarf es des ganzen Einsatzes der Persönlichkeit, eines hohen Grades an idealistischem Denken und eines pädagogisch orientierten Kontaktvermögens und ,Fingerspitzengefühls, das nahezu eine Bandbreite vom Dompteur bis zum Therapeuten aufweisen muß!

Wenn es den Schulmusiker auch nach jahrelanger beruflicher Tätigkeit noch nicht tangiert, daß er statt der in anderen Fächern üblichen 24 Wochenstunden 28 vorzubereiten und durchzustehen hat, dann hat er einen hohen Grad der Vollkommenheit erreicht! Der höchste Grad musikpädagogischer Bewunderung aber gilt jenen, die es neben den beruflichen und familiären Anforderungen auch noch schaffen, in Kirchenchören, Liebhaberorchestern, Sänger- und Jugendbünden tätig zu werden. Und das sind nicht einmal wenige!

Meine Damen und Herren! Es darf Sie nach dieser eigenartigen Laudatio nicht wundern, wenn ich Ihnen sage, daß der sog. Schulmusiker nach wie vor eine „Mangelware" darstellt. So manche Schule kann sich im musikalischen Bereich nur über Wasser halten, weil ihr ein Studienreferendar zugewiesen wurde, dessen Ausbildung dann dort sehr oft nur darin besteht, „Schwimmen" zu lernen.

Und warum gibt es so wenige Musikerzieher? Nun, da muß ich Sie wieder auf meine Laudatio verweisen, vor allem auf die paar dissonanten Akkorde, die in ihr enthalten waren. Da ich aber hier kein Perpetuum mobile inszenieren will und auch kein Catilinarisches Ceterumcenseo-Rondo, darf ich Sie bitten, gelegentlich Ihre eigene Reflexion in Gang zu bringen.

Für die anwesenden Schulmusikerkollegen möchte ich folgende Coda hinzusetzen: Das heuer propagierte Jahr des Kindes einerseits und das curricular aufbereitete gegenwärtige Jahrzehnt andererseits machen unser Lernziel deutlich.

Weder Lehrplanhörigkeit noch Lehrplanwurstigkeit führen zu diesem Ziel, sondern praktische Lehrplaninterpretation.

In unserem Unterricht muß neben Bildung Erziehung Platz ergreifen, neben Leistungsforderung muß Zeit bleiben für Spiel und Muße. Nur so werden wir dem jungen Menschen gerecht, den wir auch im Computer-Zeitalter immer noch als eine Einheit zu begreifen haben, eine Einheit aus Körper, Geist und Seele!

Den Gruppen, die sich für dieses Konzert zur Verfügung gestellt haben, danke ich nochmals herzlich und wünsche ihnen ein gutes Gelingen.

Ihnen, meine Damen und Herren, viel Freude beim Zuhören oder etwas zeitgemäßer ausgedrückt — bei der auditiven Kommunikation!"

A 10:

vbs-Festveranstaltung „Klingende Schule" zum „Tag der Schulmusik" am 27. Juli 1980: Titelseite und Grußwort des vbs

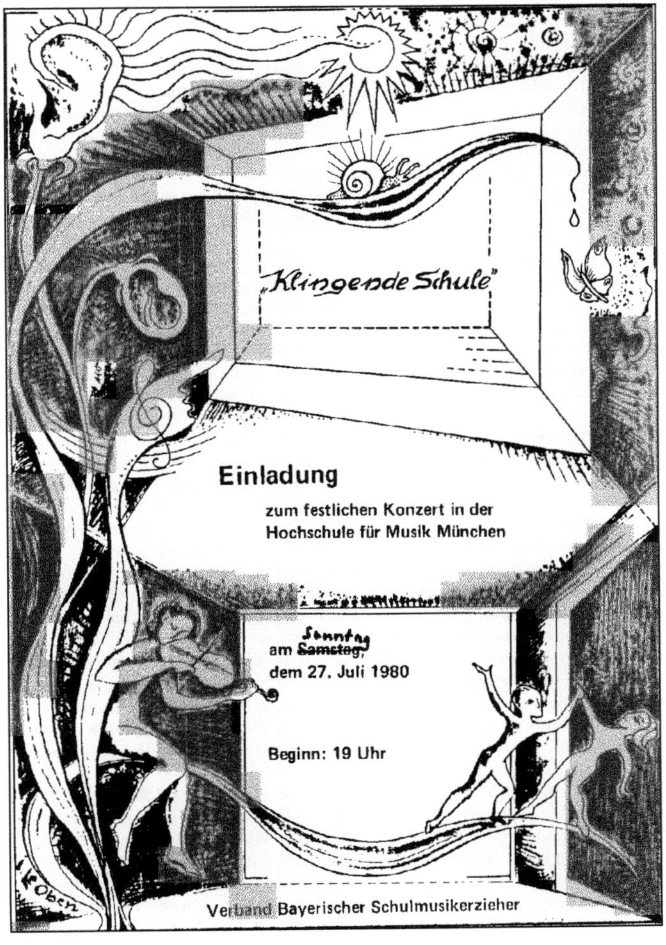

Klingende Schule ?

Wenn wir heute ein buntes und reichhaltiges musikalisches Programm an uns vorüberziehen lassen, dann darf dies nicht darüber hinwegtäuschen, daß in der Schulmusik der übliche Durchschnitt ein anderer ist; hier handelt es sich in der Mehrzahl um überdurchschnittliche Einzelfälle, die man zwar noch durch etliche Gruppen bereichern könnte, die aber bei weitem nicht als allgemein typisch angesehen werden dürfen. Um nicht den Eindruck zu erwecken, daß im gesamten Bereich der Musik in der Schule alles bestens bestellt wäre, sollen quasi al fresco Situation und Aufgaben der Schulmusik beleuchtet werden.

In der Grundschule ist zwar durch das Bemühen um den Ausbau von Klassen mit erweitertem Musikunterricht und durch das Fach Musik- und Bewegungserziehung ein positiver Trend zu verzeichnen, doch viele Lehrer sind aus Gründen entsprechender Ausbildungsmodi nicht einmal in der Lage, den anfallenden Pflichtunterricht in Musik zu erteilen. Außerdem ist zu befürchten, daß durch die neuerliche Hinwendung zum Ganzheitsunterricht die Musik noch mehr ins Hintertreffen gerät.

In Haupt- und Realschulen befindet sich der Musikunterricht nach wie vor in einem prekären Zustand; für die Begründung fehlt hier der Platz, es kann jedoch vieles aus dem Folgenden abgeleitet werden.

Das musikalische Wetter im gymnasialen Bereich ist dem dieses verregneten Sommers nicht unähnlich! Einen Großteil der Schuld tragen sicher das in den letzten Jahren zu stark betonte Kognitive, der Verlust einer Wertorientierung, die weit verbreitete Vernachlässigung der seelischen Kräfte und die Verunsicherung der Lehrer durch zu viele Reformen. Die Musikerziehung ist aufgrund ihres geringen Stellenwertes nur bedingt in der Lage, ein Gegengewicht zu setzen. Wenn auch in den Leistungs- und Grundkursen der Kollegstufe der Musik mehr Gewicht zukommt, so ist es trotzdem sehr bedauerlich, daß vor allem durch das Aushöhlen der 10. und 11. Klasse das tragfähige Fundament für die Kollegstufe immer mehr verkleinert wird. Außerdem ist gerade in der schwierigen Erziehungsphase der Pubertät ein Fach wie Musik als wöchentlich einstündiges Angebot nicht in der Lage, die Aufgaben voll zu erfüllen, die es zu leisten imstande wäre. So ist es nicht verwunderlich, daß die Erziehung eines großen Teiles unserer 13/14-Jährigen heute schon größtenteils nicht mehr das Elternhaus oder die Schule, sondern das Erziehungsinstitut „Popszene" und die dazugehörige Presse übernommen hat.

Darüber hinaus geben hohe Wochenstundenzahl der Musikerzieher und große Klassenstärken dem Musiklehrer kaum mehr die Möglichkeit, die Schüler individuell zu fördern. Beklagenswerterweise ist auch der Nachwuchs im Musiklehrerberuf dünn gesät. Angesichts der hohen Studienanforderungen und der heutzutage ernüchternden Realität des Schulalltags ist es kaum verwunderlich, daß das Lehrerdefizit in Musik nicht aufzufüllen ist. Die Gleichstellung mit den anderen wissenschaftlichen Fächern sowohl im Hinblick auf die Stundenzahl als auch auf die gleiche Wertung und Anerkennung der Leistungen könnte hier wesentlich dazu beitragen, das Fach Musik von jener Funktion zu befreien, die sie lediglich als ein „moralisches Feigenblatt" für kulturelle Tätigkeit erscheinen läßt.

Da der Klassenunterricht in der Regel Vorrang vor Wahlunterricht hat, gibt es für viele Musiklehrer keine Möglichkeit mehr, Chor und Orchester zu halten sowie Instrumentalunterricht zu erteilen, es sei denn durch unbezahlte Überstunden. Gerade auf diesen Gebieten ist aber die musikalsiche Erziehungsarbeit besonders fruchtbar.

Wir Musiklehrer sehen in der gegenwärtigen Situation zutiefst besorgt in die Zukunft. Trotzdem hoffen wir, daß nach etwa fünfzehnjähriger innerer Zerrissenheit in Erziehungsfragen wieder eine Rückbesinnung einsetzt, die der Musik in der Schule jenen Stellenwert sichert, den sie zur Erfüllung ihrer Aufgaben benötigt.

Für den Vorstand des
Verbandes Bayerischer Schulmusikerzieher e.V.

Heinz Benker Wilhelm Elsdörfer Renate Lettenbauer

A 11:

Bundesschulmusikwochen und Bundestagungen des Verbandes Deutscher Schulmusikerzieher e. V.

1955 Mainz	1. Bundesschulmusikwoche Musikerziehung in der Schule
1957 Hamburg	2. Bundesschulmusikwoche Musik als Lebenshilfe
1959 München	3. Bundesschulmusikwoche Musik und Musikerziehung in der Reifezeit
1961 Berlin	4. Bundesschulmusikwoche Musik und Bildung in unserer Zeit
1963 Stuttgart	5. Bundesschulmusikwoche Quantität und Qualität in der deutschen Musikerziehung
1965 Bonn	6. Bundesschulmusikwoche Fortschritt und Rückbildung in der deutschen Musikerziehung
1967 Freiburg	I. Bundestagung Organisation und Integration der schulischen Musikerziehung Referate: Musik im Unterricht 59/1968, S. 1–28
1968 Hannover	7. Bundesschulmusikwoche Der Einfluß der Technischen Mittler auf die Musikerziehung unserer Zeit
1969 Karlsruhe	II. Bundestagung Richtlinienkritik und Lehrplankritik – Voraussetzungen für die Lehrplanreform Referate: Musik und Bildung 2/1970, S. 53–79

1970 Saarbrücken	8. Bundesschulmusikwoche Bildungsziele und Bildungsinhalte des Faches Musik
1971 Bremen	III. Bundestagung Musikpädagogik und politische Wirklichkeit Referate: Musik und Bildung 4/1972, S. 3–20
1972 Kassel	9. Bundesschulmusikwoche Musik in Schule und Gesellschaft
1973 Lübeck	IV. Bundestagung Konsequenzen der Schulreform für das Fach Musik unter besonderer Berücksichtigung der Eingangs- und Endstufe Referate: Musik und Bildung 6/1974, S. 141–168
1974 München	10. Bundesschulmusikwoche Musik und Individuum – Musikpädagogische Theorie und Unterrichtspraxis
1975 Mainz	V. Bundestagung Schulische Musikerziehung in der Demokratie: Ihr Einfluß auf den einzelnen, die Gesellschaft und die Kultur Referate: Musik und Bildung 8/1976, S. 121–144
1976 Düsseldorf	11. Bundesschulmusikwoche Schule ohne Musik? Musik und Musikunterricht in der Bildungsplanung – Analysen und Perspektiven
1977 Hamburg	VI. Bundestagung Bilden – Helfen – Heilen; Musikunterricht zwischen Erziehung und Therapie Referate: Musik und Bildung 10/1978, S. 1–46

1978 Karlsruhe	12. Bundesschulmusikwoche Musik in einer humanen Schule
1979 Trossingen	VII. Bundestagung Referate: Musik und Bildung 6/1979, S. 398–399
1980 Braunschweig	13. Bundesschulmusikwoche Musikerziehung als Herausforderung der Gegenwart – Didaktische Interpretation von Musik, Beurteilungskriterien im Musikunterricht, Methodenrepertoire
1981 Bonn	VIII. Bundestagung Aufgaben und Funktionen des Schulmusikerziehers in den 80er- und 90er-Jahren Referate: Musik und Bildung 9/1981, S. 566–568 Musik und Bildung 10/1981, S. 631–632
1982 Berlin	14. Bundesschulmusikwoche Schulische Musikerziehung und Musikkultur
1984 Kassel	15. Bundesschulmusikwoche Medieninvasion – Die kulturpolitische Verantwortung der Musikerziehung
1986 Ludwigshafen	16. Bundesschulmusikwoche Arbeit – Freizeit – Fest Brauchen wir eine andere Schule?
1988 Karlsruhe	17. Bundesschulmusikwoche Spiel-Räume fürs Leben – Musikerziehung in einer gefährdeten Welt
1990 Lübeck	18. Bundesschulmusikwoche In Grenzen – über Grenzen hinaus

1992 Augsburg	19. Bundesschulmusikwoche Identität in der Vielfalt
1994 Gütersloh	20. Bundesschulmusikwoche „Lebenswelt“ Chancen für Musikunterricht und Schule
1996 Rostock	21. Bundesschulmusikwoche „Werte-Wandel“ Musikunterricht in neuer Orientierung
1998 Potsdam	22. Bundesschulmusikwoche „Toleranz“ Dimensionen für den Musikunterricht
2000 Koblenz	23. Bundesschulmusikwoche „Brücken“ Musikunterricht im geeinten Europa
2002 Halle/Saale	24. Bundesschulmusikwoche „Musikgeschichte(n)“ Musikpädagogik im Spannungsfeld zwischen Gestern und Heute
2004 Hannover	25. Bundesschulmusikwoche „Aktiv hören – innovativ gestalten“
2006 Würzburg	26. Bundesschulmusikwoche „Stimme(n) …“
2008 Stuttgart	27. Bundesschulmusikwoche „Begegnungen" Musik Regionen Kulturen

A 12:

**„Musik und Bildung" von 1969 bis 1981:
Beiträge zur Situation der Schulmusik und der Verbandsarbeit des Verbandes Deutscher Schulmusikerzieher e. V.**

1. Jahrgang 1969:

S. 1:	Zum Geleit
S. 2–6:	Hans Maier: Die Musik in der deutschen Bildungsdiskussion
S. 6–17:	Kraus/Borris/Twittenhoff: Das musikalische Bildungswesen im Spiegel neuer statistischer Erhebungen
S. 34–35:	vds – W. Schwarz: Arbeitstagung des LV Schleswig-Holstein
S. 64–67:	B. Binkowski: Die Stellung der Musik in der Bildungsplanung des Landes Baden-Württemberg
S. 85–86:	N. Linke: Musikpädagogische Arbeitstagung in Hamburg
S. 86–87:	H. Ettl: Experiment, Beobachtung und Statistik in der Musikerziehung
S. 89–90:	vds – H.W. Köneke: Realschulen mit erweitertem Musikunterricht
S. 90–91:	vds – LV Saar
S. 109–111:	M. Alt: Die Funktionsfelder des Musikunterrichts und ihre Integration
S. 124–126:	W. D. Freitag: Zur Ausbildung des Schulmusikerziehers
S.140:	Buchrezension: E. Kraus: Alt – Didaktik der Musik
S. 176–178:	E. Kraus: Die Bedeutung des Hörens im optischen Zeitalter

S. 179–181:	U. Günther: Die Schulmusikerziehung von der Kestenberg-Reform bis zum Ende des Dritten Reiches
S. 226–228:	D. Zimmerschied: Die Stellung des Musikunterrichts in den Plänen zur Reform der gymnasialen Oberstufe
S. 246:	vds – Tagungen: II. Bundestagung in Karlsruhe
S. 276–278:	W. Gruhn: Musikerziehung ohne Musik?
S. 347–348:	vds – Arbeitstagung der südbadischen Musikerzieher in Freiburg
S. 404:	vds – B.W.: F. Daiker: Tagung „Musik an Gymnasien in der Sicht der Reformpläne“
S. 472–473:	W. v. Lewinski: Nachruf auf Theodor W. Adorno
S. 515:	vds – Hessen: D. Bauer: Fortbildungslehrgang
S. 548–551:	G. Kirchner: Entwurf einer bipolaren Musikdidaktik
S. 571–572:	vds – L. Baucke: Tagung der niedersächsischen AG Musikpädagogik in Hannover

2. Jahrgang 1970:

S. 53–56:	E. Kraus: Lehrplankritik als Voraussetzung zur Lehrplanreform
S. 57–62:	S. Abel-Struth: Musiklehrpläne in der Grundschule
S. 77–79:	B. Binkowski: Die Präambeln in den Richtlinien und Lehrplänen für Gymnasien
S. 88:	vds – II. Bundestagung Karlsruhe
S. 122–127:	Chr. H. Mahling: Die musikwissenschaftliche Ausbildung der Schulmusikerzieher

S. 287–289: AK „Grundsatzfragen der Musik" auf der BSW in Saarbrücken

S. 328–330: H. Schneider: Schulmusik heute als Beruf

S. 528–530: B. Binkowski: Die Musik im Strukturplan des Deutschen Bildungsrates (Lehrerbildung)

S. 551–552: G. Waldmann: Fritz Jöde – Nachruf

3. Jahrgang 1971:

S. 44: R. Günther: Gedenken an Richard Münnich

S. 45: vds – Arbeit der Verbände

S. 129–133: S. Helms: Wünsche von Schulmusikerziehern an unsere Musikhochschulen

S. 133–135: S. Keil: Zur gegenwärtigen Situation der Schulmusik aus der Sicht des Studienseminars

S. 224–229: M. Alt: Die Mitsprache der Pädagogik bei der Zielproblematik des neuen Musikunterrichts

S. 422–424: U. Günther: Anmerkungen zur künftigen Musiklehrer-Ausbildung

S. 564–565: H. Sievers: Jahrestagung ´71 der Gesellschaft für Musikforschung in Hannover

S. 566: vds – Arbeitstagung des Methorster Kreises

S. 607–611: R. Jakoby: Die Ausbildung der Schulmusiker aus der Sicht der hochschulpolitischen Situation

S. 617: R. Jakoby: Die Ausbildung der Schulmusiker aus der Sicht der hochschulpolitischen Situation

4. Jahrgang 1972:

S. 3–18:	E. Fuchs: Einführung in die Thematik B. Binkowski: Musikpädagogik und politische Wirklichkeit W. v. Lewinski: Musik in der politischen Wirklichkeit Gesamtschule – Diskussion – Ergebnisse
S. 29–31:	H. H. Eggebrecht: Wissenschaftsorientierte Schulmusik
S. 31–32:	L. U. Abraham: Revision des Curriculum als Reformhemmnis
S. 38–39:	vds – M. Züghart: Dritte Bundestagung
S. 40–41:	9. BSW – Kassel – Vorprogramm
S. 94–96:	vds – Initiativen des vds
S. 98–99:	Buchrezension: K. H. Ehrenforth: Verstehen und Auslegen D. Zimmerschied: Beat – Background – Beethoven
S. 144–145:	B. Binkowski: Zur 9. BSW – Kassel
S. 211–213:	9. BSW – Kassel – Programm
S. 434–435:	vds – Bericht 9. BSW
S. 436–437:	Buchrezension: 8. BSW Saarbrücken 1970
S. 481:	B. Binkowski: 10. ISME-Konferenz in Tunis
S. 481–482:	vds – H. Busch: Nachruf Anton Walter

5. Jahrgang 1973:

S. 36–37:	Buchrezension: P. Wehrle: Sequenzen
S. 37–38:	Buchrezension: S. Borris: Lehrbuch der Musik
S. 146–147:	vds – Neue Satzung

S. 292–297:	B. Binkowski: Zur Planung künftiger Musiklehrerausbildung
S. 298–299:	Ch. Roser: Musik in der Lehrerausbildung – Anmerkung einer Studentin
S. 396–399:	H. J. Lentz: „Jugend musiziert" – Schallplatten
S. 400:	C. Dahlhaus: Braucht der MU eine Rechtfertigung?
S. 400–402:	H. Maier: Was Schule leisten und nicht leisten kann
S. 406:	vds – 10. BSW München
S. 433–438:	R. Weyer: Das Volkslied als Gegenstand des Musikunterrichts - Aspekte einer didaktischen Neubestimmung
S. 439–445:	H. Antholz: Das Ende vom Lied? Zur musikpädagogischen Situation im Spiegel lieddidaktischer Diskussion
S. 446–450:	E. Klusen: Lied und Liedersingen in der Schule von heute
S. 450–453:	S. Vogelsänger: Zur Neubestimmung des Stellwertes von Volkslied und Singen im Musikunterricht
S. 454–457:	B. Binkowski: Volkslied: Mißverständnisse und Chancen
S. 457–466:	G. Noll: Zum Problem der Folklore im Musikunterricht
S. 466–467:	P. Wehrle: Deutsches Volkslied und ausländische Folklore als Gegenstände des Musikunterrichts
S. 473–474:	H. Benker: Bevorzugte Lieder
S. 480–485:	U. Günther: Überlegungen am Beispiel der Rezension von „Sequenzen" – P. Wehrle: Erwiderung
S. 486:	vds – B. Binkowski: Bildung einer Durchschnittsnote beim Reifezeugnis

6. Jahrgang 1974:

S. 118–119: vds – Chr. Richter: IV. Bundestagung des vds in Lübeck

S. 120–122: 10. BSW in München – Programm

S. 141–143: B. Binkowski: Konsequenzen der Schulreform für das Fach Musik in der Primarstufe

S. 143–147: G. Noll: Situationsbericht: Musik im Elementarbereich

S. 189–190: vds – Arbeitstagung des vds und DSB in Trossingen

S. 193: W. Gundlach: Nachruf Michael Alt

S. 213–215: B. Binkowski: Zur Reform der Sek. II (IV. Bundestagung)

S. 215–217: D. Zimmerschied: Organisationsformen in der rheinland-pfälzischen Sek. II („Mainzer Studienstufe“)

S. 218–220: P. Koch: Die niedersächsische Organisationsform der Sek. II im Fach Musik

S. 220–221: P. Wehrle: Oberstufenreform in Baden-Württemberg

S. 222–227: Chr. Richter: Aspekte eines Musik-Curriculums für die Sek. II

S. 227–231: A. H. Gärtner: Der bayerische Curriculare Lehrplan für Musik in der Kollegstufe

S. 232–235: K. H. Ehrenforth: Konsequenzen für den MU in der Sek. I

S. 235–238: A. Ickstadt: Zu den Auswirkungen neuer Rahmenrichtlinien auf die Lehrerausbildung für die Sek. II

S. 238–241: H. Rauhe: Musiklehrerausbildung im Zeichen der Bildungsreform

S. 242–245: Konferenz der Musik-Fachberater der Bundesländer und West-Berlins: Synopse der Stundentafeln – Synopse der curr. Pläne

S. 349: 10. BSW – Begrüßungsansprache Prof. Maier

S. 388–392: G. Noll: Musik und Individuum 10. BSW – Besprechung

S. 506–510: W. Lehr sen.: Schöpferisches Spiel mit Klängen in der Sek. I – Verwendung von herkömmlichen Instrumenten und elektronischen Klangerzeugern

S. 686–689: Konferenz der Musik-Fachberater: Themen für das schriftliche Abitur im Fach Musik

7. Jahrgang 1975:

S. 89: vds – BVL 1974 – Neuer Vorstand

S. 314–315: vds – Stellungnahme des vds zur geplanten Arbeitszeitregelung für Lehrer

S. 381–382: vds – Stellungnahme: Gesellschaft für Musikpädagogik – eine überflüssige Neugründung

S. 457: vds – Stellungnahme des vds zum Verhältnis des Musikunterrichts an allgemeinbildenden Schulen und Musikschulen

S. 583–590: Themen für gk und LK im MU der Sek. II

S. 593–594: vds – Zur V. Bundestagung des vds in Mainz

S. 640–641: vds – 11. BSW

S. 641–642: D. Zimmerschied: Musik – kein Korrekturfach

8. Jahrgang 1976:

S. 88–90: G. Noll: Schulische Musikerziehung in der Demokratie – Bericht V. Bundestagung in Mainz

S. 91–92:	B. Klär: Die Baden-Württembergischen Schulmusiktage 1975 in Stuttgart
S. 93–94:	vds – Offizielle Irreführung Studierwilliger – Kritische Stellungnahme zu H. Hopf: „Studieneinführung Musik“
S. 94–95:	vds – P. Koch: Vorbereitetes Instrumentalspiel im Abitur – Stellungnahme zu KMK – Beschluss
S. 95–96:	Fortbildungsveranstaltungen im Fach Musik
S. 97–99:	11. BSW – Vorprogramm
S. 121:	H. Langes: Grußwort
S. 122–126:	W. v. Lewinski: Die Bedeutung der Musik in unserer demokratischen Gesellschaft
S. 126–130:	K. H. Ehrenforth: Musik in der Schule – ein Stiefkind der Bildungsplanung
S. 130–132:	B. Binkowski: Aufgabe und Bedeutung des schulischen Musikunterrichts für die musikalische Breitenbildung
S. 133–135:	D. Zimmerschied: Musikalische Breitenbildung und Begabtenförderung – Gegensatz oder Ergänzung?
S. 136–139:	R. Jakoby: Ursache und Wirkungen des Mangels an Musiklehrern
S. 139–142:	H. Chr. Schmidt: Diskussionsbericht
S. 142–143:	B. Binkowski: Ergebnisse und Konsequenzen
S. 143–144:	Anregungen für die KMK zur Weiterentwicklung ihres Beschlusses „Zur musikalischen Bildung an Schulen“
S. 144:	Zusammenfassung erprobter Einrichtungen und Maßnahmen einzelner Länder

S. 361–364: D. Zimmerschied: Der Musikunterricht im Fächerkanon der Schule

S. 365–377: J. Eckhardt/H. Lück: Das Petitum nach dem Schulmusikunterricht

S. 457–459: M. Schuler: In Sachen Curricula

S. 489–495: W. Schmidt-Brunner: Lehrplanentwürfe und Rahmenrichtlinien für den Musikunterricht in der Orientierungsstufe – Versuch einer synoptischen Interpretation

S. 495–500: K.-H. Reinfandt: Neue Lehrpläne für den Musikunterricht in der Orientierungsstufe und der Sek. I

S. 500–504: B. Wietusch: Zur Begründungsproblematik musikdidaktischer Lernziele

S. 647–648: vds – Richtlinien für den Musikunterricht der Grundschule
vds – Extrem hoher Ausfall des Musikunterrichts – Ergebnisse einer Umfrage

9. Jahrgang 1977:

S. 31–34: R.-D. Kraemer: Praxisorientierte Curriculumentwicklung an Studienseminaren für Gymnasien?

S. 36–41: DMR – R. Jakoby: Schulische und außerschulische Musikpädagogik und Musikpflege

S. 45: vds – BVL 1976 in Hannover

S. 96–100: Sachwörter zur Musikpädagogik – K.H. Ehrenforth: Didaktik der Musik

S. 151: P. Koch: Bernhard Binkowski zum 65.

S. 177–184: Chr. Richter: Anmerkungen zum Berufsbild und zum Selbstverständnis des Musiklehrers in der Studienstufe

S. 185–188:	B. Binkowski: Gedanken zu dem Problem der Weiterbildung der Musiklehrer
S. 259–262:	Chr. Richter: Zur Beurteilung der musikpädagogischen Situation
S. 338–342:	H. Rauhe/W. Ribke: Handlungsorientierter Musikunterricht: Theoretische Grundlagen und praktische Perspektiven
S. 347–350:	Sachwörter zur Musikpädagogik – K.-H. Reinfandt: Didaktik des Musikunterrichts in der Sek. I
S. 408–412:	Sachwörter zur Musikpädagogik – Chr. Richter: Didaktik des Musikunterrichts in der Sek. II
S. 415–417:	vds – P. Koch: Verhinderungspolitik? – Überlegungen anläßlich einer niedersächsischen Initiative
S. 485–488:	Sachwörter zur Musikpädagogik – B. Binkowski: Musik in der Lehrerausbildung
S. 488–489:	M. Schuler: Nochmals in Sachen Curricula
S. 497:	vds – B. Binkowski: Mangel an qualifizierten Chorleitern im Laienchorbereich
S. 497–500:	Buchrezension: div.: Neue Bücher – Musikunterricht in der Sek. I
S. 559–560:	W. Schmidt-Brunner: AG der Leiter der Schulmusikabteilungen an den Hochschulen für Musik
S. 560–562:	E. K. Schneider: Überlegungen zum Berufsbild des Musiklehrers
S. 562–564:	D. Zimmerschied: Das Bild der Schulmusik in der Öffentlichkeit

10. Jahrgang 1978:

S. 1–2:	G. Apel: Grußwort
S. 2–3:	B. Binkowski: Eröffnung
S. 4–8:	H. Rauhe: Bilden – Helfen – Heilen
S. 9–12:	G. Weng: Die Bedeutung der musikalischen Bildung für das öffentliche Musikleben
S. 12–16:	R. Affemann: Die helfende Funktion der Musik für die Entwicklung der Persönlichkeit
S. 17–20:	H. Willms: Therapeutische Beeinflussung gehemmter und gestörter Kinder und Jugendlicher durch Musik
S. 21–31:	Chr. Richter: Notwendigkeit und Möglichkeit der Entfaltung von Emotionalität im Musikunterricht
S. 31–36:	K. H. Ehrenforth: Emotionalität und Humanität
S. 37–40:	K.-H. Reinfandt: Emotionalität und Unterrichtswirklichkeit im Fach Musik
S. 40–42:	W. Gundlach: Das Problem „Emotionalität" im Spiegel des Lehrplans
S. 42–45:	H. Chr. Schmidt: Diskussionsbericht
S. 46:	B. Binkowski: Konsequenzen und Forderungen
S. 48–55:	Stellungnahme des vds zum Realisierungsprogramm allgemeinbildende Schule im Ergänzungsplan
S. 63–65:	12. BSW in Karlsruhe – Vorprogramm
S. 213–229:	12. BSW in Karlsruhe – Informationen für die Teilnehmer
S. 241:	Reklame: Musik aktuell

S. 257–262:	B. Binkowski: Ziele, Aktivitäten und Organisationsformen
S. 262–266:	D. Zimmerschied: Musikpädagogische Tendenzen im Spiegelbild der Bundesschulmusikwochen und Bundestagungen
S. 266–267:	Bundesschulmusikwochen und Bundestagungen des vds
S. 267:	Organisation des vds
S. 268:	Fördernde Mitglieder des vds
S. 269–278:	Die 11 Landesverbände des vds
S. 428–429:	L. Müller: Eröffnung der 12. BSW in Karlsruhe
S. 429–432:	B. Binkowski: Musik in einer humanen Schule Notizen zur Kultur- und Bildungspolitik
S. 432–434:	Berichte – Nachtragendes zur 12. BSW
S. 603–604:	D. Zimmerschied: Erster Schüler-Musikwettbewerb Rheinland-Pfalz 1978
S. 604:	W. Schmidt-Brunner: AG der Leiter der Schulmusikabteilungen an den Hochschulen für Musik
S. 731–734:	Zuschriften und Kommentare zur 12. BSW Binkowski: Stellungnahme des vds

11. Jahrgang 1979:

S. 43–46:	Sachwörter zur Musikpädagogik – G. Noll: Historische Aspekte des Musikunterrichts
S. 51–52:	vds – D. Höhne: Jahrestagung des vds-LV Niedersachsen
S. 117–119:	Die Musik-Curricula der Bundesländer und West-Berlins
S. 119:	vds – Öffentlichkeitsreferenten

S. 186: Buchrezension: W. Gruhn: Musiksprache – Sprachmusik – Textvertonung

S. 186–187: Buchrezension: E. Kraus: ISME-Jahrbuch

S. 229–232: H. Antholz: Musiklehrerausbildung im institutionellen Konkurrenzfeld – „Essener Modellversuch"

S. 233–235: H. Meyer: „Didaktischer Kommentar" zum Essener Modellversuch

S. 236–237: H. de la Motte-Haber: Der Ausbildungsgang Schulmusik für die Musikhochschule in Essen – Ein Modellversuch

S. 250–253: Sachwörter zur Musikpädagogik – K. H. Ehrenforth: Didaktische Interpretation der Musik

S. 254–255: B. Binkowski: 50 Jahre Verband Bayerischer Schulmusikerzieher

S. 255–256: K. Hasenjäger: Pressegespräch des vds-LV Schleswig-Holstein

S. 256–257: Buchrezension: E. Kraus: Berichtsband 12. BSW

S. 257–259: Buchrezension: W. Schmidt-Brunner: Fachdidaktisches Studium in der Lehrerbildung

S. 326–327: H. Schaffrath: Zur Situation des Musikunterrichts an allgemein bildenden Schulen – Erster Zwischenbericht über ein Forschungsprojekt

S. 333–334: Buchrezension: R. Nykrin: Erfahrungserschließende Musikerziehung

S. 398–399: W. Gruhn: vds – VII. Bundestagung in Trossingen

S. 432–436: E. K. Schneider: Zur Theorie und Praxis der Lehrerfortbildung

S. 436–440: B. Binkowski: Neue Ansatzpunkte in der Weiterbildung der Musiklehrerausbildung

S. 440–442: H. Tschache: Perspektiven und Modelle der Integration von Lehrerausbildung und Lehrerfortbildung

S. 443–444: K. H. Ehrenforth: Lehrerweiterbildung und Hochschule – Erfahrungen in Detmold

S. 444–446: Joachim Bergmann: Beispiel einer Lehrerfortbildung – Detmold

S. 447–448: Lehrerfort- und -weiterbildung im Fach Musik in Rheinland-Pfalz

S. 448–451: H.-B. Ernst: Staatliche Lehrerfortbildung für das Fach Musik in Bayern

S. 452–456: W. P. Betz: Zur Fortbildung der Musiklehrer in Hessen

S. 461–463: E. Ullrich: Lehrerfortbildung in Berlin

S. 479–481: Buchrezension: E. Kraus: Berichtsband 12. BSW

S. 481–482: Buchrezension: H. Rauhe: Wissenschaftstheoretische und hochschuldidaktische Grundfragen zur Musiklehrerausbildung

S. 550: D. Zimmerschied: Volkes Stimme

S. 551: W. Gruhn: Tagung der AG der Schulmusik-Abteilungsleiter vom 18.–20.06.1979 – Bericht

S. 552–553: H. Menzel: vds – Die bremische Stufenschule und die Kunstfächer

S. 636: Buchrezension: R. Nykrin: Erfahrungserschließende Musikerziehung – Stellungnahme des Autors

S. 700–702: Chr. Richter: Philologenverband und Kreativität

S. 729: Vorwort

S. 730–737: K. H. Ehrenforth: Musikerziehung als Herausforderung – Einführende Hinweise zur 13. BSW in Braunschweig

S. 737–740:	B. Binkowski: Auch Braunschweig ist eine Reise wert
S. 741–742:	Vorprogramm 13. BSW
S. 768–770:	K.-H. Reinfandt: Anmerkungen zum gegenwärtigen Stand der Lehrerfortbildung im Fach Musik aus der Sicht der Hochschule
S. 771–773:	vds – Musikunterricht an allgemeinbildenden Schulen und Musikschulen – Eine gemeinsame Erklärung des vds und des VdM

12. Jahrgang 1980:

S. 1:	Chr. Richter: Zur Einführung
S. 2–7:	K. Rüdiger: Richtlinienentwicklung in Nordrhein-Westfalen für die S II
S. 8–9:	P. Koch: Niedersächsische Erfahrungen in Musik mit der S II
S. 9–12:	D. Ebert: Erfahrungen mit der gymnasialen Oberstufe im Fach Musik als Leistungsfach
S. 12–14:	Berichte von Schülern aus dem Oberstufenunterricht
S. 15–18:	Sachwörter zur Musikpädagogik – Chr. Richter: Wissenschaftspropädeutik im Musikunterricht
S. 277–278:	vds – B. Binkowski: Gemeinsame Tagung vds – DSB
S. 390–391:	Chr. Richter: 13. BSW in Braunschweig – Mehr Nachlese als Bericht
S. 391/394:	S. Dittmann: Depressionen in Braunschweig
S. 465–466:	Zur BSW in Braunschweig – Gedanken zur BSW
S. 467–468:	H. Trott: Modellfall möglicher Kooperation
S. 556–558:	D. Zimmerschied: Bundestagswahl und Musikunterricht

13. Jahrgang 1981:

S. 39–42: D. Zimmerschied: Die Musik-Curricula der Bundesländer und West-Berlins. Aktualisierte Fassung – Stand: August 1980

S. 76–82: K. H. Ehrenforth: Entschulung der Schulmusik

S. 87–91: H.-B. Ernst: Musik und Bewegungserziehung

S. 154–158: K. H. Ehrenforth: Blick für das Ganze. Von der Verantwortung schulischer Musikerziehung für die Zukunft unserer (Musik)Kultur

S. 162–166: H. G. Bastian: Der Musikunterricht in Wunsch und Wirklichkeit

S. 248: vds – H. Menzel: Die bremische Stufenschule und die Kunstfächer (II)

S. 259–261: vds – B. Binkowski: Tage der Schulmusik – Schulen musizieren

S. 288–292: D. Zimmerschied: Schulmusik und öffentliches Musikleben

S. 292–297: P. Wehrle: Musikpolitik – eine Notwendigkeit

S. 396–398: R. Schmitt: Kriterien zur Bewertung von Schülerleistungen im Musikunterricht

S. 480–482: P. Koch: Bundesbegegnung „Schulen musizieren“ in Bonn

S. 528–534: W. M. Stroh: Zusammenarbeit zwischen Schule und Hochschule im Rahmen der einphasigen Lehrerausbildung

S. 535–539: H. Bäßler: Welche Impulse kann die einphasige der zweiphasigen Lehrerausbildung geben?

S. 543: H. Benker: Stellungnahme zu dem Beitrag von Wolfgang Martin Stroh

S. 562–563: vds: Vorschau auf die Bundesschulmusikwoche 1982

S. 566–568:	R. Jakoby: Aufgaben und Funktionen des Schulmusikerziehers in den 80er und 90er Jahren. Vortrag auf der Bundestagung des vds
S. 631–632:	W. Osterburg: vds – VIII. Bundestagung in Bonn
S. 664–673:	vds: Bundesschulmusikwoche 1982
S. 674–675:	vds: Vorschau auf die Bundesschulmusikwoche 1982
S. 703–704:	vds – D. Zimmerschied: Drohen dem Musikerzieher höhere Regelstundenzahlen?
S. 778:	vds – D. Höhne: Lohnt es sich noch, Schulmusikerzieher zu werden? Bemerkungen zur Jahrestagung des vds-LV Niedersachsen am 11./12.9.1981 in Hannover

A 13:

**Interview mit Prof. Bernhard Binkowski,
Vorsitzender des Verbandes Deutscher Schulmusikerzieher e. V.
von 1971 bis 1979,**

**am 15. Februar 1999 in Schorndorf,
am 30. August 2000 in Ulm und
am 27. Oktober 2000 in Augsburg**

Die bayerische Schulmusik stand in den siebziger Jahren auch in enger Verbindung zu dem vds-Bundesvorstand. Es erschien daher angebracht, im Rahmen der vorliegenden Arbeit einige Fragen an den damaligen Bundesvorsitzenden, Herrn Prof. Bernhard Binkowski, zu richten.

MK: Welche Erinnerungen hast du an die Bundesschulmusikwochen in Kassel 1972 und in München 1974?

BB: Das Thema „Musik und Gesellschaft", das ich zusammen mit dem Bundesvorstand für Kassel gewählt hatte, bedarf von meiner Seite aus einer etwas längeren Erklärung. Mein früh verstorbener Vater nahm in den „Christlichen Gewerkschaften" in Schlesien als Arbeitersekretär und Herausgeber einer Wochenzeitung eine nicht unbedeutende Stellung ein. Seine Artikel weckten frühzeitig mein Interesse für die Politik. Auf Grund meiner christlichen Erziehung, meiner langjährigen Mitgliedschaft in einer katholischen Jugendbewegung und meines etwa halbjährigen Aufenthalts als Neunzehnjähriger in den U.S.A. war ich gegenüber sozialistischen und nationalsozialistischen Einflüssen gefeit. Im Dritten Reich erlebte ich den Missbrauch der Musik zu politischen Zwecken. Nach 1945 bestand ein wesentliches Interessensgebiet meiner Arbeit darin, einen Missbrauch der Musik aufzuzeigen und nach Möglichkeit zu verhindern.

Als nach den gesellschaftspolitischen Ereignissen von 1968/1969 die Politik zu Beginn der siebziger Jahre auch auf die Schule und die Musikerziehung übergriff, erwies sich das Thema „Musik und Gesellschaft" als hochaktuell. Die Diskussionen setzten einen Prozess in Bewegung, der den schulischen Musikunterricht stark beeinflusste. Um durch die neu entwickelte politische Tendenz die eigentliche Aufgabe der Musikerziehung, nämlich junge Menschen musikalisch zu bilden, nicht zu vernachlässigen, bildete der Bundesvorstand einen didaktischen

Beirat, der später durch Referate ersetzt wurde. Seine Aufgabe bestand im Wesentlichen darin, die Inhalte des Faches Musik weiter zu entwickeln. Die Beiträge von Karl Heinrich Ehrenforth und Christoph Richter müssen in diesem Zusammenhang als besonders wichtig erwähnt werden. Der Beirat war drei Monate vor der Bundesschulmusikwoche 1972 gegründet worden. Mitglieder waren zum Beispiel Sigrid Abel-Struth, eine der führenden Köpfe in der Musikpädagogik der damaligen Zeit, Heinz Antholz, Ulrich Günther, Richard Jakoby und Gerhard Kirchner.

Die Bundesschulmusikwoche 1974 in München bildete mit ihrem Thema „Musik und Individuum" eine Art Gegengewicht zu der Bundesschulmusikwoche in Kassel. Es hatte sich herausgestellt, dass die ausschließliche Betonung des gesellschaftlichen Moments von Musikpädagogik falsch war. Deshalb wählte der Bundesvorstand dieses Thema. Der damalige bayerische Kultusminister Hans Maier, der ein enges Verhältnis zur Musik besitzt, hielt ein heute noch lesenswertes Eröffnungsreferat. In München erfolgte in verstärktem Maß das Hinzuziehen von bekannten Persönlichkeiten, die Nicht-Musiker waren, unter ihnen die damalige OStDin Hanna-Renate Laurin aus Rheinland-Pfalz, Vertreter der Ärzteschaft, der Philosophie, der Politik, der Eltern und der Studenten. Die Bedeutung der Musik und der Musikerziehung für den einzelnen Menschen und damit auch für die Gesellschaft sollte durch die Mitwirkung nicht-fachgebundener Personen in weitere Kreise der Öffentlichkeit eindringen und auf diese Weise die Situation der schulischen Musikerziehung verbessern helfen. In einer Podiumsdiskussion wurde das Thema „Musik und Individuum" diskutiert, wobei auch die gesellschaftliche Bedeutung der Musik und Musikerziehung nicht ausgeklammert wurde.

Die Bundesschulmusikwoche fand auch deshalb in München statt, weil ich zu Bayern immer einen sehr guten Kontakt hatte. In Bayern hatte zuletzt 1959 eine Bundesschulmusikwoche statt gefunden. Die Vorbereitung und die Durchführung der Bundesschulmusikwoche 1974 wurde vom vbs mustergültig unterstützt. Hierbei machten sich die guten Kontakte zwischen dem vbs und dem Bundesvorstand sowie die lebendige Musikerziehung, auf die Bayern seit Jahrzehnten zurückblicken konnte, bemerkbar.

Unterschied sich die Musikerziehung in Bayern von norddeutschen Strömungen?
In welcher Hinsicht war die bayerische Schulmusik anders?
Wer prägte die bayerische Musikpädagogik?

Vor dem Zweiten Weltkrieg hatte die bayerische Musikerziehung bereits ein beachtliches Niveau gewonnen. Diese Tendenz verstärkte sich in den fünfziger Jahren. Ihre Auswirkung zeigte sich in der inhaltlichen Vorbereitung der Bundesschulmusikwoche 1974, bei der Heinz Benker wesentlich mitarbeitete.

Als ersten namhaften Vertreter der bayerischen Schulmusik lernte ich Anton Walter während der ersten Bundesschulmusikwoche 1955 in Mainz kennen. Anton Walter hatte für die Schulmusik in Bayern sehr viel bewirkt. Immer, wenn ich nach München oder Bayern kam, und die Sprache kam auf Anton Walter, war eine große Anerkennung bei den Kollegen zu finden.

Mit Anton Walter und seinem späteren Nachfolger im Amt des vbs-Vorsitzenden, Heinz Benker, stimmten wir in den Ausgangspunkten und Zielsetzungen des schulischen Musikunterrichts überein: Ausgangspunkt sollte der praktische Umgang mit Musik sein, durch Singen und eigenes Musizieren. Zielsetzung sollte das Erreichen von musikalischer Bildung für möglichst viele Jugendliche sein. Das bedeutete eine stärkere Einbeziehung von Werken der Kunstmusik aus Vergangenheit und damaliger Gegenwart unter Berücksichtigung von theoretischen Komponenten im weitesten Sinne des Wortes. Zu beachten sollte die uns gemeinsame Ansicht sein, dass der normale Schüler, der ein musikalischer Laie ist, nicht überfordert werden darf. Wir sollten das Ziel verfolgen, die jungen Menschen zu verständnisvollen Liebhabern der Musik heranzubilden.

Handlungsorientierter Musikunterricht kam nach meiner Zeit auf und sagte eigentlich das gleiche aus, allerdings unter stärkerer Einbeziehung von didaktischen Überlegungen. Die Didaktik wurde, als ich nach dem Krieg nach Süddeutschland kam, zunächst immer als Methodik bezeichnet und hat sich dann unter dem Einfluss von Michael Alt ausgeweitet. Michael Alt schrieb unter anderem „Das musikalische Kunstwerk“ und war dazu interdisziplinär tätig. Begleitwissenschaften waren unter anderen Soziologie, Musikwissenschaft und Psychologie. Daraus entwickelte sich dann die didaktische Interpretation von Ehrenforth.

Anfang der siebziger Jahre wurde die Kollegstufe eingeführt. Welche Chancen boten sich dabei für den Musikunterricht?

Die Tatsache, dass Musik als Abiturfach gewählt werden konnte, war das Ergebnis langer Bemühungen, auch des vds. Daher wurde dieses Ergebnis von uns natürlich lebhaft begrüßt und voll unterstützt. In der Auseinandersetzung über die Inhalte der Abiturprüfung setzte ich mich über die Hochschule und in Verbindung mit gleich gesinnten Kollegen dafür ein, dass auch die musikalische Praxis in Form von Instrumentalspiel und Gesang, zumindest in einigen Ländern, als Teil der Abiturprüfung eingeführt wurde.

Gab es Bundesländer oder Vertreter des Verbandes, die sich dabei gegen das Einbeziehen von praktischen Anteilen aussprachen?

Das war von Land zu Land unterschiedlich. In Nordrhein-Westfalen saß zum Beispiel ein Schulmusiker im Kultusministerium, der, in der ehrlichen Absicht, das Fach Musik gegenüber den übrigen Fächern gleichwertig zu machen, den wissenschaftlichen Charakter unseres Faches meines Erachtens überbetonte. Meine Stellungnahme für die Praxis war geprägt von meiner grundsätzlichen Anschauung über deren Wert im schulischen Musikunterricht, aber auch von meiner Mitwirkung im Arbeitskreis zur Reform der musikalischen Bildung.

Bei der internationalen Konferenz der ISME in Budapest 1963 lernte ich Zoltán Kodály und das von ihm initiierte und entwickelte System der ungarischen Musikerziehung kennen. Als ich zurückkam, schrieb ich einen Bericht an das Ministerium und machte den Vorschlag, für das Land einen Arbeitskreis für Musik zu gründen, der nicht nur die Schulmusik umfassen sollte, sondern die gesamte musikalische Ausbildung, vom Kindergarten an über die allgemein bildenden Schulen zu Musikschulen, Hochschulen, Laienmusizieren usw. Mitarbeiter in diesem Arbeitskreis war der Erziehungswissenschaftler Georg Picht. Der Plan, der 1967 abgeschlossen war, enthielt für die Schulmusik einen wesentlichen Vorschlag: Die Einrichtung von Schulen mit Musik als Kernfach. In Baden-Württemberg wurden drei Versuchsschulen mit der Erprobung beauftragt.

In der Begrüßungsrede der Bundesschulmusikwoche in München sind sieben Forderungen aufgezählt, die auch heute noch als aktuell gelten können. Das gemeinsame Denken, Reflektieren und Handeln, aber auch standespolitische Forderungen. Hat sich in den letzten 20 Jahren denn nichts verändert? Sind wir heute weiter als in den siebziger Jahren, hat die Schulmusik einen besseren Stellenwert?

Inhaltlich hat sich der Musikunterricht zweifellos weiter entwickelt, in der Öffentlichkeit hat er aber inzwischen nur begrenzt einen besseren Stellenwert.

Woran liegt das?

Das ist schwer zu sagen. Verschiedene Gründe scheinen mir dafür maßgeblich zu sein.

Erstens ist Musik ein schwieriges Fach. Jemand, der darin etwas erreichen will, muss arbeiten. Das wiederum hat die Konsequenz, dass es bei den Schülern nicht so sehr beliebt ist, wenn sie nicht eine besondere musikalische Begabung besitzen oder ihr Interesse für Musik nicht von einem engagierten Lehrer geweckt wurde.

Der zweite Grund ist, dass die Musik lange Zeit darunter gelitten hat, dass sie vor dem Krieg, vor allem im Dritten Reich, für politische Ideologien missbraucht wurde.

Ein dritter und wesentlicher Grund ist, dass die Musiklehrer nicht dafür vorgebildet wurden und werden, kulturpolitisch in Schule und Öffentlichkeit tätig zu werden und auf die Bedeutung der Musikerziehung bei jeder Gelegenheit und immer wieder hinzuweisen.

Dies war auch ein Grund, weshalb der vds 1981 die Veranstaltungsreihe „Schulen Musizieren“ einführte. Der ursprüngliche Plan war, in jeweils einem Jahr Landesbegegnungen mit Schulbesuchen der Eltern, Kurzreferaten durch Fachleute und, als wichtigster Teil, Konzerten in der Öffentlichkeit durchzuführen. Im jeweils darauf folgenden Jahr sollte dann eine Bundesbegegnung mit ausgesuchten Beispielgruppen aus allen Bundesländern folgen. Die Landesbegegnungen haben sich inzwischen unterschiedlich entwickelt, da generelle Schulbesuche der Eltern bei den Behörden auf wenig Gegenliebe stießen. Die Bundesbegegnungen florieren dank der Unterstützung durch die Ponto-Stiftung und dem Ideenreichtum und dem organisatorischen Geschick des Bundesbeauftragten Hermann Josef Lentz.

Für die Gründung von „Schulen Musizieren“ waren auch meine Erfahrungen am Gymnasium von Bedeutung. Ich kam im November 1946 nach Schorndorf, im

November 1948 hatte ich meine erste Aufführung in der evangelischen Kirche mit dem „Dettinger Te Deum" von Händel. Später folgten Bach-Kantaten, Bach-Motetten, alle Passionen, die h-moll-Messe usw. Den Chor stellte die Schule, das Orchester und die Solisten waren gemietet, damit die Qualität erhalten blieb. In meinem ganzen Berufsleben war das die schönste Zeit. 1953 begann ein Austausch mit England, was damals großes Aufsehen erregte. Das englische Orchester kam nach Schorndorf, im nächsten Jahr fuhr der Chor nach England. Wir waren immer reichlich zwei Wochen zusammen, wohnten in Familien und hatten gemeinsame Aufführungen. Ich lernte dort sehr interessante Menschen kennen. Einmal kam Benjamin Britten zu einem Konzert, bei dem wir ein Werk von ihm aufführten.

Wie bist du zum vds und zum Amt des Bundesvorsitzenden gekommen?

Der vds wurde 1949 gegründet, zu einer Zeit, als ich noch als Aushilfslehrer tätig war und als „Reingeschmeckter" noch keinen Kontakt mit anderen Kollegen hatte. Erst bei der ersten Bundesschulmusikwoche in Mainz bin ich 1955 zum vds gestoßen und traf dort Egon Kraus, mit dem ich zusammen in Köln studiert hatte.

Ich habe dann in Württemberg den Landesverband übernommen und ausgebaut. Mein erstes Ziel war, die drei Einzelverbände Südbaden, Nordbaden und Württemberg zusammenzuführen. Dies war aus Gründen einer unterschiedlichen Mentalität außerordentlich schwierig. Es dauerte mehrere Jahre, bis dies erreicht war. Als erstes führte ich unter anderem ein, dass sich die drei Vorsitzenden jedes Jahr zweimal trafen. Dann wurde ich unter Egon Kraus stellvertretender Bundesvorsitzender des vds. Bis dahin hatten wir sehr wenige Gemeinsamkeiten, aber bald näherten wir uns stark an. Als er 1970 den Vorsitz aufgab, sollte ich Vorsitzender werden. Ich war aber vollbeschäftigt mit einem Auslandssemester. Deshalb bat ich meinen Kollegen Erwin Fuchs, das Amt für kurze Zeit und mit meiner vollen sachlichen Unterstützung zu übernehmen. Nach neun Monaten war es dann ein nahtloser Übergang von ihm auf mich. Mein Stellvertreter war Peter Koch. Er ist Begründer des Bundesjugendorchesters. Er richtete in Osnabrück zunächst einmal ein Landesjugendorchester ein, dann gründete er über den Musikrat, der die Organisation leitete, das Bundesjugendorchester. Dies geschah in Zusammenarbeit zwischen dem vds, dem Deutschen Musikrat und anderen Organisationen.

Egon Kraus spielte auch nach 1970 eine wichtige Rolle im vds. Er gab weiterhin die Berichtsbände der Bundesschulmusikwochen in den siebziger Jahren heraus, weil ich ihn darum gebeten habe. Ich hatte an der Hochschule viel zu tun, deshalb hat er mir das abgenommen.

Was war Egon Kraus für eine Persönlichkeit?

Er ist ein hochbegabter Mensch und hat für die schulische Musikerziehung in Deutschland, über die ISME auch auf internationaler Ebene, sowie für den vds sehr viel geleistet. Aufgrund einer gewissen überempfindlichen Veranlagung zog er sich allmählich aus dem Kontakt mit bisherigen Kollegen und Mitarbeitern zurück.

Als du in den siebziger Jahren Bundesvorsitzender warst, war Wehrle stellvertretender Bundesvorsitzender und Benker Mitglied im Bundesvorstand. Haben beide spezifisch süddeutsche Eigenideen eingebracht?

Ich will so sagen: Der Ideenlieferer war ich, aber die Unterstützung kam von Benker und Wehrle, ganz besonders bei „Schulen Musizieren". 1975 habe ich bei der Bundesversammlung der Ländervertreter den Vorschlag gemacht, „Schulen Musizieren" ins Leben zu rufen, und schallendes Gelächter geerntet. Wehrle, als versierter Politiker, schlug vor, jetzt bei den einzelnen Kollegen mit der Überzeugungsarbeit anzufangen. Bei der nächsten Zusammenkunft der Ländervertreter wurde der Vorschlag mit einer Stimme Mehrheit angenommen. Das süddeutsche Element gab dabei mit den Ausschlag, weil dort die musikalische Praxis in der Schulmusik stärker betont wurde.

Was waren weitere wichtige Ideen für die nächsten Bundesschulmusikwochen, z. B. 1978 in Karlsruhe oder 1980 in Osnabrück?

In meiner Tätigkeit im vds war ich immer bestrebt, das Fach Musik und seine positiven Wirkungen in der Öffentlichkeit mit dem Ziel bekannter zu machen, mehr Unterrichtsstunden zu bekommen. Wir hielten die Bundestagung 1975 in Mainz ab. Sie bildete einen wesentlichen Anstoß für die Zusammenarbeit mit Menschen von außerhalb der Musikpädagogik. Damals trat zum ersten Mal Dieter Zimmerschied in Erscheinung, der die Tagung stark förderte.

Welche Rolle haben die Bundestagungen innerhalb der vds-Arbeit gespielt?

Sie sind ausgegangen von der Idee, dass ein kleinerer Kreis zusammenkommt, es sollten Fachleute und andere Experten zu Wort kommen. Die Ziele waren sehr unterschiedlich, aber die inhaltliche Weiterentwicklung der schulischen Musikerziehung war immer ein gemeinsames Anliegen. Als ich Anfang der siebziger Jahre den Bundesvorsitz übernommen hatte, war eine der ersten Maßnahmen die Vorbereitung einer Tagung in Lübeck über den Musikunterricht in der Grundschule. Das hat sich dann im Laufe der siebziger Jahre fortgesetzt: fachinterne Tagungen mit Fachleuten. Eine wichtige Tagung war auch in Hamburg 1977. Da ging es um die Frage, ob Musik auch eine therapeutische Wirkung hat. Teilnehmer waren u. a. Vertreter der Bundes- und Kulturpolitik, der Vorsitzende des deutschen Ärztebundes und Elternvertreter.

Warum wurden Ende der siebziger Jahre die vds-Bundestagungen eingestellt?

Der Grund dafür war die Befürchtung einer möglichen Überlastung der Bundesgeschäftsstelle, weil ab 1981 „Schulen Musizieren" dazukam. Es war somit ein rein organisatorischer Grund, die Bundestagungen einzustellen.

Wie vollzog sich 1980 die „Wachablösung" im vds?
War dein Nachfolger als Bundesvorsitzender Karl Heinrich Ehrenforth?

Ehrenforth war bereits als Leiter des Grundsatzreferates im vds-Vorstand tätig. Insofern wäre er mein geeigneter Nachfolger gewesen. Es wurde aber zuerst der Landesvorsitzende von Nordrhein-Westfalen gewählt, Oberstudiendirektor Rubarth. Das hatte verbandspolitische Gründe: Kurz davor, also Ende der siebziger Jahre, war die Entwicklung soweit gediehen, dass sich Nordrhein-Westfalen vom vds absondern wollte. Im Gespräch war die Trennung vom vds-Bundesverband und die Bildung eines eigenen, völlig selbstständigen Verbandes oder der Zusammenschluss mit dem Arbeitskreis für Schulmusik (AfS). Nach langen Gesprächen – von Seiten des vds mit Peter Koch – erreichten wir, dass die Vertreter des Landesverbandes Nordrhein-Westfalen ihre Pläne zunächst aufgaben. Da die Gefahr der Trennung latent noch immer vorhanden war, entschied ich mich spontan für den Landesvorsitzenden von Nordrhein-Westfalen, Rubarth. Nach kurzer Zeit stellte sich dann heraus, dass ich eine Fehlentscheidung getroffen hatte. Da sich die nordrhein-westfälische Entwicklung inzwischen beruhigt hatte, wurde Rubarth bald von Ehrenforth abgelöst.

**Gab es damals typisch bayerische Positionen?
Wollte sich Bayern nicht auch selbstständig machen?**

Während meiner Zeit als Bundesvorsitzender wollte sich der vbs nicht vom Bundesverband trennen. Bayern versuchte aber vorher, schon früher, sich zu einem selbstständigen Verband zu entwickeln, unter Anlehnung an den Bundesverband und nicht als sein Mitglied. Auch in der Frage der Musikerziehung gab es eigenständige Positionen. Zunächst in der Ausbildung der Wegfall des wissenschaftlichen Faches, zweitens, außerordentlich positiv anzusehen, die Möglichkeit des kostenfreien Instrumentalunterrichtes. Das übernahm ich bei der Einführung von Musikzügen in Baden-Württemberg. Ich habe in dem bereits genannten Arbeitskreis den Vorschlag eingebracht und habe ein Modell entwickelt, immer unter Angabe von Kosten. Ich hatte die glückliche Idee, einen Vertreter des Kultusministeriums dabei zu haben, der immer die Hand hob und sagte: „Organisatorisch oder finanziell nicht machbar." Dann änderten wir das entsprechend.

Auf Grund meiner Erfahrungen in Bayern haben wir in einigen Versuchsschulen einen Musikzug eingeführt. Jeder Schüler bekam im ersten Jahr kostenlosen Instrumentalunterricht. Im zweiten Jahr waren die Kosten gestiegen, das ging bis zur ersten finanziellen Flaute in der Politik, dann war das Geld auch dafür nicht mehr vorhanden. Dann änderte man das zunächst insofern, als man sagte, nur Schüler, deren Eltern den Unterricht nicht bezahlen können, bekommen kostenlosen Unterricht. Je mehr Schulen und je mehr Klassen dazukamen, umso weniger konnte vom Staat bezahlt werden. Ich schlug dann vor, wenn Schüler sich melden, deren Eltern nicht in der Lage sind, Instrumentalunterricht zu bezahlen, wird das von einer eigens dafür gebildeten schulischen Organisation übernommen.

Haben die bayerischen Vertreter hervorgehoben, dass die Situation des Musikunterrichtes in Bayern besser ist?

Die Ansichten darüber waren nicht einheitlich. Für das Doppelfach wurden die gründlichere musikalische Ausbildung sowie die Erteilung des Instrumentalunterrichtes durch den Schulmusiker angeführt. Für das System mit einem wissenschaftlichen Beifach die Ausweitung des persönlichen Gesichtsfeldes.

Wie äußerte sich Benker zu dieser Frage?

Benker hat sich mir gegenüber nicht darüber geäußert. Aber, da er in erster Linie ein Praktiker war, dürfte er für das Doppelfach eingetreten sein.

Wir sprachen zu Beginn darüber, dass nach 1968 auch in der Musikerziehung ein neuer Zeitabschnitt begann. Wann ging dieser Abschnitt zu Ende, wann ist der nächste Einschnitt festzustellen? 1980, 1982 oder später?
Was änderte sich dann, welche neuen Ideen kommen auf?
War Ehrenforth eine Fortsetzung der von dir eingeschlagenen Linie?

Wenn ich die Akzente vergleiche, dann war das Jahrzehnt 1950 bis 1960 durch noch spürbare Einflüsse nationalsozialistischer Haltungen in manchen Kollegenkreisen bestimmt. Das machte sich z. B. in der absoluten Unterschätzung von Mendelssohn Bartholdy bemerkbar. Man sagte, diese Musik sei oberflächlich. Dann war dieses Jahrzehnt dadurch gekennzeichnet, dass der Musikunterricht in der Grund-, Haupt- und Realschule eine untergeordnete Rolle spielte. Und der dritte Punkt war, dass in dieser Zeit Musikunterricht auch an den Gymnasien im Wesentlichen noch reiner Gesangsunterricht war. Dann kam um 1960 die stärkere Berücksichtigung der übrigen Schularten, ohne dass man aber eigene Arbeitskreise gegründet hatte.

Der größere Einschnitt kam erst Anfang der siebziger Jahre. Das Wesentliche war eine Spaltung der Musikpädagogik durch den Kampf für oder wider das Kunstwerk, die gesellschaftliche Bedeutung des Schalls und die auditive Wahrnehmungserziehung. Damit haben wir uns im Verband lebhaft auseinandergesetzt. Ich habe Günther, den Vorreiter der sogenannten „Progressiven", in die Bundesschulmusikwochen immer einbezogen, damit er dort seine Ideen vertreten konnte. Aber ich habe einige Diskussionen mit Günther gehabt, die nicht sehr erfreulich waren, weil wir zu verschiedene Ausgangspunkte hatten. Von ihm ging auch die Idee der einphasigen Ausbildung, d. h. ohne Referendariat, aus.

Man kann sagen, dass auch der Regierungswechsel ab 1972 eine Rolle spielte. An der Hochschule war es früher besser. Ich war ab 1966 Prorektor der Stuttgarter Musikhochschule. Sie hatte damals ihre Blütezeit, was die Zahl ihrer Studenten anging. Unter ca. 1000 Studenten gab es drei kommunistische Gruppen. Jede Woche gab es eine Vollversammlung, und der einzige der Professoren, der hinging, war ich. Ich habe mich gestellt, bin auch beschimpft worden, es war eine schreckliche Zeit. Ich habe mir alles gefallen lassen, auch als ich als „Lakai des Kultusministeriums" bezeichnet wurde. Nur ein einziges Mal verlor ich meine

Fassung, als ich als „alter Nazi" betitelt wurde. In einem Wutanfall habe ich über meine Erlebnisse im Dritten Reich berichtet und die Schreier zur Ruhe gebracht.

Man kann sagen, dass um 1982 dann wieder ein Umbruch erfolgte?

Richtig. Es war dann wieder mehr Werteerziehung gefragt. Das hat sich dann bis heute fortgesetzt. Was ich in den siebziger Jahren noch einführte, war eine engere Zusammenarbeit mit anderen musikpädagogischen Verbänden, und zwar über den Musikrat. Ich war Stellvertreter und eine Zeit auch Vorsitzender der Arbeitsgemeinschaft für Musikerziehung und Musikpflege. Da war zum Beispiel eine enge Zusammenarbeit mit den Musikschulen gut möglich. Der damalige Vorsitzende Wucher, der spätere Vertreter der GEW, war sehr schnell einer Meinung mit mir, wie wir besser zusammenarbeiten könnten. Der Hemmschuh kam immer von einzelnen Musikschulen in den Landesverbänden. Mitte der siebziger Jahre musste ich gegen den Verband der Musikschulen vorgehen, weil von Hessen ein Vorschlag kam, Musik in der Grundschule den Lehrern der Musikschule zu übergeben. Dieser Vorschlag wurde dann aber nicht weiter verfolgt. Dann initiierte ich eine engere Zusammenarbeit mit dem Deutschen Sängerbund. Meine Idee war, wenn wir ihn mit seiner Million Mitgliedern auf unserer Seite haben, haben wir auf eine bessere Gestaltung der Schulmusik im Fächerkanon mehr Einfluss. Wir haben insofern dem Deutschen Sängerbund etwas entgegengebracht, als wir eine Fortbildung von Dirigenten von Kinderchören einführten. In gemeinsamen Sitzungen mit Vertretern des Sängerbundes, der Musikhochschulen, Praktikern der Schulmusik und des vds entwickelten wir Pläne, die zu den Fortbildungsveranstaltungen in Trossingen führten. Dort habe ich zehn Jahre mitgearbeitet.

1973 wurde die GMP (Gesellschaft für Musikpädagogik) gegründet. In den bayerischen Verbandsnachrichten wurde darüber eine ziemliche Auseinandersetzung veröffentlicht, die die Gründung dieser Gesellschaft als überflüssig darstellte. Wie verhielt sich der vds dazu?

In meiner Zeit hatten wir wenig mit der GMP zu tun. Auch der vds fand die GMP für überflüssig. Das war vielleicht ein Negativum meiner Zeit, dass ich mich zu wenig um die anderen Fachverbände gekümmert habe.

War der vds damals mehr ein Gymnasiallehrerverband und hat sich in erster Linie für Musik am Gymnasium eingesetzt oder spielten auch Grund-, Haupt- und Realschule eine Rolle?

Ursprünglich war der vds ein ziemlich eindeutiger Verband für Gymnasialmusiklehrer. Das zeigte sich in den ersten Bundesschulmusikwochen. Da waren ca. 80% Lehrer von Gymnasien dabei. Allmählich wandelte sich das Bild, aber wenn Lehrer von Grund- und Hauptschulen und auch von Realschulen zu den Bundesschulmusikwochen kamen, waren sie meistens Zuhörer. Im Laufe der sechziger Jahre kam eine stärkere Berücksichtigung der anderen Schularten dazu. In den siebziger Jahren versuchte man, Musik in der Grundschule zu intensivieren. Man richtete bei den Bundesschulmusikwochen Arbeitskreise und Fortbildungsveranstaltungen auch für die Grundschule ein.

**Was war das entscheidend Neue zu Beginn der achtziger Jahre?
Welche Begründung gibt es, dass nach dir eine neue Zeit angeht?
Wie würdest du die Situation beurteilen?**

In den achtziger Jahren war zum Beispiel das Neue, dass Musik als Abiturfach institutionalisiert war. Infolgedessen hat der Verband wesentlich mitgearbeitet an Entwürfen für den Musikunterricht. Das war zwar von Anfang an der Fall gewesen. Der Verband hat schon seit 1955 sich bei Kultusministerien angeboten, eigene Entwürfe vorzulegen. Seit den siebziger Jahren hat man dann versucht, durch stärkere persönliche Kontakte zu den Kultusministerien wirksam zu werden für die Inhalte. Hier waren im zunehmenden Maße die Landesverbände gefragt.

Spielten in dieser Zeit auch Neuere Musik und neue Medien eine Rolle oder wird das im Nachhinein überbewertet? Ich denke zum Beispiel an das Musikbuch „Sequenzen".

Als ich 1946 nach Baden-Württemberg kam, gab es in meiner Schule keine Musikbücher, keinen eigenen Unterrichtsraum, keine Instrumente. Zum Glück hatte ich wenigstens eine Tafel. Das bedeutete, der Unterricht wurde von Mund zu Mund gegeben, die Schüler mussten sehr viel auswendig lernen. Das war eine phantastische Gedächtnisausbildung. Mitte der fünfziger Jahre habe ich für das Gymnasium eines der ersten Aufnahmegeräte gekauft, ein Telefunken-Tondrahtgerät, das sehr teuer war. Da konnte man Chorproben und Konzerte aufnehmen und nachher abhören. Das war natürlich eine primitive Angelegenheit, die technische Qualität war „unter aller Sau". Das war das erste Gerät, das ich im Unterricht benützte. Die Schallplatte kam in der zweiten Hälfte der fünfziger Jahre, aber es war immer so, dass die ganze Entwicklung gehemmt wurde durch das geringe Geld, das dem Fach Musik in den Schulen zur Verfügung stand. In den fünfziger Jahren hat der Schulfunk eine sehr große Rolle gespielt. Ich habe in meiner Zeit am Gymnasium über 50 Schulfunksendungen durchgeführt, einmal eine Reihe von sechs Sendungen, die live übertragen wurden. Das waren Unterrichtsstunden in Schorndorf in einer fremden Klasse. Ich hatte eine 6. Klasse, und wir mussten vorher Namensschilder anbringen, weil ich die Kinder nicht kannte. In der dritten Stunde kamen sie auf die Idee, die Schilder auszuwechseln. Es gab natürlich Verwechslungen und dadurch zwischendurch schallendes Gelächter. Das wurde alles live übertragen. Ich habe dann einfach mitgelacht und erklärt, was los ist. Daraufhin haben wir nach der Sendung eine große Zahl von Zuschriften bekommen, wir sollten doch öfter eine solche Live-Sendung machen.

Ein wichtiger vorbereitender Faktor für die Hinführung zu Neuer Musik war in dieser Zeit die Improvisation in der Klasse, vor allem wenn man diese Musik aufnehmen, überspielen und besprechen konnte. Der Schulfunk war der Ersatz für die technischen Medien in jener Zeit. Langsam hat sich die Situation der Ausstattung verbessert. Dann kam der starke Einfluss der Popularmusik mit ihren schnell wechselnden Ausprägungen. Von da an hinkte die Schulmusik immer hinterher. Es ist überhaupt eine Frage, ob Schule alle zeitgenössischen Strömungen mit übernehmen muss, ob sie nicht abwarten sollte, ob sich daraus etwas Bleibenderes entwickelt. So hat das Unterrichtswerk „Sequenzen" keinen bleibenden Erfolg gehabt.

Beschäftigte sich der vds mit Popularmusik?

Natürlich hat er sich damit beschäftigt. Erstens, indem er einen Arbeitskreis für Popularmusik einrichtete. Zweitens, indem er Popularmusik schon 1981 bei „Schulen Musizieren" in Bonn aufnahm. Damals war eine Gruppe mit Popularmusik vertreten. Die Gruppe, die 1981 den größten Erfolg in Bonn hatte, kam übrigens aus Bayern. Es war eine Tanzgruppe des Münchner Dante-Gymnasiums unter Leitung von Peter Tomanke. Ich bin damals zu jeder Gruppe hingefahren und habe sie mir angeschaut. Von der Münchner Gruppe war ich so beeindruckt, dass wir beschlossen, diese Gruppe kommt zum Schluss. Wir hatten damals noch keine Erfahrung, und auf Empfehlung vom Musikrat hatten wir einen Vertreter des WDR als Koordinator eingesetzt, der die einzelnen Gruppen vorstellte. Er sollte jede Gruppe drei Minuten vorstellen, woran er sich nicht hielt. Er redete jeweils zwischen zehn und 15 Minuten. Dadurch wurde die Veranstaltung vier

Stunden lang. Der gesamte Vorstand der Ponto-Stiftung saß in der ersten Reihe. Ich dachte, wenn der sich langweilt, ist es vorbei mit der Unterstützung. Sie haben aber die ganze Zeit interessiert zugehört. Als dann Tomanke als Letzter auftrat, gab es einen rasenden Beifall. Mit bayerischen Gruppen habe ich immer die besten Erfahrungen gemacht.

Wie kam es zu deinem Schulbuch „Musik um uns"?
Was war der Ansatz dieses Buches? Es gibt ja sehr viele Neuauflagen davon.

Ich bin 1955 von einem Verlag gefragt worden, ob ich an einem Buch mitarbeiten möchte, nämlich „Unser Liederbuch". Das wurde von meinem Vorgänger an der Hochschule, Karl Aichele, herausgegeben. Ich habe das getan. In dem Buch waren hauptsächlich Lieder und Volkslieder zu finden. Ich habe den Inhalt sofort erweitert, vom Volkslied auf nationale und internationale Folklore. Und wie es in der damaligen Zeit üblich war, habe ich ein System entwickelt, Volkslied und Sinfonie, Volkslied und Kantate usw. In den sechziger Jahren haben wir eine neue Konzeption entworfen und den Namen geändert auf „Musik um uns". Es gab auch einen neuen Mitarbeiterstab. Die Idee war, den Schülern ein Buch zur Verfügung zu stellen, das sie musikalisch bildete, aber nicht überforderte. Das ist leider nicht immer geglückt. Man suchte sich selbstverständlich gute Mitarbeiter, aber gute Mitarbeiter neigen dazu, ihre Kenntnisse bei Schülern zu stark vorauszusetzen. Ich habe dann bei der zweiten oder dritten Auflage einen neuen Weg eingeschlagen. Ich habe für das Buch inhaltlich drei verschiedene Modelle entwickelt und habe sie über den Verlag an 80 Kollegen im ganzen Bundesgebiet mit der Bitte geschickt, sich das anzusehen und zurückzumelden, welches Modell sie für das geeigneteste halten. Für Verbesserungsvorschläge war ich natürlich auch dankbar. Das hat sich als sehr wertvoll erwiesen. Der Vorschlag A war im Wesentlichen sehr musikwissenschaftlich ausgerichtet, gerade in der Oberstufe. Der Vorschlag B war im Wesentlichen praktisch ausgerichtet, so wie bisher „Unser Liederbuch" gewesen war. Der Vorschlag C war eine Mischung von beiden. Von 80 angeschriebenen Kollegen haben über 50 geantwortet und sich eindeutig für Vorschlag C entschieden. Eine weitere Idee war, Eigentätigkeit in allen Schulstufen zu ermöglichen und dazu zu animieren sowie interdisziplinär zu unterrichten.

Hierbei habe ich Erfahrungen aus der ISME verwendet. In Amerika und Australien war der interdisziplinäre Unterricht wesentlich stärker verbreitet als bei uns. Auch der musikwissenschaftliche Aspekt wurde stärker als bisher berücksichtigt. So hat sich das Werk entwickelt und wurde ein großer Erfolg. Auch die Bereiche Blues, Jazz und Popularmusik waren bereits sehr früh vertreten.

Waren deine Bücher in Bayern auch verbreitet?

Das bayerische Ministerium hatte die Bücher abgelehnt, weil man in Bayern für jede einzelne Klassenstufe ein Buch haben wollte. Wir hatten aber ein Buch für 5/6, für 7–10 und für 11–13. Ich weiß aber, dass viele bayerische Kollegen die Bücher angeschafft hatten.

Wie würdest du die Entwicklung der Schulmusik in den siebziger Jahren zusammenfassen?

1. Der zunehmende Einfluss der Politik in den siebziger Jahren auf Schule und Schulmusik.
2. Dieser Einfluss auf den vds.
3. Die Schaffung des Abiturfaches Musik mit Auswirkung auf die Verbandsarbeit.
4. Die zunehmende Bedeutung der Musikwissenschaft und Musikdidaktik.
5. Die Gegenarbeit von Verbandsseite, als das praktische Musizieren so stark zurückgedrängt wurde, dass man sogar die These vertrat, es sei nicht nötig, selbst Musik zu machen, weil das zu dilettantisch ist.
6. Der Versuch, die Kenntnis über den Einfluss der Musik und Musikerziehung in diesem Jahrzehnt in der Öffentlichkeit zu verstärken durch Zusammenarbeit mit Politikern und weiteren Vertretern des öffentlichen Lebens, vor allem der Kultusverwaltung und, last not least, mit den Eltern.
7. Die Zusammenarbeit des vds mit anderen Musikverbänden, teilweise inhaltlich, teilweise politisch.
8. Die Entwicklung der Musikdidaktik in diesem Jahrzehnt in Hinsicht auf die Einordnung der Musikwissenschaft in die Ausbildung und den Unterricht

In der Ausbildung muss man von der Kestenberg-Reform ausgehen, nach der das Schulfach Musik sich erst zu einem richtigen Fach entwickeln konnte. Die ersten positiven Konsequenzen ergaben sich in den letzten drei Jahren der zwanziger Jahre und wurden dann durch den Nationalsozialismus sehr stark gehemmt. Denn im Dritten Reich war die Aufgabe des Musikunterrichts, den Ideen der Partei zu dienen und eigene Ideen tunlichst zu vermeiden. Musik als selbstständiges Fach war unbekannt. Nach dem Krieg hatten wir eine Isolierung des Musikunterrichtes, sogar innerhalb des einzelnen Ortes, d. h. der Musikunterricht und der Musiklehrer waren auf sich selbst gestellt. Durch Gründung des vds kam dann eine Zusammenarbeit in Bezirken, Regionen und dann auf Bundesebene. Das machte sich bemerkbar auch in der Ausbildung. Einer der Hauptnachteile in der Ausbildung schon in der Zeit vor dem Nationalsozialismus war, dass es mehr als ein Versuch angesehen wurde, Schulmusiker an Musikhochschulen auszubilden. Die Beschränkung auf drei Hochschulen in Preußen, Berlin, Köln und Königsberg, und einige wenige in anderen Ländern erwies sich als großes Hindernis. Die Möglichkeit, Schulmusiker in größerer Anzahl auszubilden, war zunächst einmal nicht gegeben. Baden-Württemberg führte zum Beispiel eine Schulmusikabteilung erst in den fünfziger Jahren ein.

Der zweite Nachteil war, dass die Schulmusikerausbildung an den Musikhochschulen als ein unwesentliches Anhängsel angesehen wurde und Hauptaufgabe die künstlerische Ausbildung war. Also erstens zu wenig, zweitens nicht in der richtigen Mischung. Das führte zu einer Überbetonung der Ansprüche bei der Aufnahmeprüfung in den sog. künstlerischen Fächern, übrigens bis heute. Pädagogisch wurde überhaupt nichts geprüft. Das ging eigentlich bis 1960. Dann kamen die Versuche, erstens eine selbstständige akademische Ausbildung für Grund-, Haupt- und Realschullehrer und Gymnasiallehrer einzuführen. Aber es wurden immer noch viel zu wenig Schulmusiker ausgebildet. Dann war die Konferenz der Abteilungsleiter, wo Erfahrungen ausgetauscht wurden, zuerst, meines Erachtens, nicht allzu fruchtbar. Dann innerhalb der Abteilungen Schulmusik eine stärkere Konzentrierung auf Pädagogik und pädagogische Nebenfächer, später stärkere Ausrichtung auf Didaktik, aber immer zusätzlich zu der künstlerischen Ausbildung. Praktische Schulversuche, die ich schon von meinem Studium ab 1931 kannte, waren in Baden-Württemberg völlig unbekannt. Als ich als Abteilungsleiter an die Hochschule kam und versuchte, das einzuführen, kam ein kategorisches Nein von Seiten des Kultusministeriums, erstens aus Gründen des Niveaus, zweitens aus Gründen der Gleichbehandlung aller Fächer. Wenn die Musik das macht, dann kommen die anderen auch. Ich führte das dann gegen den Willen und ohne Wissen des Kultusministeriums in Stuttgart ein und hatte ein privates Abkommen mit einer Schule, wo Hospitationen und Unterrichtsversuche möglich waren. 1977 bin ich dann ausgeschieden aus der Hochschule und habe den direkten Kontakt verloren.

Was hat sich von den sechziger Jahren an bis zu deinem Ausscheiden aus dem Hochschuldienst 1977 verändert, auch in Bezug auf die Studenten? Was waren deine Unterrichtsfächer und Schwerpunkte?

Erstens wurde das Studium von Fächern befreit, die man als nicht wesentlich ansah oder die übertrieben erteilt wurden. Als ich kam, war zum Beispiel „Geschichte der Schulmusik“ ein Hauptfach und früher sogar ein Prüfungsfach. Das konnte man aber in zwei Semestern erledigen. Dann kam eine unterschiedliche Gewichtung des Faches Gehörbildung, die Neueinführung des Faches schulpraktisches Klavierspiel, zum Beispiel in Stuttgart 1968 von mir eingeführt. Dann kam natürlich die stärkere Konzentration auf Musikdidaktik in der Ausbildung. Je nach Hochschule sehr unterschiedlich die Zusammenarbeit mit anderen Abteilungen. Zum Beispiel arbeiteten wir in Stuttgart zwischen 1970 und 1980 sehr stark mit der Abteilung Neue Musik zusammen. Da waren namhafte Vertreter, und die Studenten kamen mit modernen Werken in Kontakt, die man didaktisch aufarbeitete, was nicht sehr leicht ist. Es gab ein eigenes Studio für elektronische Musik, das ich als Abteilungsleiter und späterer Prorektor ab 1964 fördern konnte.

Wurden die gesellschaftlichen Entwicklungen beziehungsweise Musik als Sozialkomponente, wie sie auch 1972 Thema in Kassel war, auch im Studium berücksichtigt?

Durch meine Tätigkeit als Prorektor war ich sehr stark beeinflusst und auch engagiert gegenüber den kommunistischen Gruppen und habe die Erfahrung gemacht, dass die Musikstudenten, die nicht in diesen Gruppen waren, besonders auch die Schulmusiker, völlig desinteressiert waren. Infolgedessen habe ich eine Vorlesungs- und Diskussionsreihe über die politische Bedeutung von Musikerziehung eingeführt. Es wäre übertrieben zu sagen, dass ich damit großen Erfolg hatte. Meine Abteilung hatte in der Blütezeit ca. 240 Studenten, und davon waren höchstens 50 in diesen Vorlesungen. Es hat sich in der Zwischenzeit nicht viel weiter entwickelt.

Die Kooperation mit den Eltern ist hier von großer Wichtigkeit. Der vds arbeitet seit der Bundestagung in Mainz eng zusammen mit dem Bundeselternrat. Wir haben den Bundeselternrat immer auf unserer Seite gehabt, und er hat damals insgesamt drei Resolutionen an die KMK verabschiedet, in welchen er eine stärkere Berücksichtigung des Faches Musik in der Schule verlangte. Das, meine ich, müsste auch in den einzelnen Schulen in Gang gesetzt werden, dass der Musiklehrer die Eltern zugunsten seines Faches beeinflussen kann. Musik wird immer am ehesten eine Breitenwirkung haben, wenn Konzerte veranstaltet werden, aber das Konzert allein bewirkt nicht viel, es muss eine entsprechende Aufklärung dazukommen. Wenn Schüler in Musik keinen Pflichtunterricht mehr haben, kann man auch keine Konzerte veranstalten. Die Rektoren werden sich dann aber dagegen wehren, wenn sie in der Musik kein Aushängeschild für ihre Schule mehr finden. Ich habe es immer so gemacht, dass ich vor einem Konzert eine Einführung gegeben habe und in diese Einführungen meine Ideen, von denen ich gerade gesprochen habe, mit eingebaut habe.

Nach dem Krieg war das Interesse für Kultur viel größer als heute. Ich meine daher, dass die Studenten bereits in ihrer Ausbildung über die individuellen und gesellschaftlichen Bedeutungen ihres Faches gegenüber anderen Fächern informiert werden müssen. Sie müssen später auch in der Weiterbildung befähigt werden, diese Gedanken in Schule und Öffentlichkeit zu vertreten, zumal auch dann, wenn sich die Konzeption einer autonomen Schule weiter durchsetzt.

Gab es innerhalb der Konferenz der Abteilungsleiter in den sechziger und siebziger Jahren besonders futuristische Vertreter?

Innovative Gedanken kamen am ehesten von Würzburg, und zwar von Hennevogel. Er war ein Kollege, dessen Gedanken und Vorschläge durchdacht und praktikabel waren. Ich versuchte, ihn auch einmal für den vds als Vorsitzenden zu gewinnen, aber damals war seine Entscheidung für Würzburg bereits gefallen.

1969 wurde „Musik und Bildung“ als Fortsetzung von „Musik im Unterricht“ begründet. Welche Erinnerungen hast du in Bezug auf die Zusammenarbeit von vds-Bundesverband, Schott, „Musik und Bildung“ bzw. in Bezug auf die Einflussnahme des vds auf „Musik und Bildung“ in der Anfangszeit?

Das hat sich folgendermaßen entwickelt: Zuerst kam ein Beiblatt „Musik in der Schule“ zu der damals existierenden Hauptzeitschrift. Dann wurde das Beiblatt zu einem eigenen Teil in dieser Zeitschrift. Das Dritte war dann eine selbstständige Zeitschrift „Musik und Bildung“. Initiiert und geleitet wurde alles von Kraus. Infolgedessen war die Verbindung zwischen vds-Vorstand, „Musik und Bildung“ und dem Schott-Verlag ziemlich eng. Die Schwierigkeit war immer, geeignete Mitarbeiter zu finden. Vor allem tüchtige Leute, die in ihrer Schularbeit stark engagiert waren, haben das als nicht so wichtig angesehen oder sie fühlten sich zeitlich überfordert. Deswegen waren die ersten Jahrzehnte von „Musik und Bildung“ ziemlich einseitig durch Hochschullehrer ausgerichtet. Das änderte sich dann, als sich das Herausgebergremium erweiterte. In den letzten fünf, sechs Jahren habe ich die Erfahrung gemacht, dass das Gesicht von „Musik und Bildung“ zwar nicht das eines Organs des vds ist, aber die Interessen des vds doch wesentlich vertreten werden. Vor allem, weil mehr Mitarbeiter aus den Schulen kommen.

In den siebziger Jahren enthielt „Musik und Bildung" die Berichte über die Bundesschulmusikwochen und die Bundestagungen und so weiter Die Einzelinteressen des vds waren damals noch nicht so stark vertreten?

Nicht in dem Maße, wie das jetzt der Fall ist.

Wie war das Verhältnis zu Bernhard Bosse und der NMZ?

Das war zunächst ein Konkurrenzkampf, ein sehr starker, aber von beiden Seiten nicht sehr fairer Kampf. In der Zwischenzeit aber haben sich beide Seiten arrangiert. Ich würde sagen, Bosse ist mehr an der Realität der gegenwärtigen Situation interessiert. Wenn ich es ganz kühn ausdrücken will, Bosse entsprach mit seinem Konzept m. E. eher der „Bild am Sonntag" und Schott der „Welt am Sonntag". Gerade beim Musikrat habe ich bei Tagungen der Arbeitsgemeinschaft für Musikerziehung und Musikpflege mit Vertretern von Bosse zu tun gehabt. Da entwickelte sich langsam eine Annäherung.

Heinz Benker wandte sich 1973 an Bosse, weil er die vbs-Verbandsmitteilungen über die NMZ an die Mitglieder weitergeben wollte.

Ein wichtiger Grund war, er war mehr an den praktischen Berichten interessiert. Dann auch die Frage, wo sollen Landesmitteilungen veröffentlicht werden. Da war Bosse geschickter als Schott. Schott hat damals die vds-Landesverbände Nordrhein-Westfalen und Baden-Württemberg auf seine Seite gezogen.

In frühen Ausgaben von „Musik und Bildung" finden sich auch Berichte von Bremen, Niedersachsen und Berlin und vom Bundesvorstand.

Als ich den Vorstand übernommen hatte, arbeitete ich viel mit Andreas Eckart zusammen. Wir sagten, „Musik und Bildung" muss in jeder Ausgabe eine eigene Kolumne des vds haben, und wir haben in jede Nummer eine Veröffentlichung gebracht. Man sollte eine solche Maßnahme weiterführen.

Der vds müsste also besonders die Öffentlichkeitsarbeit wirksamer betreiben?

Die ISME hat früher bekannte Vorsitzende gehabt, Zoltán Kodály von 1963 bis 1967, dann Yehudi Menuhin. Beide haben einen großen Einfluss auf die Entwicklung dieser Organisation gehabt, wobei Yehudi Menuhin der politisch versiertere war, Kodály allerdings seine Erfahrungen aus Ungarn mit einbrachte. Wenn man mit Kodály sprach und ihn fragte, was er als Wesentliches an seiner Arbeit ansieht, dann lautete seine Antwort sinngemäß: Die ungarischen Musiklehrer müssen vor allem gute Fachleute sein. In Anbetracht dessen, dass Ungarn ein kleines Land mit einer sehr schwierigen Sprache ist, muss jeder, der sich mit seinen Ideen auch im Ausland durchsetzen will, bereits in der Ausbildung Fremdsprachen (Deutsch, Englisch, Französisch) studieren. Yehudi Menuhin war von der ISME her gesehen auch sehr stark politisch interessiert. Ein Beispiel: Für die ISME-Tagung 1970 in Moskau sollte ein amerikanischer Referent wegen seiner antikommunistischen Aufsätze keine Einreise in das Land erhalten. Als Menuhin mit der Absage des gesamten Weltkongresses drohte, erhielt der US-Bürger fast umgehend die Einreiseerlaubnis.

Du wolltest auch die Bundesschulmusikwoche 1976 absagen, weil keine Zusage für die finanzielle Unterstützung vorhanden war?

Nach vergeblichen Telefonanrufen bei den zuständigen Referenten entschloss ich mich, um ein kurzfristiges Gespräch bei dem Minister zu bitten. Ich verband meinen Antrag mit dem Hinweis, bei nicht rechtzeitiger Zusage der finanziellen Unterstützung durch das Kultusministerium die Bundesschulmusikwoche abzusagen und den Grund dafür über DPA und die großen Tageszeitungen zu publizieren. Das Gespräch kam schnell zustande und hatte, unter Beteiligung des zuständigen Referenten, das gewünschte Ergebnis.

Ich möchte zum Abschluss meines Interviews noch auf Folgendes hinweisen: Die fachliche, kulturelle und gesellschaftspolitische Entwicklung der Schulmusik in den siebziger Jahren hat zu einer engeren Zusammenarbeit zwischen dem Bundesvorstand und den einzelnen Ländern geführt. Denn den Landesverbänden kam ja die schwierige Aufgabe zu, den gemeinsam entwickelten neuen Vorschlägen für die Gestaltung des Musikunterrichts bei ihren Kultusministerien Geltung zu verschaffen. Hieraus resultierte auch das engere Verhältnis zwischen dem bayerischen Verband und mir, das ich immer dankbar akzeptiert habe.

Bernhard Binkowski verstarb am 14. Oktober 2002 in Schorndorf.

A 14:

vbs-Rundschreiben 4/72, S. 3–6: Berichte über die 9. Bundesschulmusikwoche in Kassel 1972

<u>Folgerung:</u>

Beibehaltung einer intensiven handwerklich-musikalischen Schulung, die jedoch mehr auf die spätere Praxis ausgerichtet sein muß. Das bedeutet, daß gleichbedeutend neben der künstlerischen Leistung <u>Wendigkeit</u> und <u>Vielseitigkeit</u> Ziel der Ausbildung sein muß.

Grundlagen musikwissenschaftlicher Arbeitsweise, Einführung in Terminologie und Tendenzen von Musiksoziologie und Ästhetik. Möglichkeiten zur Spezialisierung. Gezielte Hinführung auf den Beruf des Erziehers, möglichst schon durch regelmäßige Anschauung und eigenes Erleben der Schulpraxis während des Studiums.

b) <u>Kollege Bernd G e i g e r (Schweinfurt):</u>

Es grenzt an Masochismus, auf eine Tagung zu fahren, die ausgerechnet an den Pfingstfeiertagen und dazu im hohen Norden, in Kassel, stattfindet, für deren Besuch es keine kultus-ministeriellen Zuschüsse gibt und wo in Fortsetzung der letzten Veranstaltungen in Saarbrücken mit der großen Verunsicherung zu rechnen war. Hat es sich gelohnt?

Hier meine Erkenntnisse:

1. Der schöne Traum von der sozialintegrativen Funktion der Musik in der Gesamtschule scheint ausgeträumt. Erfahrungsberichte, die auf der Bundesschulmusikwoche u.a. von Paul Vogt, Freiburg, vorgetragen wurden, zeichneten ein recht negatives Bild. Vielleicht ist das Scheitern zurückzuführen auf die mangelhafte und bei einem derartigen Projekt so wichtige wissenschaftliche Begleitung. Leider versteht sich die Musikwissenschaft immer noch zu sehr als Musikarchäologie.

2. Daß sich der Begriff der Musik und damit die Musikpädagogik gewandelt haben, ist zwar ausdiskutiert, aber noch keineswegs voll begriffen worden. Wolfgang Roscher formulierte es in seinem Referat so: "Wenn Musik ein von Menschen und für Menschen unter historisch-soziokulturellen Bedingungen in bestimmten Strukturen getroffene Ordnung von Schall ist, dann gehören zur Musik nicht nur die Schallobjekte sondern auch die Subjekte, die mit ihnen durch Prozesse von Reflexen, Rezeption, Konsumtion, Produktion, Reproduktion, Demonstration verbunden sind. Diese ästhetischen Verhaltensweisen konstituieren notwendig auch die musikalischen Lernbereiche: Umwelt- und Funktionsanalyse, Material- und Strukturanalyse, Bedarfs- und Konsumanalyse, Improvisation und Komposition, Realisation und Interpretation, Interaktion und Kommunikation und bestimmen deren zugeordneten Lernziele, ästhetische Objekte und Prozesse, zu beziehen, zu erkennen, auszuwählen, zu erfinden, zu verwirklichen, auszuwerten."

3. Ästhetische Erziehung und Kommunikation waren die großen Schlagworte in Kassel. Immer wieder wurde hingewiesen, wie notwendig es sei, das Fach Musik in den Gesamtbereich ästhetischer Erziehung zu integrieren, u.a. mit der öffensichtlichen Absicht, uns durch einseitige Ausbildung geprägte Schulmusiker zum Abbau unserer kommunikativen Barrieren zu veranlassen. Hermann Rauhe führte u.a. an: "Musik spielt in der interdisziplinär angelegten kulturindustriellen Sozialisierung durch ästhetische Massenkommunikation eine wesentliche Rolle", oder "Die Bedingungen jedes Unterrichts, z.B. die Determinanten der Curriculumentwicklung, des Unterrichts als Metakommunikation, der Verbalisierung und Visualisierung nonverbaler auditiver Phänomene als pädagogische Metastufenbildung, sind interdisziplinärer Natur".

   Solche Wortdelikatessen erwärmen das Herz. J. Thiele schoß den Vogel ab mit so einschmeichelnden Wortschöpfungen wie: Digital-Kommunikation, Analog-Kommunikation, Grund- und Metastufe und Didaktik als System der digitalisierbaren Strukturen des Lehrgut - Sender - Empfänger - Bezugsfeldes.

4. Besondere Bedeutung hat der Musikunterricht unter dem Aspekt der auditiven Wahrnehmungserziehung erhalten. Leider waren die Unterrichtsbeispiele von Siegfried Clasen, Alex Eckert und Michael Vetter nur aus dem Elementarbereich genommen. Das gab ein schiefes Bild.

5. Übrigens auch Bayern, das seit langem durch Nonverbalisierung von sich Reden macht, meldete sich zu Wort. Einmal verbal in einem sehr ehrlichen Referat von Wolfgang Schmidt aus Erlangen, der glücklicherweise nicht der ihm vermutlich zugedachten bayerisch erzkonservativen Kunstwerkbetrachtspostkutscherrolle gerecht wurde, sondern die zentrale Stellung des musikalischen Kunstwerkes im Musikterricht in Frage stellte durch den Hinweis auf das Selbstverständnis der komponierenden Avantgarde und neue musikdidaktische Konzeptionen. Sehr richtig forderte er mehr musikdidaktische Forschung. Wolfgang Schmidt ist bezeichnenderweise für die Situation in Bayern ein ganz normaler Musiklehrer an einem Gymnasium. Die Damen und Herrn Musikdidaktiker an den Pädagogischen Hochschulen und der Musikhochschule schweigen, ob sie forschen, ist nach Lage der Dinge größtenteils zu bezweifeln, Nach den jüngsten Neubesetzungen von entsprechenden Dozenturen ist auch in Zukunft kaum mit einer Besserung zu rechnen. Bayern singt, es denkt nicht! Apropos Singen. Auch von auditiv sensibiliserten norddeutschen Kollegen uneingeschränkt zugestandener Höhepunkt der Kasseler Tage waren die Darbietungen des Chores der Gesamtschule Marktoberdorf unter der Leitung von Arthur Groß. So manche unmittelbar relevanten Decodierungen blieben einem da im Munde stecken.

6. Größtes Erlebnis war für mich zu erleben, wie systematisch Musikverlagskonzerne die musikdidaktische Macht ergreifen und damit ungeahnte Kettenreaktionen von Neupublikationen, Unterrichtswerken etc. hervorrufen, die fleißig die Kasse klingeln lassen werden. Verlagsautoren waren die Referenten in Kassel. Kaum ein Referat ohne den mehr oder weniger offensichtlichen Hinweis auf ein Unterrichtswerk und seine Folgen.

Mein Fazit: Weniger schulmusikalische Biederkeit, mehr Wissenschaftlichkeit und Experimentierfreude könnte uns nicht schaden.

c) Kollege Ekkehard H o l d e r b a c h (Kaufbeuren):

Zu den eigentümlichen Beobachtungen auf der 9. Bundesschulmusik-Woche in Kassel gehört die Kluft zwischen "Theoretikern" und "Praktikern". Man bemerkte sie zunächst mehr unterschwellig - in privaten Gesprächen, an auffallenden Beifalls- und Mißfallenskundgebungen während der Plenumsreferate und -diskussionen sowie an dem immer geringer werdenden Interesse für die Gruppendiskussionen. Offen wurde das Problem erst in der Schlußdiskussion angepackt; es habe sich die Schwierigkeit gezeigt, eine Fortbildungstagung mit einem Wissenschaftskongreß zu verbinden (S.Abel-Struth) bzw. es habe das "Zwischenstück" zwischen Theorie und Praxis gefehlt (R.Jakoby).

Wo liegen die Ursachen für eine solche Entwicklung, die ja - wenn der Schein nicht trügt - allgemein in der heutigen Schulwirklichkeit zu beobachten ist? Zu fragen, ob es früher besser war, hat wenig Sinn. Tatsache ist, daß Pädagogik heute (und auch speziell Musikpädagogik) ein immer kompliziertes "Gebilde geworden ist, bedingt durch neue, z.T. umwälzende Erkenntnisse und Entwicklungen in der Erziehungswissenschaft sowie in weiteren, sie ergänzenden Wissenschaftszweigen. Bei dem Bemühen bzw. Versuch, die neuen Theorien der Praxis zuzuführen, sie in die Praxis umzusetzen, treten nun die Schwierigkeiten auf. Zu neu sind manche Theorien für den "Praktiker", sie widersprechen z.T. sogar herkömmlichen Anschauungen, sie bestätigen die bisherige("bewährte"?) Praxis nicht. So sieht der Praktiker nicht nur sein Tun, sondern auch seine Position gefährdet; er ist geneigt, das Neue, eben weil es nicht "bewährt" ist, beiseite liegenzulassen, ohne sich systematisch damit auseinanderzusetzen. Es sei in diesem Zusammenhang darauf verwiesen, daß auf Bundesschulmusik-Wochen die Vorführungen zur Unterrichtspraxis weit mehr Zulauf bzw. Zustimmung finden und fanden, als Referate und Diskussionen, in denen ja z.T. "Unterricht in Musik" und damit zusammenhängende Probleme wie etwa Lernzielfindung, Lehrerbildung usw. grundsätzlich in Frage gestellt und grundlegend erneuert werden.

So ist sicher die reservierte, ja oft ablehnende Haltung der Praktiker gegenüber der Theorie als eine Ursache für den geringen Kontakt zwischen Theorie und Praxis und für die geringe Wirkung neuer Theorien auf die Praxis zu erkennen.

Die einzige Folgerung daraus kann aber nur sein, daß der Praktiker Anschluß an den Stand der wissenschaftlichen Forschung suchen muß. Doch stehen gerade diesem Bemühen wiederum auch große Hindernisse entgegen. "Die Theorie ist der Praxis vielfach so weit vorausgeeilt, daß sie den Praktikern unverständlich und irrelevant geworden ist" (H.v.Hentig). J. Thieles Referat "Informationen über neuere Richtungen der Ästhetik" gehörte sicher zu den besten der Kasseler Tage, aber auch zu denen, die am schwersten zu verstehen waren. So wäre auch an die Theoretiker die Forderung zu stellen, sich soviel als möglich um mehr Verständlichkeit zu bemühen. Gunter Ottos Referat und auch seine Diskussionsbeiträge waren gerade in dieser Hinsicht sehr zu begrüßen ("Lerntheoretische Perspektiven eines interdisziplinären Unterrichts"). Daß den Bemühungen um einfachere, verständlichere Darlegung Grenzen gesetzt sind, muß jedoch jedem klar sein; denn schwierige Sachverhalte lassen sich nicht immer einfach darlegen. Vor allem läßt sich dabei heute ein bestimmter Kanon an neuen Fachbegriffen nicht mehr umgehen. (Man sollte sie dann allerdings nicht gerade falsch verwenden, wie das etwa Prof. Binkowski im Einleitungs- bzw. Schlußreferat mit den Begriffen "Sozialisation" und "Gruppendynamik" tat!)

Vor allem die Fachverbände, hier also der VDS und seine Landesverbände, sowie die Fachzeitschriften sind aufgerufen, noch intensiver als bisher "Zwischenstück" zwischen Theorie und Praxis zu sein, um die bestehende Kluft zugunsten einer besseren Praxis, d.h. eines besseren Unterrichts zu überbrücken. Aber genauso ist es notwendig, daß solche Zwischenstücke intensiver genutzt werden.

Wir danken den drei Kollegen sehr herzlich, daß sie bereitwillig ihre Beiträge zur Verfügung gestellt haben.

Soweit - so gut: die nächste BUSCHUWO wird in Bayern stattfinden! Kommentar ad libitum!

A 15:

Neue Musikzeitung Juni/Juli 1974, Seite 19 und 22: Berichte über die 10. Bundesschulmusikwoche in München 1974

Liebe Kolleginnen und Kollegen!

Gott sei's gelobt, getrommelt und gepfiffen": die 10. Bundesschulmusikwoche liegt hinter uns!

Verziehen Sie den etwas vulgär gefärbten Stoßseufzer, Sie können vielleicht daran ermessen, welch großer Stein uns vom Herzen gefallen ist. Zwar sind die Nachwehen noch nicht ganz abgeklungen und die Rechnungen noch nicht alle bezahlt: doch wir befinden uns post festum und es gilt, eine gewisse Art von Bilanz zu ziehen; vor allem aber ist es nun an der Zeit zu danken. Und es sind nicht wenige Adressaten, denen wir Dank schulden:

Als erste sollen jene 481 Schülerinnen und Schüler erwähnt sein, die sich trotz der Ferien eine Ehre daraus machten, sich für Demonstrationszwecke zur Verfügung zu stellen.

Weiterhin gilt unser Dank all jenen, die sich im Rahmen der vielfältigen Organisationsaufgaben in den Dienst der Sache gestellt haben: wir sprechen von den ca. 60 Schülern, Studenten und Studienreferendaren, die Karten kontrollierten, Stühle rückten, Instrumentarium betreuten, Botengänge erledigten, Flügel hievten, Kabel zogen, Transporte durchführten, Auskünfte auf mehr oder weniger intelligente Fragen erteilten und die unentwegt und mit Begeisterung bemüht waren, das „musikpädagogische" Räderwerk reibungslos funktionieren zu lassen.

Daß die oft schwierig zu beschaffenden Apparaturen intakt und zur rechten Zeit an Ort und Stelle waren, verdanken wir dem Kollegen Gunter Grumbeck (Altötting) und seinem Team.

Daß die ca. 400 Köpfe zählenden Beispielgruppen aus der ganzen Bundesrepublik und Westberlin rechtzeitig und gut untergebracht wurden, geht auf das Dankeskonto des Kollegen Karl Iblacker (München).

Innerhalb der Vorstandschaft unseres Verbandes haben sich Kollegialität, Loyalität und Hilfsbereitschaft glänzend bewährt — das darf ruhig auch einmal gesagt werden!

Selbst auf die Gefahr hin, daß Sie, liebe Kolleginnen und Kollegen, sich langweilen, müssen Sie noch unseren schuldigen Dank über sich ergehen lassen, den wir dem Bayerischen Staatsministerium für Unterricht und Kultus und der Stadt München für finanzielle Unterstützung gerne und mit Nachdruck an dieser Stelle abstatten.

Bleiben noch zwei Dankesadressen: vorweg die drei Kollegen mit ihren Ensembles (P. Anselm Mayer, Augsburg, Dr. Adolf Pongratz, Erlangen und Kurt Suttner, München), die das Eröffnungskonzert der Bundesschulmusikwoche mit so vorzüglichen, „nicht mehr zu überbietenden Beiträgen" (Zitat aus einem Brief des Bayerischen Staatsministeriums für Unterricht und Kultus) gestaltet haben; und zum Zweiten: jenes relativ kleine Häuflein von bayerischen Schulmusikern, die es sich trotz Schneeregen, Kälte und Zuschüssen des Verbandes nicht nehmen ließen, an der Tagung aktiv teilzunehmen.

Und nun zum Inhalt der Woche: Zum ersten Male ist es nach unserer Sicht gelungen, die problematische Stellung von Theorie und Praxis im Musikunterricht auf einer Bundesschulmusikwoche gleichermaßen mit Gewichten zu versehen. Baldur Bockhoff vermerkte zwar in der Süddeutschen Zeitung: „Mit den praktischen Beispielen, die man, beglückt und erleichtert, nach Hause tragen könne, war es nichts." Um solche Aussagen zu machen, müßte man nicht nur die rivalisierenden Koryphäen des Plenums, wie Abel-Struth, Rauhe und Silbermann besucht haben, sondern wenigstens einige von den zahlreichen Kursen, Arbeitskreisen, praktischen Demonstrationen und nicht zuletzt auch Konzerten. Freilich muß man dem apostrophierten Rezensenten bei Berücksichtigung bestimmter Blickpunkte dort recht geben, wo er uns, die Schulmusiker, als Don Quichottes der Pädagogik bezeichnet; denn manchmal müssen wir tatäschlich gegen Windmühlen anrennen. Diese drehen sich aber nicht so sehr innerhalb des Sachgebiets als vielmehr außerhalb. „Unsere Musiklehrer propagieren ein Ideal — keineswegs ein utopisches, wie der Vergleich mit anderen Ländern zeigt — von dem unsere Gesellschaft nur dann etwas wissen will, wenn sich damit protzen und repräsentieren läßt." Nun, so lange wir noch mit den Ergebnissen unserer schulischen Arbeit „protzen und repräsentieren" und darüber hinaus auch noch Freude bereiten können, brauchen die Unkenrufe aus den verschiedensten Richtungen nicht allzu ernst genommen zu werden. Notwendig ist nur, daß der Wind jenen Mühlen aus den Flügeln genommen wird, die mit jeder Drehung den Musikunterricht an den allgemeinbildenden Schulen immer weiter beschneiden wollen. Da helfen aber nicht Jeremiaden, sondern neben den Bemühungen der Verbände einzig und allein ein überzeugender, aktueller und wirkungsvoller Musikunterricht, den Sie, liebe Kolleginnen und Kollegen — unter welchen Umständen auch immer! — erteilen. (Lesen Sie bitte dazu noch einmal den Leitartikel des Arztes Peter Beckmann in der NMZ, Nr. 2/1974, aber ganz und gründlich!)

Im übrigen kann ohne Übertreibung behauptet werden, daß diese 10. Bundesschulmusikwoche in München ein voller Erfolg war, der Teilnehmerzahl 1200 nach zu schließen, sogar ein überwältigender Erfolg. Beachten Sie bitte auch die Seite 22 dieser Ausgabe und vergessen Sie nicht, die Zusammenfassung der 10. Bundesschulmusikwoche „Musik und Individuum" beim Schott-Verlag in Mainz zu bestellen; es lohnt sich!

Wir wünschen Ihnen, liebe Kolleginnen und Kollegen, verbunden mit der Bitte „Komm Schöpfer Geist, kehr bei uns ein!" — schöne Pfingstferien und erholsame Tage, damit Sie dem Endspurt dieses Schuljahres getrost entgegensehen können.

Mit freundlichen Stoßseufzer-Grüßen!
(für die Vorstandschaft:)
Heinz Benker

Seite 19

Hoffnung auf Rezepte und Konzepte

Zum zehnten Male: Die Bundesschulmusikwoche in München

„Es ist trotz aller Versuche bisher nicht gelungen, die Stellung der Musik als integrierenden Bestandteil jeglicher Bildung überzeugend darzulegen oder gar zu verwirklichen. Die verheerenden Folgen dieses Versäumnisses erleben wir gegenwärtig in der höheren Schule und in der Lehrerbildung: fortwährende Einengung des musikerzieherischen Raumes durch Unterbrechung des kontinuierlichen Unterrichts und durch die Wahlfreiheit."

Falls die bei der 10. Bundesschulmusikwoche 1974 auf der Münchner Theresienhöhe anwesenden deutschen Schulmusikerzieher nostalgische Anwandlungen nach den Oldies der sechziger Jahre ankommen sollten, so sei ihnen diese Legende zu der „Arbeitsgemeinschaft Höhere Schule" aus dem Programmheft der 5. Schulmusikwoche aus dem Jahre 1963 in Erinnerung gebracht.

Denn, ist es inzwischen gelungen, die genannten Versäumnisse etwa durch eine einheitliche fachdidaktische Theoriebildung zu kompensieren? Konnten erfolgversprechende und überzeugende Strategien entwickelt werden, den Stellenwert schulischer Musikpädagogik für eine Öffentlichkeit anzuheben, für die musikalischer Konsum bereits höchsten Stellenwert besitzt? Ist es geglückt, die lähmenden Polarisierungen zwischen Wissenschaft und musikalisch-pädagogischer Praxis, zwischen ganzheitlich-musischen und auditiv-kommunikativen Konzeptionen zu überbrücken?

Solcherlei Fragen bewegen den Besucher der Münchner Schulmusikwoche, nachdem er in der — wahrscheinlich ungerechtfertigten — Hoffnung auf sofort nachvollziehbare Rezepte und Konzepte gekommen war.

Aber worin liegt der Sinn und Zweck, die Funktion einer solchen Großveranstaltung?

In der Selbstdarstellung der deutschen Schulmusik gegenüber der Öffentlichkeit? (Wir sollten die Verunsicherung innerhalb unseres Schulfaches nicht zu sehr den Journalisten der Massenmedien anvertrauen.)
In der zentralen Fortbildung der Lehrerschaft? (Was und wieviel nimmt der einzelne mit zurück in seine Schulstube?)

Trotz dieser Fragen sollte angesichts der ebenso perfekten wie vorbildlichen organisatorischen Durchführung dieser Mammutveranstaltung, und angesichts der konzeptionellen Planung, deren äußere Symmetrie von Kursen, Arbeitskreisen, Plenumsveranstaltungen und von hervorragendem Schulmusizieren alle inhaltlichen Ungereimtheiten des Faches vorerst (beinahe) vergessen ließ, sollten doch die Neuerungen gegenüber den Bundesschulmusikwochen der sechziger Jahre vermeldet werden, wie z. B.

— Die bereits in der Programmplanung institutionalisierte Möglichkeit zur Kritik in den ausführlichen, jeweils von führenden VDS-Funktionären moderierten „Diskussionen über die Plenumsvorträge", die noch vor vier Jahren in Saarbrücken quasi eine nur von einem Hochschuldozenten und einem Musikstudenten geleitete Außenseiterveranstaltung darstellte.

— Die gutwillige musiksoziologische Beflissenheit der Tagungsbesucher, die dem einzigen echten Soziologen der ganzen Musikwoche geradezu ein „Hahn-im-Korb"-feeling vermitteln mußte.

— Das wieder zunehmende Durchschnittsalter der Veranstaltungsteilnehmer.

Auf den letzten Tagungen waren mehr Studenten und junge Kollegen anwesend. Sind sie inzwischen müde geworden? Oder eben auch älter. Oder nur verwirrter angesichts der Demonstration neuer und neuester Unterrichtsinhalte, Schulbücher und didaktischer Konzeptionen, deren Absolutheitsanspruch mit pluralitätsbewußter Duldermiene zu begegnen aber die ungeeignetste Verhaltensweise wäre.

Deshalb: Genug des Angebots, die Fachdidaktik erstelle Kriterien für das Auswählen! Der Ist-Zustand ist nun empirisch erfaßt, die staatlich verantwortete Curriculumplanung artikuliere nun wieder Normen!

Mit solchen oder ähnlichen Forderungen werden zahlreiche Kollegen vom Münchner Treffpunkt wieder in den pädagogischen Alltag zurückgekehrt sein.

Sollen sie aber nun abwarten, welche der konkurrierenden Konzeptionen sich durchsetzen wird: Die Vergangenheitsbewältigung (das klassische Kunstwerk)? Die Gegenwartsbewältigung (Subkulturen und Fremdkulturen und Avantgardekulturen und ...)? Oder das Ausstatten zur Mündigkeit in einer künftigen Kultur? Sollen sie ihre Schüler sozialisieren durch Musikunterricht oder individualisieren mit Musik?

Diesen schon längere Zeit anstehenden Fragen wollten die Planungsverantwortlichen der 10. Bundesschulmusikwoche sicher begegnen, indem ihre Konzeption einen bislang einmaligen Aufwand an praktischen Unterrichtsvorführungen vorsah. (Ein besonderer Dank muß den zahlreichen Schülern und Schulklassen gelten, die ihre Osterferien für die Lehrer geopfert haben!)

Wenn die Intention zu diesen Lehrdemonstrationen die Veranschaulichung didaktischer Inovationen gewesen ist, erscheint der wohlgemeinte Aufwand dafür beinahe zu umfangreich. Die jeweils sich anschließenden Diskussionen, als „Auswertungen" geplant, verfingen sich nämlich häufig in unterrichtsmethodischen Detailfragen. Kein Wunder, denn jeder einzelne der anwesenden erfahrenen Musikpädagogen hätte es anders, d. h. „besser" gemacht.

Lehrerverhalten aber begutachtet man schonender und zugleich effizienter in Filmaufzeichnungen, wie sie bei Teacher-training- und Micro-teaching-Verfahren mit Erfolg eingesetzt werden. Und gerade solche Möglichkeiten der Lehrerbildung einschließlich der Unterrichtsanalyse sollten neben den üblichen fachspezifischen Problemen in verstärktem Maße Themen für zentrale Fortbil-

Seite 22

dungsveranstaltungen abgeben, damit dem Schulmusiker seine Aufgabe als Pädagoge über die des Musikers hinaus noch mehr bewußt wird. Unter Umständen liegt hier auch ein Schlüssel zur Behebung der eingangs zitierten Versäumnisse. Und was die Fachdidaktik mit ihren verschiedenen Konzeptionen betrifft: Sollte man nicht dem in früheren Zeiten hoch angesehenen wissenschaftlichen Disput wieder mehr Ehre antun? Gemeint ist nicht der beim Mittagessen im Pschorrbräu von Ungeübten mit stumpfem Stilett ausgetragene Meinungsunterschied, sondern die mit geistig geschärfter Klinge vor dem Plenum von Verfechtern verschiedener Richtungen geführte Disputation, aus der unter Umständen der mitdenkende Zuhörer mehr Kriterien zur Beurteilung didaktischer Positionen mitbekommen kann als beim Lesen der notwendigerweise jeweils einseitigen Literatur.

Im Verlauf der gesamten Bundesschulmusikwoche blitzte von dieser Geistesschärfe nur einmal etwas auf, als nämlich der Soziologe Silbermann die Thesen des Psychologen Reinecke zur „Musik in Arbeitswelt und freier Zeit" kritisch kommentierte. Leider kam dieser Ansatz durch die Zwänge der mit Teilnehmern unterschiedlichster Reflexionsebenen besetzten Podiumsdiskussion nicht weiter zum Tragen.

Und noch einmal wäre Anlaß zu fachübergreifendem Disput gewesen, als der Mediziner Beckmann die Grundgedanken seines alarmierenden Aufsatzes „Der gekürzte Musikunterricht und die Folgen — Musik als Faktor der Gesundheitsbildung" (NMZ Nr. 2 — April/Mai 1974, S. 1 und 24) erläuterte und der Musikpädagogik unter dem Aspekt der Therapie, insbesondere der Prophylaxe ein Bündnis zur Verankerung ihrer Position in der allgemeinbildenden Schule anbot. Dem Vernehmen nach soll dieses Bündnis vorerst wenigstens für Bayern gefestigt und nach Möglichkeit institutionalisiert werden.

Zum Tragen kommen kann dieses Anliegen der gesundheitlich notwendigen musikalischen Breitenarbeit aber erst, wenn es neben den Behörden auch jeder einzelne Musikerzieher zu seinem eigenen gemacht hat.

Und erst unter dem Eingeständnis dieser unabdingbaren Notwendigkeit kann er sich begeistern und überwältigen lassen von dem hinreißenden Schwung und dem musikalischen Niveau, mit dem die Bundespreisträger der Wettbewerbe „Jugend musiziert" der Jahre 1972 und 1973 die 10. Bundesschulmusikwoche in München beschlossen haben.

Wolfgang Schmidt

Science fiction

Bericht über die 23. Bundesschulmusikwoche anno 2000

Vorweg ein kleiner, aber nicht uninteressanter Aufhänger: bei der 10. „Buschumuwo" in München war ich noch Student. Welch ungeheuere Divergenz zwischen damals und heute! Man stelle sich vor: in München war es notwendig, unter enormem organisatorischen Aufwand mit Beispiel- und Demonstrationsgruppen, mit kostspieligem Instrumentarium jeglicher Art, mit schwierigen Raumanmietungen, mit diffisil ausgeklügelten Helferfunktionen — ich hatte damals Stühle und Instrumente zu schleppen — etc. tatsächlich die Theorie mit praktischen Beispielen zu begleiten und zu untermauern.

Heute ist es endlich gelungen, das dillettantische Gehabe der Praxis auszuschalten. Freilich wäre dies nie ermöglicht worden, wenn nicht Musik aus dem Fächerkanon der Schule eliminiert worden und dafür das Fach Mutopra (= Musiktotalprogramm) als verbindliches Vorrückungsfach mit allen Konsequenzen getreten wäre.

Mit dieser genialen Erfindung — dem Schüler wird sie mit Kassetten-Recorder frei Haus als curricular aufbereiteter Fernkurs (Leistungs- oder Grundkurs) geliefert — können alle theoretischen Fakten, die früher mühevoll mit Klangbeispielen belegt werden mußten, ohne viel Aufwand und nur mit Hilfe einer Sendeantenne dem Gehirn des Schülers mitgeteilt und dort für mindestens 3 Jahre gespeichert werden. Der Vorgang ist jederzeit wiederholbar.

Daß unter diesen Voraussetzungen die 23. BSW ein voller Erfolg werden mußte, liegt auf der Hand, denn alle Referate, Diskussionen, Arbeitskreise, Kurse und Demonstrationen konnten entfallen. Lediglich eine gigantische Ausstellung von Mutopra-Kassetten-Sendern zeugte von dem ungeheuren Fortschritt auf musikpädagogischem Gebiet. Selbst das Einführungsreferat von Prof. Dr. soz. et ing. Bonkirsky wurde den Teilnehmern über Mutropa eingefiltert. Die Teilnehmerzahl konnte sehr niedrig gehalten werden, nur Funktionäre und — es muß leider gesagt werden — einige von Nostalgie geplagten Altpädagogen waren in der Ausstellungshalle zu sehen (letztere suchten vergeblich nach Noten!). Im Gegensatz zur 10. Buschumuwo" aber waren die Vertreter der Presse äußerst zahlreich anwesend, denn sie erhielten kostenlos einen Mutopra-Senderecorder, der die Rezensionen und Berichte über die sog. Mutopra-BSW 2000 direkt in die Rotationsmaschinen liefert. Das Pianohaus Kurz ist übrigens als Teilhaber bei der Firma Mutopra-Fit eingestiegen; die bei der 10. „Buschumuwo" noch sehr gefragten und preisgünstigen Flügel und Klaviere wurden von der Firma Schrott & Söhne, einer Tochtergesellschaft von Mutopra-Fit, aufgekauft und zum Selbstkostenpreis an das staatliche Mutopra-Museum im südlichen Oberbayern weitergegeben, wo noch einige alte Schulmusiker ihren Lebensabend als Museumsdiener fristen.

HB (Mutopra-Fit-Redakteur) Band-Abtlg. GLOSSO

A 16:

Neue Musikzeitung April 1974, S. 1 und 24: Landeszentrale für Gesundheit (Beckmann)

„Seit dem Jahre 1959 (! d. Verf.) (Saarbrückener Rahmenvereinbarungen der Kultusministerkonferenz) wurde das Fach Musik in seinem Wirkungsbereich mehr und mehr eingeschränkt. Die folgende Übersicht gibt darüber Auskunft:

1. Beschneidung um 50 Prozent durch die Wahlmöglichkeit zwischen Kunsterziehung und Musik in der 12. und 13. Klasse;
2. Weitere Kürzung des Pflichtunterrichtes Musik im Bereich der Oberstufe des Gymnasiums auf 25 Prozent durch die Dotierung des Grundkurses Musik mit nur zwei Studienhalbjahren statt zwei Jahren;
3. Einschränkung in der Kombinierfreiheit der Leistungskurse Musik durch verschiedene Auflagen;
4. Kürzung des Musikunterrichtes der Orientierungsstufe (5. und 6. Klasse) im Bereich des Musischen Gymnasiums von drei auf zwei Wochenstunden;
5. Kürzung des Musikunterrichtes um 50 Prozent in den Klassen drei bis sechs der Volksschulen von zwei auf eine Wochenstunde;
6. Jüngste Kürzung des Musikunterrichtes um 50 Prozent gegenüber der jetzt gültigen Stundendotierung in der Stundentafel für die 7. Jahrgangsstufe der staatlichen integrierten Gesamtschulen;[608] (...)

Ob sich die Schule selbst eine derartige Schmälerung des Musikunterrichtes leisten kann und darf, das ist eine Frage für sich. Immerhin stehen wir vor dem Problem, das durch das ständige Ansteigen von Zivilisationskrankheiten gestellt ist, deren erste Auswirkungen sich bereits im Kindesalter und bei Jugendlichen zeigen. Die Fachliteratur läßt kaum einen Zweifel darüber, daß kaum ein Mensch, also auch kaum ein Kind, von komplexen psychosomatischen Störungen verschont ist, die unter dem Sammelbegriff vegetativer Funktionsstörungen registriert werden. Im körperlichen Bereich kommt es zu schnellem Wachstum, Haltungsfehlern, Magen-Darm-Störungen, im seelischen Bereich zu Unruhezuständen, Konzentrationsschwächen, Reizbarkeiten. Die Verhaltensforscher stellen Symptome der Isolation als Ausdruck mangelnder Kontaktfähigkeit fest, kon-

[608] Vgl. Amtsblatt Nr. 20/1973 vom 22. November 1973, S. 1247 ff.

sequent die Entwicklung unkontrollierter Aggressionen usw. Alles das stellt die Lernfähigkeit in Frage, auf die die schulische Absicht der Vermittlung von Wissen angewiesen ist. Das Resultat ist bekannt. Zwei Unterrichtsfächer sind hier geeignet, dem Kind und der Schule selbst zu helfen: der Turnunterricht und der Musikunterricht. (...) Der im Bereich der Gesundheitsbildung tätige Arzt redet an den wissensvermittelnden Pädagogen vorbei, wenn er die gesundheitsbildenden Faktoren schildert, die in der Praxis des Musikunterrichtes wirksam werden. Es sind entscheidende Beiträge zur Gehörbildung und Hörerziehung, wichtig für zahlreiche spätere industrielle Berufe. Es sind Beiträge zur Förderung des richtigen Atmens, richtig (wichtig, d. Verf.) für die Herz-Kreislaufbilanz. Es sind im Musikunterricht Beiträge zur Förderung des Kommunikationsvermögens möglich, fast einmalig im Gesamtunterricht, die Entwicklung der Gruppe durch den Chorgesang, die Überwindung der Isolation. (...) Dem allen hält der wissensvermittelnde Pädagoge entgegen, daß Gesundheitserziehung und Gesundheitsbildung nicht seine eigentliche Aufgabe sei. Die Schule ist schließlich keine therapeutische Einrichtung, der Musikunterricht, das beweist schon das Wort Unterricht, ist kein Gesundheitsseminar. Genau das ist im wesentlichen wohl auch der Grund, weshalb der Musikunterricht von Jahr zu Jahr an Umfang und Bedeutung verliert."

(Beckmann)